元華文創

臺灣政經史系列第二輯04　陳天授主編

臺灣

政治經濟思想史論叢

政治經濟學與本土篇

Proceedings : The History of Taiwan Political and Economic Thought VII

卷七

陳添壽　著

自 序

2016 年，我從中央警察大學專職退休的改聘兼任，和受聘臺北城市大學榮譽教授之後，我開始利用審修【元華版】《臺灣政治經濟思想史論叢》的機會，又重新將過去在學校課堂上為學生準備的講義，以及在這段時間裡同時應各大學和社團做講演所準備的稿件大綱，做了一次的全面性閱讀與整理。

回溯我從 1990 年代前後的開始在大學授課，除了在國立空中大學商學系兼課之外，也陸續在當時還稱為學院時期的臺北商業大學國際貿易系，與臺北教育大學社會科學系講授「經濟學」、「教育經濟學」和「經濟思想史」等課程。

2000 年之後，我又開始在中央警察大學講授「經濟學概論」、「臺灣政經與兩岸發展」、「臺灣治安史」，以及在警大推廣中心為警察講授「政治在警政上的運用」，和「臺灣警政發展史」等課程。

西方有句諺語：「潮水與時間是不等人的」。回想自己這幾十年來的教學生涯和授課的內容，似乎都是為了我在大學通識教育的講課作了準備，也是為我在政治經濟學領域的理論研究與實務提供了論證，滋養我得以彙集成【臺灣政治經濟思想史論叢】的套書。

「政治經濟學」相對於「政治學」或「經濟學」的研習者而言，是有異於其特別的專業性，儘管我多年來自己也都深深地有這種的感觸，我時時警惕自己如何透過「政治學」、「經濟學」與「社會學」這三門社會科學的基礎學科，以跨學科的整合性知識來建構「通識政治經濟學」理論。

在內容既屬於通識的政治經濟學，我在文字處理盡可能寫的簡潔通俗，和口語化的表達流暢，讓大家看得懂，也聽得懂，這是我在課堂授課和出版

文字的最大原則。

本書共分為理論篇、實證篇、訪談篇等三部分：

第一部分【理論篇：通識政治經濟學】，包括：第一章至第六章，是「通識政治經濟學」性質的屬於通論性介紹。

第一章，緒論。分：政治經濟學的國際性，政治經濟學的政治性，政治經濟學的經濟性，政治經濟學的社會性，政治經濟學的整合性。

第二章，傳統政治經濟學。分：希臘羅馬的政治經濟，中古世紀的政治經濟。

第三章，近代政治經濟學。分：重商主義的政治經濟，重農學派的政治經濟，經濟學之父亞當·史密斯。

第四章，自由經濟政治學。分：自由主義海耶克，貨幣主義傅利曼。

第五章，政府主義經濟學。分：社會主義馬克思，歷史制度李斯特，國防經濟凱因斯。

第六章，新政治經濟學。分：新自由主義經濟學，當代新政治經濟學。

第二部分【實證篇：臺灣政治經濟思想小史】，包括：第一章至第十章，是以「臺灣政治經濟思想小史」作為臺灣政治經濟思想史的實證性分析。

第一章，緒論。分：主體性與整合性的研究途徑、臺灣政治經濟思想史的分期。

第二章，村社體制與原住民時期政經思想(-1624)。分：早期臺灣住民的族群源起、村社共同體制的聚落型態、私有土地意識形成與發展、初級農業經濟的生產結構、原住民時期發展的氏族化。

第三章，重商體制與荷西時期政經思想(1624-1662)。分：福爾摩沙與國際首次接軌、重商體制的公司經營型態、王田制度形成與農業生產、租稅田賦與國際貿易政策、荷西時期福爾摩沙國際化。

第四章，冊封體制與東寧時期政經思想(1662-1683)。分：南明東寧王國的海商型態、冊封宗主體制的君臣思想、寓兵於農的經濟屯田政策、東亞貿易轉運中心的建立、東寧時期臺灣發展土著化。

第五章，皇權體制與清治前期政經思想(1683-1860)。分：大清帝國的皇權政經思想、農本思想與多重土地結構、宗族組織與民間分類械鬥、近代工業發端與產業調整、清治前期臺灣發展邊陲化。

第六章，移墾體制與清治後期政經思想(1860-1895)。分：臺灣與國際體系的再接軌、沈葆楨擘劃撫番開山並進、臺灣建省與劉銘傳的新政、臺灣民主國的成立與幻滅、清治後期臺灣發展定著化。

第七章，軍國體制與日治時期政經思想(1895-1945)。分：帝國主義的國家軍事體制、大正民主思潮與臺灣請願、米糖產業相剋的政經競逐、國防軍需品業與南進戰略、日治時期臺灣發展殖民化。

第八章，黨國體制與中華民國政經思想(1945-1987)。分：蔣介石戡亂戒嚴的黨國體制、計劃性自由經濟與黨國資本、蔣經國執政初期本土化政策、經濟三化策略與社會的劇動、戒嚴時期臺灣的中華民國化。

第九章，轉型體制與中華民國政經思想(1987-2020)。分：蔣經國執政後期與臺灣解嚴、李登輝執政前期的深耕本土、李登輝執政後期的臺灣意識、國民黨與民進黨的大陸政策、轉型期中華民國發展民主化。

第十章，結論：臺灣政經思想與中華民國未來。分：新冷戰時期國際政經思想發展趨勢、臺灣政經思想主體性與整合性建構。

第三部分【訪談篇：戒嚴時期的中華民國與臺灣】，分〈八二三炮戰與高舉副司令官被調職案之探討〉，和〈蔣經國時代「本土化」的歷史意義〉等兩篇。

訪談的第一篇〈八二三炮戰與高舉副司令官被調職案之探討〉，是我根據高舉（字超然）將軍長公子高紹舉先生所提供整理的資料，分別是我在臺北與其在紐約採取筆談方式所陸續完成的。

我本有意把與高舉副司令官家屬筆談內容的全文，一起列進本書的訪談篇裡，但在徵求高舉副司令官家屬的意見之後，因為有其他的顧慮，所以全文未刊稿《八二三炮戰補遺——高舉將軍的志事平生》，惟有待適當時日再做考量。

訪談的第二篇〈蔣經國時代「本土化」的歷史意義〉，我主要的與談人

是周伯乃先生、楊正雄先生等二位前輩。他們都是在戒嚴時期的蔣經國時代，擔任要職和經歷過重要事件的人士。我借重他們的服務經驗和對於臺灣政經社文發展的見證，做了深入的訪談。

周伯乃先生曾得過中國文藝協會文藝獎章、國軍文藝金像獎、教育部詩教獎等等，亦先後擔任過陳奇祿行政院政務委員室秘書、中華文化復興運動推行委員會專門委員，和《中央日報》、《臺灣笠報》、《實踐月刊》等多種刊物主編，以及財團法人道藩文藝基金會副董事長、中國詩歌藝術學會理事長等要職。

周伯乃先生於 2003 年榮獲美國帝舜國際文化大學頒贈「四維八德」獎章、2004 年榮獲美國共和黨亞裔黨部總部頒授「卓越成就獎」，表彰其多年來對文學和文化交流的卓越貢獻。主要著作，出版有《論現實主義》、《現代詩的欣賞》、《古典與現代》、《情愛與文學》、《周伯乃散文選》等 30 多部。

楊正雄先生是《曙光文藝》雜誌的創辦人。1958 年，《曙光文藝》先以油印方式出刊，轉用鉛印先後出版月刊、周刊、雙月刊。執照一度借給「笠」詩刊及陳千武先生。1973 年 1 月，執照被註銷。2003 年 7 月，再出版《新曙光文藝》季刊，2005 年 1 月，因難敵數位化時潮而宣布停刊。

楊正雄先生歷任中國詩歌藝術學會理事、中國作家協會理事、中華民國青溪新文藝學會常務理事，亦曾在政府公職單位服務多年。著有《樹》、《婚姻與畸戀》、《曙光文藝傳奇》等書。1958 年至 1973 年，當他特別在《曙光文藝》主持編務的期間，正值戒嚴時期警備總部管制雜誌出版最嚴厲的白色恐怖時期。

回溯我自己於 1978 年底，當屬戒嚴時期蔣經國推動「本土化」的期間，從學校教員轉入體制內工作的澎拜熱情時刻。自認為是一位自由主義者所奉行的政治思維與行動，堅信「真正的政治介入不僅是在現存關係的體制內運作，而且是要去改變那決定事情運作方式的體制本身」。這也是自己迄今，堅守選擇民主體制內改革的信念。

所謂「蔣經國時代」的期間，主要是從蔣經國先生於 1972 年 6 月任行

政院長開始，到 1988 年 1 月 13 日的過世為止。對照本文〈蔣經國時代「本土化」的歷史意義〉所與談內容，包括蔣經國「吹臺青」的論述、言論自由管制的新聞記述、解嚴前後溫州街文化記憶等三部分，亦多少記述了本人的經歷、觀察與學思，其部分文字並先後摘錄發表在《臺灣商報》(電子報)的【溫州街瑣記】專欄。

余英時說他寫到中國現代，是通古今的問題，認為政治史可以劃界，可思想史不能劃界。我寫臺灣政經思想史，基本上是建構在主體性與整合性(綜合性)動態進行式的途徑，意圖匯流臺灣 4 百多年來與中華民國政經發展的一項歷程，這是我數十年教學與研究的課題，亦已成為是我不停地思考與書寫的志業。

近年來，拙作【臺灣政治經濟思想史論叢】彙集的系列內容，皆屬「專題研究」的性質，我希望未來能特別針對本論叢(卷七)的這篇〈臺灣政經思想小史〉作為基礎，累積更多相關資料來豐富《臺灣政治經濟思想史長編》的撰寫。

胡適之先生在北京大學授課資料的整理《中國中古思想小史》，和累積的寫成《中國中古思想史長編》。他說：「長編」的意思就是放開手去整理原料，放開手去試寫專題研究，不受字數的限制，不問篇幅的長短。一切刪削，剪裁，都留待將來再說。「長編」是寫通史的準備工作；這就是說，通史必須建築在許多「專題研究」的大基礎之上。

我的〈臺灣政經思想小史〉與《臺灣政治經濟思想史長編》的撰寫構想，就是受到胡適之先生治學精神與方法的影響，努力學習胡適放開手去整理原料的《小史》，和試寫多篇「專題研究」的彙集《長編》，就是希望去準備以「通史」性質，與完成《臺灣政治經濟思想史》的書寫，特別是在思想言論自由的民主臺灣，和在自己有限餘生的歲月裡。

王陽明說：「人須在事上磨練做功夫」，我抱持「凡事困知敏行的磨練自身功夫」，也深知人一生終究將「歲華不為衰翁駐，且付餘生一笑中」的感嘆。我是越來越相信梁實秋先生說的：「讀書或做學問，著實需要有紀律，而不是純然是興趣」的話來。

　　這些年，我特別要感謝元華文創公司、方集出版社和他們的編輯團隊，分別為我出版了【臺灣政治經濟思想史論叢】、【拙耕園瑣記系列】和【蟾蜍山瑣記系列】的紙本和 HyRead 電子書，我亦盼望大家的不吝指教。

陳添壽　謹識

2021 年 11 月 15 日臺北蟾蜍山麓安溪書齋

目 次

第二部分　實證篇：臺灣政治經濟思想小史

第三部分　訪談篇：戒嚴時期的中華民國與臺灣

第一部分

理論篇：通識政治經濟學

第一章 緒論

任何人提出任何形式的交易建議時，都是這樣想：你給我所需要的，我就給你所需要的，這就是每一項交易的涵意，而這種互利的行為中，所獲得的會比我所需要的更多。

亞當‧史密斯(Adam Smith, 1723-1790)

　　人們從遠古時期就有經濟性的活動，從以物易物開始就算是最基礎的經濟活動。在那時，人們的經濟思想還不算太發達，直到前資本主義時代人們所關注的是作為生產單位的家庭，如奴隸主莊園或封建主莊園的經營管理，那時的經濟可以稱為「家政經濟學」。

　　「政治經濟學」（Political Economy）一詞，最早是 17 世紀以來，首先由法國蒙奇雷汀(Antoyne de Montchretien, 1575-1621)針對當時盛行重商主義(Mercantilism)，並於 1615 年出版了《獻給國王和王后的政治經濟學》的書中所述：研究一個社會生產、資本、流通、交換、分配和消費等經濟活動、經濟關係和經濟規律的概念。

　　百年之後的 1776 年，亦如延續亞當‧史密斯(Adam Smith, 1723-1790)綜合重商主義(Mercantilism)與重農學派(Physiocracy)思想的提出《國家財富的性質和原因之研究》(*An Inquiry into the Nature and Causes of the Wealth of Nations*)，或被國內譯名為《國富論》，為探求創造國民財富的古典政治經濟學(Classical Political Economy)。

　　1817 年李嘉圖（David Ricardo, 1772-1823）的《關於政治經濟學和稅收的原理》（*On the Principles of Political Economy and Taxation*），與 1821 年賽伊(Jean Baptiste Say, 1767-1832)的《政治經濟學文集》(*Treatise*)的相繼出

版之後，政治經濟學的盛行達到一個高峰。

社會科學的三大基礎學科：政治學、經濟學、社會學等三大學科的基本理論概述，政治學指的是運用權力的價值分配，經濟學是指追求利潤的極大化，社會學則是強調公平正義的扶助弱勢。

一般將政治經濟學的整合理論分為以強調經濟力為先而影響國際關係的功能主義論(functionalism)，和以凸顯政治力在整合過程扮演重要角色的新功能主義論(neo-functionalism)。政治經濟學源自於政府、市場、社會、文化的同時存在，特別是強調政府在經濟上介入的程度。

特別是國際政治經濟學理論，可將其化約為以武力為基礎的「競爭性國家系統」(a system of competing states)，及以生產技術為基礎的「世界性資本主義系統」(a world capitalist system)。

競爭性國家系統從政治權力的角度出發，分析國家如何實現其作為行為主體的自主性(autonomy)，強調政府(state)對國家資源的支配關係。世界性資本主義系統則從市場利益的角度出發，強調市場中財貨生產與交換體系的運作。市場形成了發現的過程，也就是一種用於創造、移動與散播知識的過程，而若是此一自由交易與競爭的機制不存在，則社會便無法支配這些知識。

國家(state)與市場(market)正如政治與經濟之間弔詭或整合的糾葛關係，在其漫長歷史發展中不斷的引發激烈的爭辯。無論市場產生了國家，或是國家產生了市場，或者是各自獨立地發展起來的，這些重要的歷史問題，不管它們各自的起源為何？國家與市場總是獨立存在，具有各自的運作規則，並且相互影響。

國家或廣義政府，指的是擁有領土主權的政府，如中華民國政府、美國政府，以有別於government(政府)在範圍僅指政府中的行政部門，並不包括立法及其他部門的所謂狹義政府，如蔣介石政府、蔣經國政府、李登輝政府等。在此，指的不僅是行政系統，也包括司法、立法等機關的廣義政府概念。

例如傳統對「中國」意涵，指的是主權領土概念或名稱，它不是「國家

組織」的概念或名稱。「中國」可指大漢、大唐、大元、大明、大清時期帝國所實際統治的疆域，或是指稱文化動態的概念。

1912 年中華民國宣告成立，簡稱「中國」，也開始有「中國人」的稱呼。1971 年中華民國退出聯合國，改由中華人民共和國進入聯合國的國際性組織，「中國」名稱的代表改由中華人民共和國所取代的代表國名簡稱，意涵和實質上的擁有國家主權。

競爭性國家系統是強調偏重政府的政治體制和經濟政策，而世界性資本主義系統強調國際市場和民間社會。亦即政府指的是國家機關(the state)，特別是政治體制和經濟、文化政策；民間社會指的是市場和企業，其間的分野在於公權力的有無。

在概念上都將使政治(政府)與經濟(市場)分處光譜中的兩個極端位置，兩者是互相對立，是互斥(mutually exclusive)，不相統屬的；但在實際運作上，兩者存在著互生、互剋關聯，並互為限制關係。經濟或企業所關心的是手中市場資源的有效利用，而政治或政府所關心的是權力資源的增加。

政府是政治權，也是經濟權，我們不能期待作為經濟世界中心的國家，在國際上放棄其特權利益，在一國之內誰能指望握著資本和政府，並獲得國際支持的統治集團，願意公平競爭和放棄自己的統治地位。

一、政治經濟學的國際性

這是國際強權國家的政治經濟利益觀，它是制約一個國家的政治體制和經濟政策，也同時影響民間社會在國內外政經權力體系中的運作。特別強調實力原則在市場中的作用，及國際經濟因素的對立本質，而經濟的互賴關係必有其政治基礎，從而為國際衝突開闢了另一戰場，並形成一個國家利用和控制另一個國家機制所導致的國際衝突。

因此，國際政治經濟的關係必須積極追求國家民族的利益，並以其所處的世界權力體系，衡量自身所擁有的力量，做為計算國家民族利益的標準。這種強調國家發展利益的生存法則，經由獨裁或集權政體及計劃性經濟的運

用，建立起連結國內外政經的網絡。

但過於強調國家發展利益的結果是，軍警力量成為所有政治德行的基礎，同時也犧牲了人民的權利與自由以及市場利益必須遷就和受限於國家發展的利益。

檢視近代政治經濟學發展的反映了政治、經濟和軍警權力的擴張，以及社會的反動。因此，國家發展決定了市場和社會發展的順序，制定優先政策，以克服稟賦（endowment）因素不足所造成不利於政經發展的環境。

政治經濟學理論在過去幾百年中經歷了無數變革，從重商主義、帝國主義、保護主義、歷史制度學派到新保護主義，乃至於當代的新自由主義，儘管名稱有異的屢經改變，但其本質的基本主張都偏重於強調國家發展是國際政經利益中主要行為和經濟發展的工具。

這也深切地關注國家安全和政治利益，其在組織與處理國際經濟關係時的重要性；同時，重視經濟活動與政治活動的相互影響，以及認識到市場必須在社會與國家穩定發展的競爭下運作。

承上論，政治經濟學的國際政治經濟因素，起因於國際經濟活動成為唯一且永遠不變的「零和遊戲」(zero-sum game)，一個國家獲益必導致另一個國家的相對損失。然而，追求政治上的權力與經濟上的財富通常互相排擠，甚至於造成矛盾衝突，尤其是研發或購買武器與發展民生經濟所需要的財政配置。

所以在軍備競賽方面，如果缺乏一套完整的社會、國家和外交政策理論，特別是當過度膨脹國家或政府力量發展的發揮市場影響力，容易造成主觀地認為國家可以解決國家經濟力脆弱的問題，或快速可以提昇國際地位和完成國家發展目標的盲點。

二、政治經濟學的政治性

政治經濟學的政治性意涵，是以政府中心理論的受到重視，政府因對市場與社會具有強大影響力，政府應視為一自主的制度和組織，亦即將政府視

為在一個領域內，具有壟斷合法暴力的一套行政、立法、司法、國防和警察的組織和制度。

政府的主要任務是要讓國民服從，控制社會中的潛在暴力，防止可能出現的各種偏激行動，並且代之以「合理暴力」(reasonable violence)。其次任務是程度不同地監督經濟活動，管制財富的流動，掌握一大部分國民收入，以保證政府的開支。

政府的最後任務是參與精神生活，政府有選擇地贊同宗教或向宗教讓步，藉以從宗教的強大精神價值中吸取補充的力量；同時，政府還始終監視著往往向傳統挑戰的文化性活動。

對於研究政府的政治學中，其分析統治團體的是在凸顯國家論，在統治型態的是在凸顯政體論，在統治機關的是凸顯機關論，在國民怎樣行使統治權的是凸顯參政論，在統治權活動原動力凸顯的是政黨論。所以，政治學被定義是研究政治現象的科學。

回溯政治學發展在柏拉圖（Platon, 429 B.C. - 347 B.C.）、亞里斯多德（Aristotle, 384 B.C. - 322 B. C.）時代是政治與倫理混合不分；中古時代受羅馬教會支配，是政治與宗教的結合；1453 年因為東羅馬帝國的解體。所以，到了 15、16 世紀，尤其歐洲許多民族國家的成立，「主權說」促成政治與法律結合。隨著海權勢力的崛起，葡萄牙、西班牙的向海上發展，到了東方的亞洲來，和發現北美新大陸，促成了荷蘭崛起，接著英國資本主義興起的經濟發展，形塑了亞當‧史密斯(Adam Smith)的自由放任經濟理論，開啟了 17、18 世紀政治與經濟體制結合的帝國主義殖民侵略。

政治理論發展到了 19 世紀孔德(A. Comte, 1798-1857)與史賓塞(Herbert Spencer, 1820-1903)的建構政治學與社會學關係。20 世紀更針對福利國家及眾人之事為研究對象，形成政治、經濟與社會整合的社會科學研究的熱潮。

尤其，當 1960 年代伊斯頓(David Easton, 1917-2014)提出的政治行為理論認為，主要影響政策的是要因應民間社會所提出的需求。政府決策完全受到輸入項的影響，政府本身並無任何影響政策的能力，只是被動地將民間社會的需求轉化為政策而已。

因此，現代發展為民主政治主流的多元論，旨在強調政治機會的均等，對於權力的概念，著重於決策過程中不同喜好之間的關係，與決策過程的結果。強調可透過個人的喜好與價值來解釋或理解社會整體。

雖然，多元論強調權力廣泛分散，但亦強調社會整合 (social integration)，凸顯了利益團體對選舉與政策的重大影響力。政治學在討論構成國家的基本要素除了領土、人民之外，還有主權、政府、國家意識等三部分。主權組合形式的國體(form of state)，主要可分為單一制、聯邦制和邦聯制國家。

政府是國家所設各級機關的總稱。國家(nation)與政府(state)常常被交互使用，是因政府每以國家的代理人自居；另因國家有主權，政府有權力。主權具永恆性質，權力出於主權，且受主權限制。政府權力賦予有職位的特定個人。

國家意識指生存在這個國家的人民對其國家的認識，並解釋他們所生存的時空情境的方式及其思想。國家的目的包括安全、秩序、正義、自由、福利等五大項。

論述國家目的的變遷可從警察國家時代，進入法治國家時代，而進入文化國家，及經濟國家時代。國家的主要分類如：一、單一國：法國。二、聯邦：美國。三、邦聯：美國於 1777 年至 1788 年所採行的制度。四、國協：不列顛國協。國體的形式主要分為：一、君主國。二、貴族國。三、民主國。

政治中重要的政府體制可分為：

一、民主政府體制，主要特徵：主權在民、政治競爭、權力更迭、人民代表、多數決、表示異議與不服從的權利、政治平等、大眾諮商、新聞自由。

二、極權政府體制，主要特徵：全面性的意識形態、單一政黨、秘密警察、壟斷媒體與武器、管制經濟。

三、威權政府體制，主要特徵：少數菁英控制政府決策，但並不試圖控制社會大眾生活的所有面向，政治以外的經濟、社會、宗教、文化與家庭事

務通常不在政府的管制範圍之內。

威權體制的特質是界定在：軍警的份量格外吃重；大眾參與通常很低；公民權利尤其是政治權利並不存在，即便容許某種程度的公民權利存在，也受到相當程度的限制；通常欠缺用以動員民眾的政治意識形態；威權政體壓制社會團體以及利益團體。

不過，其對社會的滲透卻非全面而廣泛，其目的也不在於重新改造該社會；統治集團通常由社會上不同精英團共同組成，他們以公開或非公開的方式聯合遂行寡頭統治，以保障其自我權益並維護統治權於不遂。

四、其他政府體制─混合體制，主要特徵：新興民主國家體制都結合某些民主原則和威權治理，例如雖有選舉制度，卻出現準極權或獨裁式強人政治，其特徵：操弄選舉、鎮壓反對力量、控制部分媒體、不能保障基本公民權、國家機器無法運作等，這種混合體制被稱之為「選舉式民主體制」、「競爭式威權體制」、「有限度的民主體制」等。

茲以戰後中華民國政治經濟體制的發展與變遷為例：如果從選舉論臺灣政經體制的發展與變遷而論，可分為三階段。第一階段威權統治階段(1945-1975)；第二階段民主發軔階段(1976-1995)；第三階段民主法治階段(1996-迄今)。

如果從政治學論戰後臺灣政經體制的發展與變遷，可分為：

一、戰時體制階段(1945-1950)，凸顯在國際紛爭、國共內戰、戰後復原、統制經濟；

二、硬式威權體制階段(1950-1975)，凸顯在冷戰形成、黨國一體、增訂臨時條款、萬年國會、保護經濟；

三、軟式威權體制階段(1975-1988)，凸顯在國際孤立、修改臨時條款、增補中央民意代表、本土化政策、十大建設、獎勵經濟；

四、轉型威權體制階段(1987-2000)，凸顯在後冷戰、解嚴、修憲、總統副總統直接民選、開放經濟；

五、民主政治體制階段(2000-2020)，凸顯在全球化、政治民主化、經濟自由化、社會公民化、文化多元化。

探討統治機關的立法與行政部門關係，立法機關的職權包括：立法權、預算議決權、監督權、修憲。立法機關的組織：一院制與兩院制、各種委員會。行政機關有內閣制：如英國；總統制：如美國；雙首長制：如法國、中華民國；委員制：如瑞士。

從國民參政權的選舉制度分析，如單一選區制；比例代表制。統治權活動原動力的政黨體系，政黨功能具有政治領導的甄選與選擇(擢拔精英)；利益的表達與匯集(整合內部)；控制政府(參與執政)；動員社會(監督角色)。

政黨型態的主要類型，主要有：一黨制、一黨獨大制、兩黨制、多黨制。在選舉與政策制定上，政黨為贏得選舉會採取：尋找選民對於特定政策偏好的資訊。對於每一政策議題會放棄非常多的不被大多數選民所支持的政策立場。提出一套複雜為選民制定的政策選項，雖然這套選項選民並無法親自參與制定，但卻是與選民偏好相符合。在選舉階段所提出的政策，皆是針對能吸引大多數選民的支持，而加以特別精心設計的。

利益團體影響政策制定的主要方式可採取：非正式接觸、遊說、政黨、大眾傳播媒體、訴訟、示威、罷工、暴力等方式，來影響政策的規劃、形成、制訂、評估等重要過程。

三、政治經濟學的經濟性

政治經濟學的經濟性意涵，是以市場中心理論的起源於 18 世紀歐洲啟蒙時代古典經濟學(Classical Economics)，和 19 世紀馬夏爾(Alfred Marshall, 1842-1924)新古典經濟學派(Neo-classical Economics)的整合。

市場為中心理論強調企業自由競爭、生產分工及財富累積的正當性，認為市場那隻看不見的手(invisible hand)所建立的機制，可以確保所有個體利益及彼此間互動關係的自由表現，群體利益應當是所有個體私有利益的總和。

市場為中心理論認為，政府只不過是匯集民意，制定遊戲規則的中立行政組織而已。在國際政經利益方面，強調跨國企業與國際貿易的市場利益，

而無視於國家主權立場與自主性的存在；經濟發展與政治並非有必然的關聯性，但認為政治體制會制約經濟活動，卻也同時受到市場利益的反制。

市場中心理論的經濟性，起因於市場奉最大效益、最高經濟成長及個人利益至上為圭臬；容易形成漫無限制的世界經濟主義，既不承認各國皆有其特性，也未考慮各國利益的滿足；同時受到唯物主義、利己主義與個人主義的影響，僅計算市場上物品交換，而忽視社會利益。因此，排斥政府政策的介入市場經濟。

經濟因為人為維持生活而存在，個人生活也無法和其他層面區分開來。人類的知識除了數學、物理學、化學等自然科學，醫學、農學等生命科學，歷史學、藝術等人文學之外，主要知識還有經濟學、政治學等社會科學，而經濟學就屬社會科學中的重要一門。因社會資源有限，人類慾望無窮，而導致經濟問題的發生，也就是經濟學上「稀少性」(scarcity)的難題。

經濟要探討四 W 和一 H 的問題。四 W 指的是：第一，What 問題：生產什麼？選擇那一產品是最迫切需要的生產，如產品的定位；第二，When問題：在什麼時機生產，適時切入市場才是產品進入市場的最佳時機，來得早或來得晚，都不如來的巧；第三，Whom 問題：為誰生產？支配較公平的分配，如消費者定位；第四，Why 問題：為何成長？促使經濟社會繼續發展，如生態保育。一 H 指的是 How 問題：到底如何生產？怎麼樣的生產方式，如何選擇最有利的生產要素組合等等。

經濟學的哲學思想源於自由主義，經濟學又是「財富之學」，因其著重在研討國家財富的本質、原因及外在因素，所以，亞當·史密斯(Adam Smith, 1723-1790)在其 1776 年的成名作品即是《探究國家富有的本質與緣由》(*An Inquiry into the Nature and Causes of the Wealth of Nations*)。

亦即指日常生活中對人的研究，不是具體事實的集合體，而是一具引擎，用以發現具體事實。是政治家或立法者的學問，研究如何同時提供人民基本的物質所需和充足的利潤、同時對地方或國家的公家部門提供足夠的經費。

經濟學是研究人類一般的商業生活，是一項結合了精明科學與熱愛人群

的職業。在中古世紀，世界公認的三大崇高行業是指，醫學以身體健康為目的，法律是以政府健康為目的，神學是以心靈健康為目的。經濟學是成為第四項崇高的行業，它是以謀求更佳的物質社會健康為目的，是針對整體的物質社會而非只針對有錢人。

凱因斯(J. M. Keynes, 1883-1946) 指出，經濟學是一種難懂且專門的學問，雖然沒有人會相信她。薩繆爾遜 (Paul A. Samuelson, 1915-2009) 指出，經濟學是研究人類與社會如何選擇使用或不使用貨幣，具有不同用途的稀有生產資源，生產不同的貨物，以供社會中不同的個人與團體目前或未來的消費；並且分析改善資源分配型態的成本與效益。

所以，經濟學家以貧困為研究對象，因為貧困與罪惡(或墮落)有密切關係。主張福利經濟學(Welfare Economics) 的皮古(Arthur C. Pigou, 1877-1959) 指出，艾奇渥斯(F. Y. Edgeworth, 1845-1926) 教授因對於數理方面，與費雪 (Irving Fisher, 1867-1947) 教授因對價值、利息與企業經營感到興趣，因而都投注於專研經濟學。

假若他們因走過倫敦的貧民窟而激起幫助那些住民的意識，加以研習經濟學，那將是令人感到高興。如果「好奇」(wonder)是哲學的開始，那「社會熱忱」(social enthusiasm)乃是經濟科學的開始。

經濟學討論的是以真正的好奇心去觀察這個世界，承認到處充滿神秘；經濟學家想要解決這些神秘，所用的方法與人類行為的目的相吻合。至於有時神秘問題的解決，經濟學家只好設法去解決虛構世界中的類似問題，這種虛構的世界是我們自己創造的，稱之為模式。經濟學家是為解決莫名其妙的工具，而解決這些莫名其妙的問題是一種樂趣。

因此，經濟學是一門選擇的科學(the science of choice)，研究人類如何選擇有限的「生產資源」以生產不同的貨品，來滿足幾乎無窮盡的慾望，並將之分配給社會中不同的成員。「生產資源」包括土地、勞力、資本財、技術知識等；「不同的貨品」指小麥、牛肉、衣服、遊艇、音樂會、公路等。

理性選擇的三個條件：第一，可用資源的稀少性；第二，資源有多種可能用途；第三，決策者對資源的不同用途有不同的主觀評價。曾經擔任美國

財政部長的魯賓(Robert E. Rubin, 1938-)於 2001 年 6 月在其母校哈佛大學為畢業生的講話中，就舉其在政府的工作經驗，認為當面對艱難環境時，「抉擇就是一切」(Life is about making choices)。

魯賓(Robert E. Rubin)在獲得哈佛大學的經濟學博士學位之後，進入位在美國華爾街的高盛公司(Goldman Sachs)服務，時間長達 26 年，1992 年加入柯林頓政府，先擔任國家經濟會議主席，1995 年轉任財政部長，期間締造了美國史上最長的經濟成長期，並且協助柯林頓政府處理墨西哥、俄羅斯、巴西和亞洲的金融危機，而贏得「魯賓經濟學」(Rubinomics)之稱。

經濟學者經常要做的事就是要說：「不是這樣就是那樣，但是不能兩樣一起來，不能兩者得兼」。自由經濟學大師米賽斯(Ludwig von Mises, 1881-1973)指出，選擇不僅是作一個選擇，而是儘可能地作最好的選擇，也就是說：如果次要的目的之滿足妨礙了更迫切的目的之達成，則次要的目的就不予滿足。

功利主義(utilitarianism)的邊沁(Jerny Bentham, 1748-1832)指出，幸福(happiness)或功利(utility)是指能夠產生福利、利益、快樂、美好或幸福的任何形式財產，或是只要能夠避免災禍、痛苦、罪惡或不幸，並據以推論最大的快樂或幸福，應該且必然來自於最大的財貨生產量。換句話說，就是主張追求最大多數人的最大幸福，少數人的不幸，即使悲慘還是得接受。

在一個追求利潤的市場經濟的生產過程中，這種情況藉助於經濟計算的智慧得以盡可能地達成。在一個自足的封閉的社會主義的制度下，不能靠任何經濟計算，只有所謂「作決定」。關於手段的作決定，簡直是賭博行為。

最有名的取捨，就是「槍炮和奶油」、「公平和效率」，以及「在人生中，你必須就賺錢或是花錢做出選擇，誰都沒有辦法同時做這兩件事」等選擇的例子。如果「性格」決定命運，那麼「選擇」決定成敗。

具體而言，是研究「如何做適當的選擇，以利用有限的資源，達到最大的滿足。」我們做選擇，是因為我們「必須選擇」，而且「可以選擇」。「必須選擇」是由於我們所擁有的資源是有限的、稀少的，「可以選擇」則是指資源具備多種的用途。

　　經濟學除了研究「稀少」的特性外，另一個經濟典範(paradigm)就是「競爭」(competition)。經濟學也就是主要透過成本(cost)效益(benefit)的分析(analysis)，討論社會及個人做選擇的問題。更簡單地說，就是選擇相關問題之方法的 ABC。

　　根據「稀少性定律」(law of scarcity)，所謂稀少(scarcity) 或有限(limited) ，指的不是資源絕對數量的多寡，而是指相對於人們想要的數量，無法讓人毫無節制地予取予求，可以不花代價而任意取用，因此不是稀少或有限的，這類物品稱為「自由財」(free goods)。

　　相對地，那些稀少的，必須花費代價才能取得的東西，就稱為「經濟財」(economic goods)。「經濟財」是指市場價格大於零的財貨消費者必須花錢買的商品，如房屋、熱狗等，有別於特殊指定時地價格為零之財貨或勞務，如空氣、日光等的「自由財」。

　　美國有一本小說《蘇菲的選擇》（*Sophie's Choice*）中敘述：集中營的人對母親蘇菲說，別說我沒有給你自由，我給你自由，你能做一個選擇，要留下那一個小孩？哪一個小孩被殺？這是自由嗎？光有選擇不是自由。但是現在消費的選擇，多半就像蘇菲的選擇，沒有給你真正的權力。

　　問你要買那一款車，問題是你想坐捷運呢？這需要公眾的選擇才能興建。真正的自由，應該給你真正的權力，你可以決定菜單，決定菜單有哪些菜類？而不是只能選菜單上的菜，這才是真正的民主政治。

　　「自由財」由於不是稀少的，可以無限制供應人們所需，但是有時也不是免費的，如陽光對夏威夷的居民而言，是免費，但是對觀光客就必須花時間、精力，及金錢才能到那邊度假。

　　總體而言，凡不涉及選擇的問題，就不被列入經濟學討論的範圍。所以，經濟學是所有關乎人們從事選擇的學問，雖然它沒有告訴我們該選擇什麼，只是幫助我們了解選擇的結果；而社會學則是關乎所有那些沒有能力作選擇的人。

　　史蒂格勒(Stephen M. Stigler, 1941-)認為，經濟學的終極目標是增加人們對經濟生活的理解，理解到底發生了什麼事情，以及為什麼。近目標則是

形成一套理論或概念體系，以及幫助界定經濟生活的核心因素，並藉此實現終極目標。

　　哈佛大學經濟學教授麥基(N. Gregory Mankiw, 1958-)指出，學習經濟學的理由有三：第一是它將協助了解你所居住的世界；第二是它將讓你成為更敏銳的經濟社會參與者；第三是它將讓你更清楚經濟政策的潛力和限制。所以，要界定是否為經濟問題，簡單說來，只要涉及「選擇」的問題，都是經濟問題。資源的稀少迫使每一經濟體系都必須有所選擇。因此，「選擇」乃是經濟學的核心。

　　反過來說，如天生的才能與人性、大自然所賜予的資源與大自然變化，以及人們不必選擇或無法選擇的事物，就不是經濟問題。因為經濟學視這些為已知的既定條件，經濟學探討的是在這些既定條件下，人們如何從事種種的選擇行為。

　　換言之，經濟學研究選擇的問題，它並沒有告訴我們該選擇什麼，只是幫助我們了解選擇的結果。譬如說，貧困是一件痛苦的事，如果我們曉得病根，早該治療痊癒了，答案顯然不會只有一個。

　　經濟學的貢獻，是人類可以運用這些學理，設法以有限的資源滿足人類無窮的慾望。假如沒有經濟學的研究，人類所面臨的貧窮、失業、物價上升或資源誤用將更嚴重。雖然經濟學並不一定可以提出一組保證有效的定律，但確能提供一套系統化的思考方式與工具，透過比較科學的方法協助我們了解並應付許多經濟問題。

　　另外，在社會科學的研究方法中，有關「意向並不等於行動」，為使「意向」接近「行動」，應讓其間所牽涉到的成本與利益為人所了解，才能測出真正的「意向」。所謂存在不一定合理，但是存在一定有原因，由於經濟分析的角度，可以試著解釋各式各樣的社會現象。

　　經濟學本身的邏輯必然要求將經濟分析運用到更廣泛的社會現象中。經濟問題實際上就是如何有效率地選擇合理運用資源的方法，無論這種資源是美元、奶油冰淇淋，還是閒暇，或者是誠實和技能所帶來的聲譽。

　　經濟學者對經濟理論的表達方式，主要文字通俗，用簡單的幾何圖解表

示，和數學模型。尤其經濟模型的好壞不全是依其假設之是否合乎實際來判斷，而是依模型解釋現象與預測未來之能力來判斷。如果我們以「超車」行為做例子，我們接受「若己車與對面來車交會所需的時間，大於己車超越前車後切入原車道的時間，則決定超車；反之則決定不超車」。我們覺得這模型很有道理，但不切實際。因為開車的人幾乎很難在超車瞬間真正去計算超車、會車所需的時間。

所以，用數學的式子來解析經濟學原理，以簡馭繁，使許多經濟理論變化建立模型(model)，如 1896 年柏萊圖(Vilfredo Federico Damaso Pareto, 1848-1923)的《政治經濟學講義》(*Manual of Political Economy*)，對多種生產因素的選擇，用數學符號來分析。

這位義大利籍的經濟學家認為，富人與窮人各佔所得的比例基本上並未改變，財富分配絕對的不平均，充分反映社會各階層能力與天賦的分配，和多數理應貧困的窮人比起來，有權享受財富的只是少數，而有資格享受鉅額財富的更是鳳毛麟角，這就是柏萊圖的所得分配法則(Pareto's law of income distribution)。

從 1776 年起算至今已逾二百年，由於科技發達，數理分析工具已普遍被接受，經濟學的分析工具借用數學及統計學之處頗多。自由經濟學家、有貨幣主義之父尊稱的傅利曼(Milton Friedman, 1912-2006) 指出，評斷一個模型的優劣，並不在於檢驗這個模型的假設是否與實際情況完全相應。

模型所得的結論是否能預測經濟現象，才是模型最重要的功能。當然，所有的科學家都必須建構模型。物理學安於牛頓重力模型已久；天文學家仍然使用哥白尼的典範。

孔恩(Thomas Kuhn, 1922-1996)著名且引起爭論的作品《科學革命的結構》(*The Structure of Scientific Revolution*)，就是追溯這些模型的發展。然而，為什麼經濟學比這些「難懂」的科學更加困難。

如果我們想像一名正在進行腎臟手術的外科醫生，在翻閱 X 光報告之後，這名醫生知道病人右邊腎臟的位置在結腸下方的一英吋。然而想像一下，當這名醫生執行手術的同時，腎臟卻移動了位置。

　　經濟現象就是如此，當經濟學家將變因過濾出來，並估計它造成影響時，影響程度卻早已改變了。經濟學可能不是一門難懂的科學，但這不意味它是一門簡單的科學。因為，經濟問題太多變了，很難固定在適當的地方細細的研究。

　　克魯曼(Paul Krugman, 1953-)認為，經濟學家的主要概念很簡單，無非是一個命題：人們往往會善用各種機會，加上觀察我的機會常常取決於你的行為，反之亦然。

　　但要將這些想法應用於個別情況，比如技術進步對就業、國際貿易對工資、貨幣供給對經濟成長等影響，再再需要進一步深思，而少許的數學與一些專業化的術語，正可確保你在做這樣的思考時，不致於離題。

　　經濟學家研究經濟學似乎並不需要任何特殊的天份，從知識上來看，經濟學比起哲學或純粹科學來，難道不是一門十分容易的學科嗎？但卻少有人十分專精，究其原因或許因為大經濟學家必須擁有難達到的多方面才能。

　　在某種程度上，他必須兼具數學家、歷史學家、政治學家及哲學家於一身。它必須了解符號而以文學說出來，他必須從一般性去思考特殊性，他必須在同樣的思惟狀態中，同時觸及抽象與具體。

　　為了未來的目的，他必須從過去的借鏡之中去研究現在。他必須完全考慮到人性或是他制度的每一部分，他必須同時兼具「目的性」與「不關心」兩種心態，他必須像藝術家一樣地超然與不世俗，但有時候同時又必須像政客一樣地人性。

　　凱因斯(J. M. Keynes, 1883-1946) 希望大家把經濟學家當成水電工人或牙醫來對待，把經濟學家當成是有特定技能的技術人員，而不是一個意識形態改革的共同冒險者。

　　所謂「經濟」，不外是關於工作、房地產、銀行與投資等錯綜複雜的資訊，但經濟學的工具也可以很輕鬆的運用到。經濟學這門主要是一組工具，而不是有特定主題，無論多麼稀奇古怪，未必不能納入它的範疇中。

　　經濟學範圍從應用觀點來看，如：人力與自然資源應用、價格決定、所得分配、經濟成長維持與增進。從研究角度來看，如：經濟理論探討與發

現，經濟學研究方法改進與經濟因素測度、經濟政策提供與評估、經濟史演繹與現實關連。從社會現象來看，如：個體經濟學(micro economics)與總體經濟學(macro economics)。

個體經濟學以個別決策單位（如家庭、廠商）為研究對象，是分析經濟選擇的個別影響，主要分析工具是價格理論(price theory)或廠商理論(firm theory)，以探討經濟個體，如個別要素或商品之數量與價格。

個體經濟學就好比是用顯微鏡去觀察其經濟本體，以分析其中成千上萬的細胞，做為消費者的個人或家戶，以及做為生產者的個人或廠商，在經濟體系中扮演什麼樣的角色。

總體經濟學則以集體決策單位（如社會、政府）為研究對象，是分析經濟選擇的整體現象，主要分析工具是國民所得理論(national income theory)或就業理論(employment theory)，以探討經濟總量，如總消費、總投資、一般物價水準、政府收支、就業等等。

個體經濟與總體經濟好比樹木與樹林是相輔相成而不是涇渭分明，僅為作分析研究之方便才劃分。若以個體的角度為例，在臺灣是走路成本最大，效益最低的交通方式；摩托車是成本最低，效益最大。

若以總體的角度思考，行走是最值得推廣，既可不必使用任何交通工具，也環保又有益健康；摩托車則會帶來整個社會最大的外部成本，不但事故多，也因不守法而影響交通。

簡言之，觀察理性個人的決策過程，以及其決策在個別市場的影響，就是個體經濟；集合個人的理性經濟決策，即形成社會的整體經濟現象，稱為總體經濟。

經濟學範圍從價值層面來看，如：「規範經濟學」(normative economics)與實證經濟學(positive economics)。

規範經濟學是始於 19 世紀歐洲學術思想的影響，當時認為對人文、倫理哲學的研究是屬於規範問題，是從主觀的價值判斷分析經濟現象的應然面，以是非善惡為標準，研究應該與不應該，屬於當為(ought to be)的探討，亦稱「唯善經濟學」。對於所有事情的評斷都帶有先入為主的主觀意

識，這樣的人所奉行的就是所謂的「規範經濟學」。

實證經濟學是受牛頓萬有引力影響，以客觀存在(to be)作為實證呈現，以科學方法來說明和作實證(what is)之探討，是分析經濟現象的實然面，不涉價值判斷，只管事實的真相加以解釋，亦稱「唯真經濟學」。這類人所想要的表現方式必須符合現狀，而不帶有任何主觀意識所奉行的就是「實證經濟學」，是為現代經濟學研究的主流。

但經濟學是門社會科學，不能放在實驗室作重複驗證，在實證理論的做法不能像自然科學一樣客觀，畢竟其討論的是人的行為，既然是人，無法人人客觀，主觀成分還是擺脫不了。因此，當今世界各國經濟制度之擬訂，路線之爭可想而知。

規範經濟學既要處理「該如何」的問題，便不能離開實證經濟學而獨存。因為，若決意採用某項政策措施，必須能夠證明該項政策措施的後果較其他措施為佳，而這種預測後果的任務係由實證經濟學所承負。

若要令經濟政策措施獲得更多數人的同意，實證經濟學的進展較規範經濟學的進展有更多的裨益。例如，政府推行全民健保，可以為貧苦家庭創造30 億醫療保健服務的「效益」，但是中產階級和有錢人因為這項政策，而使總稅負增加的「成本」卻不易估量。

由於政策的成本效益不易估量，而無法告訴我們政策的絕對利益時，利用主觀的價值判斷(道德訴求)來進行政策的抉擇，亦即「規範性」分析，便是政府的重要訴求。事實上，道德訴求引領政策的做法隱含了政府對特定群體或規則的偏好，而不是光看政策本身的利弊後果來判斷。

經濟學家對社會上所謂受過一些經濟訓練的人的貢獻，猶如助聽器幫助聾子欣賞交響樂一般，雖然未能具有聽音樂的才華，但至少可以意識到音樂究竟是怎麼一回事。所以，初學者焉能不加以深探經濟學的其中奧妙。

當然，從事於經濟學研究者強調從經濟學的角度來分析社會現象，同時也與其他學科一起探討，如策略經濟學、教育經濟學、福利經濟學、法律經濟學、運輸經濟學、資訊經濟學、都市經濟學、環境經濟學、歷史經濟學、生活經濟學、家庭經濟學等。所以，經濟系所開設的專修科目範圍極廣，每

所學校依其特性開設課程。

個體經濟學是以個別消費及個別廠商為研究重點；總體經濟學是以國民所得、物價、利率、就業為分析。產業經濟學則介於個別廠商與總體經濟學之間，如所有個別食品廠商集合構成食品業，所有食品業、紡織業、金融業等等的集合，及構成整體經濟。

所以產業經濟學可分成三個方向：有以研究產業與產業之間投入產出的關係，及產業關聯分析；另有以研究產業發展、供需及競爭力變化為重點的產業發展分析；有以市場結構、市場行為及產業績效為重點的產業組織分析。

1972 年諾貝爾經濟學得主艾羅(K. J. Arrow, 1921-2017) 指出，知識(knowledge)在社會上的功用，開啟了知識經濟與資訊經濟近 60 年來的發展與其重要性。艾羅認為組織分工與專業化，目的在有效收集資訊與傳遞資訊，俾利有效率的達成經濟目標。

中央警察大學交通管理學系開有運輸經濟學，法律系也可以開法律經濟學或財經法律等。譬如一些法律和經濟學的知名專家坐在法庭上，影響數百萬人的生活。

沒有人逃得過經濟學家，甚至坐牢的犯人也會擔心某個研究生可能正在進行關於牢房的經濟分析，或許他會證明，只供給水和麵包的牢房，能讓累犯的比率達到最低。所以，警大犯罪防治學系也可以開有犯罪經濟學等課程。

狹義的經濟學所探討的理性選擇，都是如何生產、如何消費、該不該貿易、要不要管制匯率等；而廣義的經濟學自 1960 年代起，貝克(Gary S. Becker, 1930-2014)將「理性決策」的範圍擴至犯罪是潛在犯罪者的決策。

所以，刑事政策也應納入經濟分析，政客與選民行為的政治學也納入；結婚、離婚、生兒育女、教育、贈與都是父母的決策，同時法規制度也應納入。

沈復在《浮生六記》指出，人生坎坷何為乎來哉？往往皆自作孽耳，余則非也，多情重諾，爽直不羈，轉因之為累。這段話是對沈復夫妻終究還是

逃不出貧困與失敗的摧殘，而沈復始終都無法明白，何以命運不得他們夫妻倆快意人生。

基本上，經濟生活有三個不同的面向，就是工作、所得與消費。所得要視生產而定、支出要視所得而定、消費則視生產而定。所得、生產與支出之間的關聯性，同樣適用於個人、家庭、企業組織和整體經濟。

我們也可以說經濟學係以貧困為其研究對象，因為貧困與罪惡(墮落)有密切關係。雖然大多數的經濟學家對於發社會福利券或現金補貼窮人的博愛主義感到毛骨悚然，但是窮人如果有更多的金錢，就能支配更多的資源，就會有更多霍布思(Thomas Hobbes, 1588-1679)所謂的「權力」，以現下可掌握的工具去獲取未來的某些明顯的好處。

1588 年霍布思生於英國，當時都鐸王朝(1485-1603)的伊麗莎白時代(1558-1603)，是英國歷史上王權的極盛時期。父親是牧師，母親出身於一個自耕農的家庭，14 歲進入牛津大學馬格達林學院(Magdalen Hall, Oxford)，獲學士學位，留校講授邏輯學，後擔任卡文迪什(William Cavendish)家族的家庭教師。

1610 年霍布思陪同其學生的第一次遊歷法國、義大利等國，16 年後受聘克林頓(Gervase Clinton)家族的家庭教師，1629 年陪同學生第二次歐洲國家之旅，1634-1637 年第三次遊歷歐洲，1640 年因批評政府的專制而流亡法國。

1651 年霍布思返國的歸順克倫威爾（Oliver Cromwell, 1599-1658）政權，並出版《利維坦》*(Leviathan)*一書。1660 年王朝復辟，昔日他在法國流亡宮廷教授的學生威爾士王子，返回英國成為查理二世（Charles II, 1630-1685），得到國王的恩寵。晚年的霍布思筆耕不斷，惟始終被拒於皇家學院之外，1678 年他以 91 歲高齡逝世。

霍布思所指以權力獲得明顯的好處，我們引蘇格拉底的見解，認為有些「明顯」的好處，比方說迷幻藥之於吸毒者，並不見得真的是好處。蘇格拉底還認為，金錢並不是取得許多重要物品不可或缺的手段。一個人追求的是智慧，那麼他最需要的不是鈔票，而是父母親給他的聰明才智、自我期許要

求，以及良師益友等等。

邱吉爾爵士(Sir Winston Leonard Spencer Churchill, 1874-1965)與他的初戀情人，因為邱吉爾的財務狀況不好而影響其愛情的結果。2003 年 12 月邱吉爾生前寫給情人潘蜜拉普勞登的 37 封情書在拍賣市場被曝光，其中有封信是邱吉爾對潘蜜拉普勞登求婚，而被潘蜜拉普勞登的父親拒絕的主要因素。

這時的邱吉爾寫信告訴潘蜜拉普勞登指出，如果我是夢想家……我會說……嫁給我吧，我會征服全世界，把它放在妳腳下……結婚有兩個必備條件：金錢和雙方同意……兩者似都欠缺。當時邱吉爾只是駐加爾各答的年輕軍官，潘蜜拉普勞登後來嫁給印度總督萊頓伯爵的兒子赫茲。

曾在紐約時報撰寫專欄長達 23 年之久的經濟評論家席爾克(Leonard Silk, 1918-1995)指出，經濟學是哲學的一支，是一種道德哲學，如同亞當‧史密斯(Adam Smith)那個時代的深信。因為，早在《國富論》大作在 1776 年問世之前，亞當‧史密斯已經在 1759 年因為有關倫理學的著作《道德情操論》(*The Theory of Moral Sentiments*)而享有盛名，已經建立起「哲學家亞當‧史密斯」的美名。

試想如果一個人全心全意的只想賺錢，那麼不論何時何地，他的行為必定都會反映出這個唯一目的。如果是出於道德感的責任，一般人將可期之以良心，良心即是「警告有人正在注視我們的內在聲音」，也就是遵守法律來謀取其該有的利益。

但是有不少人被迫逾越法律或道德規範的這條界線，作出邪惡的事情，或許資本主義的態度是可以改善了，但資本主義的道德卻不一定進步。社會上流傳久遠、習以為常的規範，即使是道德層面的，其實隱隱然也有其理性支撐；若無理性支撐，這些規範通常不太容易長久存在於社會。

經濟學的任務在於改善人群，尤其是其中的窮人。我們永遠無法確知是否掌握到了整個真理，但我確信總有某種真理的存在，必須用整個心靈來追求，並對各種事實充分敬虔，如果可能應該再加上謙虛與幽默感。換言之，永遠不要忘記經濟學以及人生的第一課就是自助、人助、互助，然後天助。

　　不論經濟學或是哲學，畢竟都直接影響到每一個人，特別是現代科技帶來經濟發展與生活的改變，消費者重視政府政策或企業產品是否提高人類生活水準。例如摩托羅拉執手機科技牛耳，飛利浦強調自己是「全球第一的電子廠商」，都難以撼動諾基亞「科技始終來自人性」的觀念，及依此觀念生產的簡易操作手機。

　　現代人的消費哲學是在乎自己購買產品的品質、在乎服務態度、享受消費過程的樂趣，不在乎是否強調改革進步、是否技術領先、或是是否世界第一大。新的哲學觀念改造了經濟科技的生產方向。

　　真正好的經濟學者必須同時擁有多方面的才能。在某種程度上必須是個數學家、歷史學家、政治家或哲學家，他必須能理解符號而用文字說理，他必須能以通則來思考個案而同時掌握抽象原則與實際現象，他必須能以過去了解現在而且著眼於未來，人的本性和典章制度常在他的考慮之中，他必須同時心存目標和超越利害，像藝術家一樣執著但又像政治家一樣了解世界運行的法則。

　　從傳統的角度來看，經濟學是哲學的一種。雖然近代經濟學的研究已相當的科學及量化，但是與物理、化學相比，經濟學只能算是一種軟性的科學。由於歷史的資料有其不可重複性，而經濟的數據往往又包括了許多複雜的行為變數，因此傳統上一般學者不認為經濟學是可重複實驗的方法來加以驗證的。

　　我們不能勸告經濟學家不去理睬其他部門的知識，不管對哪們學科採不理睬的態度，絕不是尋求真理的最有效辦法。為防止採用數學、物理學、生物學、歷史學或法律學的方法去研究經濟學因而糟蹋經濟學，我們需要作的並不是貶抑或輕視那些學科；相反的，而是要去了解並精通那些學科。

　　想要在行為學有所成就的人，應該對數學、物理學、生物學、歷史學或法律學都相當通曉，否則他會把人的行為學的任務和方法與其他學科的任務和方法弄得混淆不清。

　　研究經濟學要能像經濟學家般地思考，而經濟學家般地思考所代表的就是：第一、經濟學家是科學家，要具備觀察、理論，以及更多觀察的科學方

法；要清楚假設所扮演的角色；要能充分利用經濟模型；要釐清個體經濟學和總體經濟學的關連性。

第二、經濟學家是一政策顧問，要能澄清經濟學家所扮演實證和規範分析的兩種角色；經濟學對政策的影響超越其所扮演的顧問角色，通常他們的研究和著作間接地影響政策。

第三、為何經濟學家意見不一致：主要因為科學判斷的不同、價值的不同，以及認知與實際的差異。

「好的理論是最實用的」。理論必須適當發展，以便去除現象中種種無關緊要的因素，但同時必須與所有的關鍵因素密切結合。只有當它被運用在對的地方時才是好的，與它複雜與否或精確程度無關。目標不同，所用的理論就有所不同。

經濟理論、經濟政策、經濟史三者鼎立，儘管凱因斯(J. M. keynes) 指出，國家經濟政策並不關注「下層社會」(lower orders)的福利，但政府要施展經濟政策，要有經濟理論基礎，而理論正確與否，要接受經濟史的驗證。

經濟理論的影響人類社會，就如自認為不受知識影響而偏重實務的人，事實上經常是某些經濟學家觀念的奴隸。觀念的改變人心，遠比既得利益的權力更具影響力。

每套社會制度和每個人的行為處世背後，都有一套原則或理論，唯有正視理論的研究，才不會被不正確的理論所誤導。所謂「知的經濟學」是指解釋現象之經濟學泛理論，「行的經濟學」是指解決問題的方法和可以操作的政策。

知的經濟學是一切關於「Know What」的知識，即知其所以然的經濟知識；而行的經濟學是一切關於「Know How」的經濟知識，即關於解決經濟問題的訣竅。

經濟是生物，不是機器。經濟的個體是依靠慾望、心理而生存在經濟的生物環境中，而不像鐘錶這樣的機器只要政府把發條上緊，它就能無休止的而且準時的走動。

經濟人比如投資者個體，如果利潤不豐或是各種交易成本過高，自然有

如生物不適應環境而進行遷徙的生物圈移動。而所謂經濟小環境，其真實的內核是政治和文化，如果經濟的政治內核不進行根本的改造，經濟遷徙的現象只會越演越烈。

經濟學的研究呈現眾多面向，麥基(N. G. Mankiw, 1958-) 嘗試透過三大部分來一窺經濟學的全貌，並列出其 10 大基本原理：

第一大部分是人們如何做決策，包括人們面臨取捨、機會成本、理性決策者以邊際方式思考，以及人們會對誘因有所反應等四項基本原理，這是屬於個人方面的；

第二大部分是人們如何互動，包括交易讓每個人過得更好、市場經常是一個組織經濟活動的良好方式、政府有時能夠改善市場結果等三項基本原理，這是屬於人與人之間方面的；

第三大部分是整體經濟如何運作，包括一個國家的生活水準取決於該國生產商品和服務的能力、當政府印製太多鈔票時物價上升、社會面臨通貨膨脹與失業間短期抵換關係等三項基本原理，這是屬於總體性國家方面的。

以上觀點，包括個人的、人與人之間的、國家的等三大部分，可以總稱為麥基經濟學的 10 大基本原理。

身為大眾的一份子，我們對於經濟學文獻至少有三種的心理障礙：第一，我們喜歡簡短而浮華的消息；第二，我們喜歡立刻有結果，並且很快就會失去耐性；第三，儘管我們的目光著重短期，但是卻發現要辨認出好時光是很困難的，即使我們已身處其中。

四、政治經濟學的社會性

政治經濟學的社會性意涵，是出現於 19 世紀中葉的馬克思（Karl Marx, 1818-1883）階級理論，主要認為經濟推動政治發展，和政治衝突起因於財富分配過程中的階級鬥爭。因此，政治衝突將終結於市場和階級的消除。

儘管社會中心理論承認帝國主義階段的資本主義開創了國際市場經濟，但以階級為中心理論的馬克思主義觀點對於無產階級定義，是很難適用於財

產權(property right)普遍化、價值多元化的近代社會，而且強調工人階級的貧窮化理論也與實際經濟發展的結果不完全符合。

馬克思主義（Marxism）認為對生產工具的控制，也無法作為階級分類的標準，而強調剝削觀點的勞動價值論，亦隨著勞動在生產過程中所占比率的遞減而被否定。近年來更隨著蘇聯解體、東歐國家及中國大陸轉向市場經濟，馬克思主義所強調的「國家機關是資產階級的管理委員會」已非國際強權主義國家的發展主流。

以「階級」為中心理論所引發的社會性議題當修正以「公民」為中心理論的社會性議題，較為符合關心社會公平與正義。亦即社會中心理論所引發國家內部動盪、民心不安、抗爭不斷等違反社會公平正義的議題上。

從政治經濟的社會化，一般政治文化的類型有參與型、臣屬型、偏狹型。美國有名政治學者亞蒙 (G. A. Almond, 1911-2002) 與包威爾 (G. B. Powell) 指出，政治文化是一種國家在某一時期人民對當前政治現象所具有的態度、信仰和感覺。以選舉為例，政黨會在選舉過程中採用各種讓其政黨獲勝的策略，如棄保效應。

政經社會化指的是一個社會的成員學習政治經濟文化的一個發展過程。它是政經文化得以延續的手段，而政經社會化的成敗則會直接影響民眾對國家的認同與對政府的態度。扮演政經社會化角色的相關團體，簡單可分為家庭、學校、同輩、媒體、政府等。

五、政治經濟學的整合性

根據政治經濟學的分析，政治與經濟的共通性可從相同本質、共同基礎，和社會歷史結構中的自利行為者等三方面敘述。

政治與經濟的相同本質：經濟所關心的是手中資源的有效利用，而政治則是資源的增加。經濟學追求資源利用最適境界(optimun)的經濟化邏輯，與政治講求資源汲取極大化的政治權力邏輯，都可視為行為者汲取資源本質的共通性。

　　政治與經濟分析的共同基礎：政治與經濟的行為者，包括自然人、法人及其他以組織型態出現而能表達組織意志的團體，例如各種利益團體、廠商、民間團體、政黨、國家機關等。這些組織或團體，都擁有稟賦(endowments)，表達意願並追求利益，可視為政治與經濟的基本分析單位。

　　社會歷史結構中的自利行為者：政治經濟的行為者與其稟賦的特質，基本上是在「自利心」的驅使下，直接影響其政治、經濟行為的內容和方向。因此，各行為之間的靜態結構關係與動態互動的過程，事實上涉及權力關係與權力運作，而權力運作又涉及其標的利益。所以，若能了解利益與權力的相關特質，必有助於掌握行為者的結構關係與互動過程。

　　由於市場會出現失靈現象，在某些情況下，市場機能的充分發揮並無法維持市場的完全競爭，一旦獨占形成必是造成經濟福利的減少，和所得分配的不均，難達成經濟公平。即使市場完全競爭能維持，但外部性(externality)與公共財(public goods)等問題，始終存在的情況下，市場機能也難圓滿達成經濟效率。

　　為追求經濟效率，整體社會須付出代價，在調整競爭成本的過程中，增加了社會成本的支出。由於交易成本過高，致使不能形成市場經濟活動的因素依然存在。基本上，一個經濟活動的運作，除了資產權利界定之外，是需要有多種不同的組織協助。

　　市場只是家庭、公司、工商組織等之外的其中一種。在權利界定下，這些組織的選擇，主要是為了降低交易費用，市場並非唯一的選項，如果再加上道德倫理的考量與人的自私，這選擇變得更複雜了。

　　非經濟面的市場歧視，諸如對性別、種族等弱勢團體的歧視，視作為一項「物品」，對歧視作需求、對歧視有偏好，必須支付代價。在成本增加的抑制下也許會減輕歧視程度，但這需要讓當事人從內心主動發出的效果才會大。

　　也因此彰顯政府經濟職能的重要性，其中包括：第一，訂定法令規章：遊戲規則諸如公司法、證券交易法、公平交易法等；第二，重分配所得：政府透過徵稅，照顧弱勢團體，或是在產業結構調整中受到傷害的產業；第

三，提供公共財：公共建設諸如水電、交通等設施；第四，謀求經濟穩定成長：每年經濟成長率、提供投資環境、維持良好的治安。

但因為政府也會出現失靈的現象，包括有：因考慮政治層面導致未能符合經濟學理；一般人缺少確實求知的態度，容易產生「理性的愚昧」(rational ignorance)；由於特殊利益集團的介入，扭曲了政策的真正目標；為追求符合民主程序，有損經濟效率的發揮，與資源的遭受誤用；過於強調行政層級的僵化制度，影響行政效率。

政治與經濟的整合，主要是解決以下問題：由於許多公共財，實際上，各具有不同程度的無排他性或非獨享性；政府提供公共財，也同樣受制於因市場資訊的缺乏、不當誘因、獨占扭曲與外部性而失靈；提出負面外部性的最適水準為零的觀點；零碎政策產生以為政策矯正的一部分勝過什麼事也不做的錯誤現象；政府是否能夠獨立處理配置與分配的議題。

綜合上述政治經濟學整合性思想的發展與變遷，以政府為中心的政治理論、以市場為中心的經濟理論，和以社會為中心的社會理論等三項議題之間的互動關係，亦同時嵌入國家發展所連結到國際關係的議題之中，形塑政治經濟思想的建構與發展。

在科際整合在理論上，除了經濟學的基本觀念介紹之外，諾斯(Douglass Cecil North, 1920 -2015)所指的「公共議題經濟學」，其所討論的就是經常發生在我們生活週遭的重要議題，如醫療、保險、環保、勞工、教育等，利用經濟學的分析工具，包括稀少性、取捨、機會成本、供需法則與邊際分析等，從不同的角度，對這些熱門議題進行分析與討論。

諾貝爾經濟學獎得主貝克(Gary S. Becker, 1930 - 2014)所寫的《家庭論》(*A Treatise on the Family*)，他以理性選擇或經濟分析角度，深入解析婚姻、生育、家庭分工，以及其他各種非物質性行為，在傳統家庭結構解體的現代社會，提供了一個深具啟示的科際整合的發展理論。

諾貝爾經濟學獎得主史迪格里茲(Joseph E. Stiglitz, 1943-)評論美國 1990年代的經濟榮枯盛衰指出，經濟學是他研究的起點，然而他卻不得不探討經濟學以外的問題，諸如政府與市場均衡的角色、全球化經濟的社會公平正義

論題。

對於非經濟系的本科生而言，由於學習目的的不同，對經濟學的情懷就有點像社會大眾一樣，知道經濟學很重要，也想略通一些，可是未必能夠登堂入室，一窺堂奧。

然而，社會、政治與經濟對國家發展又是如此重要。因此，經濟學是一座橋樑，連接彼此，將社會上普遍的生活經驗與生命尊嚴、國家經濟發展等範疇，藉由社會與經濟加以貫穿，這是介紹社會與政治經濟關係的主要目的，也就是我時常要加以強調的所謂「通識的整合性知識」。

以現實而言，經濟學家能夠避免參與社會和道德等現實問題的討論，是一件好事，結果就是造成對各種呼聲的裝聾作啞。歷史是不容否認經濟學以一門科學自居而置身度外，實在是因為無力解決偉大的古典傳統制度的缺點和不公，而逃避責任的託詞。

至今，這個說法仍是許多經濟學家過著與世無爭，生活在象牙塔裏的最好藉口。經濟學家也應如在政治上以敢言而著稱，而於 2005 年獲得諾貝爾文學獎的英國劇作家品特（Harold Pinter, 1930-2008）所指出的作家一樣，因為他認為作家的責任重大，就是應指出一種現象讓人檢驗，人民的責任則是「界定我們生命和社會的真理」。

檢視有效的市場經濟制度深植在精心策劃的社會、政治和文化關係中，在這種關係之外，市場經濟制度就無法發揮功用。所以，經濟非純然經濟學理論，而是政治學、社會學、心理學、和法律學，加上經濟學。

例如在生活經濟學有關的相關研究發現，美國社會接受婦女墮胎之後，犯罪率下降，因為不接受墮胎，勉強生下的小孩，社經條件較弱，長大之後，犯罪比率較高；又如離婚法規寬鬆之後，家庭暴力案件相對減少。

警察或司法是正義的化身，警察也必須從生活與工作中遵守倫理，從「生」到「活」，甚至到「死」，彷彿是一條條持續在開鑿、拓寬並不斷延伸的道路，而「倫理」則如同一般生活用品，經常地被我們使用著的所謂「開門七件事」，件件都與社會生活交關，而主其事者乃始終與「倫理」相關。

人道主義者史懷哲(Albert Schweitzer, 1875-1965)指出，尊重生命倫理的財務管理觀點，是強調自己賺得或繼承來的財富，應該用來為公眾造福謀利，但不是經由社會所採取的任何措施，而應該是由個人絕對自由地做決定。這種倫理主張是從普遍性責任感的增進來完成所有的事情，所以它視財富為社會的財富，而社會係把其管理權給與個人來獨立處理。

海耶克 (F. A. Hayek, 1899-1992) 指出，只是扮演一個經濟學者的人，不會是一位好的經濟學者 (One who is only an economist cannot be a good economist)。我主張的警察政經論(A Treatise on Policing Economy)就是採取人文社會科學與警察學的理論整合(integration)，並希望在實務中作印證，它也必然要顧及政治經濟與警察的倫理，也就是說「警察生活中有政經倫理，政經倫理中有警察生活」，社會發展是生活在政經制度之中，或是透過政經制度運作下的社會生活。

警察政經論除了警察學與政治經濟學的基本理論之外，也整合了政治的、社會的、法律的、歷史的，甚至是文學的觀點，嘗試為警察政經論開闢出一條新的研究道路來。亦即要將政經理論應用到許多社會上重要的主題，要提高同學學習的樂趣，讓理論與實務相結合，是科際整合性的新思維與應用。

我總是鼓勵學生閱讀雨果（Victor Marie Hugo, 1802-1885）的《悲慘世界》(Les Misérables, 另有譯名《孤星淚》)，和梭盧(Henry David Thoreau, 1844-1910)的《湖濱散記》(Walden)，甚至探討瑞典犯罪小說作家賀寧‧曼凱爾 (Henning Georg Mankell, 1948-2015)，所寫《死亡錯步》(Sidetracked)、《無臉殺手》(Mordare Utan Ansikte)等犯罪推理小說。

當代科際整合理論的新思維，政治經濟學為整個社會科學所帶來的普世價值，在我們面對重大人類問題時，能夠理解這些問題並且處理得更為完善。社會學、犯罪學、心理學、政治學等各個學科，越來越倚重政治經濟學所帶來的啟發。

史蒂格勒(George J. Stigler, 1911-1991)指出，經濟學帝國主義列車已經啟動，但是經濟學家也必須更加重視各種規則，正如道德以及社會反應的角

色等為其研究所帶來的影響。

　　因此，政治經濟學的拋棄弔詭、互斥或衝突，而走向整合性知識的通識政治經濟學之路，讓我們一起努力吧。

第二章　傳統政治經濟學

> 無論人們會認為某人怎樣自私，在個人的天賦中總是明顯地存在著
> 這樣一些本性，這些本性使他關心別人的命運，把別人的幸福看成
> 是自己的事情，雖然他除了看到別人幸福而感到高興之外，一無所
> 得。
>
> 　　　　　　　　　亞當·史密斯(Adam Smith, 1723-1790)

一、希臘羅馬的政治經濟

　　認識經濟學之前必先了解經濟史，許多經濟史的作者都認為經濟思想史是獨立的生命體，具有獨立的發展過程。因而，經濟思想的進展往往是理論抽象的，先有創新理論，接著有人承先啟後，將他的理論加以修正潤飾，完全沒有顧及當時的經濟環境背景。協助分析判斷，我們又怎麼能看清經濟趨勢的走向呢？

　　著名經濟學家熊彼得（Joseph Alois Schumpeter, 1883-1950）也曾在他的著作中替「為什麼要了解和研究經濟學史」的問題下了註解，他認為經濟學是人類為了了解經濟現象所努力的歷史，因此經濟學歷史就等於經濟分析史，雖然相關理論隨著時代變遷可能會被摒棄不用，但這是一個演化的過程，被摒棄的理論中或許也藏有值得吸收的養分，即便無法再適用於現今的經濟狀況，但也能從過去人類的思維模式中獲得新的靈感。

　　事實上，政治經濟思想同是特殊時空背景下的產物，無法與當時的環境脫節，世界不停的轉型改變，如果政經思想要與時代脈絡相結合，也必須隨之改變。

馬克思(Karl Marx, 1818-1883)指出，任何時代所接受的都只是符合統治階級經濟利益的思想，因為思想一直在改變，其特性是隨物質生產而變動的，一個時代最具支配力的思想，就是這個時代統治階級的「唯物」思想。

對美好或邪惡的事物都具有危險性的是思想觀念，而非既得利益者，我們都必須接受思想觀念是時代發展的龐巨驅動力的說法。實行者自以為不受任何理性的影響，實際上卻往往成某個已故政治經濟學家的奴隸。狂人掌權自以為受命於天，實際上他們的狂想與行為卻往往取自先年前某個學者的思想。

確信人們過份誇大了既得利益的力量，實際上並不比思想逐漸侵蝕的力量來得大。當然這樣說並不是指馬上，而是指經過一段時間以後，因為在政治經濟學領域能在 25 歲或 30 歲以後接受新理論者畢竟不多，因此公務員、政治家，甚至鼓動家當前所應用的那些理論不可能是最新的。然而真正危險的遲早還是思想，而不是既得利益。

研究西洋政經思想史最遠溯自古希臘時期。希臘城邦政治的代表為雅典和斯巴達。雅典是民主政治，斯巴達是軍國主義的政體。西元前 776 年第一次奧林匹克大會在雅典舉行，其近臨愛琴海的地緣，促使希臘人長於海戰，樂於貿易。

西元前 750 年斯巴達取代雅典，稱霸希臘，採用侵略主義的經濟政策，導致新興資產階級的產生，以及部分農業轉入工商業，形成王宮是政治中心和神殿是宗教中心，亦是貴族、地主及富商寄存金銀財寶的場所。

西元前 333 年亞歷山大帝（Alexander the Great）建立橫跨歐亞非帝國，並將經濟中心東移，而且統一幣制，促進資金流通，擴展航路與貿易。

希臘時期主要政經思想的代表人物諸如：

(一)蘇格拉底(Socrates, 470-399 B.C.)出生於雅典，父親以雕刻為業，幼年雖隨父親學習雕刻，但與志願不合，改習哲學、天文、幾何等。

蘇格拉底家裡有一位兇悍的老婆，所以他喜歡在街上與人交談並進行教化的工作，且不惜與他人展開激烈辯論，終於把當時委詭辯學派打倒，建立了一種新的哲學體系，有「街頭哲學家」之稱，又因批評時政，不容於當

局，而以「不敬神明」、「煽動青年作亂」等罪名，被判死刑，享年 70 歲。蘇格拉底說：「智者就是善人」，一切的德行都是由智慧產生，強調知的啟蒙和行的哲學。

(二)柏拉圖(Platou, 427-347 B.C.)，出生於雅典，系自名門，幼年起受良好教育，20 歲正式成為蘇格拉底的學生，並在蘇格拉底被判死刑之後，周遊埃及、義大利等地，在西西里島淪為奴隸，大約在 40 歲時，才被贖回雅典。

西元前 387 年，也就是在 98 屆奧林匹克運動會的那年，創立「亞加德摩」(Akademie)學院，為學院(Academy)制的源流，是西方第一個類似於大學的學院，柏拉圖在學院中的教授生活，占了他的大半生，柏拉圖展開第二次周遊，但是和以前一樣，沒有一個國君採用他的政治理想，從此，靜心在學院中授課，享年 80 歲。

他理想中的國度，是一個完整的政經體系，是文明生活所需各種職業和工作的集合體。這個國度由監護人(guardians)負責統馭和保護，而監護人必須過著苦行僧般的禁慾生活，除了基本的生活必需品外，不能擁有財產，收入嚴格限制，一但他們有了自己的房子、土地和金錢，將不再是監護人，而是管家和百姓，也將不再是其他居民的盟友，而是敵人和暴君。

政經社會的底層民眾可以擁有自由企業，但權力必須奉獻給純粹共產主義道德的上位擁有者，當然柏拉圖所傾心的共產思想只侷限於少數團體和軍隊，完全不同於日後主張顛覆或鼓吹社會、經濟和政治平等概念的共產主義宣言。

柏拉圖的《理想國》，全書 10 卷，柏拉圖用了 16 年的時間完成，他的靈魂是來自純粹知識的領域。柏拉圖開始最先提出「國家」的起源問題，認為人有外在和內在的需要，人需要過合群生活，這種需要所結論出來的第一步，就是在國家裡的地位，應該分工合作。

這種分工合作的情形，柏拉圖將社會分成平民、軍人和領袖三大階級，組成一個理想國。國家或政府存在的最大目的，是為人民營造一個安居樂業的生活環境。

(三)塞諾芬(Xenophanes, 440-335 B.C.)出生雅典的貴族家庭，是蘇格拉底的學生，因難於接受蘇格拉底被判死刑，而投效斯巴達，一生戎馬生涯，但著作等身，他的《家政論》(Oikonomikos)，此一詞所指農場管理與家計指南，是屬於政治經濟學中的社會範疇。

塞諾芬對亞里斯多德有關雅典政經的描述不盡贊同，在他所著《居魯士教育》(Cyropaeria)一書中指出，相較於小城市，大城市更能享受貿易所帶來的專業化(specialization)和分工(divison of labor)的利益，這觀點要早於亞當・史密斯(Adam Smith)所主張經濟發展理論的千年以上之久。

(四)亞理斯多德(Aristoteles, 384-322 B.C.)出生於希臘半島東北邊的色雷斯(Chalcidice)，父親是馬其頓王室的御醫，18 歲進入柏拉圖學院成為柏拉圖的學生，長達 20 年直到柏拉圖逝世。隨著波斯入侵，學院被迫結束，亞里斯多德開始他的流亡生活，轉而擔任年僅 13 歲亞歷山大帝的家庭教師。

亞歷山大帝執政後，亞里斯多德隨之進入雅典，並創立利克安(Lykeion)學院，或稱「消遙學院」(Peripatos)，經過 13 年的教授生活，直到亞歷山大帝暴斃巴比倫，亞里斯多德被反對派扣上「親馬其頓而又不敬神」的罪名，再度展開其流亡的生活，然僅僅過了 1 年，不幸的病客死他鄉，享年 63 歲。傳世之作，由消遙學派弟子編成《亞里斯多德全集》。

亞里斯多德的博學多聞，宛如百科全書思想體系的作家，他的著作似乎總括了古代的全部智慧，幾乎在每一領域裡皆是一種「神諭式的聲音」，除了物質科學的領域之外，還涉獵政治、經濟、美學，以及形而上學。

亞里斯多德指出，人生之目的是為了追求幸福，幸福有三個層次：一為「吃喝玩樂」(pleasure)的快樂，缺點是會受役於物；二是「追求榮譽」(honor)，缺點是受制於人；三是「愛慕智慧」(contemplation)，沉思冥想增長智慧，對人間世事能洞察細微，又能悲天憫人，理性自得自賞，自給自足。

希臘時期政經思想主張禁慾說，過自給自足的生活，有共產分配的思想，即使交易也要正價，要講求經濟倫理。

亞里斯多德說：冥想的生活乃是最偉大價值的生活，它遠高於純粹行動

的生活。高貴的人是贈送禮物的人，而不是累積財富的人，禮物是道德的義
務。

　　在希臘時代不管是公家或私人都依賴豢養的勞力(dependent labor)，以
滿足生活所需，由於勞力不需支付工資，自然就不必關心工資是如何決定。
沒有工資、利息、勞力成本的觀念，自然就沒有現代的價格理論，無怪乎亞
理斯多德關心的只是價格是否公平合理。

　　在希臘時代，政治經濟不只是道德學的附屬品和奴婢，而且還受到當時
貴為顯學之道德學的排擠，以致於後來尋求政經理論源頭的開墾者，只能挖
出支離破碎的殘垣破瓦，而未出現完整的政經理論系統。

　　綜合希臘時期經濟思想，主張禁慾說，過自給自足的生活，有共產分配
的思想，即使交易也要正價，講求經濟倫理。希臘城邦沒有大一統之理念，
因人口增多而對外移民，促進商業文明。儘管人民已具有私人財產權觀念，
政府不重視市場交易，過於強調生產和剝削的終致經濟力薄弱。

　　羅馬時期從西元前 51 年凱撒(Gaius Julius Caesar, 100-44 B.C.)的羅馬共
和國已完全取代亞歷山大帝國。羅馬是上古各文化的承受人，同時又是歐洲
文化的大宗師。西元 330 年羅馬帝國分為以羅馬為都的「西羅馬」和以君士
坦丁堡為根據地的「東羅馬」，其經濟發展已農業逐漸轉成強調工商業為主
的社會。

　　羅馬時期政經思想主要的代表人物諸如：

　　(一)伽圖(Marcus Porciius Cato, 234-149 B.C.)，出身於羅馬名門，父親是
一位古典武士，幼年被送往羅馬城外的農村接受農業教育，而對農業的發展
產生高度的情感與興趣，除了發表有關農業的文章之外，伽圖也是一位羅馬
國粹主義的政經理論者，曾擔任元老院議員，並強力主張迦太基滅亡論。伽
圖的名言：「你勿購所欲之物，你宜購所需之物」。在政治有伽圖自裁之
日，便是羅馬共和夭折之時；西元前 46 年凱撒榮歸羅馬之日，便是君主政
治開始之時。

　　(二)瓦爾羅(Marcus Terentius Varro, 116-27 B.C.)，以《羅馬古物考》的
致力於人和神有關古物品的研究而出名。他不但是一位歷史學家，也熱衷政

治性活動，經濟思想上主張以雇工制代替奴隸制。

瓦爾羅崇尚愛國主義，以其崇高道德和教育品質致力於促進偉大羅馬的展現，並將羅馬的未來政經發展和輝煌歷史的銜接起來，他的功利主義思想，讓他的作品對羅馬帝國建立的前後，產生了巨大的影響。

(三)西塞羅(Marcus Tullius Cicero, 106-43 B.C.)，出生於義大利的一個小農村，父親是一位軍人，屬於騎士階級的家庭。西塞羅幼年接受嚴格的學院派教育，研習哲學與法律，不但是一位律師，也是一位出名的雄辯家。他曾任羅馬的民政官和握有執政官的職權。

西塞羅除了在拉丁文學享有崇高的地位之外，在經濟思想上認為農業最有利可圖，當植根於土地的所有制，也贊成分工制，是一位主張個人主義者。西塞羅雖然成長於軍人家庭，但他在政治思想上反對軍人的獨裁專制，支持羅馬的民主共和體制，他是共和國所代表的自由主義的忠誠捍衛者，他的《共和國》(*De Republica*)一書，乃是模倣柏拉圖的《共和國》而撰寫的。

他相信國家是類似社會本能的自然結果，他依循制慾派以國家是合理的制度，而不採逸樂派以國家為由個人的自利所造成；而且他把國家看作一種與一般的社會不同的制度，進而分別國家與政府之不同點，把最後的政權歸諸於國民全體，而以政府為其代理人，導致因而被安東尼(Marcus Antonius, 83-30 B.C.)派人刺死。

羅馬時期受到西賽羅「自然的理性」思想的影響，主張自由契約權，私有財產權，發揮個人主義與自然主義。也因為以自然法作為一種可以適用於世界法制的基礎，這樣羅馬帝國之合意的基礎，遂建立起來了，也形塑《羅馬法》是一部分根據希臘哲學和一部分根據地中海沿岸各民族的普通習慣的修訂而成。

《羅馬法》成為是後世資本主義法律和制度訂定的重要法典。羅馬城周圍的山勢地形，適合於農業和畜牧生活，致使羅馬在共和時代(509-27B.C)始終是重農輕商的非商業國家，認為小農制度的勞動有利於經濟發展。所以，頌揚農業具有崇高道德的優越感。

同時認為貿易是經濟成長的原動力，良好的農業組織和技能是改進貿易的不二法門。由於經濟過於強調財政資本主義性質的重稅與長期征戰結果，雖為羅馬帝國帶來了大量財富和戰利品，也因擴大領土而拓展了市場和取得的原料；相對的，也給羅馬資本主義社會帶來奢靡浪費、道德淪喪的負面效果。

在經濟思想上認為利息，即高利的罪惡，無異乎偷竊或殺人。因此，利息就不被視為一種生產成本，亞里斯多德認為最令人痛恨是把利息當作賺錢手段，貨幣的用途是交換，而不是賺取利息增加財富。放高利貸的人不但飽受詛咒，而且讓人直接和犯罪組織聯想在一起。

羅馬帝國的後期，當私有土地日益擴大時，許多對於小耕農的沒落感到痛心，並對大地主領土的擴增感到憂心，尤其形成嚴重的貴族與奴隸制度，奴隸在貴族的心目中只不過是「能言的家畜」。然而，羅馬人對於非傳統經濟學的領域有一項重大的貢獻，就是羅馬法律和私有財產制的角色。

羅馬在共和時代(509-27 B.C)名義上雖是民主共和，而實質上卻不過是一部良好的貴族政治和寡頭政治的更替史。如果說羅馬人在政經思想上乏善可陳，但是羅馬人肯定並推動私有制度的成果，對未來幾世紀個人慾望與需求的滿足、經濟發展和政治衝突的重要性，是其他政經制度所無法比擬的。

一部《羅馬興亡史》，我們看到羅馬帝國的興於人民忠誠、勇敢、質樸耐勞、服從法律、遵守秩序、肯為人犧牲；但到將亡的時候，它變成怎樣的懶惰、畏怯、自私自利，怎樣的窮奢極欲、淫靡逸豫，因了國民道德的墮落。

政經發展的敗亡出現了生活艱難、人口激減、幣制紛亂、稅制苛擾、官吏貪暴、游民激增、大地主形成、自由農消滅等等嚴重現象。

綜合羅馬時期經濟思想，主張自由契約權，私有財產權，發揮個人主義與自然主義，《羅馬法》是後世資本主義法律和制度訂定的重要依據。為矯正奢侈淫靡的社會風氣，主張重農輕商，採取小農制的勞動有利於經濟發展。

羅馬帝國則禁止元老院的議員及其子女直接參與商務，真正從事商業活

動的是奴隸，但仍無法斷絕其從商業中擷取利益，社會普遍存在著嚴重的階級觀念和組織。羅馬帝國不但陸地上交通便利，海上船運更因為重視艦隊駐防和海盜的清除，海上貿易亦極為繁榮。

帝國政府對國內工商業雖有諸多管制，特別是礦業，但對外則允許貿易，並以貨幣貶值，拓展出口貿易。過於強調重稅與征戰，雖為羅馬帝國擴大領土和占有市場利益；相對的，也給羅馬帶來人民奢靡浪費、道德淪喪的社會不良風氣。

476 年的意涵「奧古斯都」被廢「教皇」代興；羅馬人所保存和擴張的古代文化轉到日耳曼人手裡，進入中古史的時代；以後的歐洲始由唯一的帝國逐漸發展成許多自由的城邦和民族的國家。

二、中古世紀的政治經濟

476 年，西羅馬帝國滅亡之後的從 6 世紀到 11 世紀，因為蠻族入侵而與地中海世界失去接觸，凸顯野蠻民族的國民軍相對於文明民族的國民軍擁有不可抵抗的優勢，亦即牧羊民族的國民軍相對於農民、技工與製造業民族的國民軍擁有的那種優勢，導致政治與經濟整合了希臘、羅馬和日耳曼民族的文化，而形塑封建制度(feudalism)。

封建制度強調農牧業為主，以土地為謀生工具的自足式自然經濟。隨著人口增加，土地需求日增，氏族力量的擴大，加上輪作作物方式的盛行，逐漸發展為莊園經濟模式。

由於 7 世紀回教勢力的興起，1096 年至 1270 年的十字軍東征，領主向商人籌措經費，商人向領主要求租稅承包權、司法自治權等，使得 11 世紀到 12 世紀的商業活動大放異彩。

封建體系維繫的是一種契約性的生產關係，勞役可用來交換，地方領主必須為國王提供兵役以保護王國。重視邊際集團經濟利益的莊園經濟，在社會底層是為社會生產商品和勞務的農奴和自由勞動者，農業經濟缺少移動性，市場規模小，只能以自給自足方式維持生計，加上受到倫理教條常含有

抑制慾望的影響，阻礙了經濟生產。

　　然而，貿易利益越來越鼓勵於擴大範圍的經濟活動，形成「漢薩同盟」(Hanseatic League)的商業公會組織，以控制市場、壟斷貿易和確保會員利益。當時威尼斯，成為地中海地區的商業中心，也是歐洲最大的奴隸市場。佛羅倫斯首先發行金幣，成為世界金融中心。

　　1453 年，土耳其攻陷君士坦丁堡。1488 年，葡萄牙人通航經過好望角，截斷紅海的交通與貿易，使遠東的產品環繞非洲進入西歐，因而結束地中海的興盛歲月。

　　中世紀主要是基督教以早期猶太人的傳統、法律和教義為基礎，擴大衍生政經與宗教思想的發展。中古世紀該時期的政經思想主要代表人物諸如：

　　(一)耶穌基督(Jesus Christ, 6 B.C.-30 A. C.)，出生在耶路撒冷南邊的伯利恆，父親是木匠，耶穌早年隨著父親過著木匠生活，而未能受正式教育。當時的環境，許多猶太人渴望救贖主的出現，耶穌在 30 歲時受洗，並傳播福音，要大家信奉上帝，而成為猶太人的救贖主，要把以色列從羅馬帝國的束縛中拯救出來。

　　耶穌基督向世人宣告權貴人士並沒有神賦予的特權，人民可以靠雙手的努力爭取權力。大約在西元 30 年，耶穌被羅馬處以極刑，釘在十字架而死。耶穌除了主張天生平等，反對奴隸制度；萬物為人公有；尊重勞動，自食其力；慈善施捨等重要的教義思想之外，耶穌勸告世人把永恆的財產儲蓄在天堂，不要積在地上。富人進天堂，比較駱駝穿針眼還難。

　　(二)奧古斯汀(Aurelius Augustinus, 354-430)，西方人對奧古斯丁的稱呼，通常冠以「聖」字，即聖奧古斯汀。他揉和基督教和於少數的「新柏拉圖主義」，以及少數拉丁文作家教育教化性的論述。

　　奧古斯汀出生於北非的太賈斯特(Tagaste)城，父親是一位商人，幼年研習拉丁文與希臘文，10 歲以後專心研讀拉丁文學，17 歲時父親過世，經濟受到影響，後轉到迦太基攻讀修飾學，並信奉摩尼教，直到 33 歲的那年，耶穌復活節的前夕領受洗禮入教，並返回北非，參加傳道行列。395 年被封為主教，430 年奧古斯汀死於蠻族的入侵北非，享年 75 歲。

奧古斯汀是偉大的哲學家，他發現了人類心靈的活動，發現人類的價值與能力都在於他的內心，心靈的豐富才是真正說明了一個人的價值。他把希伯來人的信仰，以及希臘羅馬的哲學交融而創造出第三種新的哲學思想，也就是心靈的發現，在他自己生活的體驗中，所發展出來的豐富心靈而創造出來的思想。

(三)阿奎納(St. Thomas Aquinas, 1225-1274)，是義大利裔的法國商人，出生於羅馬與那不勒斯之間的城堡，父母親都是來自貴族家庭。14 歲在那不勒斯大學攻讀神學，並從事於神學的著述與教學工作，致力於將聖經與亞里斯多德的哲學作調和整理的工作，可惜只活 49 歲。

阿奎納關心價格的公平性，認為販售商品的訂了不合理的價格，而陰謀詐騙的賤買貴賣。這種方式價格都是不合理且不合法。阿奎納對當時獲取利益的貿易行為採取批評的態度。

綜合歐洲中世紀的分期，以 476 年西羅馬滅亡起到 1453 年東羅馬滅亡止。在希臘、羅馬及中古時期較無體系的政經思想存在，主要是因為倫理教條含有抑制慾望的態度。農業社會缺少移動性，以土地分配為基礎的封建制度支配社會經濟。莊園(manor)為自給自足的經濟單位，市場規模有限，特別是中古世紀神權時代，一切受到耶穌教義的影響，直至十字軍東征之後，都市型態逐漸形成。

工匠所組成的基爾特(guild)是中古世紀政經思想與生活的最大特色。基爾特存在的目的，是確保工匠的品質、訂定一致的社會規範、發揮政治影響力，和最重要的價格管制與工資訂定。

在中世紀，非人為操作和競爭性的市場價格是特例而非常態，議價能力(bargaining power)強弱懸殊的例子屢見不鮮，這多少可算是一種獨占。因此，中世紀的經濟思想，主要強調財產私有制、奴隸對主人的主從關係、對借貸生利息的不表贊同，以及價格公道論。

然而，對於正視迎合市場和貨幣導致逐漸萌芽的功能與角色後，所帶來全新的經濟觀念，遂將經濟發展推向另一境界，而贏得「商業復興」的美稱。

　　基爾特(guild)組織的改變，市民階級的政經思想有了改變。進入重商主義時期，君主獨裁取代中古封建制度，社會生活及人們的價值觀念改變，尤其受到文藝復興、商業活動復活、啟蒙運動，以及民族國家形成之後，其政府所扮演的重要角色，諸如財政收支的成為必要因素的影響。

第三章　近代政治經濟學

> 我們期待的晚餐，並不是由於屠夫、釀酒者、麵包商的仁慈之心，
> 而是他們受到自己利益的誘使所表現出來的，我認為他們給我們的
> 供應，並非行善，而是為了他們的自利。
>
> 亞當・史密斯(Adam Smith, 1723-1790)

一、重商主義的政治經濟

14 世紀與 15 世紀是一個十分果敢的時代，它是西方基本制度變遷且深刻改變的時代，也是 14 世紀以後的東西文明交會，促進政治經濟與商業活動的更加頻繁。特別是到了 15 世紀初，神權又深受科學主義的挑戰而逐漸失去舊有的光環，教皇的權力式微而近代的世俗國家則開始出現。

1540 年代，喀爾文教派(Calvinism)興起，主張努力賺錢，過簡樸生活，以榮耀上帝。這偉大的宗教改革運動本身即是國家日益成熟，與強化民族主義主權思維的動力，更催生了近代國家的形成。

再加上，當時新技術的不斷湧現和新航路的陸續開拓，不僅擴展了人類的視野，除了商業活動更加熱絡之外，資本累積、城市興起和自由經濟的盛行，更使得資本主義(capitalism)的觀念萌芽，而催生了重商主義(merchantilism)論調。

重商主義思想之所以又被稱為商業革命(commercial revolution)時期，主要因素是經濟發展逐漸擺脫政治的牽絆而有了市場自由的契機。重商主義稱不上是一種制度或學派，它只是在凸顯當時代表許多政客、官員和金融商業領袖意見的產物，視金錢是真正的財富，貿易是財富的來源。

從 15 世紀中葉到 18 世紀工業的 300 年間，在政治經濟思想上找不到一位傑出的代言人，沒有像希臘時期的亞里斯多德、中世紀的阿奎納，和約束封建時代道德的教會規範，也不見如後來能在政治經濟思想上的亞當‧史密斯、馬克思、凱因斯等傑出的代表性人物。

重商主義時期提出重要政經思想的主要代表人物諸如：

(一)孟恩(Thomas Mun, 1571-1641)出生於英國絲綢商家庭，曾遠赴地中海經商有成，1615 年出任英國東印度公司理事。孟恩雖強調依賴貿易順差、重視多邊貿易，以及金銀出口後的轉出口物品貿易。所以，孟恩認為不必要全然要禁止黃金出口，其政經思想與當時盛行的重金主義略有不同。

(二)佩悌(William Petty, 1623-1667)出生於英國的小布商家庭，12 歲完成初級教育之後，從事船上侍者工作，先在法國從事珠寶生意，並在荷蘭研習醫學，1648 年回英國擔任牛津大學教授，並曾擔任國會議員的參與政治性活動，1661 年查理二世(Charles II, 1660-1685)授與爵位，1685 年詹姆士二世(James II, 1685-1688)繼位，佩悌都能善盡提出重要的政經建言。

(三)柴爾德(Jasiah Child, 1630-1699)出生於英國殷商家庭，受到家風影響，青年時期經商，並投資股票致富，1659 年至 1687 年三度當選國會議員的參與政治性活動，1677 年至 1688 年同時擔任東印度公司董事長，1678 年受封爵位。

(四)斯圖亞特(James Steuart, 1712-1780)，出生於蘇格蘭，1745 年因政治理由被放逐荷蘭，1763 年始返英國，有「最後的重商主義者」之稱。

(五)柯爾貝(Jean Baptiste Colbert, 1619-1683)生於法國的商人家庭，出道很早，1661 年至 1683 年柯爾貝是法國路易十四時代的財務大臣和首相，積極推動產業的開發，厲行各項重商主義政策，是位重金主義者，在法國重商主義竟有柯貝爾主義(Colbertism)之名。相對於當時在德國的重商主義者被稱之為「官房學派」，或「財政學者」的支持政府主義人物。

(六)洛克(John Locke, 1632-1704)出生於英格蘭，1658 年獲牛津大學文學碩士，1666 年再入該校研習醫學，並擔任古柏爵士(Sir Anthony Ashley Cooper, 1621-1683)的私人醫生及家庭教師，1681 年受古柏陰謀叛亂的政治

因素，洛克逃亡荷蘭，1689 年回英國擔任公職，1704 年逝世。

(七)休謨(David Hume, 1711-1776)，出生於蘇格蘭的一戶農家，少年時期即涉獵通識之學，25 歲居巴黎期間寫下《人性論》(*A Treatise of Human Nature*)(三卷)。休莫多次想回大學擔任教職，都因他的懷疑主義立場受阻。1765 年他出任巴黎領事，1767 年擔任外交部副部長，1769 年退休，專心從事著述與研究的生活。

休謨著作甚豐，出版《英國史》(*History of England*)，以及其他有關道德、宗教與政治經濟方面的著作。休謨通過對政治的討論，提出了許多在經濟學領域中普遍存在的觀點，包括對私有財產、通貨膨脹和對外貿易的想法。

休謨不認為私人財產是一種自然權利，他主張資源有限，財產權利是正當的。休謨接受財產的不均衡分配觀念，因為完全的財富平等將會摧毀節儉的概念和產業的發展，最終將導致貧困。

休謨不認為國際貿易的目標是要累積貨幣，貿易是一種刺激國家經濟發展的途徑。他不認為世界貿易的總容量是固定的，因為國與國之間可以互相貿易並依賴彼此的財富維生。

休謨也是最先提出了物價-貨幣流動機制（price-specie flow）理論的人之一，這個理論直接反駁了當時的重商主義體制。他認為當一個國家因貿易順差而累積了大量黃金時，這些黃金會引發物價上升，而通貨膨脹則會迫使這個國家減少出口而增加進口，相反的那些之前累積了貿易逆差的國家也會開始減少進口而增加出口。長期下來這樣的機制會阻止一個國家不斷的累積黃金。休謨與亞當・史密斯是好友，並相互影響。

重商主義者認為商人之所以有絕對的影響力，是因為要生存就必須比舊地主的後代更具智慧，而這種智慧延伸的觀念就是讓政府的措施符合他們的利益。重商主義是基於國家財富本於金銀，以及唯有透過貿易順差，才能為國家帶來金銀的觀念。

因此，越來越多的人民有機會擁有貨幣，也就有更強烈的動機為了貨幣而追求貨幣，形塑黃金多麼的美妙，誰擁有了它就是慾望的主宰，有了黃

金，甚至可以讓靈魂進入天堂。所以，早期重商主義強調以「貨幣差額論」為主，晚期才轉以「貿易差額論」為中心。

由於商人擺脫利用對社會的影響力或支配力攫取財富。追求財富不在意味著邪惡或飽受歧視，商人心安理得。新教徒(protestantism)和清教徒(puritanism)像往常一樣，不得不調整其宗教信仰，以適應經濟環境和需求的變遷。

所以，企業家精神自古有之，而不是像一般人認為源自清教徒主義，但後來清教徒在某些方面蘊含著這股活力並發揚光大。同時，深深影響歐洲近代資本主義社會的發展。

1969 年，諾貝爾經濟學獎得主佛瑞希(Ragnar Frisch, 1895-1973)、丁伯根(Jan Tinbergen, 1903-1994) 以發展動態模型來分析經濟過程，包括指引荷蘭的經濟政策和其他落後國家的經濟問題。挪威籍的佛瑞希主要任教於奧斯陸大學；荷蘭籍的丁柏根主要任教於荷蘭經濟學院。主要研究領域是總體計量經濟學。

重商主義主要思想，林鐘雄在《西洋經濟思想史》綜合歸納：(1)重金主義(bullionism)，對原料的進口施以低關稅的追求貿易順差，並施以高關稅來抑制非生產性商品的進口。(2)政府為本國廠商提供關稅保護，在國外則賦予其經營的特許權，壟斷殖民地市場。(3)實施君國主義，政府以國家生產的財富來定義經濟福利，極力壓低國內消費。(4)主張人口增加論，儘量壓低工資，使生產成本極小化。(5)政策性壓低利率，以減少生產與存貨的成本。(6)所有土地和資源的最大運用，並達成充分就業。

二、重農學派的政治經濟

重農主義是重商主義的反動，重農學派積極鼓吹兩個論點：第一，財富來自生產，而非像商人所想的來自對金銀的獲取；第二，只有農業能生產財富，而商人、製造者或其他勞工卻不能。將經濟分析從流通領域引入到生產領域，初步的宏觀經濟分析。

　　認為國家財富的根本來源為土地生產及土地發展，其它的如工資、消費、地租是這盈餘的轉化及衍生活動，偏重以農業勞動為主的自然秩序的概念；特別是傾向農產品的降低關稅的經濟自由主義。

　　重農學派(the physiocrats)政經思想的主要代表人諸如：

　　(一)康梯龍(Richard Cantillon, 1680-1734)，出生於愛爾蘭，是位銀行家，行事風格極為低調，早期在巴黎從事銀行業，後來移居荷蘭，未幾赴倫敦。可惜，1734 年為其解雇的廚師所殺。其經濟思想強調土地與勞動為財富的泉源。

　　(二)揆內(Francois Quesnay, 1694-1774)，揆內是重農學派的創始者，有「歐洲孔子」和「現代蘇格拉底」之稱。揆內是一介平民，出生於巴黎，到 11 歲才識字，從此好學不倦，並自學拉丁文與希臘文，他曾為一位雕刻師工作之後才進醫學院就讀，1718 年取得外科醫生資格，開始行醫而成為一位外科醫生與知名的血液專家。

　　1749 年受聘為路易十五(Louis XV, 1715-1774)的御醫，亦是路易十五所深愛情婦龐巴度夫人的私人醫生，他還利用在夫人住家的期間研讀農業經濟學，當時他的年齡已近 62 歲，1774 年因路易十五的逝世而退休。

　　揆內在其《經濟表》(*Tableau Economique*)中除了將經濟比擬為人體的血液循環之外，還將社會分成生產階級(農人)、地主階級和不生產階級，其經濟思想是以自然法為根據，確認私有財產制度和經濟的自由主義。

　　他的《經濟表》中嚴厲批評重商主義，認為它造成農業生產的落後和農村經濟的嚴重衰退。他認為唯有農業經濟值得重視，認為農人和地主具有生產力，乃財富之源，其他人則是「貧瘠階層」(sterile class)。

　　重農學派學者看到重商主義以累積國家財富為名，卻無法改善人民的生活條件。重農學派並不想改變累積國家財富的目標，只想重新定義國家財富的內容，以便能將人民的生活條件和國家財富連在一起。

　　(三)杜果(Anne Robert Jacques Turgot, 1727-1781)，出生於巴黎的商人家庭，早期在巴黎大學攻讀神學，1751 年開始服務公職，1774 年擔任路易十六(Louis XVI, 1774-1792)的海軍大臣，未及一個月旋即調任財政部長，因推

動經濟改革如穀物自由買賣，解散基爾特組織等政策失敗，於 1776 年去職，隱居巴黎市郊，致力於經濟制度理論的研究，5 年之後，鬱鬱而終。

綜合重農學派的興起，肇因於重商主義的盛行，造成農村經濟的荒廢，路易十五為挽救當時法國的經濟社會危機，而強調自由競爭及政府少干涉的原則，對促進農業發展具有正面意義。

因此，形塑重農學派係 18 世紀中葉發生在法國的有體系的經濟思想，除了顯示對重商主義的反制之外，也激發了近代自由放任的經濟思想。

三、經濟學之父亞當‧史密斯

研究近代經濟思想，為什麼從亞當‧史密斯(Adam Smith)談起，主要是因為重商主義的論點出現了與時代不相符合的現象。

第一，重商主義以錢幣及貴金屬來衡量財富，然而，亞當‧史密斯認為，真正的財富應該以家戶的生活水準來衡量，一袋袋的金子不一定就能換為一袋袋的食物。

第二，亞當‧史密斯認為財富一定要從國家消費者的觀點來衡量，把錢交到政府官員與奉承的商人手中，不見得有益於國民。

第三，亞當‧史密斯知道個人動機與發明創新能刺激經濟繁榮，重商主義政策的獨占與貿易保護使國家經濟無法蓬勃，現代經濟學於是產生。亞當‧史密斯造就了經濟學誕生的起始點。

亞當‧史密斯認為生產三大要素：土地、勞動、資本的拋棄掉重農主義思想，並且探討著「分工」重要性，皆連動著由市場的需求性決定，使得經濟體系獲得最大效益。

17 世紀的科學與知識革命，以及到了 18 世紀後期，英國改良棉紡織業技術，並將動力蒸汽機逐漸推展到農業、工業、商業和運輸業，形成對產業技術大變革的「產業革命」(industrial revolution)。

「產業革命」一詞是出自英國歷史學家湯恩比(Arnold Toynbee)在其1884 年出版的《英國十八世紀的產業革命》中，而在「產業革命」一詞被

大量引用之前，真正的產業革命運動早在一百多年以前便已在實際進行了。

　　這種經濟活動及其影響作有系統的理論整理與分析，是在 1776 年亞當・史密斯(Adam Smith)的《國富論》出版，他綜合了重農學派與重商主義兩大主張，主張私經濟的市場法則，代表產業革命時代的經濟思潮。《國富論》的有系統，淺顯易懂，亞當・史密斯被奉為經濟學之父。

　　《國富論》的觀點，一部分接受孟德威爾(Bernard Mandeville, 1670-1733)所主張的「私人之惡等於公眾之德」的論調。人們爭奪利益，貪圖奢侈的生活為窮人提供了工作，而為國家帶來了財富。但孟德威爾在其出版《蜜蜂的語言：私人的惡德即公共的利益》的大力宣揚「私德公利」論，後來也被亞當・史密斯批評為「放蕩不羈的體系」。

　　不過《國富論》強調，基於理性自利，贊成進口設限、提高關稅、價格管制等，要調和私人利益和社會利益，顯然不是一件容易的事，所謂「好價值的出現，是有條件的」。

　　經濟學之父亞當・史密斯(Adam Smith)的「自利」(self-interest)觀點，我們認為人固非絕對自私，但必定是相對自私的，愛自己的程度必定大於愛別人，如何愛？或許可依其如何花錢來加以衡量。

　　亞當・史密斯是謂古典學派(Classical School)的鼻祖，不但宣告重商主義時代的結束，也開啟了近代自由政經社會發展的第一階段，主要代表人物尚有：

　　(一)馬爾薩斯(Thomas Robert Malthus, 1766-1834)，出生於倫敦，1784年進劍橋大學耶穌學院(Jesus College)攻讀神學和哲學，1796 年取得助理牧師資格並擔任牧師職務，1805 年到東印度公司設立的海利堡學院(Haileyburg College)擔任教授，主要講授歷史和經濟學等科目。

　　馬爾薩斯與李嘉圖、彌勒(James Mill, 1773-1836)等人來往甚密，組織經濟學會、統計學會等團體。經濟學被冠上「憂鬱的科學」這個形容詞，主要是因為馬爾薩斯所提出人口成長的速度遠遠超過食物生產的速度。因此飢荒無可避免，除非降低窮人們的需要，或要求他們減少生育小孩。

　　馬爾薩斯的人口論是「兩性之間的激情」使得人口有如幾何級數增加，

而在同時，糧食最多也只能算數級數增加，於是不可避免的結果是：如果缺乏道德的約束，人口的過分膨脹只有靠飢荒、戰爭和自然災害來節制了。

馬爾薩斯以食物乃為人類生存所必須，以及男女之間的情慾將來仍無異於今日等兩個假設，使得人口在不遭受限制的情形下，勢必以幾何級數增加。所以，馬爾薩斯在報紙上公開預言人口過剩不但不會帶來喜悅，反而會造成社會分裂和衰敗的危機。

(二)李嘉圖(D. Ricardo, 1772-1823)，出生於倫敦的猶太家庭，父親從荷蘭移居英國，是一位成功的證券經紀商。11 歲，被送到阿姆斯特丹接受正統猶太人聖經及猶太法典的教育，14 歲受雇於父親證券公司，21 歲宣佈放棄猶太教信仰，並在結婚後與父親斷絕商業上的關係，獨自經營證券交易所。

他既是銀行家，又是財務專家，藉著拿破崙的庇蔭，在滑鐵盧之役以前所購買的英國政府公債發了財，後來在售出債券時獲得極高的利潤。1819年當選英國國會議員，是位從事政治活動的實踐者。

李嘉圖認為，地租為土地的生產物中，因使用土地之原始且不可毀滅的資源而付給地主的部分；至於工資，李嘉圖認為勞動的價格是全體勞動者維持基本生存，並延續其種族原有數量所需的價格，這就是著名的「工資鐵律」(iron law of wages)。

在李嘉圖經濟世界中，工人除了維持最起碼的生活必需之外，不應該再得更多。他認為對工人的同情不但是無濟於事，而且還會有害。因為雖然可以暫時提高工人的收入和希望，但是如此一來也加速人口的增加，而人口的增加又使收入下跌，希望幻滅，政府和工會所有關於提高工資和使人們免於貧困的努力都是與經濟法則相衝突，最後必定會因為人口膨脹而遭到失敗。

(三)彌勒(J. S. Mill, 1806-1873) ，出生於英格蘭，是彌勒(James Mill)的九個兒子中的老大，在父親調教下研習希臘文、數學、物理、化學、政治經濟學等課程，1822 年進入父親服務的東印度公司工作，直到 1858 年該公司解散時才退休，1865-1868 年擔任英國國會議員，是位從事政治活動的實踐者。

(四)賽伊(Jean Baptiste Say, 1767-1832)，出生於里昂，但在日內瓦長大，曾到英國從事商業活動，回法國後，在保險公司服務，而擔任財政部長秘書的工作，對其經濟思想有很大的影響。

1799 年賽伊被任命為議員，因所發表的書中部分見解不為拿破崙接受，辭去議員職務而自營企業，1814 年拿破崙下台，賽伊被派往英國考察，1815 年起，在大學擔任政治經濟學教授。

賽伊主要貢獻在於市場法則，這個思想主宰了往後近 130 年的思潮，就是「賽伊法則」(Say's Law)，其認為財貨的生產會創造足以購買所有財貨供給量的有效總需求，而且需求量等於供給量。這法則直到 1930 年代經濟大蕭條出現後，才被凱因斯取代。

凱因斯認為需求不足還是可能存在，可能是人們具有持有或貯藏貨幣的流動性偏好，價格可能不會因需求降低而調整，商品可能全面滯銷，製造工人可能就此失業，政府有能力且應該採取借款消費等補救措施，以創造需求。

亞當・史密斯重要理論可分為勞動、價值、分配、資本和賦稅等部分。史密斯認為一個國家的財富是由全體國民每年消費的生活必需品所構成，而其主要來源是勞動，故勞動為國家財富之首，為了提高生產力必須藉由分工專業化的生產，在經由交換累積財富。史密斯嚴謹區分貨幣(金銀)與國家財富的區別，強調金銀不是國家財富，勞動、土地和資本才是。

而勞動決定一切財貨的交換價值，所以亞當・史密斯的價值論實則就是支配勞動量的價值理論，而分配則決定於勞動者的工資、資本家的利潤，和地主的土地地租，而資本因儲蓄累積增加，致使消費減少，而所得的多寡和利潤的高低又決定於儲蓄，儲蓄構成了流動資本與固定資本。

因此儲蓄必然等於投資。在賦稅上對地租收入的課稅對社會財富累積的妨礙最小，最適合於被作為課稅的標的。利潤稅最容易轉嫁於消費者，並促使物價上漲，故不宜直接課稅。至於工資可能導致勞動需求減少，經濟衰退。

另外，若依納稅人財產或收入比例課徵的「人頭稅」(capitation taxes)，

容易形成獨斷獨裁，故不宜向人民課徵民生必需品的消費稅，但得對奢侈品課稅。

亞當・史密斯因為貿易自由、私利追求和分工帶來的成果而對人類充滿了樂觀的看法，但馬爾薩斯和李嘉圖使得經濟學變成憂鬱的科學(dismal science)。亞當・史密斯指出，貿易對人民有利，因為貿易讓人各司所長。

名小說家希爾頓(James Hilton)於 1933 年所出版的小說《失去的地平線》(*Lost Horizen*)，在 1970 年代被搬上銀幕。片中有關人們生活景象的情節，頗似陶淵明的《桃花源記》中所描述：「良田美地，桑竹之屬，阡陌交通……怡然自樂」。這樣自給自足，與世無爭的生活，乃是人間淨土。

另外，哈利(Alex Haley)以半小說文體寫成的《根》(*Roots*)一書中所呈現的人間樂園。所以，經濟學上，習慣將一個自給自足，不與外界從事任何貿易的經濟體系稱為「封閉性經濟」(closed economy)，12 世紀以前的中國，或 16 世紀以前的臺灣都屬這一類的經濟生活型態。

12 世紀馬可波羅(Marco Polo, 1254-1324)由絲路打通歐洲與中國的貿易，16、17 世紀荷蘭人佔領臺灣，隨著商品交易和人們之間的往來，國與國之間的距離更因為通信科技和運輸工具的進步，再加上銀行金融業和企業的投資，促使各國加強與外界從事貿易，這樣的經濟活動稱為「開放性經濟」(opened economy)。

同時，由於國際貿易(international trade)的範圍甚廣，舉凡國際上，國與國之間有關商務上往來，如商品與勞務的輸出入，及金融性資產的轉移。因此，將國際貿易理論與政策、國際金融，和經濟成長，合稱為國際經濟學(international economics)。

1848 年彌勒刊行的《政治經濟學原理》(*Principles of political economy*)被視為集古典學派之大成；而 1874 年凱尼斯(J. E. Cairnes)的出版《政治經濟學原理新論》(*Some Leading Principles of Political Economy Newly Expounded*)被認為古典學派的終結。

凱尼斯出生於愛爾蘭，1848 年畢業於都柏林大學，1854 年修得碩士學位和取得律師資格，1856 年起受聘為都柏林大學、倫敦大學講授政治經濟

學、法理學等課程。

　　古典學派常被泛稱：自 1776 年至 1870 年代的 100 年間，在著作上表達相同的經濟原則及運用相同的研究方法，導出有關財富之生產、分配、交換及消費之法則的經濟學家。他們大部分把經濟學視為研究及發現不受時空限制之經濟法則的科學。

　　古典學派也稱為「經濟自由論」(economic liberalism)，係以「自由放任」(laissez-faire)學說所導出的個人自由、私有財產、個人創意及個人企業為基礎。「自由放任」一詞，意思是指政府放手讓商人自由進行貿易，但是它早先是出現在 18 世紀由重農學派在字典裡使用，意義是讓他做、讓他去、讓他走。

　　經濟自由論強調理性的市場價格機能，對市場採取自由放任的態度，並減少政府干預，使資源運用效益極大化；強調人人平等及個人自由，認為政府的存在是違背自然理性，雖然無法避免政治與政府提供的服務，但其職能不可超越維持社會秩序；在國際經濟方面，則強調國際資本主義的發達，加重國際間經濟依賴(interdependence)的程度，可藉由自由貿易的互利成長，而減少戰爭發生，有助於世界體系的和平演變。

　　然而，經濟自由論在經濟上強調自由競爭、生產分工及一切決定於市場價格機能的交換體系，和財富累積的正當性；也認為政府與企業之間是分離的，而忽略了生產與分配過程中弱肉強食的不平等現象，而深受馬克思主義所詬病；經濟自由論認為政府只不過是匯集民意，制定遊戲規則而立場中立的行政組織而已，又無視於國家尊嚴與自主性的存在。

　　經濟自由論受到漫無限制的世界經濟主義影響，既不承認各國皆有其特性，且未考慮各國利益的滿足；同時受到唯物主義影響，處處僅以物品的交換為主，而未顧及精神與政治層面，甚至於受到無組織的利己主義與個人主義影響，忽視其他團體利益。因此，經濟自由論對於權力的議題默不作聲。

　　所謂權力，就是有能力在這個經濟制度中，操縱或贏得他人順從與其中樂趣、榮耀和利潤，即使今天依然如此。追求權力和金錢的報酬與心理的滿足，還是和以前一樣，都是主流經濟學無底的黑洞。

　　加上自由競爭所產生的社會勞動階級的問題，很難透過經濟自由論加以
解決，這種對經濟自由論所產生的不滿，才有除了資本主義經濟思想之外的
馬克思共產主義思想、德國歷史學派經濟思想的相繼出現。

　　資本主義經濟思想從近世歐洲的荷蘭在順利擺脫君權和神權的控制之
後，整個建設成為在資本主義體制發展下的一種組織與運動，政府政策隨著
產業發展的生產趨勢，傾向於唯物主義、個人主義與自由主義，充滿冒險與
投機性格，而與種族主義和帝國主義結下不解之緣。

　　查理士・狄更斯（Charles John Huffam Dickens, 1812-1870）名著《孤雛
淚》（*Oliver Twist*）是作者在坎坷的童年背景下，描述英國工業革命後的社
會問題，訴說英國中下階層社會的人物如何為了生存而努力。它不僅僅點出
了人生的黑暗面，也讓我們在書中主角奧利佛的引領之下，感受人性可以如
此地善良，生命仍舊懷有希望。因為，執著與堅定不移的信念，自己也可以
掌握自己的人生。

　　狄更斯小說的描述西方資本主義體制的形成與發展，如何從古希臘、羅
馬時代的商業活動，經中古世紀封建主義的解體，16、17 世紀民族國家以
後盛行的重商主義，與 18、19 世紀英國在產業革命以後形成自由放任的資
本主義體制，最後，美國取代英國成為國際的霸權國家，期間亦曾面臨社會
主義(socialism)、法西斯主義(fascism)、納粹主義(naziism)的嚴厲挑戰。

　　資本主義受到批評的是，隨著資本家數目的減少，只剩下極少數的人能
夠壟斷生產的利益，並給群眾帶來痛苦、奴役與剝削。相對的來自於工人階
級的反抗則是越來越強烈，這個階級被資本主義機械的生產過程訓練成為有
組織的群眾，而且人數還不斷的增加。

　　資本的壟斷在此時反而造成對生產方式的限制；生產工具的集中與勞動
的社會化，最後發展成與資本主義外殼絕不相容的狀態，於是這個外殼一定
會爆炸，資本家的私有財產制度的喪鐘響起，而剝削者終必成為被剝削者，
於是資本主義的社會就結束了。

　　資本主義經濟思想的主義代表人物諸如：

　　(一)宋巴特(Werner Sombart, 1863-1941)，德國經濟學家，1882 年起在

陸續在柏林大學攻讀法律與經濟學，1909 年任柏林大學教授，1931 年退休，重要著作如《現代資本主義》。

(二)韋伯(Max Weber, 1864-1920)，德國經濟學家，先後在海德堡、柏林等大學研習經濟學與法律學，1892 年任柏林大學講師，1894 年擔任弗來堡大學，及 1897 年海德堡大學經濟學教授，1903 年因病辭職，1919 年擔任慕尼黑大學教授，可惜，1920 年逝世，重要著作如《新教倫理與資本主義精神》。

(三)熊彼得(J. A. Schumpeter, 1883-1950)，奧裔美籍經濟學家，父親是成衣製造商，4 歲喪父，母親改嫁，隨母遷居維也納。1901 年入維也納大學，1907 年第一次結婚，妻子年紀大他 24 歲，1920 年離婚。1919 年 3 月至 10 月曾任奧國財政部長，期間都在維也納大學及波昂大學執教。1932 年應聘赴美在哈佛大學擔任經濟學教授，直到 1950 年逝世為止。

晚年重要著作，如《經濟分析史》(*History of Economic Anlaysis*)，和《資本主義、社會主義及民主》(*Capitalism, Socialism and Democracy*)由第二任妻子協助加註重印完成。熊彼得曾宣稱，希望自己是三項第一：世界上最好的經濟學者；最出色的馬術家；最偉大的情人。

(四)海伯納(Robert Heilbroner, 1919-2005)，1936 年進入哈佛大學就讀以後，即埋首研究經濟學家的思潮及學派的演變，畢業後在紐約的「新社會研究院」任教，《改變歷史的經濟學家》(*The Worldly Philosophers*)是他第一本成名作，以後陸續出版又關資本主義的相關論述，如《資本主義的邏輯》(*The Logic of Capitalism*)。

海伯納將自己定位為歷史學者，希望能勾勒出資本主義的特性，他認為，資本主義的生命完全繫於「利潤」(profit)，在農漁牧社會，人類以人力、獸力所創造的利潤，極其有限；工業革命後，技術進步，得以大量生產，隨著專業分工及市場的擴大，企業家為了創造利潤，展開經營的競爭。

傅利曼指出，亞當‧史密斯的《國富論》、李嘉圖的《政治經濟學及賦稅原理》和馬夏爾的《經濟學原理》，這三本書的區別很大，其中亞當‧史密斯的書涉及最廣，也最有趣；李嘉圖的書最難讀，也最難懂；馬夏爾則是

第一位對現代經濟學理論做了彙整，最能體現現代經濟學的優點，適合於勤奮的讀者閱讀。

經濟自由論第二階段以 1890 年承襲古典學派衣缽，兼有先知的聲望和盛人的氣象的馬夏爾(Alfred Marshall, 1842-1924)為代表，其所反映出英國產業革命成功之後的經濟思想，稱新古典學派(Neo-classical School)。經濟思想史學者稱邊際學派革命之後的經濟學為「新古典經濟學」。

新古典經濟學繼承古典學派的思想，只是以效用學說取代勞動價值學說，以邊際分析替代歷史陳述作為方法論。由於朝向數理化與部分均衡分析發展，經濟分析普遍走向個案分析，專業於有限選擇之效益計算，並嚴重地脫離政治經濟學。

馬夏爾劍橋大學畢業，父親是銀行員，希望馬夏爾成為一位傑出的牧師，但馬夏爾對數學有興趣，是位人道主義者，認為經濟學是社會改良及進步的工具，只是手段，而不是人類終極目標。馬夏爾沒有聽從上帝的召喚而去傳教，讓父親感到很失望，但是他聽到了窮人的哭聲，敦促其研究經濟學。

馬夏爾的最大貢獻在於其利用部分均衡的分析方法，建立了個體經濟理論的分析體系，而其使用的方法則是以經濟自由論古典學派的勞動價值論建構市場的供給面，而以效用學派的效用理論建構市場的需求面，除了有新古典學派之稱外，亦有折衷學派之稱。

其他代表人物諸如：

皮古(A. C. Pigou, 1877-1959) 父親是英國軍官，1897 年入劍橋大學帝王學院(King's College)主修歷史，1901 年開始在該校講授經濟學，1908 年馬夏爾退休，皮古繼任政治經濟學講座教授，以後一直留在劍橋，從事教學與研究工作，延續劍橋經濟學的傳統精神。因此，新古典學派又稱為劍橋學派。

瓊‧羅賓遜（Joan Robinson, 1903-1983）或以羅賓遜夫人之稱則為人熟悉。羅賓遜夫人 1903 年出生於英國劍橋，父親是陸軍將領。1922 年她進入劍橋大學主修經濟學，1925 年畢業，翌年就與長他 6 歲，在劍橋擔任初級

研究員(Junior Fellow)的羅賓遜(Austin Robinson)結婚。在劍橋教書，一直到
1949 年才升為講席(Reader, 相當於教授)，1971 年退休。主要研究領域是不
完全競爭理論的提出。

第四章　自由經濟政治學

在自由社會一個百萬富翁即使是我們鄰居或雇主，他對我們的支配
力一定遠較那握有政府鎮壓權力的人為小，遠比那能詳細規定我們
生活與工作細節的人為小。一個財富比較發生力量的世界，較之一
個人握有權力即能獲得財富的世界，畢竟要好得多。

海耶克(Friedrich August von Hayek, 1899-1992)

一、自由主義海耶克

　　海耶克 1899 年出生於維也納，有兄弟三人，父親是醫學博士，任教於
維也納大學，講授植物學。受到家中環境的影響，使海氏早年傾向自然科
學，可是家人對於人的問題與社會問題的關切，給了他極大的影響。

　　第一次世界大戰，海氏在奧匈帝國陸軍中服役的經驗，再度引發對社會
問題的興趣，戰後海氏進入維也納大學研讀法律，當時法律被認為是研究經
濟學的途徑。1921 年海耶克獲維也納大學法學院的經濟學博士，二年後再
獲政治學博士。

　　1924 年赴紐約從事貨幣理論的研究，1927 年受任奧國新成立的商業循
環研究所所長，1929 年開始在維也納大學講授經濟學，並出版《貨幣理論
與商業循環》(*Monetary Theory and Trade Cycle*)一書，1931 年應聘為倫敦政
治經濟學院經濟學教授。

　　1939 年出版《自由與經濟系統》(*Freedom and Economic Syatem*)小冊
子，指出國家社會主義與共產主義的基本共同點，批評計畫經濟與個人自由
的不相容性，1944 年出版《到奴役之路》(*The Road to Serfdom*)。

1950 年海耶克離開歐洲，遠赴美洲轉進美國芝加哥大學經濟系任教，1960 出版《自由的構成》(*The Constitution of Liberty*)，建立完整的自由哲學體系。1962 年返回德國應聘自由堡大學經濟政策教授，1969 年退休之後，轉任奧國沙爾茲堡大學(University of Salzburg)客座教授，並於 1974 年獲得諾貝爾經濟學獎。

海耶克反對任何全體主義，反對任何獨裁，雖然希特勒主義(Hilterism)曾自稱為真民主主義(true democracy)和真社會主義(true socialism)，但在海耶克之前，一般人均認為列寧、史達林代表共產主義極左翼，納粹主義、法西斯主義為極右翼，經過海耶克的論述，不管是共產主義、納粹主義、法西斯主義，本質上是同樣摧毀人權及自由。

在德、義兩國，納粹和法西斯所採用的瀰漫個人全部生活的新政治運動，是社會主義者老早介紹過的玩意。他們想組織一個囊括個人一切活動的黨。這個黨管制著從搖籃到墳墓的一切；這個黨要指導個人對於一切事務的看法，並且喜歡把一切問題看成黨的世界觀點。

海耶克指出，自由經濟是捍衛自由政治的城牆，一個以個人自由為其基礎的社會，不僅會比其他種架構的社會更有效率，同時也會更為公正公平。

1974 年與海耶克同時獲得諾貝爾經濟學獎得主繆達爾(Gunnar Myrdal, 1898-1987)，深入研究貨幣與經濟波動理論，並分析經濟、社會、制度現象的互賴關係。繆達爾的強調政府介入與海耶克的強調自由經濟觀點，致使繆達爾認為不應該兩人同時獲獎，而一度不願意前往領獎。

繆達爾 1898 年出生於瑞典的一個小農村，農耕背景對他往後的篤信清教倫理與經持平等理論的經濟理念影響深遠。1927 年獲斯德哥爾摩大學經濟學博士，並在斯德哥爾摩大學講授政治經濟學與財務管理。

繆達爾 1934-1936、1942-1946 曾擔任瑞典國會議員，1947 年辭去社會民主黨執政時期的貿易與商務部長，轉任聯合國歐洲經濟委員會執行秘書，歷 10 年之後，接受 20 世紀基金會的委託，從事亞洲地區經濟的研究，完成《亞洲傳奇：貧窮國家的研究》(*Asia Drama: An Inquiry into the Poverty of Nations*)的重要著作，奠定他在國際政治經濟學上的地位。

　　繆達爾 1967 年回到母校擔任國際經濟研究所教授，並在同年退休。主要研究領域是總體經濟學以及制度經濟學，繆達爾與其夫人 Alva 所主張的均等與效率是瑞典經濟政策的兩大原則，對瑞典的社會福利政策影響甚鉅，是瑞典福利國家成功的意識形態引導者。

　　自由主義經濟學者除了著名的海耶克之外，早在 1870 年代北歐的吉逢斯(William Stanley Jevons, 1835-1882)、孟格(Carl Menger, 1840-1921)，及瓦拉斯(Mavie-Esprit Leon Walras, 1834-1910)等三位就提出邊際效用分析的理論，經濟學上又稱劍橋學派。

　　吉逢斯父親是鋼鐵商，家道中落之後進倫敦大學研習植物學、化學與數學，家貧而輟學，曾任英國造幣廠技師。五年後，重返學校，完成大學及碩士學位。1876 年，應聘為倫敦大學政治經濟學教授，惟時間不長，4 年後，辭去教職，專心致力於經濟循環理論的研究，並出版《政治經濟學原理》(*The Theory of Political Economy*)一書。1882 年，不幸游泳溺斃。

　　孟格奧國學派或稱維也納學派，因創立邊際原理，開闢近代經濟學的新園地，其後的維也納學派、洛桑學派，以及英國的劍橋學派的發展，都與奧國學派有相當的淵源。

　　瓦拉斯在其 1874 年出版的《純粹經濟學原理》(*Elements of Pure Economics*)中，就利用效用原理來分析財貨價值的變動，並據以建立相關法則，其利用數學的聯立方程式求解經濟均衡的一般均衡分析法，不僅成為數理經濟學的鼻祖，也是經濟學中一般均衡分析法的主要創始人，又是瑞士洛桑大學(Academy of Lausanne)的經濟學講座，是為洛桑學派的創始人。

　　1870 年至 1910 年間，有一系列經濟學家開始對古典經濟學的假設提出挑戰，後來被稱為是「邊際革命」。邊際主義否定了古典經濟學的勞動價值理論。認為價值是由邊際效用而非勞動所決定。邊際主義不但解決了古典經濟學所無法解釋的鑽石與水悖論，同時也促升成為現代新古典經濟學股價的主觀價值理論。

　　在邊際學派大師馬夏爾以前，經濟學一向被稱為「政治經濟學」(Political Economy)是含有價值的判斷，是規範經濟學；而馬夏爾以《經濟

學原理》(*Principles of economics*)一書，將經濟學的研究中心放在個別的「產業」，及單一的「廠商」上，這與古典學派主張以全社會作為經濟研究的對象有別，開創了「新古典學派」。

「新古典學派」重視經濟學的科學成分，意欲去除價值的判斷，建立實證經濟學。所以，馬夏爾指出，政治經濟學或經濟學乃是人類日常生活事務的一種研究，是要探討福祉的實現與物質的運用。

新古典經濟學主要從邊際效用遞減的假設推出，儘管產品要素的稀少性被認為相當重要，但是更為關鍵的是個體的需求和他們從得到商品的邊際收益。因為，邊際學派指出了在決策中最重要是邊際，即最後一單位的消費品或是產品。

新古典經濟學派也發現，並非所有的經濟活動都可以透過市場的運作來解決，例如外部性、公共財、資訊不對稱、生產規模報酬遞增等現象，都會造成市場失靈(market failure)。1920 年代，當時美國幾乎到處呈現繁榮景象，胡佛(Herbert Clark Hoover, 1874-1964)總統指出，感謝上帝之助，我們在可見之日裏，將親自目睹貧窮從這個國家裡絕跡。

然而，在 1929 年 10 月那個可怕的最後一個星期，證券市場崩盤了，就連費雪(Irving Fisher, 1867-1947)亦不免惑於繁榮的表象而宣稱我們正邁向一個「永恆的高原」，但是樂極生悲的是在他發表這個樂觀的論調之後的一個星期，股票都以崩盤式從那最高點的無量下跌。

當時流行一個悽慘的笑話：高盛公司(Goldman Sachs)的每一股皆附送一支左輪手槍；另外一則笑話：當你向旅館訂房住宿的時候，旅館櫃檯會問你：「是要睡覺，還是要跳樓」。

另外，如果我們閱讀 1962 年獲得諾貝爾文學獎的史坦貝克(John Steinbeck, 1902-1968)所寫的《憤怒的葡萄》(*Grapes of Wrath*)對經濟蕭條給美國中南部乾旱地帶難民所造成的影響有最詳實、最深刻的描述，我們就能夠感受在那個年代的悲慘遭遇，我們還能夠繼續說那些挨餓的失業者都是出於「自願」的嗎？

因此，皮古將市場失靈的情況做有系統的整理與分析，並基於邊沁

(Jeremy Bentham, 1748-1832)功利主義(utilitarianism)的看法，引進政府干預的概念而高唱福利經濟學(welfarec eonomics)和福利國(welfare state)。

邊沁出生於英國，父親是位極富盛名的律師，邊沁早年進入牛津大學，後來在林肯學院(Lincoln's Inn)研習法律，但他未走父親為他安排的路，而把他的一生精力用在研究社會哲學的基本原理與社會制度的改革。

Welfare state 一詞大約是在 1935 年以後才有的，在德國早有wohlfahrtstaat 一詞，而該字指稱的情況，也是從德國開始發生的，是由 19世紀的歷史學家用來形容 18 世紀的政府做得較理想的一些施政，也即是由警察國(polizeistaat)這個概念轉變而來。

至於福利國一詞的現代概念則是從 1870 年代德國講壇社會主義所提出，其方案則由俾斯麥實行，而在英國的福利國理論則得力於費邊社的學者以及皮古等人。

皮古的經濟思想正如馬夏爾為研究及解決貧困問題而從事經濟學研究一樣，也是由失業及其他社會問題的刺激而產生的，其 1920 年的大作《福利經濟學》(*welfare economics*)主要是從生產和分配的不調和進而探討國家的社會問題，亦即福利經濟學研究政府應該怎麼樣決策，把你我不同的偏好結合起來做決策。

理論上，一國的幣值很大程度反映出經濟的實力，但高速貨幣交易與慢速的「實際」經濟運作之間出現了落差。所以，導致 1997 年到 1998 年亞洲金融風暴的原因不單只是經濟不好，而是不良的貨幣市場拖垮一個又一個經濟。

1930 年代全球發生經濟大恐慌時，如果凱因斯為救火英雄，則海耶克(F. A. Hayek) 實為曲突徙薪的建議者。救火英雄易受上賞，曲突徙薪的建議者易受忽略。

當凱因斯「創造有效需求理論」盛行時，與之相對的「供給面」觀點，是由海耶克提出，他認為當時嚴重大量失業的現象，亦即供給過剩，也就是勞動和其他各種生產因素在各業、各廠，以及各地之間的分配與對其產品之需要的分配之間不能協調所致。

　　主因是「相對」價格和工資體系受到扭曲，源頭則是政府使用擴張性貨幣政策所創造出來的「假性」需求，使生產者和勞動者都作了錯誤預期，終使實際市場上的產品和生產因素都過量。特別是大政府所採取的福利措施，是促成通貨膨脹的主因，通貨膨脹的結果，政府又反過來加強福利措施的必要性。

　　這種惡性循環的結果，不但寶貴生產資源流向低生產力之處，且累積大量超額供給，虛假需求大泡沫破滅後大蕭條或通貨緊縮就來到。由於通貨膨脹而引起的問題，再以通貨膨脹來解決，這樣循環下去，就是走上海耶克所提著作《到奴役之路》(*The Road to Serfdom*)。

　　大家都靠政府的措施來過活，海耶克曾寫信給凱因斯提到，持續運用政治力量干涉經濟，將導致極權主義。但凱因斯在回信中仍然堅決認為，我們在制定計畫時當然希望要求更多，而不是追求更少，但計畫的擬定，應該由具備代表性多數的社群來參與制定。

　　這其中包括領導者和追隨者都要能代表個人的道德立場，如果制定者在道德議題上正確代表他們個人的意願和想法，那麼穩健溫和的計畫原則應該是較理想的。然而，當時耶海克的供給面觀點並未受到應有的重視，只能回到維也納老家從事經濟學的教學工作，落寞地繼續扮演其自由主義經濟大師的角色。

　　海耶克的老師米塞斯(Ludwig Heinrich Edler von Mises, 1881-1973)指出，經濟學可以從經濟政策的一些措施來預測所想達成的效果。它可答覆「某一政策能否達成它的目的」這個問題，如果答案是否定的，它可以指出，實在的後果將是什麼？但是，這種預測只是「質的」，它不可能是「量的」。

　　因為，有關的許多因素與後果之間，沒有不變的關係存在。要知道經濟學的實用價值，就必須知道它的預測能力是受這樣的限制的，經濟景氣變動的預測最主要意義，是提供政府擬訂經濟政策的參考、作為政府籌編年度預算的依據，及提供民間企業投資計劃的參考。

二、貨幣主義傅利曼

　　另一位自由派經濟學大師，也就是有「二十世紀亞當‧史密斯」之稱的傅利曼知道，支持凱因斯學派最有利的證據就是 1930 年代經濟大恐慌。傅利曼大膽地指出，經濟大恐慌其實證明了貨幣政策的力量，而非凱因斯所言證明了貨幣政策的無效。

　　1929 到 1933 年間，貨幣數量遽降了三分之一，傅利曼將矛頭指向聯邦準備銀行，當驚慌失措的消費者湧向銀行擠兌存款時，聯邦準備銀行拒絕向一般銀行提供流動資金。傅利曼指出，在過去一個世紀的美國貨幣史(1867-1960)，每一次嚴重的經濟衰退與通貨膨脹都是伴隨著貨幣政策的不當使用。

　　經濟衰退或通貨膨脹的真正原因並不是凱因斯學派所講的那樣。傅利曼很喜歡用「在短期間之內，人人都是凱因斯的信徒」，用這句話來調侃一番。

　　唯貨幣學派指出，政府財政支出的貨幣是從哪裡來的？如果貨幣供給固定，而政府增加支出，那麼其他人能花的錢就變少了。如果國會提高稅率來支應政府計畫，那麼民眾就無法消費跟原來一樣的多了。

　　如果國會通過發行政府公債來向大家借錢，那麼企業就無法借到原本那麼多的錢來投資了。利率是升高，投資會下降，政府支出會排擠私人支出。凱因斯的基本乘數忽略了這個問題。

　　唯貨幣學派認為，聯邦準備銀行應該由一個機器人來取代。不論經濟情勢如何，都用固定的貨幣供給成長率，不論是 3%、4%或 5%，固定的貨幣成長率可以消除經濟不穩定的主要來源，也就是聯邦準備銀行的反覆無常。

　　布希霍茲(Todd G. Buchholz)指出，感謝凱因斯，如今我們都是凱因斯學派的了。感謝傅利曼，如今我們都是唯貨幣學派的了。感謝動盪混亂的世界，如今我們都是兼容並蓄的折衷份子了。

　　傅利曼(Milton Friedman, 1912-2006)在 1950 年代初就認為，政府的短期干預，既可能加重經濟週期的波動，也可能抑制其波動，他對於政府能否準

確地預測事件實在懷疑；加爾布雷斯(J. K. Galbraith, 1908-2006) 在《1929
年經濟大崩潰》(*The Great Crash*)一書中，講了一段同事在開設企業進修班
上預測景氣蕭條或繁榮失敗的窘境。

費雪(Irving Fisher, 1867-1947)認為，經濟週期先天上不可預測，因為產
量在一段時間的波動是許多基本波動，周期性非週期性波動的組合。然而，
經濟景氣與現實認知是有非常密切的關係，諸如 20 年前，東京迪斯奈樂園
被許多日本人視為美國文化侵略最明顯的象徵。

然而，10 年前風水輪流轉，東京迪斯奈樂園卻成了日本文化霸權的最
佳代表。不只是東南亞國家的小孩們以朝聖心情紛紛湧向東京迪斯奈樂園，
間接領受承認日本的上國地位。東京迪斯奈樂園還是那個迪斯奈樂園，可是
隨著經濟景氣變化，有時它看來像美國帝國主義，有時卻像日本帝國主義，
有時又變成單純無害的娛樂場。

這例證說明了經濟景氣如何戲劇性地改變我們的認知，正因為認知與景
氣有那麼的密切關係，我們就得隨時警惕，不景氣時的悲觀眼光或景氣時的
樂觀眼光，看到的往往都不是真實狀況，比較客觀的現實應該是藏在悲觀與
樂觀中間的某一點吧。

新古典綜合凱因斯學派的代表有：傅利曼(M. Friedman, 1912-2006)唯貨
幣學派(monetarist)、布坎南(James M. Buchanan, 1919-2013)的公共選擇
(public choice theory)，以及盧卡斯 (Robert Lucas, 1937-)的理性預期理論
(rational expectations theory)等。

傅利曼 1976 年獲得諾貝爾經濟學獎，他在消費分析、貨幣史與貨幣理
論有傑出成就，並證明穩定政策的複雜性。傅利曼 1912 年出生於紐約，父
母親是第一代移民美國，都是來自匈牙利王國的一個猶太人居住的小鎮，靠
著經營雜貨店，勉強維持家計。

傅利曼 15 歲喪父，就學期間靠工讀和獎學金完成學業。1932 年進入芝
加哥就讀，並認識羅絲(Director Rose)，1938 年結婚，1946 年傅利曼獲得哥
倫比亞大學博士學位，主要擔任芝加哥大學教授，前後長達 30 年，講授物
價理論與貨幣理論，65 歲自芝加哥大學屆齡退休，轉任胡佛研究所擔任資

深研究員，繼續學術研究生涯。

傅利曼在芝加哥大學領導的「芝加哥學派」人才輩出，有多人獲得諾貝爾獎，其主要研究領域在總體經濟學的貨幣政策。1962-1963 年間，傅利曼利用福特基金會的教授研究獎助金，以及卡內基公司提供的輔助研究獎助金，得以免除教職工作，到歐洲、亞洲探討和美國或英國很不相同的國家的貨幣情勢，其中包括臺灣。

當時，臺灣經濟正受到通貨膨脹率升高所苦，傅利曼建議中央銀行發行更高面額紙鈔，並對臺灣以遠期支票當短期信用工具大感興趣，1980 年傅利曼夫婦應邀來臺訪問，在《天下雜誌》主辦的研討會上與當時的經濟部長趙耀東有過一場精采的激辯。

趙耀東認為在任何國家發展工業初期，政府的介入是必要的，因為政府的考量是全面的、長遠的利益著想，一般人則是急功近利，眼光短淺；而傅利曼以智利的例子指出，智利在沒有任何時間準備的情況下，一夜間關稅減至最高的 10%，同時讓智利幣貶值、刺激出口，帶動貿易發展。

所以，政府應減少干預，讓自由競爭的市場來決定一切。接著趙耀東又以日本在保護主義之下，才有可能發展成為先進國家。但傅利曼認為，1914 年第一次世界大戰以前，日本由於沒有保護，才能堅強到足以發動戰爭打敗蘇聯，1914 年以後，日本仍採不保護措施，相信會發展得更好。

趙耀東又以戰後日本進口汽車不到 1%，才是促成日本汽車成長的真正因素，但是傅利曼表示日本汽車工業得以成長，那是美國汽車不適合日本需要。主要是日本人為了適應其國內路窄人稠，國人都用摩托車和三輪小汽車，此舉正好促成日本汽車工業發展，而在這種環境下，日本當然不需要進口外國大汽車。

臺灣為了對抗保護主義也如此做，將傷害到自己，採自由貿易才有利國家經濟發展。傅利曼指出，二次大戰後，由於外匯管制，英國人不准到美國度假，這種情形和美國公民因為政治觀點的不同而不能到蘇聯去度假，同樣是對基本自由的剝奪。

2006 年 11 月 16 日傅利曼因為心臟病過世，享年 94 歲。1976 年傅利曼

在接受諾貝爾經濟學獎時指出，經濟學可以像物理學和化學一樣是實證科學，並特別舉通貨膨脹和失業之間的關係。最早的菲利普曲線假設，指通貨膨脹和失業之間有穩定的負面關係，後來因與事實不符而站不住腳，經濟學和其他學科一樣，也就是科學假設與事實牴觸後便遭否定。

傅利曼指出，企業只有一個社會責任——運用它的資源，從事於提高利潤的活動，但必須符合遊戲規則，也就是說，從事公開和自由的競爭，不能有瞞騙和詐欺。

因此，候選人以這項政見當選，並形成政策，顯然該政見(政策)係涉及主觀的價值判斷，及針對特定群體偏好而形成，而不是就政見(政策)本身可能的成本效益或絕對利弊判斷所產生的。所以，雖具有民主制度的形式，卻喪失了客觀判斷的本質，這就是所謂的「民主制度的陷阱」。

集自由主義政治理論，又有貨幣學派之父尊稱的傅利曼（Milton Friedman）指出：文明的大進步，不管在建築或繪畫，在科學或文學，在工業或農業，沒有一項來自極權政府。所謂的競爭性資本主義是指絕大多數的經濟活動透過私有企業在自由市場運作的組織，它是一個經濟自由的體系，也是政治自由的必要條件。

1982 年諾貝爾經濟學獎得主史蒂格勒(George J. Stigler, 1911-1991)研究產業結構、市場運作，以及公共管制的因果。1911 年出生於西雅圖，1931年取得華盛頓大學企管學士、1932 取得西北大學企管碩士，研習的範圍偏重實用的商學課程，直到進入芝加哥大學之後，才在名師弗蘭克·奈特(Frank Knight, 1885-1972)的指引之下，並撰寫關於 19 世紀最後 30 年與英國經濟理論史有關的〈生產與分配理論的成形階段〉博士論文，於 1938 年獲得博士學位。

史蒂格勒曾先後在明尼蘇達大學、布朗大學、哥倫比亞大學執教，1958年起在芝加哥大學擔任經濟學教授。由於身高瘦長而與矮小的傅利曼同在芝加哥大學任教，形成強烈對比，成為大眾話題，他是信息研究方向的提倡者之一，他繼承恩師將經濟學視為科學的強烈求真慾望，如果再與傅利曼做比較時，一般經濟學的研究者多會注意他的幽默、溫和與實事求是。

史蒂格勒主要著作有《價格理論》(*The Theory of Price*)、《知識份子與市場》(*The Intellectual and the Market Place*)、《經濟學史論文集》(*Essays in the History of Economics*)、《市民與國家：管制經濟學論文集》(*The Citizen and the State: Essays on Regulation*)、《經濟學家和說教者》(*The Economist as Preacher*)等書。

布坎南 1986 年獲得諾貝爾經濟學獎，他以經濟學的分析工具探討政治現象，奠定經濟與政治決策理論的契約和制度基礎。布坎南 1940 年畢業於中田納西州立師範學院(Middle Tennessee State Teachers College)，1941 在田納西大學(University of Tennessee)取得經濟學碩士，1948 年獲芝加哥大學經濟學博士，並先後擔任田納西大學、加州大學落杉磯分校經濟學教授。

公共選擇(public choice)理論是指將分析的範圍擴充到市場以外的另一選擇——政治力量，堅持政治應該用經濟學的方法來加以研究。由於部分經濟學者只把市場單純地視為一種配置機制，無關乎其在降低政治活動的種類與範圍上所扮演的政治性角色。

公共選擇理論的其中一項要素，就是將政治視為交易的概念。公共選擇的核心理論就是如果商人是追求私利，那為什麼不假設政府官員是「政治企業家」呢？他們追求權力，以及贏的選票的能力。公共學派並不認為所有的法規都有利於業者，並且都有損於消費者權益。

他們極力主張一旦人們做出自由經濟的比較後，就能制定出較為務實的政府法規。公共選擇應用在特殊的議題之上，也就是公共決策，公共人物或官僚必須揚棄尋求「整體利益」，同時儘可能完美地調整運用，由獨具慧眼的經濟學家所提出的高明政策。

公共選擇研究的出發點是認為政府的政策並不是由一位高度的有理智的領導人決定的，政府的決策是由大量的利益衝突的個體，包括企業，包括各種組織，還有一些個人，互相交融，互相衝突，最後產生了這麼一個公共政策，帶著一種是非常西方化的一個視角，對公共選擇的一個視角。

確實西方的政治體系，任何一個體系出來是各種各樣力量的博弈的結果，非常符合現代西方社會政策過程的學派。所以，布坎南指出，政客們的

慷慨陳詞，多半和他們的投票紀錄有所出入，他們聽起來像個政治家，但是投票起來像是隻黃鼠狼。

政治人物蓄意操控總體經濟的走向，以便贏的連任。政府官員常常就是太喜歡權力和選票。尤其政治經營者擁有若干滿足其「顧客」的小手段，最主要的手段在於集中利益於少數人，並將所有的成本轉嫁於大眾，一般選民很少會依照實際公共支出來做選擇，其原因何在？

這其中並不是因為他們都很愚笨或無法明瞭，最普遍的是因為缺乏誘因鼓勵他們去吸取資訊，而他們原本可以取得相關問題的資訊，卻又不足以吸引他們的注意力。

布坎南在《赤字中的民主》(*Democracy in Deficit: The Political Legacy of Lord Keynes*)一書中指出，公民對政客有這樣那樣的要求，如果這個政客不答應，他們就會選另一個會答應的政客。

在這種情況下，又有什麼政客會拒絕答應？特別是在這預算平衡的限制早已解除的時代，當支付的成本已不必再精打細算，又有那個政客會拒絕去當聖誕老人？當選民不能或不願拒絕某些慾望，最後還是他們為自己的行動付出成本，而政客只管選區選民的選票。他們的愚蠢也就是我們的愚蠢。

盧卡斯是 1995 年諾貝爾經濟學得主，瑞典皇家科學院宣稱：盧卡斯是 1970 年以來，對總體經濟學研究貢獻最深的人。總體經濟學研究薪資、政府支出、貨幣供給與需求、通貨膨脹率等各項經濟因素的交互影響。盧卡斯對大眾預期如何影響經濟頗有研究，其實際研究意義之一，就是讓大眾懷疑貨幣政策調控經濟的能力。

例如，如果勞工相信通貨膨脹加劇，並與雇主談判加薪，那麼勞工增加的收入可能反而進一步加重通貨膨脹，縱使政府當局努力控制貨幣供給也徒勞無功。盧卡斯 1937 年生於美國華盛頓州，1964 年取得芝加哥大學經濟學博士，1975 年以來就在芝加哥大學擔任經濟學教授。

盧卡斯發展並運用理性預期學說，改變總體經濟的分析，加深對經濟政治的了解，建立理性預期理論。也解釋為什麼政府試圖操控商業循環注定會失敗。盧卡斯得獎時，他的年齡還不到 60 歲，但是獎金他必須依約定與其

前妻分享。

盧卡斯在他們夫妻離婚之前的七年，他的前妻設法擬了一條共享協議，其大意是：若男方在 1995 年 10 月 31 日之前獲獎，則其中一半獎金歸屬女方所有，可真是理性預期的典範實踐者。

2006 年諾貝爾經濟學獎得主菲爾普斯(Edmund Phelps, 1933-)，1933 年夏天出生於美國伊利諾州，當時美國正處於大蕭條期間，他父母都失去了工作。直到 1939 年他的父親才在紐約找到了新工作，菲爾普斯也進入了紐約的公立中學。

1951 年菲爾普斯進入大學就讀，由於受到父母親的影響，開始接觸經濟學課程。在大學的經濟學學習中，菲爾普斯逐漸顯露出了與眾不同的才智。他敏銳地感受到了宏觀經濟學與微觀經濟學二者之間的鴻溝，並對二者如何相互溝通產生了濃厚的興趣，促使他選擇了耶魯大學繼續深造。

菲爾普斯在獲得耶魯大學文學和哲學博士學位之後，1959 年起開始在蘭德公司工作。1960 年耶魯大學的考勒斯基金會提供他一個可以全力投入研究和教學的工作。在考勒斯基金的 5 年半時間，是菲爾普斯在學術研究上的一個重要階段，他利用羅伯特‧索洛（Robert M. Solow, 1924- ）的增長路徑理論，進一步探討了勞動和資本的關係，提出了經濟增長黃金分割律。

1966 年菲爾普斯轉任教於賓夕法尼亞大學，並對 1958 年英國經濟學家菲利普（A. W. Phillips）菲利普曲線（Phillips Curve）提出了批評。然而，這時的他對於一邊在紐約定居，一邊任教於賓州大學是一件困難的事情，不但導致婚姻破裂，研究工作再陷低潮。

1971 年秋天菲爾普斯轉任於哥倫比亞大學，1974 年再婚，以後更擔任 Mcvickar 政治經濟學講座教授，並歷任美國財政部、參議院財政委員會和聯邦儲備局的顧問。

1990 年菲爾普斯出版了《宏觀經濟思想七流派》一書，這也被視為他學術研究階段性成果的一個總結，而當其獲諾貝爾經濟學獎時已高齡 73 歲，中國人民大學特聘他為榮譽教授。

菲爾普斯早在耶魯大學時期即接受了強調預期理論對於通貨膨脹、以及

更一般的價格和工資的作用。菲爾普斯指出，在失業率固定的情況下，預期通貨膨脹每上升 1%，就會導致實際的通貨膨脹率上升 1%，這是他在 1960 年代末期，與傅利曼共同挑戰「菲利普曲線」(Phillips Curve)所分析通貨膨脹率與失業率之間短期的負向關係，即高成長低失業率的代價是高通貨膨脹的論點。

在菲爾普斯和傅利曼提出「附加預期的菲利普曲線」(expectations-augmented Phillips Curve)後的 20 世紀 70 年代，美國的經濟狀況證明瞭這一理論的正確性。亦即通貨膨脹不僅視失業率而定，也與企業及員工對價格與工資調漲的預期有關，對通貨膨脹率與失業率之間的關係提出全新的詮釋和研究。

許多經濟學家尤其是凱因斯學派的觀點認為，只要政府實施寬鬆貨幣政策，應可創造更多就業機會，藉此引導失業率下降，但菲爾普斯指出，民眾對政府政策和物價上漲的預期心理會影響物價和就業狀況，即使政府的貨幣政策再寬鬆，但社會還是存在一個「自然失業率」，怎麼都消弭不了。

菲爾普斯的「黃金律則」是解釋一個國家提出什麼樣的政策，對短期經濟發展和長期經濟發展最好。菲爾普斯認為，一個國家的實質利率等於人口勞動率加上生產率，對長期經濟發展應該是最好。

菲爾普斯的研究貢獻，就是將時間因素考慮進來，也因為有他先對「菲利普曲線」（Phillips Curve）的相關研究，以個體理論基礎所引伸出來的失業和通貨膨脹之間的經濟理論，也率先強調透過修訂古典經濟學中關於資訊的假設，重組總體經濟學理論，才有機會啟發後人對於資訊不對稱和賽局理論的研究成果。

在現實經濟活動中，聽任匯率完全由市場之供需來決定的國家，可說絕無僅有。然而，對於外匯率的如何決定？以美元計算的新臺幣匯率要訂在那裡呢？這個水準必須能夠保證輸出商品到美國而獲得美元的臺灣出口商，可以將這些美元賣給臺灣進口商，以供應他們購買美國商品。

這個水準必須能保證美國輸出品的價值(以美元為單位)，必須等於美國輸入品的價值(以美元為單位)。當然更精確的算法應該是考慮到資本交易、

贈與等等。就理論上，對於該問題的處理有二種完全相反的制度：一為由政府決定的「固定匯率制」(fixed exchange rate system)，另一為由市場決定的「浮動匯率制」(floating exchange rate system)，或稱「機動匯率制」(flexible exchange rate system)。

由固定匯率發展至浮動匯率的過程，其情形是依據 1944 年布列頓森林 (Bretton Woods)會議決定，其以每一盎司黃金價等於美金 35 元而訂定的 1933 年，美國首次將黃金的價格定在每盎司 35 美元的水準，這個價格是比當時自由市場的黃金價格高出許多。結果，黃金大量流入美國，使得美國黃金存量 6 年內成長 3 倍，持有的黃金占世界存量的一半以上。

1934 年初，法律規定私人存有黃金者，必須將黃金賣給政府，他們所得到的補償比市場價格低許多。傅利曼批評，以人為的低價將黃金收歸國有，和卡斯楚(Fidel Castro, 1926-2016)以人為的低價將土地和工廠收歸國有，在原則上是沒有兩樣。為維持匯率固定，對於外匯的不足或多餘只得靠政府以買賣貨幣來應付。

尤其，布列頓森林會議的重點是，制定美金為國際通用貨幣，幾乎所有國際交易都以美金為報價基準。美元隨時可兌換成黃金，以供各國需求。但到了1971 年 8 月美國總統尼克森（Richard M. Nixon, 1913-1994）因為擔心無法用黃金兌回其他國家握有的美金，就「關閉黃金之窗」，這使得當時其他國家所持有的五百億美金變成一文不值。

美國取消黃金兌換美金的承諾後，其產生的淨效果是廢止黃金的通用貨幣地位，把它和其他貨品一樣在市場交易。1973 年因固定匯率的崩潰而改成浮動匯率，透過自動彌補國際收支的盈餘或虧絀，使國際收支保持均衡。

浮動匯率的優點：第一，國際收支的問題不存在，中央銀行不用為了擔心國際收支出現赤字，而保有太多的外匯；第二，減弱國外經濟變動對本國經濟的衝擊；第三，可幫助隔絕國外因素對國內經濟的干擾，政府乃得全心全力專注於國內諸如物價膨脹或失業等經濟問題的解決。其缺點為匯率變動難以掌握，使得進出口商在貿易進行中增加不確定因素的風險。

至於固定匯率的優點是國外經濟的變化透過對國際收支、貿易差額、準

備貨幣量以及對進出口價的直接影響，很容易就會影響到本國經濟的穩定；同時，中央銀行須隨時保有外匯。

完全的浮動匯率和完全的固定匯率在大多數的經濟學家和政府官員看來都過於激烈。大多數經濟學家認為，要麼回到有限穩定(不是固定)的匯率制度，要麼使浮動匯率制度更有效。因此，在介於浮動匯率與固定匯率之間採取所謂管理的浮動匯率，或稱「釘住但可調整的匯率」、「可調整的釘住匯率」，以及「匯率目標區」等折衷的稱法和做法。

1978 年以前，臺灣地區採行人為決定的固定匯率制度，新臺幣對美元價位由中央銀行公佈並掛牌買賣，基本上是釘住(peg)美元制度。1978 年以後，中央銀行為增加新臺幣對外價位變動的彈性，不再釘住美元，而改採行浮動匯率。而所謂的管理浮動匯率制度，匯率水準名義上由供需決定，但實際上央行會進場干預。我國中央銀行則高唱「央行維持匯率動態穩定」，通常央行在遇有季節性、偶發性，以及不正常預期心理時，央行則進場調節。

其優點為：第一，可隨時調整匯率至理想水準；第二，可視外匯保有的多寡，來決定是否該賣出外匯，以調降匯率上升的壓力；第三，透過匯率的調整，以隔絕外界對本國經濟衝擊；第四，匯率的波動較浮動匯率為緩和。

在缺點為：第一，中央銀行仍須隨時保有適量的外匯，以備進行干預；第二，匯率的變動仍屬難免，無法完全消除匯率對市場的干擾；第三，匯率的走向與中央銀行的意向息息相關，容易讓投機者得逞；第四，中央銀行必須具有妥善管理匯率的能力，使匯率水準能切合經濟發展的需要。

然而，管理浮動匯率亦難令人滿意。因此，有許多改革意見，如：

第一，恢復金本位制度，金本位制或稱「金色的緊身衣」(golden fetters)的國際貨幣體系的確很穩定，但政府對本國經濟的控制很有限，國內經濟常受到傷害。金本位制度在第一次世界爆發時崩潰了，結果政府獲得過多的經濟政策自主權。

1930 和 1940 年代是一個經濟無政府的年代，競爭性貶值和以鄰為壑的政策直到第二次世界大戰布列敦森林體系(BWS)建立後才停止。布列敦森林體系以固定匯率為基礎，由國際貨幣基金會監管，一直存在到 70 年代中期

才正式結束。

隨後「無體系狀態」導致嚴重的匯率波動和匯率不可預測性，於是大量改革國際貨幣體系的建議應運而生。依各國的貨幣兌換黃金的比率，其匯率是固定的，在其制度下，一國通貨發行數額背後需要等值的黃金作為準備。

第二，恢復布列登森林體制，設立目標區以縮小匯率波動的幅度，以及理想的國際貨幣制度的追求，如遠期外匯買賣有助於不必擔心日後的匯率變動而影響原先預定的經濟活動，有甚者，如其衍生性產品「無本金交割遠匯」的方式，雖係投資理財與避險工具，但因其於客戶與銀行所訂的遠期合約到期，不需交割本金，只針對買賣二方就合約之議定匯率與到期日之期匯率間之差額清算支付，因此，具備對客戶之資金調度能力需求較小，且不需附交憑證等特性，而被認為投機性較高的商品。

將市場經濟轉變成威權經濟社會，最有效的方法是對外匯施加直接管制。就我國金融國際化與自由化而言，中央銀行對外資管制方式，就因考量當前我國經濟發展階段，尚無全面自由化與國際化的條件，自由化或國際化是一種手段，並非目的，其實施的前提必須是以能為國家整體社會帶來正面的淨效益為主。

第五章　政府主義經濟學

> 對馬克思而言，政府是一個階級鎮壓另一個階級的工具，如果階級
> 利益可以調和，政府將不可能出現與存在。
>
> 　　　　　　　　　　　　　　　　　列寧(V.I. Lenin, 1870-1924)

一、社會主義馬克思

　　所謂「均衡」的概念，只是「局部均衡」或稱「部分均衡」(partial equilibrium)。因為，其在分析某一市場（產出或要素）時，是在其他市場都不變的假設下，所獲致的均衡結果，是個別市場的均衡。

　　然而，在整體經濟活動的市場中，是容許有不同市場間價格、數量的互相影響，而分析所有市場同時達到全面性的均衡結果，則為「全面均衡」或稱「一般均衡」(general equilibrium)，是社會中全體市場的均衡。

　　而且全面均衡也通常是假設經濟社會是處在完全競爭之下，發揮了市場機能，解決了供給與需求等基本經濟的問題。同時，也必然滿足了「經濟效率」(economic efficiency)，或稱「柏萊圖效率」(Pareto efficiency)，也就是達成所謂的「柏萊圖最適境界」(Pareto optimality)。

　　如果用傅利曼(Milton Friedman)對市場經濟的邏輯推論指出，在公開競爭下，效率比公平更重要，自由比平等更可貴。海耶克則強調「自然形成的秩序」，在人們經濟活動的領域裡，猶如林間小徑的現象一樣，經行人走過會自然形成，大家都會自然而然的循徑而行，毋需政府管制或干預，人們在交往互動中，會逐漸摸索出自然形成的秩序。

　　很不幸地，柏萊圖最適境界往往很難達成，主要原因有：

第一，經濟公平問題：在某些情況下，市場機能充分發揮的結果，並無法維持市場的完全競爭，而出現市場獨占現象，一旦獨占形成必然造成經濟的不公平。

第二，經濟效益的問題：即使完全競爭能維持，但在某些情況下，市場上發生環境污染的外部性成本與建設公園的公共財等問題仍然存在，導致完全競爭無法達到經濟效益。

第三，經濟效率的問題：因為市場的競爭，在調整競爭成本與產業升級的激烈情況下，出現廠商虧損、倒閉、勞工失業、改行等社會上貧富不均的現象，而增加了社會成本的負擔。

第四，經濟倫理的問題：如果考慮企業倫理因素，商業道德的衡量，導致交易成本的增加，致使市場競爭受到影響。

例如，邊際學派的創始人瓦拉斯(Leon Walras)體認實際經濟組織有其缺點，故主張局部政府干預的理由：

第一，為確保貨幣安定，政府要負責貨幣政策與貨幣機構；

第二，由於有效的自由競爭須以個人能正確估計物品與勞務之效用及其品質為前提，故政府不但要管制廣告，且要滿足人民的安全、公平及教育的需要；

第三有效的競爭也須以企業的自由參加及自由退出為前提，故自然獨占及收益遞增產業宜由政府控制及經營；

第四，限制股票交易的投機活動，或授權有執照者經營，因為小規模而無知的非專業投機者的自由活動，不但使自己蒙受損失，且損失公共利益；

第五，勞動市場的自由競爭有損勞動者的利益，亦有官方限制，若干勞動立法且須國際協議，集體生產的可能性不必然與自由、平等、秩序或正義相衝突，只要符合社會利益即可，不過，即使集體性生產方式，政府雖然是唯一企業家，工資、地租及利潤仍應由市場因素所決定，才能符合社會利益。

市場只有一個動機，就是追求利潤，根本沒有興趣或能力應付社會問題。所以，政府在某方面就顯得特別重要。社會主義經濟思想是歐洲 19 世

紀末期，由於工業化產生勞資對立、貧富懸殊、勞工失業等經濟社會問題。為解決這些問題，而有社會主義的經濟理論興起。

社會主義是廢除私有的經濟制度，廢除私有為國有，就要實施計劃經濟。1917 年俄國十月革命成功，馬克思標榜科學的社會主義蔚為風潮，影響東歐許多國家，甚至二次大戰之後，東西冷戰時期是民主與共產兩大陣營，壁壘分明。主要代表人物諸如：

(一)歐文(Robert Owen, 1771-1858)，出生於北威爾斯的鐵器商家庭，少年輟學，曾經從事學徒和店員的生涯，並經營紡織廠的經驗。1824 年歐文赴美國印第安那州，購地兩萬英畝，移住 900 人，設立名為「新和諧」(New Harmony)的實驗村。

失敗後，1830 年返回英國，大肆宣傳合作思想，創設「勞動交易所」、組織「全國工會同盟」。歐文是工廠改革家、合作主義的鼓吹者、工會領袖，以及教育理論家，甚至首先創用「社會主義」(socialism)一詞。

(二)傅利葉(Francois Marie Charles Fourier, 1772-1837)，出生於法國的富裕家庭，曾經從商和服務公職，1816 年以後專心研究及著述。幼年目睹產業革命後的社會現象，尤其是對商人的沒有職業道德感到非常失望，指責資本主義的主要罪惡在於個人利益的衝突，反對大規模生產與競爭增加銷售上的浪費，主張 2,000 人至 1,500 人，大約 400 戶人家的理想新村，組成合作社會。

(三)普魯東(Pierre Joseph Proudhon, 1809-1865)，出生於法國的貧苦家庭，靠著獎學金，完成基礎教育，19 歲時因無力繼續求學，成為印刷工人及校對，並與友人合夥開設印刷廠失敗，乃遷居巴黎，依賴寫作維生。

1840 年因出版《何謂財產》(What is Property)小冊而成名，1848 年當選制憲會議代表，翌年，因違反新聞檢查條例而入獄，出獄後，因再犯而逃亡比利時，1860 年獲特赦始返法國。

普魯東認為理想的制度是無政府主義，這並非意指無秩序，而是指稱無主人、無君王的制度，個人自由及公正為主要目標。他認為財產的收入如地租、利潤，尤其是利息，都是竊盜的行為。

主張廢除利息或其他資本報酬，並由工人合作社或工人的自願組織控制並擁有財產，這可以由具有發行證券能力的特別銀行予以融資，而這些證券可以支付財貨的生產和購買，在普魯東的社會裡，國家是多餘的。

(四)馬克思(Karl Heinrich Marx, 1818-1883)，馬克思的一生開始於摩斯里河谷(Moselle Valley)前端的土爾(Trier)。這地區被認為是當時歐洲最美麗的地方。河谷上層是一大片葡萄園，河谷以外則是起伏的田園。土爾現在是德國領土的一部分，但馬克思誕生的時候，這塊土地剛好由法國統治之下割讓給普魯士管轄。

馬克思出生於德國的猶太家庭，父親是律師，馬克思受到父親的影響，17 歲時他在波昂大學主修法律，1836 年轉到柏林大學，除了沉醉於戀愛之外，深受當時黑格爾(George Wilhelm Friedrich Hegel, 1770-1831)哲學的著迷，改修哲學、經濟與歷史，並以指導無產階級及煽動改革為一生志業。

1841 年獲得耶拿大學(Iena University)哲學博士，但其論文因對當時現實環境多所批評，而受到普魯士政府排斥黑格爾黨的左翼影響，致使馬克思極傾向於教授生涯的意願不能達成，未能順利進入學術機構服務，轉而到報社擔任編輯。

由於馬克思偏激的言論，報社被迫停刊，馬克思逃至巴黎，認識恩格斯(Friedroch Engels, 1820-1895)，並接觸社會主義思想，1845 年被法國驅逐轉到布魯塞爾，1848 年撰寫了「共產黨宣言」(*Communist Manifesto*)，再返回巴黎，1849 年又被驅逐，最後在倫敦定居，終其一生。

馬克思全家過著貧困的生活，他總共有 6 個小孩，其中 3 個死於貧病，但「貧賤憂戚庸玉馬克思於成」，1859 年完成〈政治經濟學批判〉、1867 發表《資本論》(第一卷)等偉大著作。

馬克思生命中的最後幾年，過得並不快樂，他的健康情形很壞，他被迫到卡斯巴德(Carlsbad)接受濫用菸酒的食物治療，警察和醫生對他的生活和生命情形都非常關注。

1881 年他的妻子得癌症過世，幾個月後，他最鍾愛的女兒也撒手人寰，馬克思在極度悲哀和寂寞下，也失去活下去的意志，1883 年死在好友

恩格斯的身旁，葬在倫敦的海格特(Highgate)公墓。

　　馬克思主義有兩項主要理論依據：一是由李嘉圖勞動價值說發展出來的資本家對工人剩餘價值的剝削理論；二是唯物史觀。馬克思的唯物史觀強調社會變遷的驅力來自人類的生產活動，亦即人類為了生存而進行的勞動、生產與再生產。

　　因此，生產方式(the mode of production)，包括生產力與生產關係決定了社會型態。馬克思認為，社會下層的基礎結構(infrastructure)是經濟，而上層結構(superstructure)則是由基礎結構衍生的政治、社會、文化等組成。生產方式形成社會上不同的階級，擁有生產資本的人形成有產階級；反之則稱為無產階級。

　　馬克思認為人類歷史是由封建社會、資本主義社會、社會主義社會，最後到達共產主義社會。歷史變遷的動力，除了生產方式的改變之外，就是有產階級與無產階級之間的鬥爭。

　　馬克斯在 1867 年出版了《資本論》(Capital)一書，以勞動價值理論為基礎，主張資本主義的生產模式必然會產生剩餘價值，也就是資本對於勞工的剝削。依據他的勞動價值理論，一個產品的價值是由生產過程中所必須的社會勞動所決定的，而剩餘價值理論則主張勞工的工資只構成了產品價格裡的勞動力價格，從此認為有剝削存在。

　　馬克思在《資本論》中，充斥著對資產階級經濟學的嚴詞詰難，並指摘傳統經濟學是「庸俗的經濟學」。馬克思主義中的階級(class)觀念，著重於階級在建構社會關係上的重要性，而此一關係源於擁有生產工具的資本家與靠出賣勞力維生的工人之間的敵對性。

　　馬克思了解資本財的生產優勢，又見到資本財集中在少數的資本家手中，也就敵視亞當‧史密斯傳統下的市場體制。馬克思的理想是「財產共有、各盡所能、各取所需」的共產政體，卻未能在有生之年仔細地構思它的運作方式。

　　馬克思認為，資本主義市場經濟的主要目的不在極大化個人福祉，而是資本家剝奪工人剩餘價值與從事資本累積的工具。至於資本主義社會中的政

府，只是資產階級用來協助其控制、剝削與壓迫無產階級的工具，是為資產階級的利益服務；同時，政府也強化扮演了合法化此種統治關係的角色。

然而，列寧(V. I. Lenin, 1870-1924)指出，對馬克思而言，政府是一個階級鎮壓另一個階級的工具，如果階級利益可以調和，政府將不可能出現與存在。所以，馬克思主義對於階級衝突與政府角色的看法可歸納為：

第一、社會階級之間的經濟利益存在著無法調和的衝突，因而威脅到社會秩序。

第二、社會秩序係指一個社會組織被設計來滿足某一階級的利益，並以犧牲另一階級的利益為代價，因之社會秩序是建立在被鎮壓兩個階級中的某一個階級之上。

第三、政府或維持秩序的工具，亦即階級鎮壓的工具，如為確保資產階級的政治利益，就必須為維護此一利益來行動與制定政策。

馬克思主義的剩餘價值論與唯物史觀，其對於無產階級的定義，很難適用於財產權普遍化且價值多元化的現代社會，馬克思主義也無法繼續以生產工具的控制，做為階級分類的標準。

另外，強調剝削觀點的勞動價值論，亦隨著勞動在生產過程中所占比率的遞減而不被接受，工人階級的窮化理論與百年來資本主義的發展事實不符。近年來，隨著蘇聯的解體及東歐國家的轉向市場經濟，馬克思主義（Marxism）也就漸漸式微了。

熊彼得（Joseph A. Schumpeter, 1883-1950）認為，馬克思是一個天才、預言家及經濟理論家，最重要的他是個很有學問的人。論馬克思一生，天下哲學家沒有哪一個能脫離他的文化傳統而從事思考的。

馬克思也有他特殊的背景傳統，他是日耳曼人，日耳曼人是西歐脫離封建社會最晚的一個民族，日耳曼的社會階層是極為森嚴的，同時其傳統的民族性雖然極其篤實，卻也是剛復自用的，在學術上的獨斷專橫作風和他們的日爾曼前輩都是一脈相承的。

有許多所謂「偉大人物」，也可能常常作出偉大的錯誤。如果馬克思是19 世紀偉大的思想家，那麼他也是 19 世紀偉大錯誤的思想家。海耶克在

《到奴役之路》書中引用托克威爾(De Tocqueville)和阿克頓爵士(Lord Acton)的話警告，說社會主義就是奴隸制度。

雖然馬克思預言：透過社會主義之路，國邦將萎謝；可是一個強大的沙文國邦卻在社會主義之中出現；而且資本制度必然崩潰。可是今天資本主義制度不但沒有崩潰，而且社會主義的先進國家向資本主義的國家購買小麥。蘇聯的解體，全球逐漸走向資本主義的制度。蘇聯實施社會主義的成績，顯然不及資本主義；蘇聯實施統制經濟事事須由政府計畫管制，這種教條經濟的結果被證明是行不通的。

所以，當凱因斯在 1925 年從蘇俄度完蜜月回到英國時，曾批評馬克思及其信徒：我怎麼能夠接受一種信條，像本《聖經》似的高高在上，不許批評；我怎能接受一個過了時、落伍的經濟教科書，那上面不僅科學上的錯誤比比皆是；而且對近代世界根本應用不上，我怎麼能夠接受寧要泥沙，不要魚，把粗野的勞動階層提到知識階級之上。即使說知識階級有許多錯誤吧，但它終究是所有人類進步的播種人。

又有人說：我們需要一個宗教，但我們在那紅色書店的狂熱垃圾中會找到宗教嗎？一個受過教育的，有點高尚情操的，有點知識程度的西歐人，到那裡去發現理想是太難太難了。

凱因斯又批評：我批評它，並不是為別的；只是因它對世界上究竟真正發生的並沒有捉到要領；我批評它，是因為它是一個塵封多年的藍圖，用一百年前一個人所說的話去解決五十年前社會上所發生的問題。

馬克思認為，革命只會發生在西方高度工業化國家，其他地區必須先使自己工業化，發展出龐大的無產階級，然後革命的觀念才會逐漸普遍；而帝國主義和它帶來的工業發展則會使殖民世界的革命提早發生，這就是馬克思認為英國在印度是一種進步力量的原因。

相反地，列寧(V. I. Lenin, 1870 -1924) 卻希望革命能夠在經濟落後的地區發生，如中國、印度、非洲等第三世界國家的困境完全是由於帝國主義造成，他們只有藉著革命才能把先進國家的資本和工人統統趕出他們的領土。於是列寧在俄國策動革命，同時把它輸入中國。列寧的失敗乃在於沒有能預

見建設社會主義的經濟制度是多麼困難，沒有發現社會主義計畫和管理是多麼複雜的事。

列寧出生於中產家庭，父親擔任過老師和校長，列寧的哥哥在青年學生時期，就因為參與暗殺亞歷山大三世(Alexander III)的計畫而被處絞刑，他母親曾到聖彼得堡為這個兒子向沙皇請求赦免，但是被拒絕，因為他哥哥並未對此事感到後悔。

列寧就是在這樣的家庭長大，使得列寧的革命行動比馬克思的革命理論來得震撼。馬克思對自己擁有的私人財產是否都是贓物，有如下的敘述：從古開始，萊因地區的居民就習慣到森林撿來枯木來作燃料，但是隨著人口和財富的增加，木材的價值越來越高，終於變成了相當重要的私人財產。關於保護木材的案件充斥普魯士的每一個法院，森林的看守者有權傷害那些小偷。

馬克思指出，如果侵犯那些沒有註明甚至不能確定的財產算是竊盜行為的話，那麼是不是所有的私人財產都是贓物嗎？我所擁有的私人財產，難道不是剝奪別人而得到的嗎？

馬克思主義的剩餘價值論與唯物史觀，其對於無產階級的定義，很難適用於財產權普遍化且價值多元化的現代社會，馬克思主義也無法繼續以生產工具的控制，做為階級分類的標準。

歐洲有說是極左派的社會主義如俄國布爾雪維克革命和極右派的社會主義如德國的納粹黨與義大利的法西斯黨。不管是極左和極右的社會主義都拿國家的極大權力來為社會主義做實驗，而這兩種實驗的結果都走到非用奴役、集中營，非用政治犯、強迫勞工，非用極端的獨裁無法維持其政權。

胡適之指出，如要社會主義成功，非得獨裁不可，非用極端獨裁、極端專制不可，結果一定要走上海耶克指出的「到奴役之路」。東歐流行一個笑話：「什麼是哲學？」「在一黑屋中找黑貓。」「什麼是馬克思哲學？」「在一沒有黑貓的黑屋中找黑貓。」「什麼是馬克思列寧哲學？」「在一沒有黑貓的黑屋中找黑貓而且大喊『我已經找到了』」。

許多政治家故意從語文詞藻上強調極左的社會主義——共產主義和極右

的法西斯主義之間的差異。實際上，極端與極端反而相近，兩者都輕視民主，假裝為人民設想，厭惡小資產階級價值，在經濟上強調國家而不重視市場機能。兩邊陣營的主事者都會對與對方雷同的觀念嗤之以鼻，但是凡是有過經驗的人都可證明其相容性。

隨著蘇聯的解體及東歐國家的轉向市場經濟，馬克思主義也就漸漸式微了，但是馬克思的「經濟決定論」(economic determinism)思想，依然有其不能忽視的影響力。所以，加爾布雷斯(John Kenneth Galbraith, 1908-2006)長年以來，一直相信在高度組織化的工業社會中，資本主義和社會主義有一種強烈會合的趨勢，終於得到印證。

福山(Francis Fukuyama, 1952-)認為社會主義垮台，自由主義勝利，表示歷史朝向西方的普遍主義(Universalism)終結，21 世紀資本主義快速崛起新秩序的開始。為了預測促進社會經濟繁榮的基本法則，福山檢視了一個較寬廣的民族文化問題，他認為經濟生活和文化生活是分不開的，在社會資本與物質資本同樣重要的時代，只有那些擁有較高信任度的社會，才有可能創造較穩定、規模較大的企業組織，以便在新的全球經濟中具備競爭力。

福山強調「自發社會力」是該社會經濟結構的關鍵。德國經濟社會學家宋巴特在他的論文〈為什麼在美國沒有社會主義？〉中指出，在一個到處吃得到烤牛肉與蘋果派的地方，任何一種社會主義烏托邦注定要失敗。

從政府統籌分配款的議題而言，傳統的觀點可以比喻作切蛋糕平分給小孩子。初步切割，有大有小，在分發蛋糕給小孩以前，再做修正，把太大的切掉一些補給太小的。但是我們並不是一群小孩，單純的在接受大人分蛋糕。並沒有所謂的中央分配者，沒有一個人或一個團體有權利控制所有的資源，或有權利共同決定這些資源如何被分配。

一個人得到一些東西，一定是因為別人給他東西作為交換，或是因為別人贈送給他的。在一個自由的社會，不同的人控制不同的資源，透過自願性的交換和個人的行動才會產生額外的、新的財產。

例如 2005 年 11 月臺北市健保經費負擔爭議，牽動各級政府財政收支狀況。如果以臺北市每年稅收占中央政府每年稅收的 35%，北市每年由中央拿

回的統籌分配款只有 12%，即有 23%是供中央統籌使用，如今要臺北市負擔較高比率的健保費，顯然不公平。

由於執政的中央政府要兌現競選時的減稅政見，造成各級政府經費短缺，因此，許多縣市政府居於「每個不同轄區的民眾，並沒有受到憲法所稱人人平等的保障」，而提出中央與政府財政劃分法中，要求重新調整統籌分配款的比率。

一個人在 30 歲以前若不是社會主義者，可謂毫無心腸；年過 30 還是社會主義者，他就是沒有頭腦。

馬克思主義發展到 1970、1980 年代的出現新馬克思主義（Neo-Marxism），重新修正馬克思主義思想，但仍認為資本主義國家的國際貿易行為會增加對落後地區的資本輸出(capital export)。

雖然這些國家榨取剩餘且由此導致落後地區工人大眾的貧困，但資本主義仍能促進經濟發展，並加速落後地區工業化的速度，最終將會使各國經濟趨於同等化，這是列寧在嚴厲批判資本主義時，也不得不承認資本主義優越性的原因。然而，同屬於新馬克思主義一支的依賴理論(dependence theory)，對此卻有迥然不同的看法。

依賴理論源於 1960 年代中期，因為拉丁美洲國家從 1950 年代就引用先進國家所設計的進口替代策略，使原先已有相當程度的經濟成果，紛紛出現經濟成長停滯及社會分配惡化的困境，於是開始嘗試擺脫「現代化理論」(modernization theory)的國家發展模式。

依賴理論認為開發中國家若與西方已開發國家結合，其後果只有導致低度發展；在國際政經體系的分工中永遠困處在被剝削的邊陲國(periphery)，只能依附於核心國家(core state)。也就是說，一個國家愈依賴外援與外資，其經濟成長速度愈緩慢，所得分配也愈不平均。

依賴理論對於邊陲國家經濟落後的解釋，偏重於外部決定因素，忽略了外部因素與邊陲國內部因素之間互動的影響。因此，第二次世界大戰後，重視發展理論者亦同樣強調外在西方資本、技術與文化對第三世界國家經濟發展的重要性，而有所謂在依賴情況下仍有可能發展的「依賴發展理論」

(dependent development theory)出現。

新馬克思主義者如葛蘭西（Antonio Gramsci, 1891-1937）、哈伯瑪斯 (J. Habermas, 1929-)等認為，人與歷史之間是互相影響的，而經濟也不再被視為是唯一的下層建築，認為人才是創造者，否定了馬克思主張歷史發展無法被人類改變的論述。新馬克思主義者尤其指出，文化、政治與經濟是會相互影響的。

二、歷史制度李斯特

史懷哲(Albert Schweitzer, 1875-1965)指出，我們的現實意識與歷史意識造成國家主義的產生，而國家主義所造成的大變動使我們的文明全然崩潰。

歷史學派(Historical School)是部分經濟學家，或者特別重視經濟法則與經濟制度的相對性，或者採用歸納法的推理，根據具體的史料推論奇相對的經濟法則，或強調人類動機的相互關係與社會科學之間的相互關係，大體上都歸入歷史學派。

這學派源起於對古典學派、邊際學派與新古典學派根據單純前提演繹經濟理論的反向表現，誕生於 19 世紀中葉，與德國當時處在分裂、衰弱的及以農業為主的經濟社會有關。

歷史學派認為負責及有效率政府的干涉經濟可以共同促進工業發展，認為經濟發展的目的不單只在於增加一個國家民族的生活與福祉，尤須顧及民族利益、社會正義與自由等價值，否則寧可退而求其次。

尤其國際貿易所導致經濟依賴關係的不對稱性，貿易成了強國增強其對弱國經濟影響力的手段，不但會摧毀弱國的傳統價值，更導致了物質主義及對奢侈消費品的氾濫。

因此，歷史學派中的國家主義強烈批評國際貿易是帝國主義的侵略行為，容易造成一個國家的極端民族主義興起。

歷史學派的發展主要在德國，特別是李斯特的代表作《政治經濟學國民體系》(*National System of Political Economy*)，主張對於幼稚工業(infant industry)施行保護關稅，而且有一定的期限，待其充分發展之後，即行解除，而與先進國家從事自由貿易。

歷史學派強調政府在政治過程中的地位，有別於古典學派認為政府不過是一個競技場(arena)；亦不同於馬克思主義單就階級觀點，強調政府只是資本主義剝削勞工階級的工具。

歷史學派認為國家主義必須積極追求符合國家民族的利益，並以其所處的世界權力體系衡量自身國家民族擁有的力量，做為計算國家民族利益的標準。這種強調主動追求一個國家民族利益的生存法則，經由獨裁政體及計劃性經濟的運用，建立起連結國內外政經的網絡。

然而，也因為過於追求該國家民族的利益，主張軍力是所有政治德行的基礎，實行極權主義(totalitarianism)統治，由於過於強調民族利益或民族歧視，而犧牲了人民權利與自由，如國家社會主義(national socialism)者希特勒(Adolf Hitler, 1889-1945)及法西斯主義(fascism)者墨索里尼(Benito Mussolini, 1883-1945)。那常使國家變成人間地獄者，正是人想把國家變成大國的念頭。

歷史學派是將生產、分配、消費、價值等所有的經濟現象，不作一般抽象概念，而是作為歷史限定的、制度制約的、特殊具體概念來把握。制度學派排除古典學派的靜態論，而重視歷史研究方法，並且基於個人主觀的價值判斷，代替個別的經濟利益，考慮社會全體一般的福利，隱含著社會改良主義的哲學。提出改良主義的「社會經濟政策」，因而被稱為「講壇社會主義者」。

由於歷史是對過去所發生過的事實之記載，又可以提供大量事實的相關資料，故經濟學的研究方法不宜採用抽象的演繹法，而應利用歷史所提供的事實資料加以歸納並導出理論，這種以經濟史作為研究經濟活動的基礎及其延伸出來的理論與政策推動的學者之組合，稱之為歷史學派。

韋布倫雖然以獨特本能的心理學為基礎，提倡進化論的經濟學，以別於古典學派的經濟學是立基於快樂主義個人心理學，韋布倫的制度學派方法也抨擊新古典學派的馬夏爾的需求法則：當價格下跌時，消費者會購買較多商

品；以及關於勞工的假設：勞工是因為有薪水而工作，而非為工作而工作。1929 年以後，美國轉趨於凱因斯經濟理論的研究，制度學派也日趨平淡。

歷史學派是先歐洲的歷史學派才有美國韋布倫制度學派的盛行，以：

(一)德國李斯特(Friedrich List, 1789-1846)、施謨勒(Gustav Schmoller, 1838-1917）為主要姓代表人物。李斯特出生於德國，父親是製革匠，17 歲從基層公務員開始，除升任神聖羅馬帝國符天堡邦 (Wurtemberg)內政部長助理之外，並擔任杜賓根大學(Tubingen University)行政學教授。

拿破崙戰爭結束，李斯特擔任「德國工商同盟」(German Commercial and Industrial Union)的主席，鼓吹對外貿易的保護措施，而與當時政府政策大相違背，被取消新當選的國會議員資格，且被判 10 個月徒刑。

1825 年李斯特離開普魯士轉赴美國，結交朝野賢達，1832 年美國總統傑克遜(Andrew Jackson, 1767-1845)派他擔任美國駐萊比錫領事，並鼓吹建立全德鐵路的重要性和保護貿易的主張，他的思想亦被視為建立歐洲經濟共同體的理論基礎。1841 年刊行《政治經濟學的國民體系》論著更使得其聲名大噪，且獲得符天堡邦王的諒解，重回故鄉定居，可惜不幸在 57 歲那年自殺身亡。

施謨勒出生於德國，1861 年大學畢業後，隨即參加工業調查工作，1864 年以後先後在各大學授課，1882 年轉任柏林大學教授，1912 年退休。

(二) 英國以湯恩比(Arnold Toynbee, 1889-1975)、陶尼(Richard H. Tawney, 1880-1962)等人為代表。湯恩比出生於倫敦，1872 年進入牛津大學，1878 年取得學位，並受聘該校講師，講授英國經濟史，1883 年不幸於英年早逝，時年僅 31 歲。

陶尼出生於加爾各答，父親是英國公務員，曾在牛津大學受教育，1913 年受聘倫敦經濟學院為研究貧窮而設立的拉坦達達基金會(Ratan Tata Foundation)董事，1931 年至 1949 年擔任倫敦經濟學院經濟史教授，同時為許多政府的委員會工作，對英國工黨及費邊社(The Fabian Society)有深遠的影響，陶尼一生從事教課和寫作，是一位傑出的經濟史專家。

(三)美國盛行的制度學派，主要代表人物有韋布倫(Thorstein Veblen,

1857-1929)、康孟斯(John R. Commons, 1862-1995)、密契爾(Wesley C. Mitchell, 1874-1948)。

韋布倫出生於美國威斯康辛州(Wisconsin)，父母親是挪威移民，父親務農，家裡共有十一個兄弟姐妹，生活非常清苦，直到上大學，他父親終於在明尼蘇達州南部擁有 290 英畝土地，這已算很富裕了。

韋布倫 17 歲進卡爾登學院(Carleton)，受教於克拉克(John B. Clark)，陸續在霍普金斯(Johns Hopkins)大學主修哲學、政治經濟學，及耶魯大學哲學系，1884 年獲得哲學博士學位。但無法找到理想工作，35 歲那年受到古典學派大將賴富臨(J. L. Laughlin) 推薦，才有機會到芝加哥大學講授農業經濟學、經濟思想史，並負責該校發行的政治經濟學刊。

1899 年出版《有閒階級的理論》(*The Theory of the Leisure Class*)，這本書的副題是：制度的經濟研究，而聲名大噪，由「教員」(instructor)升為「助理教授」(assistant professor)，時年 43 歲。

1906 年的韋布倫被史丹佛大學聘為「副教授」(associate professor)，1911 年到密蘇里大學經濟系擔任講師(lecturer)，而後在政府部門及社會研究新學院工作，1920 年社會研究新學院被裁撤，韋布倫從此未再從事教職，一生過著孤寂而缺乏安全感的生活。

韋布倫教職工作的變動，大部分與感情未能妥善處理有關，造成生活上的顛沛流離，1929 年過世。加爾布雷斯(或譯高伯瑞)指出，韋布倫寫作的動機並非出於嫉妒，而是出於由憎惡所造成的優越感，他並不認為富人就一定擁有智慧、文化和同情心，他們事業上的成功其實是狡詐所致，而這種狡詐又是以他們既有的富裕為基礎，外表的驕傲、浮誇，知識上的愚鈍幼稚，不安穩的動作，都使有錢人看起來非常荒謬可笑。

韋布倫最大成就並不在經濟學方面，而是在社會學的領域，也就是對於富人社會的研究，有閒階級論是環繞著富人因自己的財富而成的優越感這個主題寫的，就是大量的閒暇和大量的消費(Conspicuous Leisure and Conspicuous Consumption)。

韋布倫認為不用流下一點汗滴，就可以被動地賺進財富的人，才會受到

欽佩，並讓社會大眾想要迎頭趕上，休閒階級於是產生。財富必須為外人所知才能彰顯一個人的地位，而一個人又不可能在路上邊走展示他的千元大鈔或者財務證明，有時候蓋房子並不完全是用來居住和休憩，而是彰顯屋主的財富。

　　哈佛大學流傳一段有關韋布倫的佳話：校長樓衛(A. C. Lowell) 考慮邀請韋布倫擔任經濟學教授，並提出韋布倫最為人詬病的缺點，樓衛向韋布倫指出，你知道嗎？如果你到此任教，有些教授會很擔心自己的妻子。韋布倫的回答竟是他們無須擔心，因為我已經和他們的妻子會過面了。

　　康孟斯出生於俄亥俄州的荷蘭堡(Hollandburg)，父母親都是虔誠教徒，先後進入奧柏林學院(Oberlin College)和霍布金斯大學就讀，並在奧柏林學院、印第安那大學等學校任課，1904 年開始在威斯康辛大學擔任教職，1917 年擔任美國經濟學會會長，1932 年退休。

　　康孟斯後半生的學術生涯較韋布倫幸運許多，「制度經濟學」（Institutional Economics）的用辭，首見於康孟斯的相關著作。

　　密契爾出生於伊利諾州，1892 年進入芝加哥大學，受教於韋布倫，1899 年獲得經濟學博士，任教於芝加哥大學、哥倫比亞大學，1920 年創立全國經濟研究局(National Bureau of Economic Research)，並主持該局 25 年，終身致力於經濟景氣循環理論及其實證研究，與韋布倫、康孟斯同列為制度學派的三大宗師之一。

　　1991 年獲得諾貝爾經濟學獎的寇斯 (R. Coase, 1910-2013)，他於 1937 年和 1960 年以芝加哥大學經濟學教授發表有關處理交易成本(transaction costs)的重要概念，發展出各種組織和典章制度都可以看成是處理交易成本的經濟活動，法律規章的制度(institution)也是經濟活動不可分割的一部分。發現並釐清交易成本(transaction costs)和財產權對制度結構和經濟運作的意義，建立公共經濟學。

　　寇斯 1910 年出生於英國，父母親同在郵局工作，從大學到獲得博士學位都是在同一所的倫敦大學就讀，1951 年，因為對社會主義化的英國的未來失去信心而移民美國，在水牛城大學(University of Buffalo)擔任經濟學教

授，1958 年轉往維吉尼亞大學，1964 年受聘為芝加哥大學經濟學教授。

寇斯重要著作《廠商的本質》(*The Nature of Firm*)，特別指出以文明的手段來解決紛爭的所謂「單一主人」(single-owner)概念。當兩人發生衝突時，可以設想：如果兩人相愛結婚，利益一致，會如何處理原先的爭議？也就是當雙方發生衝突時，可以藉著「單一主人」的概念來思索；如果爭訟雙方結婚，或者由同一位主人，同時擁有權益發生衝突的資產，那麼就可以重新檢驗整體的權益。

寇斯指出，所有的解決方法都有成本，沒有理由只因為市場或企業沒有把問題處理好，就呼籲政府插手管制。去區別市場解決方法和政府解決方法，是人為而不必要的。

因為任何市場解決方法都依賴立法機構和法院所建立的特定法律。寇斯和布坎南都著重於政府與法律結構對市場運作的影響。寇斯並將發表過的論文彙集出版《企業、市場與法律》(*The Firm, The Market, and The Law*)。

福格爾(Robert W. Fogel, 1926-2013)與諾斯(Douglass C. North, 1920-2015)於 1993 年共同獲得諾貝爾獎。福格爾革新經濟史的研究，運用經濟理論與數理方法來解釋經濟與組織的改變。福格爾出生於紐約市，1944 年在康乃爾大學期間，主修歷史學、輔修經濟學，並成為了共產主義組織 American Youth for Democracy 校園分部的主席。

畢業後，成了共產黨的職業組織者。但之後他放棄共產主義，並進入哥倫比亞大學深造。1958 年獲得碩士學位，1964 年獲霍普金斯大學博士學位。經濟史學家福格爾指出，在 18 世紀初，法國人一般飲食的能量質與 1965 年全球營養失調最嚴重的國家盧安達相當。

諾斯是 1920 年出生於麻州的劍橋，父親服務於大都會人壽保險公司，因為父親工作關係和母親重視多元教育，高中以前的教育分別在瑞士、加拿大和美國完成，大學和獲得博士學位都在加州大學柏克萊分校就讀，博士論文是美國人壽保險的發展史，研究重點在壽險分析以及壽險公司與投資銀行的關係，以後擴及經濟史的研究；從 1950 年起在華盛頓大學任教，直至 1983 年轉往聖路易大學擔任經濟與歷史教授，並成立政治經濟研究中心。

　　諾斯的制度理論是從人類行為理論加上交易成本理論而建立起來的，當這兩個理論結合起來就能了解制度為何存在，以及制度在社會體系中的運作，如果再加上生產理論更能分析制度在經濟體系的成就表現上扮演什麼角色。

　　例如制度運行的關鍵之一就是在制定犯規的成本以及處罰的輕重。諾斯就以「交易成本」、「制度」的概念重新分析歷史，考慮交換過程的交易成本勢將修改經濟理論，並且產生關於經濟成果非常不同的含意，而建立制度學派的經濟理論。

　　因此，寇斯和諾斯的經濟學理論又被稱之為「新制度經濟學」，而全被概稱的歷史制度經濟學也成為經濟理論中的重要學派。

三、國防經濟凱因斯

　　法國文學家雨果(Victor Hugo, 1802-1885)宣稱「人類需要法國」，美國老羅斯福總統(Theodore Roosevelt, 1858-1919)及英國的強調英格魯薩克森民族是世界歷史與文明的主導力量。這種國家至上理論的鼓吹是帝國主義時代的開啟者。

　　在政府出現之前，人的生活陷於孤單、貧窮、敗德、野蠻與短暫。政府雖然經常是財產權的保護者和執行者，但也常是造成不安和製造交易成本的來源。一個現代高所得的社會不可能在政治的無政府狀態獲致其生產力。所以，造成有效的第三者執行的最好方法是靠建立一套法規，使各種非正式的限制能變成有效。為有效處理經濟問題，使經濟秩序得以順利運作，單是靠純市場機能是無法達成。

　　亞當・史密斯(Adam Smith)在論要執行君主(政府)的職責有三：第一職責即保護社會免於其他獨立社會的暴力傷害和侵略，非有軍事力量不可；第二項職責，即盡可能保護社會中每一個成員免於其他成員的不義傷害或壓迫，或者說，即建立一套毋枉毋縱的司法體系以維護正義；第三職責，即是興建與維護一些公共工程設施和機構，這些設施和機構對一個大社會雖然極

為有利，然而，由於性質特殊，其利潤絕不可能把費用償還給任何個人或少數人。

所以，就不可能期待任何個人或少數人出資興建與維護。同時，上述三項工作的執行所需經費，也是依各個不同的社會發展階段而大不相同。因此，有政府管制的理論出現，包括公共選擇理論及俘虜理論等等。

簡而言之，就是強調透過政府職能介入市場的必要性。尤其是在遊戲規則的制定、所得的重分配、公共財的提供，以及經濟穩定成長的謀求等四大項目。詳細說明如下：

第一，遊戲規則的制定，如採用「禁止性法令」(proscriptive rules)，對資產的個人權利界定與保護、契約的履行等，及採用「指定性法令」(prescriptive rules)對外部不經濟的廠商訂定罰則、對外部經濟的廠商訂定獎勵辦法，及必要時成立公營事業，對產業進行價格管制等等。

政府是很有用的，但不是用來賺錢的。公營事業可能賺錢，可能虧損。政府管別人錢的本質，通常會使公營事業慢慢的走上虧錢的路；即使賺錢，通常也不是真正賺錢，只是漏掉了許多成本而已。

更何況臺灣的部分公營企業和公用事業都不是公共財，臺灣的部分公營企業和公用事業是歷史的產物，民營化是必然趨勢。若有困難，政府可以考慮轉型朝向符合政府天職的產品。

例如臺糖公司現在除了製糖之外什麼都做，大部分臺糖做的副業，都是生產私有財，包括養豬、賣汽油、土地開發、種蘭花、或開便利商店等，不管現在經營的賺不賺錢，將來不免成為政府的負擔。但是，臺糖目前做的農業生技研究，是基礎研究，對蘭花的種植應重視培育，而不是種植蘭花去賣強調賺錢。

2003 年 10 月臺鐵投資東森寬頻，而在立法院交通委員會受到立法委員的強烈質疑；2003 年 10 月中華電信舉債買回政府持股，圖利說再度引發激辯；2003 年 12 月執政政府為了總統選舉，以國家公帑做「置入性行銷」的手段滲透媒體的領域而引起很大的爭議。

公營事業民營化應擺脫財團與政黨糾葛，公營事業如能引進民間企業經

營理念，有財團介入未必全是壞事，但前提是股權不能太集中，而且過程絕對要公開合理。2005 年 7 月 1 日起，政府本來預定實施全民按指紋政策，杜絕銀行人頭戶以及遏止歹徒冒用人頭身分證犯罪，由於百姓對政府行政措施沒信心，擔心指紋檔案外洩、遭到冒用、盜用或人權侵擾，導致這一政策無法如期實施。

所謂「外部性」(externalities)或稱為「外部效果」(external effects)，或稱為「外溢效果」(spillover effects)是指個人行為的「結果」有一部分是「事不關己」的，或產生一部分自己不須負擔的成本，或外溢了一些自己無法享受到的利益。因此，分「外部利益」(external benefit)與「外部成本」(external cost)。

外部利益是指行為生產者產生的利益中，不能歸當事人享受的那部分；外部成本則是行為者引起而不必自己負擔的那部分成本。因此，遊戲規則的訂定無非就是要能維護市場的競爭。政府不是不能做任何投資，而是不能因為政府投資的關係就要禁止民間的私人參與投資與競爭。

第二，所得的重分配，透過徵稅、免稅等財政政策，如把較有錢人所得經由租稅等手段，直接與間接地移轉到窮人或精神病人等弱勢行為者身上的方法，就稱為所得重分配。傅利曼則稱之為「基於家長主義的政府活動」。

第三，公共財的提供，如重要的交通、立法、司法、國民教育與國防建設等，需要政府以非單純的經濟觀點來提供，以確保國家的安全與經濟的繁榮，尤其是其藉由警察、軍隊與司法以維護治安的功能。

因此，公共財的增加，例如蓋捷運對公共運輸的效益，大家都可以享用，就不會發生相對比較消費的問題，要不然光是私人的消費增加，只增加其私人效用，其表現外溢到別人身上可能反使別人效用減少，也就是有負的外部性，其他消費者不一定能接受。

所以，公共財是指在同一期間內，可以同時提供效益給二個以上的經濟個體，而具有集體消費滿足公共慾望，並由政府預算提供的財貨。因此，公共財具有兩項特徵：無排他性與非獨享性。

無排他性是指此等財貨不能排除他人使用，或排除他人消費的特質。即

使自己不支付價款，也不會被排除使用，因而造成使用者不付費，出現免費享用者。而非獨享性是指公共財不僅數量上不可細分，其所提供的利益，也不易分割由個別消費者獨占享有，故它必須整體提供，由兩人以上聯合消費。且多增加一人消費，原來消費者消費量並不因之減少，

換言之，多增加一人消費並不增加財貨提供的成本，即隱含該財貨之邊際成本為零。所謂選舉的經濟觀，假若選民認為自己一票不是決定性一票，它不具關鍵性，選民往往不願意前往投票。因為，選民會聰明的認為，如果前往投票，自己必須付出個人成本，因此，選舉猶如是公共財，選民會產生搭便車(free riding)行為。

近年來，經濟研究已經破除許多公共經濟學的迷失：例如在公共財必須由公共提供的觀點。由於許多公共財，實際上，各具有不同程度的無排他性或非獨享性。例如高速高路，它可以建立排他性的機制，以偵測道路使用並收費，收費道路可由公部門或私部門提供。

因此，有許多公共財，如保安、公園、休閒設施、學校等，如果排他性可以執行，就沒有公共提供的必要。即使無法建立起排他性，某些能夠產生「貢獻者專屬利益」夠大的公共財，就可以鼓舞私人行動，如捐贈慈善團體所帶來的美好享受、對盟友政治讓步以獲資助。

由政府提供公共財，能增進社會的福祉。政府也同樣受制於因市場資訊的缺乏、不當誘因、獨占扭曲和外部性而失靈。負面外部性的最適水準為零。環保主義者傾向認為污染最適量是零，假設車輛污染被控制之後，車輛排氣每年只增加大氣層中的一氧化碳 1 公噸，如果消除這剩下的一氧化碳要花費 20 億元，但改善健康的效益僅 10 億元，那麼一氧化碳便不值得進一步處理。

矯正問題的一部分勝過什麼事也不做。假設現在有兩個政策選項可以讓相鄰的兩國共同面對非法打獵，而他們只在其中一項政策上合作，那麼兩者處境都因此更糟。這兩項政策可能一個是聯合警戒力量，另一個是分享情報。

雙方只分享情報的結果，是都更清楚如何將非法打獵者趕到國外，於是

造成更多監視的支出，同時損及兩國的利益。實際上，各國都不願意協調內部警戒力量，以免自主權喪失。

　　政府是否能夠「獨立」處理配置與分配的議題。我們一般皆認為，世界所累積的財富乃是由個人拋棄了消費的直接享受，克勤克儉地建立起來的。但是很明顯地，光憑節慾與節儉本身是無法建立起城市或排水道……。建立及改善世界財務的乃是企業……如果企業發展起來的話，那麼財富便可以累積節儉所得到的一切；如果企業沉睡的話，那麼不管我們怎麼節儉，財富還是會衰退的。

　　簡言之，政府要做的事有兩個條件：一是這個社會有很多事情大家想要，但又沒有人願意做，只好要求政府來做；二是有一種事情(產品)很特別，一但生產出來後，再怎麼多人消費享用，都不會增加成本，也就是所謂的公共財。

　　所以，水、電、郵政、石油、電信等是「私有財」，而不是「公共財」。國防、治安等公共財的提供，政府在這方面的表現要比透過私人市場機制來得好。國家安全狀態的改變，同時意味著警察角色的變化，但也不是所有公共財都由政府來做。

　　第四，經濟穩定成長的謀求，政府要維持經濟的成長與物價的穩定，可以透過政府公共支出、稅率、利率、及貨幣供給等公共政策的調整來達到目的。在理論上，政府可以針對許多市場機能的缺失，加以彌補。

　　然而，在現實的經濟社會中，如 1992 年諾貝爾經濟學獎貝克(G. Becker, 1930-2014)在其所寫的《生活的經濟學》(*The Economics of Life*)一書中指出，其仍存有許多的障礙，主要有：

　　(一)公共利益的問題：由於各人偏好不同，意見互異，如何來處理出對整個社會最符合公共利益的方式，至今仍未有圓滿的答案。

　　(二)私人利益的問題：私人利益經常都被批上公共利益的偽裝外衣，一個人如果會因為一件公共事務而享有暴利的話，他就會很容易說服自己這件是一定是充滿正義的。政府官員與民意代表也同樣具有私心，也都涉及到私人利益分配的問題，因而影響到政府政策的制定。

就如亞當‧史密斯所觀察的，商人總愛在扶輪社的聚會中高唱自由企業，卻和國會裡的政客暗通款曲，謀求私利。甚至於在市場失靈之後又出現「政府失靈」(government failure)的現象。

英國歷史學家艾克頓爵士(Lord Baron Acton)說：「權力趨於腐壞，絕對的權力則絕對地趨於腐壞」(All power corrupts, absolute power corrupts absolutely)。世界上許多國家的人被計畫地否定政治自由和基本公民權，有時辯稱為，否定這些權利有助於刺激經濟成長，對快速經濟發展是一件「好事」。

有些人甚至為了他們所謂的促進經濟發展的利益，而擁護較嚴厲的政治制度，否定基本的公民權與政治權力。

這種論點，有時受到相當基本的實證所支持，如新加坡總理李光耀的論點。但事實上，更全面性的跨國比較，不曾支持這樣的論點，而且幾乎沒有專制政治幫助實際經濟成長的實證。

更確切地說，實證非常強烈的顯示，經濟成長生於有利的經濟環境，而非嚴厲的政治制度。有的政治家要指導私人應該怎樣運用他們的資本，這樣的政治家不獨私利去做最不關己的事，而所暗盤獲取的這種權力，並不是民意代表所能接受或承認的。暗盤獲取的這權力，與權力操之那自以為勝任行使這種權力的愚人之手，是同樣的危險性。

亞當‧史密斯在《道德情操論》(*Theory of Moral Sentiments*)一書中更指出，政治領袖以別人的讚美崇拜為務，像粉絲對偶像，這種政治領袖就不可能有事功成就的大開大闔格局。

政治理論的「金手銬症候群」(golden handcuffs syndrome)，指的是出名大人物為了討好選民，對任何可能傷害名譽的事不願做出任何承擔，而對任何可能獲得掌聲之事則當仁不讓的一種行為模式或角色扮演。「金手銬」指的正是大人物靠著討好選民，獲得稱讚的那種包袱。

(三)公共選擇的問題：政府的行為既不是如公共利益理論所認為是完全謀公眾福利者；也不是如利益集團理論者所認為是完全謀私人利益者，而是可以利用經濟學上的工具與方法，針對公共政策加以分析、制定的選擇理

論，如透過選民、政治人物及行政官員的參與及協商，共謀一致看法；或是採用「一致決」或「多數決」(majority voting)等投票方式，從事公共政策的選擇。

上述政府的職能及在市場機能上所存在的障礙，尤其在公共選擇上所產生決策過程的缺陷有：

第一，因考慮政治層面，未能符合經濟學理。威爾遜(John Oliver Wilson)在《富裕之後》(After Affluence)書中指出，政治人物具有強烈的個人吸引力，面對特定問題甚少關切，對國家大事不聞不問，只是以友善親切的態度以爭取選民。

第二，一般人缺少確實求知的態度，容易產生「理性的愚昧」(rational ignorance)。或稱為「理性的忽視」，因為我們不可能知道每件事，我們沒有那麼多心力、時間和金錢去了解這麼多。畢竟你不可能擁有所有物品，否則你要將它們往哪裡擺。

第三，由於特殊利益集團的介入，政府已為利益集團擄獲，致使政策產生扭曲現象。1970 年代，有許多經濟問題一經政府參與，不但不能得到解決，而且反而變本加厲，乃有「擄獲理論」或稱「掠取理論」(capture theory)的提出。

也就是業主希望受規範的理由，在於規範可讓他們免於過度競爭。事實上，他們藉遊說要求訂定法規，因為受規範約束的實體「掠取」規範訂定者的權利。對許多團體而言，比較熱衷於政府和立法部門的遊說，而對投資工廠設備興趣缺缺。犯人解釋搶銀行的原因，是因為「那是金錢的所在」。

對許多利益組織而言，立法院是金錢的所在。同時官僚彼此競爭的激烈程度，不下於商場的競爭。和商人一樣，官僚也追求個人利益，只是追求的方式有些不同。商場上是追求最大利潤，當然，除非透過賄絡的方式，政府官員不能追求個人的最大利潤。

因此，他們轉而尋求變數的最大化，包括薪資、津貼、權力、聲望和卸任後的機會等等。官僚如何將這些變數予以最大化，就是透過提高行政預算和編制。政府單位的擴充已超過原有的合理範圍。他們的擴充就是壓榨納稅

人的錢，更多的錢意味更大的權力，因為官僚們絕對沒有裁減預算的誘因。無能的官僚體制造就了貪婪的官僚。

第四，為符合民主程序，有損經濟效率的發揮，與資源的遭受誤用。投票給某個候選人，並不等同於買東西，在一個民主國家，選民不是在購買某種特定的產品，像是微波爐，而是買一整袋的東西，他們通常會把選票投給最希望當選的候選人，選民不知道自己會得到什麼。選舉的經濟效果，諸如增加失業者、餐廳、運輸業、印刷業、公關公司、助講員、地方椿腳的收入，甚至於創造警察人員的加班機會，而支領加班費。

另外，如果候選人買票不被抓到，也可以算是一種財富重分配。

第五，強調行政層級，影響行政效率。正如馬克思指出，基本上採行資本主義，但同時隱藏著政府介入經濟活動的功能，則為「資本家階級組成的執政委員會」(executive committee of the capitalism classes)。希冀政府或國家解決市場問題，就如同想拿鐵鎚把腳趾敲下來，不可能做得很好。

諾齊克(Robert Nozick, 1938-2002)指出，利用國家威權犧牲他人，讓某些人富有，這樣做並不合邏輯。諾齊克的正義觀念要求保障合法取得或移轉財富權。諾齊克認為政府必須達到柏雷托效率，但是政府可能無法在柏雷托效率的分配中做選擇。

所以，亞當‧史密斯(Adam Smith)指出，大國從不會因私部門而轉富為貧，但有時卻因公部門的浪費與疏失而陷入貧困。大部分的國家所有，或幾乎所有的公共收入，都用來維持一隻沒有生產力的手。

然而，現實狀況亦不必如此悲觀，從政治經濟學的角度，經濟活動乃建立於較廣泛的政治結構上，1976 年諾貝爾經濟學獎傅利曼(Milton D. Friedman)指出，一個社會擁有高度政治自由，卻沒有類似自由市場的制度來安排各項經濟活動的例子，實在是找不到。

在許多時候與場合，政府官員、民意代表及選民也的確能謀求公共利益。所以，沃夫(Charles Wolf, Jr.) 在其《市場或政府》(*Markets or Governments-Choosing between Imperfect Alternatives*)書中所提，如何在市場機能與政府職能上各有所欠缺的情形下，兩者如何發揮互補功能，也就是資

本主義的純粹市場經濟，或是社會主義的統制經濟皆不為社會所樂意接受。

政府與市場的互動關係也真如一場真正的貓抓老鼠遊戲，商人如有君主的權力，是最爛的君主，君主去做生意，則是最差勁的商人。

「公營」事業不可行，亞當‧史密斯早已鐵口直斷了。在經濟大恐慌時期，當時美國總統胡佛(Herbert Clark Hoover, 1874-1964）為了振興經濟，積極推出拯救股市及一些瀕危的企業，其短期局部效果並不能阻止經濟不斷惡化，美國的工業生產還是一路下滑，一直到他於 1932 年卸任時，顯示是推行一個失敗的經濟政策。

繼任的羅斯福(Franklin D. Roosevelt, 1882-1945)總統上台後，推行「新政」(New Deal)，1934 年羅斯福總統推動新政時，面對崩盤的美國股市，他透過改革金融法律，成立了聯邦證券管理委員會(SEC)，指派甘迺迪（John F. Kennedy, 1917-1963）總統的父親擔任首任主席。

老甘迺迪是股市有名的投機客，在崩盤前見到美國股市的泡沫化危機已出脫多數持股，但業者對他保持高度警戒，因其了解股市的黑幕，社會大眾也高度懷疑，可是老甘透過建立法規制度，來逐漸建立投資者信心。

2005 年臺灣發生金融管理委員會內部人員操作股票的股市禿鷹案，對資本市場造成衝擊。羅斯福總統推動新政除擴大公共建設外，主要是推動社會福利政策，改革稅制，大量加高所得稅的累進稅率，開徵遺產稅，美國經濟從此止跌回升，終於完全擺脫大蕭條的經濟不景氣現象。1930 年代的經濟大蕭條是資本主義最大的考驗，凱因斯的理論與羅斯福的智慧與決心，拯救了美國與世界的經濟。

杜拉克(Peter F. Drucker, 1909-2005)指出，新政之所以成功，是有意識地凸顯美國獨特的文化風格，特別是在強調美國的基本承諾：美國不像他國，不是一個「國家」，而是一個「信念」，這一點，不管是新政主事者或反對新政的人都會同意。

另外，戰後日本的重建和臺灣的經濟發展，可提供作為政府扮演經濟發展中重要角色的實證。柏克萊政治系教授詹鶽（Chalmers Johnson, 1931-2010） 於 1985 出版《推動日本奇蹟的手：通產省》，享年 90 歲。他認為

戰後日本經濟發展主要是透過政府主導的經濟政策，才得有高度經濟成長的觀點，但並不見容於美國主流的自由經濟觀點。

然而，克魯曼(Paul Krugman)指出，日本、臺灣經濟發展的所謂「亞洲奇蹟」，本質上乃是一種「投入驅動的成長」(input driven growth)，只要是靠著大量資本的投資、高儲蓄及快速成長教育下的人力等為其條件，而不是依靠生產力的提高為要件。亞洲奇蹟稱為是「資源動員」的結果所獲致的成長。

克氏觀點引起金融投機家的興趣，造成亞洲風暴，遂使克氏不得不由原是高舉自由經濟及全球化的大旗，成了為亞洲國家藉資金調控管制以自衛的最大維護者。

美國的經濟自 1930 年代以來，早已是一種資本主義導向的「混合型經濟」(mixed economy)，實際上所謂的「市場經濟」(market economy)也就與「混合型經濟」一詞相互為用。然而，市場經濟下的調整，基於「利益均等法則」(law of equal advantage)並不是那樣的順利運作，因此混合型經濟也經常會產生「經濟無效率」(economic inefficiency)，也就是資源移動的停滯、公司與工會力量的介入，及社會財與私有財之間的資源分配不均衡。

另外，何謂「資本主義」(capitalism)，簡單地說，乃是經濟組織的一種體系，其特徵是允許私人擁有生產與分配的工具，在相當競爭的情況下，追求利潤。在資本主義制度下，資本與土地可以私有，生產和分配係依在市場形成的價格作為指導原則，也就是以利潤動機為有利因素，但在資本主義下，仍然容許有控制或管制。

而國家資本主義(state capitalism)，在資本主義的環境下，國家依照民營企業的極大化利潤或最低損失的原則，持有並經營部分企業，如俾斯麥(Otto von Bismarck, 1815-1898)把德意志鐵路收歸國有，只能稱為國家資本主義，不是社會主義。國家社會主義(state socialism)，在資本主義的環境下，政府所有並經營的企業若非以利潤，而是以一般社會目的為原則。

當邱吉爾替民主辯護時指出，資本主義是我們所聽過最差勁的制度，如果那些屢經試用的制度不算在內的話。20 世紀已經過去，少有人還會相信

其他選擇足以取代市場經濟。我們頂多只能期待，儘量避免人們直接去承受其中最嚴屬的部分。

凱因斯(J. M. Keynes, 1883-1946) 簡單地指出對政府角色的看法，就是不要介入民間團體已經在做的事……但是要做那到目前為止還沒有人做的事。舉例來說，藉由增加消費和投資來提高就業率。凱因斯不想否定資本主義，他認為馬克思沒有為經濟帶來貢獻，卻為政治帶來麻煩。然而，他卻看到了資本主義社會的問題，雖然這些問題都可以從政府採取的措施獲得解決。

凱因斯以鮮明的政治立場督促政府，藉由興辦公共工程來解決失業問題，並強力譴責新古典學派認為政府的花費會排擠私人的投資，而無法創造工作機會的所謂「財政部觀點」。

政府與市場之關係一直是學術界與實務界關切的焦點，當政府以其影響力干預市場活動時，市場即缺乏自由競爭機制；反之一個自由競爭的市場，必定是政府減少干預與開放競爭。究竟市場機制與政府角色監如何維持平衡？迄無定論。

1980 年代有主張國家論者(statists)強調政府主義為一具政治力與經濟力之行動者，可以干預市場，或彌補市場的失靈 (market failure)，推動工商發展及經濟成長。缺乏法治的市場，將祇是一個缺乏方向感且不協調的機器。對組成市場必要的經濟及政治因素缺乏反抗的政府，將會迅速變成一頭冷血怪獸，吞噬人民，並使人民更為窮困。在利益與不便間，必須衡量取其折衷點。

2004 年美國總統大選，代表共和黨的候選人布希(Geroge Brush, 1946-)主張人民當家做主(ownership society)，但代表民主黨的凱瑞(John Kerry)則倡導大政府(big government)，也就是政府要提供更多的服務(society net)。

基本上，當經濟景氣狀況良好時，市場人士會要求政府充分的開放競爭、減少干預；但是在經濟不景氣或發生嚴重經濟、金融風暴時，卻又要求政府介入市場活動，解救危機。

整體而言，經濟政策不是由一位慈祥和善的君王來制定的，而是由一群

人參與制定。有些人置國家利益於私人利益之上，有些人則有自己的野心，會追求金錢上的利益。所以，當制定的經濟政策由主張古典經濟學者的觀點來論，並不適當，甚至是一種錯誤的決策。

出自劍橋大學馬夏爾和皮古門下的凱因斯(J. M. Keynes, 1883-1946) 於 1936 年出版《貨幣、利息與就業的一般理論》(*The General Theory of Employment, Interest and Money*)一書，以革命性的手法想突破 1930 年代世界景氣恐慌 (Great Drepression)的藩籬，並在第二次世界大戰後的美國大放異彩。

儘管此一套理論，經美國羅斯福總統推行「新政」(New Deal)所考驗。史蒂格勒指出，凱因斯是一位傑出的寫作者，但他的《一般理論》一書仍然引發很大爭議，人們還是很難清楚他真正要表達的意思是什麼？

凱因斯 1883 年出生於英國劍橋，是馬克思逝世的那一年，父親(Jhon Neville Keynes)執教於劍橋大學，是為經濟學家和邏輯學家，母親(Florence Ada Keynes)曾任劍橋市市長。凱因斯的童年可真是成長在一個非常溫馨的家庭。

1902 年他進入劍橋大學皇家學院，1906 年通過文官考試，奉派印度事務局(India Office)工作，1908 年由老師自掏腰包給凱因斯 1 年 100 鎊的獎助金，於是凱因斯返回劍橋大學專研經濟學並擔任經濟學講師。

1914 年歐戰爆發，凱因斯並未入營服役，1915 年在英國財政部工作，1919 年出席在巴黎召開的凡爾賽和平會議(Versailles Peace Conference)，因抗議和會賠款委員會對德國賠償及疆界要求的不公平，他認為這無異是迦太基式和平，因此憤而辭官回劍橋大學執教，並出版《和平的經濟後果》(*The Economic Consegence of the Peace*)，那年的凱因斯只有 35 歲。

在往後的 20 年裡，凱因斯經營保險公司，投資股票及外匯買賣，累積了不少財富，也主編《經濟雜誌》(*Economic Journal*)，蒐集藝術品，與巴蕾舞星妻子麗迪亞(Lopokova Lydia)過著閒雲野鶴的貴族般生活。

第二次世界大戰爆發後的 1940 年出任英國財政部顧問，1946 年 3 月出席國際貨幣基金會(International Monetary Fund)在美國布列敦森林(Bretton

Wood)成立的第一次會議，失望而返回英國，4 月因心臟病突發而過世，時年 63 歲，而其父親則高齡 93 歲。

　　凱因斯受到哲學家穆爾(G. E. Moore, 1873-1958) 很深的影響，凱因斯晚年曾指出，穆爾對他影響的最深處是一種信仰，就是「冥想與交換思想情感的適當對象應是你所最鍾愛的既美麗又真實的人；人生的主要目標是愛情、美感經驗的創造與享受，以及知識的追求」，在這些之中，又以愛情為首要。凱因斯雖非真正貴族出身，然其晚年享有受封爵士的榮耀。

　　檢視從 1933 年開始，希特勒（Adolf Hitler, 1889-1945）大量的借貸、開銷，把這些錢發在失業者身上，正如凱因斯的建議，把大部分借來的錢拿來僱用開闢鐵路、挖掘溝渠、建築國民住宅，和高速公路的工人，隨後由於人們的收入增加，花費於進口貨物的錢也隨之增加，因而不得不實施外匯管制，以防金錢外流。

　　希特勒實施新經濟政策的結果，在 1935 年德國失業的現象已告一段落，到了 1936 年，個人收入的提高把物價拉起來了，同時薪資也隨之提高，政府不得不制定物價與薪水的最高限制，以免它無限制的高漲，到了 1930 年代末期，德國不再有高失業的現象發生，物價也非常穩定，這在當時的工業世界中是一件不容易的事。

　　凱因斯指出， 在一個變得窮困的國度裏，引起失業比之使失業者失望更壞。希特勒在解決國內的失業問題之外，又因為發動第二次世界大戰，戰爭迫使政府採取凱因斯式經濟政策，希特勒有如凱因斯思想的傳播者。從 1929 年到 1939 年的十年中，因為經濟問題而社會問題，以及延伸到國家的安全問題。所以，凱因斯的經濟學又被稱之為「國防政治經濟學」。

　　1971 年諾貝爾經濟學獎得主顧志耐 (Simon Kuznets, 1901-1985)為經濟成長提供實證，使得經濟與社會的結構及其發展有了更深的內涵，完成國民生產毛額等重要經濟觀念。他任教於哈佛大學，主要研究領域是發展經濟學。

　　顧志耐是俄裔美籍經濟學家，大學階段的學習始於俄羅斯，但在 1921 年移民美國，1922 年轉學到美國哥倫比亞大學，於 1923 年、1924 年和

1926 年先後取得學士、碩士和博士學位。

顧志耐曾擔任美國全國經濟研究局(National Bureau of Economic Research)研究員，1946 年任中華民國政府經濟顧問，1960 年以後任哈佛大學教授，1971 年獲得諾貝爾經濟學獎，享有「國民所得之父」的美譽。

顧志耐是位恬靜、與世無爭的學者，甚至不曾參與公共政策的鼓吹討論。儘管如此，他和哈佛教授韓森(A. H. Hansen, 1887-1975) 同是被稱是對凱因斯經濟理論，最具有深入研究的大師。

顧志耐同時是第二次世界大戰同盟國獲勝的無名英雄，他和同僚將凱因斯理論轉換成具說服力的統計數字，證明戰爭打破原有的失業均衡，充分發揮產能的優勢，並以家計單位表達國民生產毛額。

戰爭對散播凱因斯理論就是證明可以透過政府的運作實踐凱因斯理論，戰神(Mars)為凱因斯作了最佳的宣傳。1970 年諾貝爾經濟學獎得主薩繆爾遜(Paul A. Samuelson, 1915-2009)指出，沒有 20 世紀國民帳的發明，總體經濟學仍將漂流在一片資料殘缺不全的汪洋之中。

凱因斯學派(Keynesian School)代表人物韓森，1887 年出生於美國，是丹麥移民的後代，幼年家境清寒，大學只能在一所簡陋的教會學校就讀，畢業後在中學教書，以改善經濟情況，1914 年進入威斯康辛大學研究院，受教於康孟士等制度學派大師，1918 年獲得博士學位，並轉任明尼蘇達大學講授經濟學與勞動經濟學。

到了 1930 年代，韓森轉任哈佛大學，並受到凱因斯經濟思想的影響，對如果政府的開支停止增長的話，資本主義有可能繼續成長嗎？因此研究方向與態度有了極大改變，韓森也因此有「美國的凱因斯」之稱，1937-1938年間擔任社會安全顧問委員會委員，1940-1945 年擔任聯邦準備理事會的高級經濟顧問，1956 年從哈佛大學退休。

韓森於 1938 年出版《完全復甦或停滯》(*Full Recovery or Stagnation*)，書中以相當多的數據支持他預測世界將會陷入永遠的停滯。這預測顯然未能想像得出二次大戰後全世界會有幾近三十年的經濟榮景。

希克斯(Sir J. R. Hicks, 1904-1989)，1937 年發表〈凱因斯先生與古典學

派〉，並發表 IS-LM 曲線的分析法，對凱因斯的經濟理論加以修正，1972
年希克斯 (John R. Hicks, 1904-1989)與亞羅(Kenneth J. Arrow, 1921-2017)榮
獲諾貝爾經濟學獎。他們開創一般均衡理論與福利理論，亞羅根據希克斯理
論用邏輯證明，個人的選擇沒辦法加總成一個社會群體的選擇，而這個邏輯
上的不可能，不僅針對多數決的社會，還適用於除了獨裁社會之外所有的憲
政體制。

　　希克斯是第一位獲得諾貝爾經濟學獎的英國人，1922-1925 年在牛津大
學完成正規教育，受過良好的通識教育，而其經濟學課程是利用該校當時新
成立的「哲學政治學與經濟學」的學部修習而來。對於經濟學這一門學問是
在 1926 年轉到倫敦經濟學院擔任講師，才真的下工夫研究；1935 年轉任劍
橋，經濟思想漸離自由市場而與凱因斯相近；1938 年轉往曼徹斯特大學擔
任政治經濟學教授；1946 年回到牛津，直到 1965 年退休。

　　希克斯主要研究領域是一般均衡理論。1939 年他所出版的《價值與資
本》(*Value and Capital*)一書，是綜合了新古典學派馬夏爾至凱因斯的劍橋學
派理論，也就是將柏瑞圖發展的消費選擇理論，以邊際效用理論的概念，建
構適用於生產的理論。

　　亞羅 1921 年出生於美國，父母親都在孩提時期移民美國的羅馬尼亞猶
太人，經濟大恐慌時家道中落，病魔纏身，只好選擇住家附近的紐約市立
學院(City College)就讀，並養成喜歡閱讀的習慣。1940 年畢業後，進入哥
倫比亞大學並取得碩士學位，戰後重返哥大。

　　1948 年進入美國著名智庫 Rand 公司，從事於由個人出發的賽局理論，
也可以應用到群體(國家)中的問題，後來成為他畢業論文的大綱，1951 年獲
得博士學位。先後在史丹佛和哈佛大學擔任經濟學教授。

　　亞羅提出社會選擇理論，例如投票的矛盾、條件性合約的概念，並以
「不可能定理」(Impossibility Theorem)奠定學術地位。亞羅於 2004 年的諾
貝爾獎得主在德國南部林道(Lindau)例行性年會的餐會中，對臺灣、中國、
南韓等開發中國家的經濟政策表示讚賞，根據過去經驗看來，臺灣、中國、
南韓的經濟政策是最好的，儘管他們都違反所謂的自由市場經濟法則。

克萊恩(Lawrence Klein, 1920-2013) 1980 年獲得諾貝爾經濟學獎。克萊恩建立計量經濟學模型，並用於經濟波動和經濟分析。1920 年出生，1942年進入加州大學柏克萊分校，1944 獲得麻省理工學院博士學位，自大學時期即選定研習經濟學與數學，並擔任薩繆爾遜研究生助理，早期的研究工作即在考爾斯委員會(Cowles Commission for Rerserch in Economics)的資助下從事於將數理成為經濟學研究的方法，建構整體的計量經濟模型，是一位計量經濟學家。

克萊恩曾先後任教於賓州大學、普林斯頓大學、史丹佛大學等名校。他十分關注亞太地區的經濟發展，1982 年至 1983 年間，協助臺灣建構和「國家經濟模型的國際連結」(The International Linkage of National Economic Models, LINK)相容模型的工作。

2004 年 4 月克萊恩應國民黨總統候選人連戰邀請來臺，並以「資訊經濟與生產力」為題發表演講。他利用投入產出表的方法，結合電腦軟體與硬體的資料，來驗證資訊產業技術進步對於生產力的貢獻。

薩繆爾遜(P. A. Samuelson, 1915-2009) 是 1970 年諾貝爾經濟學獎得主。他主要提出了發展動態與靜態的經濟理論，並提升經濟分析的水準。薩繆爾遜出生於美國，父親是藥劑師，1932 年進入芝加哥大學研讀經濟學，1941 年獲得哈佛大學博士學位，主要擔任麻省理工學院經濟學教授，也曾在 Rand 公司從事研究工作。

薩繆爾遜認為數學就是語言，並廣泛運用在經濟學上，以乘數——加速模型(multiplier-accelerator model)證明不景氣是資本主義的一部分，是新古典綜合學派的一員大將，主要研究領域是一般均衡理論。

凱因斯對海耶克的經濟觀點縱使有許多不同，尤其是對經濟問題的解決，海耶克是為曲突徙薪的建議者，而救火英雄易受上賞，曲突徙薪的建議者易被忽視。所以，雙方前後筆戰二十多年，但始終保持友誼，樹立了學人良好的風格。凱因斯學派大將高伯瑞指出，就某些觀點而言，凱因斯經濟理論與共產主義之間並沒有什麼差別。

綜合而論，歐美自由國家的經濟思想，主要可綜合分為古典與凱因斯兩

大學派。古典學派主張：第一，在經濟思想上，強調自由放任；第二，在經濟方法上，強調個體靜態分析的價格理論；第三，在經濟理論上，強調充分就業的供需均衡；第四，在經濟政策上，強調均衡預算。

凱因斯學派主張：第一，在經濟思想上，強調政府介入的必要性；第二，在經濟方法上，強調總體動態分析的所得理論；第三，在經濟理論上，強調不充分就業之供需均衡的可能性，強調在不同利率下，個人意願將其財富以現金保有的比率之流動性偏好(liquidity preference)；第四，在經濟政策上，強調預算赤字正當化，低利率政策，積極公共支出的必要性。

由於新古典學派與凱因斯學派未從供給需求的共同觀點來分析總體經濟現象，因此到了 1970 年代以後，加上兩次世界性經濟衰退又使凱因斯學派遭受到破產的批評。所以，曾任甘乃迪(John Kennedy)總統首席經濟顧問的韓勒(Walter Heller, 1915-1987)指出，1960 年代是經濟學家顛峰的年代，1970 年代則是其聲望瀕臨破產的年代。

「新古典綜合學派」又稱為「後凱因斯學派」(Post-Keynesian School)，簡單地說，就是要將新興的凱因斯理論納入古典的傳統之中，使整套經濟理論更能具體說明現象以解決相關的各種經濟問題，特別是利率影響所得，還是所得影響利率，亦或是相互影響，這種複雜的混淆現象是在凱因斯模型中無法解釋的。

因為，在凱因斯的理論模型中係由貨幣數量與貨幣需求決定利率水準，根據利率水準與資本邊際效率決定投資，由投資函數和消費函數決定所得水準。但另方面，貨幣的需求包括活動性的現金餘額需求與閒置性的現金餘額需求，前者為所得的函數，後者受利率的影響，因此要決定貨幣的需求必須先決定所得水準。因為所得水準可以決定活動現金餘額的需求量，也就是若要經由貨幣的供需來決定利率水準，則必須先確定所得水準，如此便會產生所得與利率如何產生的問題。

薩繆爾遜指出，新古典綜合將彌補總合的總體經濟學與傳統的個體經濟學之間的裂縫，將它們合為相互補充的整體。如果現代經濟學將其任務達成了，使民主社會不再蒙受失業與通貨膨脹的病症，那麼，它的重要性就會消

失，而傳統經濟學中所受爭議的充分就業問題，就可真正發揮其功用。而現代經濟學就是特別指出，須由政府去推行適當的總體經濟政策，如財政政策與貨幣政策，以調節總合需求，而達成充分就業的水準。

古典學派認為個人自由只有在自由企業的社會才能滋長，但經濟自由與政治自由二者之間並無一定的關聯，試看海耶克提出福利國家必會導致自由之喪失的夢魘，然而，至今瑞典等北歐國家的人民所受的自由仍絲毫未減。

1970 年代當工業先進的民主國家，由於世界性的能源危機，在經濟上出現停滯性通貨膨脹(stagflation)等嚴重問題後，也就是物價持續上漲，就業與產出反而減少的情形，而新古典綜合凱因斯學派不但無法解釋此一現象，亦提不出解決經濟問題的方法，此種通貨膨脹與失業同時增加並存的現象，致使政治經濟學又重新受到經濟學者及政治學者的肯定。

他們認為，如果將政治、經濟或社會現象，分別孤立於其他領域的相互影響之下，實在無法充分理解及掌握各領域中的現象與問題。因為，唯有透過整體性的研究方法，以科際整合的方式，才能真正探究政治、社會與經濟現象，尤其是對國家發展的研究，或對政府與市場關係的思考。

雖然傅利曼認為一個社會要求安定，其中必須建立透過自由市場交易而產生的共識，以及唯貨幣學派認為總體政策短期對市場還可奏效。但是理性預期理論者對新古典綜合的批評則相當嚴厲。

理性預期理論的基本思想，還是強調大眾的自利心理，與古典學派的主張無異。但該理論強烈反映出一項事實，認為人們不僅依直覺反應，而且還依循著預期行動，認為政府不要干預市場，想要預估政策的效果，簡直是自欺欺人，雖然盧卡斯認為，政府的干預行為仍將存在，人們已習慣在某些事情不對時，即要求政府有所行動。

所以，理性預期理論亦稱為「新興古典學派」(New Classical Schools)，或稱為「新古典總體經濟學」(New Classical Macroeconomics)。理性預期理論認為勞動市場中並無凱因斯模型中所假設貨幣工資的僵固性，其認為勞動市場和商品市場及貨幣市場一樣，會因貨幣工資率的迅速而快速地達到均衡狀態。

　　由於人們能準確地預測未來物價的變動，因此，預測的通貨膨脹率總是等於實際的通貨膨脹率，故勞動者總是會要求將貨幣工資提高至維持實質工資不變的水準。

　　所以，政府的貨幣政策若已為社會大眾所預期，則不會影響實質產出，亦即只有未被預期的貨幣供給變動才會產生實質效果，故理性預期學派對於貨幣中立性的看法與古典學派的結論極為類似，咸認為政府的貨幣政策應循一定的法則，而不宜採用權衡性措施，因為權衡性的貨幣政策往往在社會大眾的預期內，在此情況下，不僅不會產生實質效果，而且還會導致物價的波動。

　　因此，根據理性預期學派的看法，只要人們對於經濟變動的預期是理性的，而且政府的政策可以被人們信賴預料的，則可以在不影響產出的情況下，達成穩定物價的目標。

第六章　新政治經濟學

新社會是知識社會，知識會成為主要資源，知識工作者會成為主要
的勞動力，它具有下列三項特質：第一，沒有疆界，因為知識的傳
播甚至比資金流通還容易；第二，力爭上游，每個人都有機會，都
能靠著垂手可得的正式教育力爭上游；第三，成功和失敗的可能性
相同，任何人都可以取得生產工具，也就是所需的知識，但不是每
個人都能贏得勝利。

杜拉克(Peter F. Drucker, 1909-2005)

一、新自由主義經濟學

在國際用語上，新自由主義是指是一種政治與經濟哲學，強調自由市場
的機制，反對國家對國內經濟的干預、對商業行為和財產權的管制。

在國外政策上，新自由主義支持利用經濟、外交壓力或是為解決 1930
年代以來政府經濟政策的過度干預市場機能，於是出現了 1980 年代中期美
國總統雷根（Ronald W. Reagan, 1911-2004）政府，與英國首相佘契爾
（Margaret Thatcher, 1925-2013）政府聯手共同倡導實施所謂「新自由主
義」（Neo-liberalism）的全球化策略，並且強烈批判共產主義的危害全球自
由經濟體系的市場。

「新自由主義」是古典經濟自由主義的復甦，從政治經濟學的角度，無
論古典或新古典經濟學的強調自由市場機制，其主張小政府的組織型態，政
府介入市場自由的干預越少越好，尤其反對政治對經濟的干預和對商業、貿
易和財產權等等的管制措施。

「新自由主義」的出現，除了造成國家、社會結構的顧及國內重大改變之外，它更是強化支持利用經濟、外交壓力或是軍事介入等因應國外手段來擴展全球化的市場，達成自由貿易和國際性分工的目的。

「新自由主義」的政經理論，其亦在凸顯任何政治體制或經濟體制都糾葛於國際政治與經濟體系的網絡中，故其政經問題亦深受國際政治與經濟體系相關特質的影響。同時間，也導致了 1987 年整個蘇聯共產集團在政治與經濟結構上的徹底轉變和解體。

然而，「新馬克思主義」（Neo-Marxism）的政經理論，其試圖在馬克思古典理念基礎之上的結合一些人類現代哲學思想，但仍堅信馬克思主義的基本原則，特別是認為如果沒有社會下層的經濟基礎改變，上層建築的改變是不會發生的，意在凸顯「社會學」（Sociology）的強調的平等、正義和福利的理念，主張從社會層面去深入探討政治、經濟、社會文化的結構性關係。

然而，「新自由主義」偏重強調政治經濟學的「自由」理念與目標，終致 2008 年全球爆發嚴重金融風暴的經濟失序現象，和「新馬克思主義」偏重強調政治經濟學的「平等」理念與目標，終致國家出現經濟發展落後的嚴重問題。

承上論，為解決當代「新自由主義」與「新馬克思主義」在政經發展上的出現各有偏執現象，這也凸顯在政治行動上的「有限理性」，仍然為制度所制約；同時，在政治行動上還必須與其他同樣處於制度內的經濟、社會之間的互動而定。

美國在雷根政府 1980 至 1988 主政時期所採取的策略，是利用貨幣政策來對抗通貨膨脹，而以財政政策來應付失業問題。1980 年雷根開始執政時正好是美國失業率和通貨膨脹率居高不下的痛苦期，前者 7%，後者 5%，此外，又遇上美國數千名航空公司領航員罷工的浪潮。

雷根捨主流的凱因斯理論，而就非主流但富創意的所謂「新供給學派理論」，即以減租稅、降支出、少干預、重民意等方式，回歸古典學派時期亞當・史密斯所強調「最好的政府，就是干預最少的政府」，以及賽伊法則

「供給自創需求」，而形成「供給面經濟學」(supply-side economics)或稱為「雷根經濟學」(Reagan's economics)。

雷根主政時期採用供給學派的理論架構為，政府如果增加稅收將誘導工作意願下降，因為稅收後的真實報酬減少，是故，納稅是一種經濟成本，既影響儲蓄、投資及勞動力的提供，也影響其他經濟活動。相反，政府如果實施減稅則能增加居民的淨所得，因此工人出勤和加班的意願增加，請假減少，生產力提高，失業時間也將縮短。

自 1981 年起，雷根政府不採用凱因斯的擴大需求論通過政府支出的擴張而拉高總需求，卻實施孟岱爾(R. Mundell, 1932-2021)和拉佛(A. Laffer, 1941-)的意見，主張經濟不振並非可由刺激內需而復甦，相反地要著重個人工作與儲蓄意願的供給面去尋求答案，而減低個人所得稅是其中關鍵。

如上述會造成總供給增加，結果總稅入反而增加，這套正反饋的增長邏輯被人稱為新供給理論，拉佛曲線(Laffer Curve)創造了一個稅率和總收入的「倒 U」形圖，史迪格利茲(Joseph E. Stiglitz, 1943- ）諷刺它是當時在芝加哥大學任教的拉佛潦草地寫在餐巾紙背面上的論點。

新供給學派的減稅政策，在他執政的八年期間，經濟表現遠非供給學派所預期，不僅勞動供給及私人儲蓄沒有增加，由於稅收減少而使預算赤字增加，並且國家儲蓄減少，例如 1973 年至 1980 年間，美國私人儲蓄率平均約為 8%，而 1986 年降至 7%；1979 年預算赤字占 GDP 的 2%左右，1986 年增至 5%，而勞動力幾乎毫無變化。

老布希給雷根時代的供給派理論一個惡名：巫毒經濟 (voodoo economy)。但是在供給學派的影響下，1988 年美國物價膨脹由 1980 年的 10%降至 3.5%，失業率由 1980 年的 10%降至 1988 的 2%，整體經濟成長率由 1969 至 1982 年的平均 2.3%，提高為 1982 年至 1988 年平均的 4%。

因此，雷根執政結束後，一貫支持民主黨的主流經濟學家薩繆爾森肯定雷根政府供給學派主張的減稅政策。基本上，聯邦政府利用財政政策(fiscal policy)，如稅收、政府支出，來控制經濟，聯邦準備銀行則利用貨幣政策(monetary policy)，如貨幣供給量、利率，來控制經濟。這些工具的使用端

賴當權政府的目標而定。

雷根的供給面經濟學雖然回歸古典學派的理論，但其經濟政策則有別於古典經濟學派的完全競爭，而主張政府應在財政政策上，特別是租稅政策的改變；而其與凱因斯學派的差別則在於供給派學者著重供給強調儲蓄是美德，只有減稅才能激勵人民的工作意願，進而使儲蓄增加，投資增加，總產出增加，可課稅所得增加，政府稅收增加，並使通貨膨脹率下降，失業率減少。

著名的經濟學家高伯瑞(J. K. Galbraith)指出，雷根總統的減稅政策是：「只有當馬吃飽了，麻雀才能吃剩下來的燕麥」，減稅使那些高所得的自滿階級更趨富有，貧窮的人並未因此受惠，美國貧富差距因著雷根的減稅政策日趨擴大，這是美國 80 年代減稅的結果，拉弗曲線順利的讓雷根入主白宮，但是並未挽救美國的財政危機。

但是雷根初期政策的成果，主要歸功於擴充國防開支所形成的戰爭凱因斯體系理論，以及緊縮銀根提高利率等措施。雷根雖然打著反對凱因斯主義的棋子，但他龐大的國防開支及赤字預算，實質上乃是繼續延續某種的凱因斯理論。至於緊縮銀根，一方面促成企業的減肥，降低勞工的薪資；另一方面吸引各國資金流向美國，彌補了貿易赤字所帶來的國際收支失血的問題。

史迪格利茲則批評雷根的減稅政策，事實上，美國的儲蓄仍然低落，甚至微幅下滑；勞工供給量的變動也不大，當然，有些人從當時到現在都認為，雷根的策士並非真正信服巫毒經濟學，他們其實另有謀略，就是創造赤字，迫使政府削減支出，縮小政府規模。簡單來說，無論減稅是否如預期成功，他們的盤算都有所斬獲。

1993 年開始的柯林頓(Bill Cliton, 1946-)政府，針對美國財政赤字的問題提出對策。重要幕僚的財政部長魯賓(Robert Rubin, 1938-)和他的副手，後來接任哈佛大學校長的桑默斯(L. Summers, 1954-)，以及聯準會(Federal Reserve Board)主席格林斯潘(Alan Greenspan, 1926-)等三人，因解決 1990 年代後半期世界金融危機的貢獻，被稱為「三劍客」。

柯林頓政府時期對經濟的貢獻有三方面：第一，承諾削減財政赤字，促

進高投資，使得美國總體經濟政策能有效促進經濟及財政的健全和穩定發展，因而創造財政剩餘；第二，對 APEC 和 WTO 等全球經濟利益的努力，做了有效整合；第三，對金融市場積極處理的因應得宜，協助解決墨西哥和俄羅斯，以及亞洲部分國家的金融問題，使受創國經濟能快速復甦。

亞當‧史密斯(Adam Smith)指出，人是飢渴的動物。飢與渴如同刀槍，一樣能置人於死地。蘇格蘭民謠是這樣唱著：要不是為了得到紡織這份工作，不會有男人修理或製造紡織機。需求創造了人類文明。

需求不等於慾望，一種物品的需求包括對該物品有慾望與願意花錢買這一物品，亦即所謂需求，是一種有效需求(effective demand)。有效需求只是雇主從決定提供的當前就業量上所可預期取得的總所得或收益，包括其他生產要素的所得(也就是雇主的要素成本)在內。換言之，有效需求是總需求函數上的一點，這一點之所以有效，是因為如果就業量在該水平，供給與需求這兩種情況則會正好使雇主的預期利潤成為最大。

新知識經濟學派或稱為「新經濟」，托佛勒(Alvin Toffler, 1928-2016)則稱為知識性財富系統。也就是貨幣經濟與產銷合一經濟是不可分的，兩者合起來才是完整的財富系統。

換言之，所謂的革命性財富的根源可追溯到 1956 年美國的白領與服務業工作者首次超越藍領階級。此一勞動人口結構的遞變，使勞力為主的工業經濟正式邁向勞心為主的知識經濟。

長久以來，傳統經濟學認為因對於生產要素土地、勞力與資本的有效利用，創造了經濟成長，然而，當今土地成本高漲，勞力廉價不再，以及受制於資金。

因此，新一代的經濟學家克魯曼(Paul Krugman)指出，曾經風光一時的亞洲經濟奇蹟已成昨日黃花。取而代之的是依賴資訊科技的發展，進入梭羅(Lester Thurow, 1938-2016)所稱的知識經濟的時代，全球經濟(global economy)也將取代國家經濟(national economy)，如果蒸汽馬達的發明是第一次工業革命，電的發明是第二次工業革命，那麼電腦新科技的發展就是第三次工業革命。

　　杜拉克(Peter F. Drucker)指出，新社會是知識社會，知識會成為主要資源，知識工作者會成為主要的勞動力，它具有下列三項特質：第一，沒有疆界，因為知識的傳播甚至比資金流通還容易；第二，力爭上游，每個人都有機會，都能靠著垂手可得的正式教育力爭上游；第三，成功和失敗的可能性相同，任何人都可以取得生產工具，也就是所需的知識，但不是每個人都能贏得勝利。

　　知識工作者就是新資本主義者。知識的每個層次都以前所未有的速度和空間做同時改變，也因此開啟了創造財富的無數機會。知識與其他創造財富的資源和資產有極大的差異。創新就是改變資源所帶給消費者的價值與滿足。

　　托佛勒指出，知識本質上無衝突性，知識是無形的、知識不是直線的、知識具關聯性、知識可以相結合、知識比任何產品更容易攜帶、知識可濃縮成符號或抽象概念、知識可儲存在越來越小的空間裡、知識的形式可以直接或間接、表達或不表達、分享或暗示、知識很難封鎖，卻很容易傳播開來等10項特性。

　　因此，經濟學不再只是研究稀有資源如何分配的學問。因為，知識基本上是用之不竭的。所以，克魯曼提出「名聲經濟」(celebrity economy)，認為經濟知識時代，創造必須以間接方式來賺錢，也就是藉由促銷其他的東西，就如同汽車公司一向經由贊助「國際長途大賽車」(Grand Prix)的賽車選手，以加深汽車的形象。

　　又例如索羅斯(George Soros, 1930-)原是匈牙利難民，後來歸化美國，1969 年創立量子基金(Quantum Fund)，到了 1992 年他已是億萬富豪，以「世界上最偉大的投資人」聞名遐邇，也以熱心公益活動和富於創意而著稱。

　　但是索羅斯既有智慧又有金融野心，想要更多的東西。他希望除了長袖善舞的經營頭腦獲得肯定外，這個世界也能正視他的哲學主張，他立志在商場上揚名立萬，不只要賺到大錢，還要聲名遠播，用那個「名聲經濟」來推廣他的非商業活動。免費拷貝將會成為你建立名聲的方法，接下來你只要出

門就可以榨取金錢，我們不但沒有成為經濟知識者，反倒成為名聲經濟者。

美國喬治梅森大學的經濟學教授柯文(Tyler Cowen, 1962-)出版一本《出名何價？》(*What Price Fame*)，這是一本從經濟學角度來看「名人偶像」以儼然成為主流價值的著作，書中肯定名人偶像崇拜的意義，但也同時提出一些警惕。

國內諸如「李友會」、「扁友會」、「連友會」、「林志穎歌友會」等等名人團體，都嘗試以名聲來累積政治資本，或創造名聲經濟的商業利益。

處理資訊不對稱的一般市場機制是名聲，當我們把錢存到銀行或去醫院求診時，我們依賴的是銀行或醫師的名聲，以確保我們存款的安全並取得明智的建議。沒有法規能確保銀行不會破產，或確保醫師會做出正確的診斷，要求揭露資訊的法規也是成效不彰。

強調「利害關係人價值」(stakeholder value)，凸顯企業員工、供應商與顧客的重要性，對於 1990 年代流行的新經濟、知識經濟與企業監理等熱門議題。當然，近年正發展中的「網路經濟學」(webonomics)或稱為資訊經濟學，數位化革命以後的新經濟體系與過去經濟體系的差異，主要反映在知識化、數位化、虛擬化、分子化、整合的或跨網路式、仲介者的去除、聚合化、創新化、生產與消費合一、及時性、全球化，及矛盾衝突性等十二項特徵。同時，挑戰傳統經濟學，但機械電腦畢竟仍然無法完全取代經濟頭腦，經濟學家尚不至於有失業之虞。

尤其，臺灣是海島型經濟，在未來的知識經濟時代，財富的創造不再來自土地和石油等自然資源，而是來自創新與知識。網路經濟的核心就是知識的創造與分享，而其根源就是創新。知識型經濟(knowledge based economy)的特質，在於利用日新月異的知識，創新產業，發展經濟。

換言之，將知識轉化為市場價值，在知識型經濟發展中深具意義。克魯曼在 1990 年代初，曾對東亞經濟奇蹟的延續性提出質疑，他認為許多東亞國家經濟快速發展的主因，來自資本大量的投入，而非技術創新與生產力的提高，因此資本的效用遞減之後，終於導致在 1997 年爆發亞洲金融風暴，證明這些國家的經濟結構仍然極為脆弱，而且在匯率的投機攻擊下，竟然應

聲不起。

1993 年源自美國的「新經濟」難得出現高經濟成長、低物價、低失業的根本因素在生產力的提升，而生產力的提升源自資訊科技的進步和網路科技的普及。因電腦、資訊及通訊科技的進步，使企業的營運效率明顯改善。透過電腦的輔助，企業更容易進行生產規劃、降低存貨即縮短貨品遞送時程。企業家發現這種資本財的投資既有彈性又富生產力，因而更積極從事資本財的投資以取代勞動，使勞動生產力快速提升。

網際網路的運用也改變企業與其供應者及客戶的互動關係，使企業管理產生革命性的結構改變，其重要性猶如內燃機的發明和電力首次被運用，對生產及消費行為造成根本且長久的改變。

綜合經濟思想史的各學派論點，重商主義說他們政府有能力幫助國家經濟；古典學派和新古典經濟的理論則指出，政府事實上傷害了經濟；凱因斯說政府有助經濟。

新古典綜合學派之一的唯貨幣學派說政府可以有助於經濟，但是經常帶來傷害；新古典綜合學派之二的公共選擇學派說政府通常傷害經濟；新古典綜合學派之三的理性預期學派聲稱政府的介入只是幻覺，就像魔術師的戲法，無法真正改變事實現況。

二、當代新政治經濟學

當代新政治經濟學家主要以克魯曼(Paul Kraugman, 1953-)和史蒂格利茲(Joseph E. Stiglitz, 1943-)為代表。

1998 年 12 月 3 日克魯曼在美國「石板」（*Slate*）雜誌指出，奧地利海耶克學派對經濟大起之後必有一個大落的描述，好比豪飲之「宿醉論」(Hangover Theory)，即率性縱欲過度的酗酒，必定先爽、次吐、後醒的三部曲過程，也好比先犯罪、受處罰、再贖罪的心理現象。

克魯曼的宿醉論對以往的各種經濟衰退理論皆隱喻，經濟情勢在變好之前，一定要變得更糟。這觀點讓人懷疑為什麼經濟發展不像登山，拼命往上

爬，爬不動歇腳便是，何必一定要跌至山谷。套用宿醉論，農業的發展在全球生命週期上，可能五百年以上。

臺灣在 1951 年以來，一直處在宿醉的末期；工業的週期是 200 年以上，臺灣則經歷其高峰；至於服務業的生命週期可能最長，臺灣可以仍看到它正在上升之中。以此推論，臺灣農業、製造業都處宿醉中，只有服務業到目前仍是不醉的好漢，臺灣產業的發展重點不言而喻。

2008 年諾貝爾經濟學獎得主魯曼(Paul Krugman, 1953-)提出對「產業內貿易」(intra-industry trade)現象的理論，凸顯規模經濟(economies scale)如何影響貿易模式與經濟活動的區位(location)，改變了傳統貿易理論的研究方向，並在貨幣經濟學理論上建立了匯率危機的初步模型，是第一位將區位經濟、國際貿易理論與規模報酬遞增三項理論整合研究的創建者。

1953 年 2 月 28 日克魯曼出生於紐約長島，獲獎時年僅 55 歲，是諾貝爾經濟學獎創立 40 年來第三位年輕的得主。他成長在一個猶太家庭，早年醉心歷史，進入耶魯大學主修經濟學，1977 年在麻省理工學院獲得博士學位。

1982 年 9 月至 1983 年 8 月短期任職於美國總統經濟顧問委員會，以及擔任過紐約聯邦準備銀行、世界銀行、國際貨幣基金、聯合國，和葡萄牙、菲律賓等國家的經濟顧問；在教職方面，曾先後任教於加州柏克萊分校、倫敦政經學院、史丹佛大學等名校，現任教於普林斯頓大學經濟學及國際事務等課程的教授，並且自 1999 年起擔任「紐約時報」的專欄作家，有自凱因斯以降，文章寫得最好的經濟學家之稱。

1994 年墨西哥發生金融風暴，克魯曼最早推斷，亞洲國家可能發生類似事件，果然 1997 年亞洲的馬來西亞、韓國等國家發生金融風暴。他認為，基本上許多亞洲國家的經濟發展型態是沿自於美國，資本廣度很高，但透過技術改革升級的資本深度不足，導致研發能力的成長有限，都屬於加工型態，長期發展會遇到瓶頸。所以，亞洲當時每個國家同時發展紡織、鋼鐵、造船與汽車等工業，導致傳統產業出現供過於求的現象，是金融風暴發生的主因。

在 1999 年 8 月出席吉隆坡舉辦的「馬來西亞商業展望研討會」時指
出，臺灣經濟結構主要以小型企業為主，與受金融風暴嚴重打擊的南韓比
較，顯著不同，南韓的大財閥得到政府幕後的大力支持，臺灣的企業沒有政
府的支撐，使他們不敢向金融機構大舉借貸，並謹慎的向國內銀行融資，使
企業建立良好信譽，這使得臺灣有能力應付金融危機。

2009 年 5 月 11 日起至 13 日克魯曼應中國民生銀行與中國移動廣東公
司的邀請，走訪北京、上海、廣州。在針對「全球經濟金融展望兼論貿易保
護主義」的專題發表會上，克魯曼指出，世界兩大經濟體是美國和歐元區，
中國應該會在他有生之年，取代美國成為全球最大經濟體。中國成為最大經
濟體尚需 20 年，中國應大幅增加內需，不能只靠外貿的透過操縱人民幣，
取得鉅額順差。

接著 5 月 14 日克魯曼應臺灣《經濟日報》、臺灣金控公司，與中華經
濟研究院邀請來臺北，以同樣的「全球經濟金融展望兼論貿易保護主義」為
題演講。克魯曼指出，爆發金融海嘯的危機，面臨五大威脅：

(一)全球經濟衰退對全球貿易造成很大衝擊，成長與貿易是相關的，這
次衰退對耐久財的需求影響特別大，而耐久財的貿易卻是全球貿易最重要的
一環，也因為流動性不足而影響全球貿易；

(二)是過度或不良的保護主義在經濟衰退的時候，大家非常恐慌，認為
政府應該有所作為免於外部競爭；

(三)我們又回到凱因斯的重商主義時代；

(四)有很多國家採擴張性財政政策，擔心政府債務問題；

(五)匯率長期無法消除的失衡問題。

克魯曼指出，自由市場和環境保護之間水火不容，但激進的環保份子和
激進的自由市場者間，存有一個共同點：我們都相信良好經濟和環保價值的
格格不入，但這並不正確。

經濟學教科書告訴我們要保護環境的諸多因素，環境破壞造成的成本和
傳統金錢上的支出一樣。經濟學家經常批評目前環保政策的運作方式，但是
經濟學家是在批評手段，而非目的。法規多一點智慧，不代表對環境少一點

保護。

　　史迪格利茲曾在 2004 年的諾貝爾獎得主的例行餐會中指出，中國是亞洲金融風暴中表現「最佳管理技巧」的大型國家。

　　史迪格利茲 1943 年出生，1967 年獲得 MIT 的經濟學博士，2001 年以資訊不對稱的理論贏得諾貝爾經濟學獎，1993 年至 1997 年間服務於美國柯林頓政府經濟顧問委員會，並曾出任該會主席，1997 年至 2000 年間擔任世界銀行首席經濟學家及資深副總裁，現任教於哥倫比亞大學。

　　近年來，史迪格利茲代表自由經濟理論的全球化雨露均霑觀點指出，比起拉丁美洲或非洲國家，東亞國家在全球化體系中是得利者，在臺灣主流價值觀常跟著美國的思考模式走，總是以自身的利益得失來衡量全球化的影響，而較少以世界公民的角度來看待全球化的衝擊。

　　2008 年歐巴馬 (Barack Obama, 1961-)競選美國總統時，史迪格利茲和克魯曼都是支持歐巴馬的新政治經濟自由派學者。但是他們自歐巴馬當選總統之後，在處理全球金融海嘯的措施上，特別是拯救銀行方案，都有非常嚴厲的批評。

　　臺灣自 1980 年代後期起，「以人為本」的永續發展理念遭到重大衝擊。過去從不擔心的失業和貧窮問題躍居人本問題的主流，而有關環境保護、基本人權、勞工安全、生命安全等其他人本及永續發展的重要價值，也逐漸被淡化。由於人類所有活動的終極價值應建立在於改善人民的生活和尊嚴上，不論經濟榮枯，人本精神的提倡與維護都不可偏廢。

　　從經濟發展理論的觀點，經濟發展可以依循不同的類型，我們應當依照發展的最後目的來選擇類型，而不應該在經濟不景氣的情況之下，飢不擇食，放棄環境保護和生活安全的理念。

　　依照經濟學計算貧窮線的公式，臺灣應約有 4%到 7%的窮人，也就是130 多萬人，如此我們能不能訂一個目標，將這 130 多萬窮人在多少年內減半？我們能不能把生活安全當作一個總目標？

　　2003 年 10 月國際透明組織調查全球國家貪污印象指數，在 133 個國家臺灣排名第 30，在亞洲排名第 4，次於新加坡、香港、日本，從全球觀點來

看，臺灣屬於中度廉潔國家。根據國際透明組織在 15 個新興市場經濟國家中，對 835 位企業精英所做的調查，最容易發生索賄的行業為公共工程、建築、軍售和國防採購、石油及天然氣等。

究其經濟成長的秘密在於，每一個世代不僅以其自身的精力與資源供給大自然，他同時亦運用著先人所累積下來的生產設備的遺產。而當此種遺產成長時，每一個世代皆在其過去的財富中，遞增其新知識、工廠、工具與技術，那麼人類的生產力便以驚人的速度增加。

而此種生產力的大力增強，社會所面臨的新問題將不是如何去尋求閒暇的問題，而是如何去應付這麼多閒暇的問題。凱因斯得意地引述了昔時女雜工的傳統墓誌銘：「不用為我悲悼，朋友，千萬不要為我哭泣。因為，往後我將永遠不必再辛勞。天堂裡將響徹著讚美詩與甜美的樂聲，而我甚至也用不著去歌唱。」這不也就是佛教《阿彌陀經》所描述「彼佛國土常做天樂」的西方極樂世界嗎？

1714 年荷蘭哲學家曼德維爾(Bernard Mandeville, 1670-1733 年)出版了一本《蜜蜂的寓言》(*The Fable of The Bees*)而引起喧然大波。這本寓言的主要內容是藉由擺盪於繁榮與腐化之間的一個蜂巢，來反映出人類社會。書中的蜂巢為重新尋回人類道德以及宗教的慈悲心而祈禱，一但該祈禱應驗，所有罪惡同時完全消失，那麼一切活動以及繁榮景象也將隨之消逝，取而代之的則會是無所事事、無聊以及混亂。

2012 年史迪格里茲在《不公平的代價——破解階級對立的金錢結構》(*The Price of Inequality: How Today's Divided Society Endangers Our Future*)指出，市場並未依照應有的方式運作，既缺乏效率也不穩定；政治體系無法矯正市場失靈；經濟和政治體系從根本上就不公平。

分配不公正是政治體系失能的因和果，導致經濟體系不穩定，而這又造成分配不均情況惡化，形成「1%所有、1%所治、1%所享」的不公平代價。這現象更凸顯從上世紀 80 年代迄今(2020)年，美國實施新自由主義以來獨霸全球的美國亦難例外，遂導致許多政經學家認為，只有世界上落後國家才真正需要更多經濟成長，先進國家只需要更好的財富分配或社會風氣。

　　政治與經濟之間的詭局與整合關係，對於人類生活而言，它是一個動態均衡的過程。政治經濟學如何讓政治與經濟，或是政府與市場關係的處在一個有利於人類生活的平台？我想如果社會差異只能基於共同的福祉而存在，那當代新政治經濟學的答案就已經很清楚了。

第二部分

實證篇：臺灣政治經濟思想小史

第一章　緒論：臺灣政經思想史研究途徑

我們一生中的時時刻刻與千秋萬代都息息相關

愛默生(Ralph Waldo Emerson, 1803–1882)

一、主體性與整合性的研究途徑

　　人類生活乃是一部政治經濟的成長史，而歷史作為各個主體性選擇的過程。這主體性包括空間的「土地意識共同性」與人民的「人民相互主體性」，亦必須盡可能貼近具體事實的時間「歷史發展結構性」論述。

　　歷史的整體性結構，在國際關係史上表現亦為明顯。這歷史性包括政治的、經濟的、社會的結構性因素。國際或國內政治經濟學的意義主要是研究國家經濟的管理，如何以最有效率的方式，來滿足社會成員的需要與推動國家的政治經濟發展。

　　政治經濟學的整體性意義，主要目的係為人民提供富裕的生活物質與收入，和提供國家機關足夠的財政來源，以便從事公共建設的生產性服務，或透過徵稅機制的財務汲取性服務，為弱勢團體提供保護性服務。

　　檢視歷史對事件外在性與內在性(the outside and the inside) 研究的求真原則，和理性批判的態度，透過政治經濟學的研究途徑，整合社會學、政治學、和經濟學等三門主要社會科學互動關係，並從中論述其影響臺灣歷史發展連續性(continuities)和斷裂性(discontinuities) 的環境因素。

　　亦即採用歷史結構性分析，循上述政經發展重視的一般規律或通則，透過政策或制度的視角，從臺灣每一個時期歷史的發展作為論述主題，檢證各該時期政治性的政府政策、經濟性的市場利益，與社會性的公民權益之間動

態的結構性糾葛，從而詮釋臺灣政經發展中理性政治、自由經濟與公平社會的互動關係。

因此，本書將從「土地意識共同性」、「人民相互主體性」，與「歷史發展結構性」，來論述臺灣歷史發展與變遷的作為國際政經面向，與國內的政治面向、經濟面向、社會面向的相互影響分析。

二、臺灣政治經濟思想史的分期

臺灣政經思想史將根據政治經濟學的歷史結構性分析，透過對政治、經濟與社會三者之間相互影響關係的論述，將臺灣政經史發展的階段分為近世政經史、近代政經史、現代政經史的三個分期。

近代(Modern)指接近當今的一個歷史時代，為西方歷史學界的古代、中世紀、近世與近代等四階段分期法。近代為近世（Early modern）之後，意指 18 世紀法國大革命與工業革命之後至今這段時間。

近代與現代又有不同的定義。近代可以是現代之前的一個時期，相當於近世；而近代又可以被譯為現代（Modern），有時近代和現代沒有截然的含義區別，而相互替代使用。近代之後為現代，也有將現代（Modern）定義為近代，而近代之前為近世（Early modern）。當代「現代」（Modern）和「當代」（Contemporary）是近義字，但通常是指第二次世界大戰之後迄今。

以下，除第一章緒論和第十章結論之外，第二章至第五章包括：近世臺灣政經史指的是 1624 年以前的原住民、1624-1662 年荷蘭與西班牙、1662-1683 年東寧(明鄭)，以及 1683-1860 年大清國前期消極理臺的階段為止。

第六章和第七章包括：近代臺灣政經史指的是 1860-1895 年大清政府後期積極治臺的推動近代化階段，和 1895-1945 年日本殖民統治臺灣的階段為止。

第八章和第九章包括：現代臺灣政經史指的是從 1945-1987 年中華民國政府戒嚴時期統治臺灣，到宣布解嚴之前的階段，和 1987 解嚴之後迄今轉型政府時期的階段為止。

第二章
村社體制與原住民時期政經思想 (-1624)

> 在十六世紀時，理智、靈顯與習俗之間的合作瓦解了。
>
> 馬丁格里(Garrett Mattingly, 1900-1962)

一、早期臺灣住民的族群源起

「臺灣」地名自古以來即有許多不同的稱呼，亦正如其在歷史上應有的歸屬權問題仍存在許許多多的爭論，不但是延續了幾百年之久，縱使到了 21 世紀的今天，也尚未出現有減緩或解決的趨向，反而更是複雜化和尖銳化。

特別是迄今中國大陸中共政權屢屢對外強烈表示：「臺灣自古以來就是中國神聖不可分割的領土」，遂即引發臺灣學界周婉窈在《海洋與殖民地臺灣論集》中，舉證「明清文獻中『臺灣非明版圖』例證」的回應。

約 1,800 年前的時間，當吳國(222-280)孫權（182-252）於黃龍二年(230年)的派兵討伐「夷州」，「夷州」時為今日的臺灣。根據曹永和《臺灣早期歷史研究》指出：

> 關於東海面，據《前漢書》卷二八〈地理志〉卷第八下云：「會稽海外有東鯷人，分為二十餘國，以歲時來獻見云。」《後漢書》卷八五列傳卷七五〈東夷傳〉亦有東鯷人之記載。雖有人指東鯷為今臺灣，但詳情已無從得知。漢亡後，三國鼎立。吳由於建都於建業，奄有東南濱海地帶，更向海外謀求發展。黃龍二年(230年)孫權

遣將軍衛溫、諸葛直，將甲士萬人浮海進征夷州，俘虜了數千人，見於《三國志》〈孫權傳〉。日人市村瓚次郎、和田清兩博士皆利用《太平御覽》卷七八〇所引〈臨海水土志〉中之記事，與《隋書》〈流求傳〉相互比較，詳細論斷認為夷州即臺灣。後凌純聲教授更根據民族學的資料和古籍的記載，詳加論證，於是夷州為今臺灣，殆為定案。這是我國經營臺灣的最早記載，當時吳雖未曾將夷州置入版圖，但可知對臺灣有了更進一步的認識。[1]

從東漢(25-220)經三國時代(220-280)、晉朝(280-420)、南宋(420-479)、南北朝(479-581)到了隋朝時代(581-618)的開始。期間歷經政權更迭和朝代變動，足足已過了 300 多年的歲月。

到了 610 年(大業 6 年)隋煬帝的遣陳稜、張鎮州征破「流求」，又東伐高句麗，對外的經營開始轉趨積極。曹永和《臺灣早期歷史研究》指出：

> 征討流求一事，詳細見於《隋書》卷八一〈東夷列傳〉四六流求國傳，和同書卷六四〈列傳〉二九〈陳稜傳〉。其經過即於大業元年(605年)海師何蠻就說：每春秋二時，天清風靜，東望依希，似有煙霧之氣，亦不知幾千里，於是大業三年(607年)令羽騎尉朱寬偕同何蠻入海求訪異俗，結果到了流求，因語言不通，掠一人而返。次年，復令寬去慰撫，而流求不從。大業六年(610年)煬帝遂遣武賁郎將陳稜，朝請大夫張鎮州率兵萬餘人擊之，擄其男女數千人而還。此次戰役經過，〈陳稜傳〉所記比〈流求國傳〉較詳，是一次相當大的軍事行動。《隋書》所記流求，其所指就為今日臺灣，亦為今之琉球，數十年來中外學者聚訟紛紜，各持己見，至今仍時有爭論。《隋書》所載流求人習俗，顯與《臨海水土志》所記夷州多有脗合，亦大可與今日臺灣土著民族古習相印證，因此學者對此雖有

---

[1] 曹永和，《臺灣早期歷史研究》，(臺北，聯經，1979 年 7 月)，頁 3-4。

爭論，而大多說隋代流求即今臺灣。[2]

人類學家凌純聲認為，臺灣可能是東越人所移殖的地方。《史記》〈東越列傳第五十四〉記載：

> 至建元六年，閩越擊南越。南越守天子約，不敢擅發兵擊而以聞。
> 上遣大行王恢出豫章，大農韓安國出會稽，皆為將軍。兵未踰嶺，
> 閩越王郢發兵距險。其弟餘善乃與相、宗族謀曰：「王以擅發兵擊
> 南越，不請，故天子兵來誅。今即幸勝之，後來益多，終滅國而
> 止。今殺王以謝天子。天子聽，罷兵，故一國完；不聽，乃力戰；
> 不勝，即亡入海。」[3]

凌純聲〈古代閩越人與臺灣土蕃族〉指出：因為地理位置東越海外最近的島嶼為澎湖臺灣，所謂亡入海，不能不疑及澎臺諸島，早為越人所移殖之地。[4]

如果從地質學家所提出臺灣島是歐亞板塊，和菲律賓板塊衝撞擠壓而成，這在地理位置的角度而論，凌純聲所要指證的不就是強調「臺灣自古以來就是中國神聖不可分割的領土」的可能性嗎？

從地理環境而言，臺灣地處東亞要衝，原住民族早在幾千年前即乘坐小型船隻四處貿易，嗣後並與漢人的廣泛地繁衍到江南、南洋和亞洲各地。誠如德國民族學者 Wilhelm Joest(1852-1897)所言：

> 這座島嶼充滿了亞洲大陸與馬來諸島、菲律賓群島以及南太平洋諸

---

[2] 曹永和，《臺灣早期歷史研究》，(臺北，聯經，1979 年 7 月)，頁 4-5。

[3] 漢·司馬遷撰，《新校史記三家注五》，(臺北：世界書局，1972 年 12 月)，頁 2,981。

[4] 凌純聲，〈古代閩越人與臺灣土蕃族〉，《學術季刊》1 卷 2 期(1952 年 12 月)，頁 42。

島之間「遺失的連結」(missing link)。[5]

臺灣又緊隔鄰中國大陸版塊，縱使到 14 世紀大明國的建國，今天的臺灣對當時的大明國人而言，在其所認知的圖景還只是不相連屬的雞籠、小琉球、東番等島，或稱屬於琉球群島之一。

里斯(Ludwig Riess)在《福爾摩沙島史》(*Geschichte der Insel Formosa*)指出：

> 地理的因素不足以解釋福爾摩沙相對於中國的獨立地位，我們首先必須回溯歷史的因素。在此我們將重心擺在島上最早的居民，以及這些人在民族誌裡至今還可以找到的蹤跡，可能是最合理的。福爾摩沙最古老的居民不是來自亞洲大陸，而是來自其北邊及南邊的島嶼。在福爾摩沙的蠻族之中，可能還有些原住民遺族與中國大陸上一些尚未被征服的苗族(Miaotsze)野人同宗。然而這個假設並未獲得證實。相對於此，亞澳各島嶼的馬來人移居福爾摩沙一說，則是不容置疑的。[6]

里斯(Ludwig Riess) 所述，福爾摩沙最古老的居民不是來自亞洲大陸，而是來自其北邊及南邊的島嶼，但亦無可否認在福爾摩沙的蠻族之中，可能還有些原住民遺族與中國大陸上一些尚未被征服的苗族(Miaotsze)野人同宗。

里斯(Ludwig Riess) 指臺灣居民的第一批來自北邊的琉球，第二批是來自南邊的馬來諸島移民，第三批是所謂「客家人」(Hakka)湧向福島（福爾

---

[5] 姚紹基，《1860 年德國民族學者 Wilhelm Joest 的臺灣之旅──導讀、文物目錄及遊記譯註》，(臺南：國立臺灣歷史博物館，2018 年)，頁 226。

[6] Ludwig Riess, 姚紹基編譯，《福爾摩沙島史》(*Geschichte der Insel Formosa*)，(臺南：國立臺灣歷史博物館，2019 年 10 月)，頁 21-24。

摩沙）的移民細水長流持續了兩百多年，一直到 17 世紀初。[7]

　　檢視臺灣地質上與史前人類活動的關係，一般都認為南島民族源於臺灣，但最多只有 6 千年。然而，馬祖亮島人的發現一舉將南島民族的年代推前至 8 千多年前，也推翻了「南島民族起源於東南亞島嶼」之說。惟「南島民族起源於臺灣」之說並未推翻。

　　亮島人體質上雖與部分臺灣原住民族有親緣關係，但文化上與南島語族的文化關聯性尚未有進一步的證實，但亮島人與福建閩江口的史前文化卻有著密切關係。

　　換言之，與臺灣現存原住民族群有直接血緣關係的民族，先後、陸續的由華南或東南亞移居臺灣，之後又遷徙擴散到大洋洲群島。在學術分類上，這些現存約 40 萬人口的族群，一般分為高山族與平埔族。

　　高山族包括泰雅、賽夏、布農、鄒、魯凱、卑南、阿美、達悟、排灣、邵等族；與漢族文化互相涵化的平埔族則有：凱達格蘭、雷朗、噶瑪蘭、道卡斯、拍瀑拉、巴宰、巴則海、洪雅、西拉雅等族。由於這些早期臺灣住民都使用南島語言，故被統稱為「南島語族」(Austronesian)。他們同屬於南島文化。

　　回溯臺灣在 4、5 萬年前漸漸與中國大陸的版塊分離，大約在 1 萬年前形成和今天形狀大略相當的島嶼。所以，1624 年以前的 6 千年至 8 千年可謂是臺灣的古代史。

　　根據經濟社會演進的歷程，約略可分為：第一、舊石器時代以長濱文化時期為主要代表。第二、新石器時代早期以大坌坑文化為代表。第三、新石器時代中期以圓山文化為代表。第四、新石器時代晚期以卑南文化為代表。第五，金屬器與金石並用時代以十三行文化為代表。

　　承上述，這些不同類型產業文化都被原住民的祖先承傳下來，但在來自中國大陸漢人的未大量移入臺灣以前，其與外界幾乎完全隔絕了一段相當久

7　Ludwig Riess, 姚紹基編譯，《福爾摩沙島史》(Geschichte der Insel Formosa)，(臺南：國立臺灣歷史博物館，2019 年 10 月)，頁 90。

的時期，因而保有著其固有的文化特質，但從政經發展的歷史而論，臺灣原住民時期歷史上仍被視為「無主之島」，並未有真正存在國外強權或國內政權的組織型態。

二、村社共同體制的聚落型態

臺灣最早住民的後裔，在臺灣近世代政經發展史上的原住民時期，即通常被藐視的統稱為「未開化的原住民」(the savage aborignes)。

換言之，政經發展是一套經過幾千年的演變，既複雜且互相影響的關係。人類在進入文明前的時代，已開始邁向土器的製造、動物的飼養及植物的栽培，經畜牧、灌溉耕作、紡織機的製造及金屬的溶解，再發展為使用鐵器的農耕及開墾、文字的發明，逐漸踏入奴隸或封建的農業政經發展新階段。

檢視近世代臺灣原住民族的部落形態與組成方式並不盡然相同，但基本上仍可分為由「分派式形成的聯合部落」與「分裂式形成的復成部落」的兩種型態。但其部落在原始經濟階段社會的共同特性，如果想要繼續生存與發展下來的話，唯一的方式只有是選擇不斷地遷徙，以永保生命的代代相傳。

因此，擁有競爭實力，能夠帶領族人遷移到水草更豐碩、適合種植作物地方的部族領袖，便會受到眾人的支持，而享有其更大領導的權力。部落型態社會的組成，乃隨打獵、漁撈而發展到初級農耕階段，由於在固定土地上定居生活下來，逐漸從聚落形成村落(社)的組織型態，導致村社共同體制的形成與發展，是包含單獨家族的四至五組的一大血緣共同體，是家庭經濟社會的一種生活延伸結果。

村社即是人群的聚集，甚至形成一個市場交易平台的市集組織體。村社政經社會結構的主要特性有：第一，村社的規模不是很龐大，村社組織當發展至類似近代國家時，就不稱為村社或部落了；第二，村社權力的領導方式並非全然制度化，一部分是依循傳統式的繼承，一部分就是依個人領導的魅力；第三，村社成員對該村社的政經社會具有強烈歸屬感。

　　村社組織在領導機制上，從最初無酋長，而通常是由一家族長的支配下，從族長的家(戶)長式領導，到逐漸形成有酋長與村社集會(民會)的設置。然其本質上，族長或酋長並非統治的機關，真正掌控權力機制的是村社集會的民會組織，類似當今議會的治權機關。

　　村社共同體制的最高權力機構既是掌握在村社集會，遂以透過村社集會的討論決策模式，推動各項決議事項，並擁有命令與制裁權，因而相對地制衡各族長專制領導的權力。

　　村社共同體制以召開成人階層的集會方式運作，出席者為各大家族共同體的家長，議題內容包括村社的經濟、行政、祭禮及仲裁等重要事項。同時，村社集會特別是每年要定期提出對農耕經營項目的商議，例如協調播種時間、分配耕地等，都會利用村社集會做出決定。

　　尤其每當在村社集會閉會後，按例都會固定以舉行餐會的方式聯誼，讓與會的村社代表盡情歌舞，所需開支費用則由不分割共有地的生產物所得來支付，形成一種特殊村社的最高權力組織與運作機制，凸顯了原住民村社共同體制，與後來漢人移民並存的政經權力中心。

　　根據近年來研究資料發現的顯示，在臺灣島的某些地區，似乎存在著有規模更大的政經實體。諸如位於南方偏遠地區，荷蘭人曾遭遇一個被稱為「瑯嶠人」(Lonkius, 琉球人)的雛形王國，其領袖則被稱為「瑯嶠君主」。

　　此所謂的「君主」下轄 15 到 20 個村落，每個村落都各自由他指派的首領。君主死後，其權位由長子繼承，領地原則上是透過繼承而得來的封建制度。瑯嶠的封建君主體制，重視威權，或許是福爾摩沙島上政經權力最集中的，曾支配島上到 6 世紀之後的一度幾乎被滅絕，但仍存續直到 1648 年荷蘭人用武力征服了這些瑯嶠人的村社。[8]

　　另外，其他地區的卑南族、排灣族等族群也分別存在有跨越村社的政經組織存在，例如臺灣中部平埔族所建立的「大肚王國」。這也就是在臺灣政

---

[8]　Ludwig Riess, 姚紹基編譯，《福爾摩沙島史》(*Geschichte der Insel Formosa*)，(臺南：國立臺灣歷史博物館，2019 年 10 月)，頁 44-47。

經社會發展歷史上曾經出現過跨族群及部落的「君主」，而「大肚王國」的
持續存在也一直要到大清國採取「以番治番」的武裝鎮壓方式後，「大肚王
國」的政經組織到了雍正(1723-1735)統治時期以後才逐漸沒落而滅亡。

臺灣歷史上曾經存在過的十一個古王國，荷蘭人眼中的「福爾摩沙十一
郡省」，源自於原住民族黃金年代的封建「社邦時代」。

臺灣歷史在荷西時代和史前時代，中間應該加一個「酋邦」時代或稱
「社邦」時代，以臺灣原住民族的各社為主，社與社之間，有點像是古希臘
及古羅馬時代的城邦或部落聯盟，大肚王國、大龜文王國、斯卡羅王國、卑
南王國、淡水及雞籠王國、卡貝蘭灣王國、虎尾壟王國、瑪家王國、龜崙族
國、土庫德卡與普卡爾王國等。

關於這 11 個郡省，在傳教士甘為霖（William Campbell, 1841-1921）著
作《荷據下的福爾摩莎》中有詳盡的描述與介紹。按照其排序包含荷蘭直轄
地、卡貝蘭灣、米達克、卑馬巴、掃叭、塔卡波德、卡地曼、十二村、土庫
德卡、普卡爾和南嵌－八里坌等。

揆諸其他民族國家(nation-state)村社共同體制的政經結構與形成過程也
都不盡然相同。就臺灣原住民時期政經共同體制的近似處在有序的無政府狀
態，是凸顯村社體系可以經由從不斷衝突中協調產生秩序的趨向。

在這樣村社共同體制條件下變化的血親關係，使臺灣社會從部落社會非
正式、不成文的限制，到了 1624 年(明天啟 4 年)以後，而與漢人資本主義
移民社會，以及荷蘭和西班牙先後統治福爾摩沙重商政經體制下的磨合與轉
型。

荷蘭東印度公司在福爾摩沙統治下原住民村社政經組織在經過磨合與轉
型之後，村社組織的統治組織已經談不上什麼「最高權力」。實際的政經權
力機制上它們受制於一個更大實體的法律和習慣，這個實體就是殖民地政經
權力結構的社會，村社組織的政經權力已是被壓縮成為這個實體的一部分。

村社共同體制的組織運作，到了 1635 年(明崇禎 8 年)荷蘭首先攻下了
南部的麻豆(今臺南市麻豆區)、蕭壠(今臺南市佳里區)二社以後，南北各社
都在荷蘭東印度公司在福爾摩沙透過軍事武力的威脅下紛紛投降，並推派代

表齊集新港（今臺南市善化區）對荷蘭派駐福爾摩沙的長官宣誓效忠。

　　這種宣誓效忠於荷蘭東印度公司在福爾摩沙統治，其所屬下的村社集會，在 1641 年(明崇禎 14 年)以後就以「地方會議」的名義舉行，並分為北部（北路）、南部（南路）、東部卑南，及北部淡水四個集會區，而其中以南、北兩路的會議召開最為慎重與常態化。

　　地方集會定於每年的 3-4 月間召開，各村社長老齊聚於一定場所，集體宣誓效忠服從荷蘭東印度公司在福爾摩沙的治理，並利用集會中的報告各村社政經社文情況，諸如長老任期、長老與教師的工作分工、村社與村社之間關係的彼此維繫、訂定繳稅金額與相關規章，以及和漢人族群的相處方式與原則等等。

　　東印度公司在福爾摩沙則賦予這些長老在自己村社內擁有政經權力的合法性，並授予鑲有銀質公司徽章的藤杖，作為法律與權力地位的表徵。

　　臺灣原住民政經社會發展到了 1648 年(明永曆 2 年)的前後，臺灣南部平原地區的村社已幾乎全歸荷蘭東印度公司在福爾摩沙的統治，只有少數難以靠近的山上村社，仍處在荷蘭東印度公司法權無法到達的有效統治之外，這一直要到 1652 年東部地方集會的首次在卑南召開，才逐漸擴大開來。

　　承上論，無論西班牙或荷蘭人對福爾摩沙土地佔有的地方，或權力行使範圍的臺南(安平)或基隆(和平島)，在最初期的發展並不完全在這些政經權力較集中的區域內。直到 1650 年末，東印度公司已推進到苗栗中港一帶，並設有哨兵，派兵駐守，赤崁郡守史曾到此巡視。

　　換言之，臺灣村社共同體制社會網絡的真正形成，是一直要到歷經荷蘭東印度公司在福爾摩沙的每年動員地方集會後，臺灣原住民族群和漢人族群才逐漸形成想像國族概念的共同體制思想。

三、私有土地意識形成與發展

　　從「土地意識共同性」論臺灣原住民族原本無所謂「生番」、「土番」、「野番」、「熟番」之類的區別，主要根據是取決於土地生產工具所

產生的生活特徵，亦是後來遷入者，憑藉其擁有統治權力為治理的利益所建構出來區分用的族羣名詞。

檢視臺灣原住民族原始經濟的組成，乃隨著沒有家畜與力獸的採集、打獵、漁撈階段而移向農耕階段。由於在固定土地上的展開定居生活，逐漸聚落形成村社的組織型態。

在原始經濟上則表現於氏族自立和各農家的彼此依賴中，對外沒有銜接與交誼活動，凸顯各原始的村社建設在各單個鄉村間尚未發展出通行的道路，全部生存閉鎖在鄉村土地的狹小範圍以內，每一單個家庭則主要在自己的土地上自立謀生。這種土地經濟的型態自然形成一種規定模式生產的原則，即滿足自己基本生活的需要。

對照之下，檢視 16 世紀以前臺灣原住民族，在歷經幾個世紀土地財產權的演變，其發展過程從土地最初是由領有而公有；公有之後，乃成族有；族有之後，乃成家有；家有之後，乃成私有。

這是採集經濟與財產共有制的並行制度，由於採集的成果受到運氣影響的成份大於人為的努力，財產制度也就傾向於共有制，而當一對夫婦和一個家族定居下來農墾時，土地權概念就成為一個強大的經濟誘因，也因為有了私人財產權制度的形成，市場經濟交易才得以逐漸展開來。

原住民時期土地所有權與使用權制度的形成與演變，顯示臺灣原住民和少數大陸漢人移民來臺對於土地的努力開拓情形，雖然各族群對土地制度和財產權的論點並不完全一致，這相對也凸顯移民社會在無正式政府狀態下土地管理的紊亂與效率不彰。

這型態一直要到了荷蘭統治福爾摩沙之後，新統治階層制訂的法規成為土地財產權主要決定因素，臺灣土地意識才出現重大的轉變，而因此有了一個全新管理方式的面貌。

回溯臺灣原本為原住民生息的地方，因為荷蘭東印度公司的統治福爾摩沙才逐漸脫離了封閉的政經社會環境，發展成為荷蘭東印度公司在遠東地區貿易網絡中一個不可或缺的經濟發展基地。

對於最初深受荷蘭人歡迎的大明帝國移民來說，福爾摩沙原先是他們避

難的去處，或受荷蘭鼓勵遷來的農民，而後漸漸成為他們定居繁衍的地方。此一身分地位的轉變，導致原住民族的土地受到嚴重排擠與掠奪的威脅，並且被迫移居山地的展開種植與生活。

　　此外，還有些隨季節性來的漁民，也由原本短期定居，慢慢轉變成是臺灣土地的開發者與擁有者。

四、初級農業經濟的生產結構

　　原住民時期的有社組織，名曰「嘟嘓」，過著是狩獵生活，村社產業的型態乃隨採集、狩獵和撈漁，逐漸向農耕的尚屬原始經濟階段，也就和其他國家民族的發展一樣，這種漁獵為主的原始經濟必然逐漸向半獵半耕的游耕過渡，只是臺灣受到自然環境的影響，並未出現有牧業的發展。

　　臺灣四周環海，地狹、山高、水急，除了沒有可供游牧的地方，也就無法產生游牧生活，但是對於獵場與漁場的使用權則有明確的區分，每條河流都有分段分屬各氏族掌理，如果要到別的區域捕魚，必須徵得同意，或是提出交易條件。

　　一般農業生產方式主要分為：家庭農業、部落農業和主從關係的領主農業制度等三種。臺灣農業技術從最早期刀耕火種農業的發展，一直要到荷西時期(1624-1662)才持有的「鋤耕」，到了鄭氏東寧時期(1662-1683)才進展有了「犁耕」的農業階段。

　　根據臺南社內遺址的位置，即西拉雅族新港社舊址，其所發掘出土的各類金屬文物，依其材質可分為鐵質、銅質、銀質、鉛質共四種。其中鐵質金屬又可再細分為：刀具、矛頭或箭簇、錐或釘、鏟與鋤、鐵鍋、鐵環、鐵鉤、管狀器、鐵鎖、不明鐵器共十類，有助於解讀 17 世紀西拉雅族所使用鐵器的原料來源、鐵器進口與消費，相關工藝技術發展等議題。

　　原住民時期的經濟基本單位，也是採聯合家族制的氏族型態，藉由組織產生了輪流換工的生產模式，由多少不等的聯合家族形成一組一組的換工團體，輪流在每個家族從事開墾或收成的工作。

基本上，原住民時期的經濟作物，還是以漁獵和游耕農業為主的原始經濟。各族作物不全相同，主要以栗、黍及蕃薯為主，到了近代才有陸地種植稻米與黑芋，最後才有瓜類、甘蔗與水稻。

果樹則以芭蕉、李桃、蜜桔、鳳梨、木瓜、枇杷、柿、石榴等，尤其檳榔，在南部各族為最重要的果樹。牧畜除鹿、雞、豬之外，尚有放牧的水牛、黃牛、羊、蜜蜂等。

原住民族早期的生活多是產銷合一的農人，自己栽種、蓋屋、縫紉，生產所需要的東西。每一村社或多或少都能自給自足，貨幣很少見，商業交易極有限，甚至連農業所不可或缺的土地買賣也不多見，成熟的勞動市場亦不存在。

原住民族早期的經濟，在一切居留的型態中，農村土地的總面積內常有一巨大的部分不給予各單個農家，而為整個氏族共同的所有物，即公有產業。農村土地中這一部分用為一種共同經濟行為的支柱，大半是作為家戶的牧場。在經濟上則表現於全氏族的自立和各農家的彼此依賴中。

對外沒有交通，原始村社在各單個鄉村間沒有通行的道路，全部生存閉鎖在部落土地的狹小範圍之內，每一單個家庭既要在自己的土地自立謀生，這種狀況自然發生一種規定生產的原則，即滿足自己自然的需要。

原住民族在大航海時代，隨著東亞地區成了西歐海上強權拓展貿易的殖民體系，居住在海岸、平原區的平埔族是臺灣對外接觸的門戶，經歷多次文化衝擊與適應，平埔族改變逐鹿打牲的半獵半耕的傳統生活，導致平埔文化式微。

臺灣原住民族在男人狩獵、女人採集社會的交換形式，專業分工相當的粗糙，大部分的家戶都各求自給自足。在經過一段相當時間的演進之後，才發展有跨出部落的市場交易，生產進而增加部分的專業分工。

原住民時期臺灣傳統初級農業發展的地區，最初偏在西部平原，除了部分移入漢人的從事耕作外，主要還是靠平埔族經營的初級農業為主，從旱作栗作，過度種小米到水田種稻的產業發展機構。

五、原住民時期發展的氏族化

原住民村社會議權力體系的支配與經濟合理化過程，襄助臺灣氏族式初級農業的發展。當原住民為防止與抵抗來自大陸漢人的侵入，以及日本海盜的攻擊，雖然當時臺灣的權力體系尚未形成唯一的共同領主或政府，但是村社共同體制的組織，卻是當時唯一可以被共同接受的社會圖騰，所需經費由大家共同負擔。

各氏族也深感生命共同體的重要，各氏族透過村社會議的決議，才能團結大家的力量，維護個人生命與財產的社會安全；村社會議的決議對經濟發展發揮了保護社會責任。檢視未開化民族的社會生活，通常是在屬於同血族(tribe，或稱種族)的氏族(gens or sib)內部進行；這是共同生活與共同生產的相互結合。

氏族共有的土地，是臺灣島嶼原住民賴以生產的工具與資產；氏族的各成員只要互不妨礙，都可使用共有地的一部分，即氏族的成員在共有地域內，可任意行獵、開墾山林原野、開闢道路、砍伐竹木、採集天然物及建築自宅。

檢視原始社會中經濟發展的變遷，大體上男子皆從事漁撈以獲取動物性的生活必需品，而女子則努力於農耕以獲取植物性的物資，女子在獲取可利用的植物性物質以後，更從事於培養繁殖，而農業乃得以漸次開展。

亦即在原始社會中，農務是女子的主要工作項目，而男子則以從事戰鬥與狩獵為主。大部分原住民族並不認為馘首是一種罪惡，而是符合神靈的意思，是為求豐收，對祖先忠義。男人為能有紋面，為得到少女芳心；男人中年以前，一定要馘首，否則會被認為是男子之恥；為晉身地位並增加影響力，獲得同儕敬仰程度，端賴馘首級的多寡；為解決紛爭，都由神靈審判，以出草先獲馘首級來判定誰有理。凡被懷疑違反部落規則者，可用馘首級來洗刷冤屈。馘首的榮譽行為可用暴虎躍林內，猛撲啮頭顱來貼切描述。

臺灣經過長時間的發展與演變，氏族式自足化經濟發展的村落型態，雖不似早期歐洲經濟型態的因與別的遊牧民族發生接觸、爭奪及融合，從而形

構成以奴隸為基礎的古代社會；但臺灣原住民受外來入侵的中國大陸及日本，都是屬於早有封建社會基礎的民族。

這些外族的侵入，除了凸顯臺灣位置的極具戰略性而被爭奪之外，也導致臺灣原住民族的村落社會，不能在鞏固原有生活的基礎上延續生存。即其成員的大部分，在對抗入侵者失敗以後，不得不向外來者屈服而被迫漸次退居山岳地帶，凸顯臺灣原住民族社會文化是經過 7 千年孕育出來的，卻在16、17 世紀以後，遭受新移入族群的徹底改造。

原住民為確保經濟資源與利益，打鬥、征伐或戰爭關係到資源的生產與分配，也是臺灣原住民族初級農業發展時期氏族封建社會自足化的特色。

第三章
重商體制與荷西時期政經思想
(1624-1662)

首先，我要指出全人類的一般傾向，一種永不知足的權力慾，人類
追求權力，至死方休。

霍布斯（Thomas Hobbes, 1588-1679）

一、福爾摩沙與國際首次接軌

從 16 世紀開始，大明國國力已顯示衰落氣象，其整個東南沿岸融入大
明國的條件也在逐漸發生變化。沿海貿易日益脫離政府的管制，東南海岸也
成為海盜攻擊的目標，當然這種情勢也就導致東南沿海民眾的商業化與軍事
化。

金鋐主修康熙《福建通志》〈臺灣府卷一建置〉：

臺灣府，本古荒裔之地，未隸中國版圖。1403-1424 年(明永樂間)，
中官鄭和身下西洋，三泊此地，以土番不可教化，投藥於水中而
去。1563 年(嘉靖 42 年)，流寇林道乾穴其中，專殺土番，擾害濱
海。都督俞大猷征之，道乾遁走。1621 年(天啟元年)，漢人顏思齊
為東洋甲螺，引倭彝屯聚於此，鄭芝龍附之。未幾，荷蘭紅彝由西
洋來，欲借倭彝片地暫為棲止，後遂久假不歸；尋與倭約每年貢鹿
皮三萬張，倭乃以地歸荷蘭。1635 年(崇禎 8 年)，荷蘭始築臺灣、

赤崁二城。臺灣城，即今安平鎮城也；赤崁城，即今紅毛樓，名城
而實非城也。荷蘭又設市於臺灣城外，漳泉之商賈皆至焉。[1]

當時，臺灣尚為一「自由世界」，對於商人既無限制，亦無任何稅收。
荷蘭人佔領福爾摩沙首先是戰略的目的，將福爾摩沙作為軍事基地，以攻擊
葡萄牙和西班牙在附近海域的貿易船隻，阻止大明國商船航行到馬尼拉貿
易。其次是商業目的，將福爾摩沙作為大明國貿易的轉運站，並將此項貿易
納入東印度公司的貿易網絡之中。

1602 年，荷蘭國務會議(States-General)賦予東印度公司特許權，透過集
資成立公司的商業組織，並且享有軍事、外交等行政特權，只要公司在履行
利益職能上比政府更有效，它們就給予貿易特權和保護。

1604、1622 年，荷蘭東印度公司先後派人率艦東來貿易與傳教。1624
年，不但未能打開大明國的市場，反被要求不能停駐澎湖，只得轉進當時人
煙稀少的福爾摩沙島，在北線尾設置東印度公司商務辦事處。1630 年，興
建赤崁城，加強海防軍備。

1650 年，擴建赤崁樓為行政中心，規劃福爾摩沙作為軍事基地，以截
斷葡萄牙的東南亞經澳門至日本航線，與西班牙的南美經菲律賓至大明國航
線；其次，提供作為貿易基地以建立福爾摩沙與大明國貿易的轉運站，加速
與世界貿易商業網絡的連結，乃至成為走私的會合地。

1513 年，葡萄牙人從東南亞北上廣東東莞線屯門島的沿海之後，東西
世界市場更進一步連結；1557 年(明嘉靖 36 年)，葡萄牙佔據珠江口一小島
居留，取名澳門(Macao)。

1571 年，西班牙佔據菲律賓，宣布馬尼拉為殖民地首都，作為主要在
其亞洲的貿易基地；1595 年，荷蘭船隊抵達爪哇(Java)，又稱之為萬丹
(Bantam)，並與大明國展開一連串貿易的貿易戰。1624 年 8 月，始用船隻載

---

[1] 臺灣史料集成編輯委員會編，金鋐，《康熙福建通志臺灣府》，(臺北：遠流，2004 年 11 月)，頁
35。

滿搜刮來的金銀財貨離開澎湖，轉進大員(今臺南安平)一帶。

1628 年，西班牙佔領淡水(滬尾)地區的統治北福爾摩沙。1642 年，荷蘭擊退西班牙而佔有淡水、雞籠等地，福爾摩沙全境淪為荷蘭所統治，成為荷蘭人的亞洲貿易，尤其是大明國與日本貿易的基地；同時，也開啟了福爾摩沙進入文字歷史與接觸西方政經發展的時代。

二、重商體制的公司經營型態

近代政經世界體系的早期，至少始於 16 世紀並延至 18 世紀，國家始終是歐洲政經中的主要因素，興起了西歐絕對君主制。同時，也凸顯當時商業的擴張、資本主義農業的崛起，以及國家機關本身就是新型資本主義制度的主要經濟支柱。

17 世紀的經濟活動已從私人生活層面，轉而重視國家整體利益的發展。國際貿易活動大半為國家貿易的經營者，每家公司在取得經營特許證之後，等於就保障它在指定的地區享有特殊的政經利益，諸如英屬東印度公司(John Company)、荷屬東印度公司(VOC)。

尤其是荷蘭於 1619 年在印尼巴達維亞建立貿易館後，積極整合亞洲市場，建立貿易網，發展各地的區間貿易。1621 年，荷蘭又成立了西印度公司(WIC)，壟斷了非洲及美洲的貿易利益。

荷蘭王室的特許公司被賦予在它武力能克服的地區，執行締結條約、遂行戰爭、建築城寨、鑄造貨幣等等廣泛的政治、財政、司法、行政的國家最高權力的任務。

從貿易組織結構的角度，早期荷蘭公司的組織都屬於臨時性質，當商人冒險以發行公債方式籌組商船隊，每次航行回航及商品出售後，立即做利潤分配，而下一次航行時再行匯集資金，也由於資本與利潤實難徹底分開。

這種「調節性公司」直到荷蘭東印度公司的成立，它是第一個真正的「股份有限公司」，是由股東投資，股東只分配每次的淨利，甚至獲利經常還要繼續投資而逐漸轉型為成永久性的股份公司。

1612 年，荷蘭東印度公司甚至要求對公司不滿的股東在證券市場出售其所持有的股份，以回收其資本，貿易公司的資金才得以穩定，資本與利潤也才開始分開，並由國王的權力中獲得政治、軍事、外交等授權，來遂行其「無戰爭就無貿易」或「戰爭是為貿易」的強烈主張。

重商主義是一種政治經濟體系，它隱含著政府對商業之間的特定關係，重商主義不僅是遂行國家的政治主張，也是執行國家的經濟政策。重商主義明顯的重視地理政治上的權力，重商主義會產生國家主義，而國家主義則會產生管制經濟與獨占利潤的追逐，甚至於強調民族主義的意識型態，導致爆發為爭取民族國家利益的殘酷戰爭。

各國政府為戰爭籌措資金，有了錢，官員才能支付軍火商、糧食供應商、造船商和軍隊的薪水，這種金融貨幣流通的體制就像個風箱，為西方資本主義制度和民族國家的發展產生助長效用，而荷蘭正是當時資本累積與軍事技術合理化的領導者。

重商主義或稱商人資本主義(merchant capitalism)的思想，約起源於 15 世紀中期，時間綿延 300 年，一直到 18 世紀中期工業革命萌芽、美國革命，和自由經濟思想興起之後，重商主義的政經思想遂被取代而沒落。

三、王田制度形成與農業生產

東印度公司佔據福爾摩沙土地為荷蘭國王所有，將土地貸與大明國漢人移民耕耘，謂之為「王田」，導致其土地受到漢人逐漸越入原住民的主要獵鹿場，並將之開墾為稻田或蔗園的影響，形成公司政府、原住民與漢人開墾者等三者共構，透過不斷衝突與順應而調合出來的最佳共處方式。同時，也促成來閩越漢人的南亞語系與南島語系住民的融合，其所形塑所謂「平埔族」的開始。

特別是荷蘭東印度公司以在大員(臺南)設立商館的近似政府機關，認可原住民利用想繼承其祖傳土地的權利、公司頒授公司田土地所有權給大明國移民，及公司頒授土地使用權與土地所有權給官員的方式，形成既有封建形

式與市場機制並存的土地制度，以促進福爾摩沙的土地開發與發展農業。

福爾摩沙當在歐洲移民抵達澳洲時，帶來有經濟價值的動物，他們飼養牛和羊，以供應食物，以馬匹作運輸工具，以貓和狗為寵物。他們把這些動物運來澳洲，因為這樣既合法又合情，他們也能掌控這些動物。犁的使用，實代表著趨向現代化農耕的過渡。

荷蘭東印度公司統治福爾摩沙初期，原住民族尚未使用鐮刀，而僅使用簡陋的鍬、小刀，作為割稻使用的工具。《熱蘭遮城日誌》記載，1630 年從廈門浯嶼(金門)帶回就開始有牛，最晚 1647 年就有水牛(亦有一說是由牧師向荷蘭東印度公司貸款，引進印度耕牛)，在新港、蕭壟等地開墾耕作。

荷治時期對福爾摩沙農業的經營，學習爪哇依賴大明國人民從事產品的生產、收購和集中的方式，大量獎勵大明國人民移住，然這些人力只是僱傭性質，而非正式移民。

獎勵措施包括補足開築陂塘堤渠所需費用，提供耕牛、農具與種籽，指導稻米和蔗糖的耕作方法，皆由荷蘭東印度公司主導與供應，奠定福爾摩沙農業發展的基礎。甚至於有蘇鳴崗由巴達維亞來臺拓植農業的華商「甲必丹」(船東)。

荷蘭東印度公司的農業生產，在其所有領地內，實施旱田種和水田種的稻米輪耕方式。旱田生產量較少，水田種植乃於耕地築隄圍繞，在其內部劃分為各個的部分，以防止其所引的水或貯藏的雨水被流出。凡耕種水田者，有世襲的所有權，在旱田方面，則採用野草經營的方式實施游牧化的農耕，全村落共同開墾，但個別去耕種，個別的各自收穫。

開墾的土地，在 3 至 4 年間可有收穫，但自此以後，即任其荒蕪。村落為開闢新的土地起見，即移轉其場所。荷蘭東印度公司只有依靠掠奪及暴力方式，才能實施重分配，這種由國家強制而非自然農業共有制的方式，極類似傳統中國農村的氏族經濟。

從地理條件決定了福爾摩沙農作物種類和農作的方法，更注定了土地的使用和財富的分配方式，而這些深深地關係著經濟發展的步調和性質。荷蘭鼓勵原住民族與漢人耕作生產，其所增加外來勞動人口的複雜化，導致嚴重

威脅荷蘭在福爾摩沙的統治基礎，不得不斷地殷切盼望巴達維亞城派兵增援。

荷治初期福爾摩沙的食糧主要是來自日本與東南亞，而砂糖則來自華南。在鼓勵生產之後，到了荷蘭統治福爾摩沙的末期，開墾土地更以臺南為中心，向北擴展至北港、麻豆、新港等地，南至阿公店，奠下臺灣糖業的基礎，更隨著漢人人口的增多，稻作也被推廣。

四、租稅田賦與國際貿易政策

荷蘭東印度公司的組織與經營，其目的是在執行徹底的貿易獨占政策，以掠奪經濟利益及累積財富，是徹底重商主義的實踐者，並將福爾摩沙經濟嵌入全球市場中。追求貿易上的利潤符合荷蘭統治福爾摩沙的首要目的，和增強對海上商業競爭對手的物質掠奪，以及確立作為支配者的所得所建立了租稅制度。

東亞貿易長期處在荷蘭東印度公司的壟斷下，一般商人便向法國、丹麥、瑞典等國家籌集資本，唆使這些國家成立東印度公司，這也說明 18 世紀末和 19 世紀初英屬印度的情形，那裡的商人當時群起反對東印度公司的特權。他們不僅得到公司當地職員的暗中支持，也積極從事對大明國、南洋群島的走私貿易，和歐洲販運白銀的歐洲其他各國商人的從中相助。

荷蘭東印度公司獨占福爾摩沙對大明國及對日本的貿易，荷蘭對日本輸出福爾摩沙特產的鹿皮與砂糖；對大明國則輸出福爾摩沙的米、糖、香料及荷蘭本國的金屬與藥材，而輸入品有生絲、黃金、瓷器、布帛、茶等。荷蘭商館藉由福爾摩沙是大明國與日本貿易的轉口站，加強課徵貨物稅，獲得豐厚的商業利益。

人類歷史上大多數的時間，硬幣的主要金屬成分是銀而不是金，特別是哥倫布航行以後，新大陸尤其是墨西哥發現了蘊藏豐富的銀礦。16 世紀時，銀大量流入歐洲。1606 年，荷蘭議會宣布了貨幣交換手冊，一共列出 848 種銀幣、金幣，其中有很多在純度與重量上差異極大。品質問題造成阿

姆斯特丹商人極大困擾，於是積極建構銀行體系，以解決貨幣問題。

　　當期荷蘭東印度公司主要是取得大明國絲織品，以換取日本的白銀，另一方面還可以出口黃金。日本白銀和大明國黃金都被用來購買印度棉布，棉布則可以換取東南亞所生產的胡椒、丁香與荳蔲等香料。

　　在大明國，白銀被用作貨幣，而黃金只被拿來製造飾品，因此金銀的相對價值比鄰近的國家低，在大明國 4、5 兩銀子就能換到 1 兩黃金，但在日本與大部分亞洲國家經常要 10 兩銀子以上才能換到 1 兩黃金，因此拿日本銀子交換大明國黃金是一件十分有利的交易。

　　荷蘭東印度公司為發展全球貿易，一共開闢五條航線：大明國至福爾摩沙；日本至福爾摩沙；巴達維亞經福爾摩沙至日本；馬尼拉經福爾摩沙至日本；大明國經福爾摩沙至日本。

　　至於白銀的流入，主要以日本銀為主。荷蘭人使用銀在福爾摩沙收購大明國貨物，另外巴達維亞的荷蘭東印度公司為了與大明國貿易，而頻頻向荷蘭母國要求增加資金，於是從荷蘭開始有白銀輸入。

　　荷蘭人收購大批大明國生絲的主要目的是要轉銷歐洲和日本等地。不過由於荷蘭購買大明國生絲的資金來源為日本的白銀。因此在福爾摩沙收購的大部分大明國生絲還是以銷往日本為主。

　　1635 年，大明國輸出到福爾摩沙的生絲開始增加，到 1641 年以後大量減少，1655 年以後再也沒有大明國生絲輸到福爾摩沙。大明國生絲輸出到福爾摩沙的數量關係荷蘭人從福爾摩沙轉運日本的生絲數量，從 1650 年代輸入日本的大明國絲織產量沒有減少的跡象分析，代表著原由荷蘭人運到日本的生絲已被大明國人接手。

　　1650 年，福爾摩沙砂糖輸出達 7.8 萬石，公司收益超過 30 萬盾 (guilders, 舊荷蘭或印尼金幣)。主要輸出的地區除了大明國、日本之外，更遠至波斯地區。

　　16、17 世紀各國的殖民地競爭，金銀之外，乃以嗜好品為目標，當時砂糖最被歡迎。

　　在鹿皮輸出方面，鹿皮運銷日本，以製做「陣羽織」的作為甲冑外的披

肩之用；鹿肉則加以烘乾之後，隨同鹿的骨頭被運往大明國銷售；鹿的骨頭不但可以被雕琢成器具，而且鹿角也可以煎熬成具有膠質的補品。

荷蘭固定運送鹿皮到日本是從 1638、1639 年的高峰，最多高達 15 萬張，從 1642 年開始鹿皮輸出量持續降低，原因是鹿隻的數量減少，導致鹿皮減產，東印度公司遂採用保育措施，到了 1650 年代鹿皮的輸出量再度攀升。

荷蘭東印度公司的貢納金額主要是取自大明國移民福爾摩沙者，最初數年每年收入額至少超過 3,000 利爾，由於福建內地社會紛亂所促成的移民福爾摩沙熱潮，將大部分家屬帶至福爾摩沙，截至 17 世紀中葉對荷蘭的貢納金額約達 40,000 利爾，而東印度公司必須再上繳荷蘭聯合省各項稅賦，而且每年上繳國家大筆款項是股東利益的數倍之多。

五、荷西時期福爾摩沙國際化

檢視英國於 18 世紀不再堅持重商主義，足以證明世界的時鐘已敲響大不列顛強盛的鐘聲，尤其在 1846 年以後，英國能夠開放自由貿易，為國家帶來更大的利益。

東印度公司亞洲的貿易基地總部，設在巴達維亞(Batavia)城，由總督在巴城掌理一切事務，同時藉由東印度評議會的協助，主導東印度公司在亞洲各地的事務，總督與評議會必須定期就東印度在亞洲的活動提交報告。

該報告首先記述一般事務，特別是進出巴城的船隻，然後就 20 多個東印度公司的活動地區分別陳述。由於福爾摩沙和日本兩地貿易往來密切，因此有關福爾摩沙的部分常與日本的部分放在一起。猶如當今國際上有部分國家往往將臺灣部分與中國部分放在一起，這似乎是臺灣歷史長期以來的宿命。

東印度公司本身自成一個政府，而它行政體系之下的每一個成員皆極力想擺脫國家的控制，只要利之所趨，且是它能力所及，它將毫不猶豫地將其全部的財產獨占，即使它的國家將遭受天災地變，它亦毫不在意。荷蘭東印

度公司不只是資產階級與近代國家的依存關係，也具公司經濟體與國家政治代表性的互換作用。

荷蘭東印度公司的結構非常複雜與特別，公司共設 6 個獨立分公司，在這之上，由 17 個董事的共同領導，其中 8 名董事來自荷蘭分公司，城市資產階級經由各分公司的媒介，得以加入這個獲利豐厚的大企業。

既然公司的海外執行人等於大帝國殖民地的開拓者，東印度公司當然視福爾摩沙土地為荷蘭國王所有，國王是董事長，議會是董事會成員，東印度公司派駐此地商館的負責人則是代表經營權的總經理，也就是所謂福爾摩沙的「長官」，即是荷蘭國營事業的公司政府型態。

在福爾摩沙的荷蘭東印度公司政府是荷蘭資產階級用以鞏固其經濟霸權的重要工具，這種霸權最初表現在生產領域，再擴展到商業、貿易和金融事業。也就是說荷蘭人是建立在主權國家的過程中獲得一個這樣的空間，於是投資土地和其他能收租金的資產，是荷蘭資本主義初期的一個特點。

荷蘭霸權時期的經濟掠奪，並非單純地侷限於東西方貿易，而是同時提供作為亞洲國家之間商業活動網路的中間人角色，扮演的是全球市場利益的掠奪者。在他們規模巨大的貿易中，最大部分是經略世界各地的行銷，將福爾摩沙發展國際化，這更是西班牙短暫統治福爾摩沙北部期間所無法較量的。

荷蘭只重視福爾摩沙的提供原料，因此導致在福爾摩沙的政教措施未為漢人設置學校、教會，荷蘭的不視漢人為其屬民，教會亦視漢人為異教徒，凸顯其在福爾摩沙的「蕃社戶口調查」，並未將漢人計算在內，這與後來日本殖民臺灣在政經策略上是有所不同的。

第四章
冊封體制與東寧時期政經思想
(1662-1683)

人民可以推翻國王，但他依然保有人民；但是一個國王對他的人民
失去控制時，他便不再是國王了。

哈里費斯(The Marquis of Halifax, 1633-1695)

一、南明東寧王國的海商型態

當大明帝國的為抵抗滿族和蒙古族的入侵，放棄了因有長江之利而對航
海開放的南京，並於 1421 年遷都北京。在大航海時代的意義上，喪失了利
用大海之便發展經濟和擴大政治影響的機會，大明國以後在爭奪世界權杖的
比賽中輸了一局。

面對大明與大清這兩大帝國的內陸戰爭蔓延到東南海沿岸的時刻，也對
荷西統治福爾摩沙時期造成很大的震撼與變動。1661 年，鄭成功率軍從金
門經澎湖，於鹿耳門溪，在北線尾附近登陸，以圍攻策略逼降了荷蘭軍隊，
其所建立的鄭氏王國，正代表南明流亡政府在臺灣所建立的第一個漢人政
權。相對地卻代表近世史上歐洲人在東方海上的挫敗。

1661 年 6 月，鄭成功在攻下普羅民遮城(赤崁城)之後，對外指稱：東都
明京，開國立家，可為萬世不拔基業。本藩已手闢草昧，與爾文武各官及各
鎮大小將領官兵家眷來胥宇，總必創建田宅等項，以遺子孫。

1662 年，鄭成功改稱赤崁樓為承天府，赤崁城改稱王城，為安平鎮，

總稱「東都」。北路一帶置天興縣，南路一帶置萬年縣，澎湖別設安撫司，並於各地屯兵，自耕自給，軍民足食，粗具治理臺灣的規模。

是年底，鄭成功即逝世。鄭經繼承王位統治權，都以永曆為年號，受南明政權封「東寧王」。在聞悉永曆帝被害之後，改東都為東寧。設立吏、戶、禮、兵、刑、工六部，興建孔廟，設立學校，舉行科舉考試，實施教化，鼓勵開墾荒地，種麻與製糖、鹽，以足民食。

同時，與英國東印度公司簽訂通商條約，拓展商務。又命伐木造船，銷往日本，轉購兵器以武裝力量。當時清帝國實行堅壁清野策略，仍強迫遷徙廣東福建等五省沿海三十里內之居民於內地，化為界外，嚴禁與臺灣來往，以封鎖沿海人民同鄭成功等海外敵對勢力的聯繫。惟鄭氏仍在廈門設秘密貿易所，積極與內地通商。

1681 年，鄭經歿，嫡子克塽年僅 12 歲，清帝國乘東寧王國內亂之際，乃命水師提督施琅征臺。1683 年，降清，鄭氏在臺計傳 3 世，歷時 23 年。

承上論，臺灣漢人社會的真正確立，應在鄭成功逐退荷蘭之後。遷移常常伴隨著向外擴張的軍事力量，偶爾是由傳教士、商賈或農民帶頭遷移，不過大部分還是與軍事征服同時發生，或是跟隨其後。

臺灣相對於大明國是發展的邊疆(the frontier)。邊疆臺灣的存在，讓福建、廣東地區的大明國人民與社會有個賦予新意義，重新來過以及尋求新機會的空間。而且從大明國至臺灣的乘客中特別註明女性乘客人數，表示船客渡海來臺的目的不只是單純的經商行為，許多船客渡海來臺灣是具有開拓精神(pioneer spirits)的移民。

二、冊封宗主體制的君臣思想

「東寧」政權出自 1662 年(南明永曆 16 年)鄭經受封「東寧王」。《澎湖志略》載：

　　國〔清〕朝康熙二十三年（1684），始隸臺灣府臺灣縣，設巡檢

司、副將、遊擊、守備、千總等員。後以澎湖為臺灣門戶，稽查海
舶、監放兵餉、錢糧倉儲，皆其專任，巡檢職徵，不足彈壓海疆；
於雍正五年（1727）移駐道員案內，始改設通判駐其地，為東寧半
壁云。[1]

　　1662 年，鄭成功的治理臺灣，雖奉大明國為正朔，自己並未稱帝，但
大明國並未實質統治臺灣，鄭氏被冊封東寧王國仍把大明國權力體系的支配
機制延伸到臺灣，惟鄭氏在臺灣實際上已確定自己具有統治臺灣的史實。

　　中國封建制度凸顯只有貴族血統才能登上政壇，溯自秦始皇建立大一統
以來，即是皇權體制的開始。權力完全集中在皇帝一人，「朕即國家」，皇
帝是政權的獨享者，官僚體系也只是皇帝的工具，是君臣之間的君主式關
係。

　　大明國在洪武 13 年殺了宰相胡惟庸以後，皇帝除了是國家元首之外，
又是事實上的行政首長，直接領導並推動庶務，皇權和相權合一，軍隊指揮
權，再加上司法權、財政權等等，可謂集大權於一身，又可不對任何個人和
團體負責，這種權力是前所未有。

　　17 世紀以前的東亞，是一個以大明國為盟主的冊封朝貢體系所構成，
包括了琉球、安南、暹羅、朝鮮、日本等亞洲國家。在這體系中，大明帝國
從朝貢國家獲得的貢品其實不多，反而回報的賞賜價值往往超出更多。大明
帝國強調的應該是從這個政治禮儀中對內和對外建立統治權威的宣示。

　　參加這個體制的各國也透過這種冊封關係，鞏固其在本國內部的統治地
位。彼此之間並無直接經濟剝削與政治叛變的重大問題，有的話只是貿易利
益的摩擦。鄭成功既受封延平郡王、鄭經受封東寧王，這種冊封體制顯然是
明、清時期皇權體制的延伸，在東亞世界所建構起政經關係的具體型態。

　　這種冊封體制便隨著傳統中國各朝代的起落、勢力的盛衰，而有數次分

---

[1]　臺灣史料集成編輯委員會編，周于仁、胡格纂輯《澎湖志略》，（臺北：遠流，2005 年 6 月），頁
377-378。

裂、瓦解，乃至於重編的現象；同時，也隨著傳統中國與周邊諸國，彼我情
勢的變化，呈現種種不同的面貌。例如高麗、朝鮮時期，和琉球王國時期，
他們當時與大明國、大清國之間的關係，歷史上即是典型的「納貢關係」。

東寧王國的治理臺灣是以大明國移民北向爭中國正統，又南向以奪取海
上商業的經濟資源，是結合了冊封與納貢為一體的政經體制。鄭氏東寧王國
一直奉大明國為正朔，也都以孤臣的心態，希望能恢復大明國。

東寧王國鄭氏三代雖建立政權於臺灣，卻是標榜以延續大明國政權，而
領受不同的封號。鄭氏時期的冊封體制有如日本藩鎮制度，是封建政治，崇
尚專制政體，主張要對君主盡忠，強調家族主義、國體主義、傳統主義，及
形式主義，充分代表當時社會支配意識的冊封體制。

冊封體制思想在國家的某種意義上，被視為是國王的私有財產，就如同
采邑或莊園(manor)是封臣的私有財產，但是對於實施的經濟貿易政策，並
未因此而破壞商業的市場交易活動。

三、寓兵於農的經濟屯田政策

中古世紀晚期的歐洲，既沒有世界帝國，也沒有世界經濟，只有基督教
文明；歐洲大部分地區都是封建的，也就是說由相對自給自足的小經濟單位
組成。這種經濟單位的剝削基礎，是因為占人口比率很少的貴族階級相對於
莊園內部生產大量農產品的所有權者。

傳統中國封建制度只實行於商周，到魏晉南北朝，雖仍有若干封建因
素，但已完全非封建制度。鄭氏時期視臺灣土地為國王的私有財產，就如同
采邑是封臣的私有財產；君主和封臣對司法權的延伸，及軍隊所征服來的土
地，都視為有利可圖的冒險事業。

這是一種創造一個富人階級的經濟體制，其目的是在自足的經濟中，由
別的勞動者生產物品去滿足他們的需要。鄭氏統治臺灣初期為解決人口增加
所帶來的糧食問題，首先必須進行土地利用的動態調查，以確保土地的有效
利用，何況鄭氏政權最擔心軍糧供應的不穩定與持續性。

　　土地制度除了承認先來漢人和已開化原住民對於土地既得權益，以安撫
居民之外，乃行屯田開墾，延用荷蘭時代的王田或東印度公司的公司田，改
稱官田，即政府的國有地，耕田之人，皆為官佃；而鄭氏宗黨及文武官員開
墾的土地稱為文武官田，招佃耕墾，自收其租，而納課於官，名為私田；屯
營開墾的土地稱營盤田，凸顯藩鎮政經體制的特色。

　　鄭氏各鎮，就所各駐之地，自耕自足名曰「營盤田」。即是駐軍自謀軍
糧的拓墾地，因此其開墾範圍就在軍營附近。日久，民人遷入，甚至入清後
解甲定居現地為民，形成聚落。

　　東寧時期營盤田在臺灣南部有很廣闊的分佈，例如現在的後營、大營、
新營、小新營、中營、五軍營、查畝營、舊營、下營、林鳳營、左營、營
前、營後、中協、本協、後協、左鎮、後鎮、前鋒、三軍等等，都是當年鄭
氏營盤田的舊址。

　　東寧的寓兵於農政策，真正奠定了漢族在臺灣落地生根的基礎。營盤田
的農業，目的在屯田的自給自足。不過，這些屯田與文武官田及府田的佃人
不同，他們有特權，可免納租。

　　東寧時期的文武官田是納稅重於繳租，當東寧政府在海上貿易利益銳減
以後，不得不依賴這些租稅來支撐龐大的軍費開銷。同時，亦延續荷治時期
為確保臺灣沿岸操業漁船的稅收，開始在港口碼頭上設置監視所，並且將漁
業稅的徵收採用包稅制度。

　　荷治時期不許土地私有，在東寧時期即使限於特權階級，但因其充分開
發利用，有助於資本累積及產量提昇；加上，政府為解決農業生產力的問
題，在勞動人力資源上，仍積極透過招納流亡，及開放將士的眷屬遷臺，特
別是將金廈，及其他戰區中的罪犯放逐於臺灣，這些罪犯唯一的生活方式是
墾殖，這是強制性移民的方式之一，解決缺少勞動力的問題。

　　為提高稻蔗產量，更加強水利設施，以採用築堤儲水與截流引水的方式
進行。這些重要工程主要還依靠政府政策、或藉由地方人士參與，甚至由各
營、鎮的兵工所合力共同修築完成。

　　在農產品結構上，荷治時期偏重於種植甘蔗，其目標是在生產商品的

糖，而鄭氏時期則以糧食的需求而擴大植種稻米。耕種方式仍與原住民一樣採用轉地耕種的粗放方式。

東寧政府在農本思想下的土地開墾區域，開始只是一種點狀的分布，主要開墾範圍包括西南沿海平原一帶。當赤崁一帶在荷治時期已經開墾完成，鄭氏新開墾的田園就集中在嘉義平原、鳳山北部平原。

1683 年，即東寧政府向清帝國投降後的一年，臺灣開墾登記的耕地總數是 17,898 公頃，其中 7,307 公頃是水稻，10,591 公頃是旱田，而農民因怕繳稅而有少報土地面積的現象。假設 1684 年的耕地有 20,000 公頃，那麼 1650 年以來的耕地面積大約增加 3 倍，其增加的百分數大約和人口數相同。

就全臺灣土地的總面積而言，尚不足稱道，但已是荷治時期的 2.2 倍，由於臺灣內部開發的進展，開始形成漢人社會，尤其是 1683 年的投降大清帝國之後，政權雖控制在滿族人居多，但漢人在臺灣的控制力已經確立，臺灣的漢人社會於焉形成。

四、東亞貿易轉運中心的建立

東寧時期是從荷治時期買空賣空的外來商品交易經濟型態，轉為實質內需的生產農業經濟發展模式。

荷蘭雖然能擺脫西班牙的控制，也接收了許多原先葡萄牙的貿易網絡，但在東亞地區卻未能順利取代葡萄牙在澳門，以及西班牙在菲律賓的政經利益。為擁有自己在東亞的一個轉口港，1624 年荷蘭終於取得安平港，正式佔領臺灣並做為其對大明國、日本貿易的據點。

1664 年鄭經從銅山退守臺灣，除積極軍事屯墾的發展農業之外，在對外貿易上由於東寧政權屢次遭遇清軍與荷蘭聯軍的夾擊，加上大清帝國在沿海地域厲行遷界和海禁政策，使得與大陸之間的生絲、陶器等貿易受阻，東寧政府被迫只能實行轉運策略，而將船隻轉往日本、琉球、呂宋、暹羅，並嘗試透過與英國東印度公司簽訂通商條約的方式進行多角貿易。

英國東印度公司始於 1675 至 1680 年間在臺江（今臺南附近）沿岸開設商館，並將船隻進駐東寧(臺南安平)。東寧政府為加強對外貿易，又命伐木造船，銷往日本，轉購兵器以武裝力量。

大清帝國的實行堅壁清野策略仍強迫廣東、福建等 5 省沿海 30 里內的居民遷徙於內地，化為界外，嚴禁與臺灣來往，以封鎖沿海居民與東寧王國的互通戰情。

英國東印度公司取代荷蘭東印度公司的角色，猶如英國勢力取代荷蘭勢力的在臺灣發展，在國際強權凸顯荷、英霸權的進入交替時期。

對日本的貿易，由於每年到長崎的商船增多，相對地降低了臺灣與大陸的直接貿易。荷蘭人雖於 1662 年放棄臺灣，但仍以巴達維亞為總部，繼續在附近海域活動，只是扮演全球性市場貿易的風光已不再。尤其到 1683 年大清國正式攻陷臺灣時，幾乎停止了所有在臺灣的貿易活動。

檢視當時臺灣在國際貿易的活動中，除了與大明國貿易之外，主要維持在東亞貿易的轉運角色。商船來往地點除日本，馬尼拉外，雖然分別遠至呂宋、波斯、蘇祿、文來、暹羅、柬埔寨、麻六甲、琉球、交趾、廣南、柔佛等處，只是貿易量都非常有限。

臺灣從日本進口貨物，主要有陶瓷、白銀、黃金、銅，及軍用品，而從東南亞等地運回的主要是香料、蘇木等商品，這些進口貨物和加上臺灣、大陸的貨物再轉運各處出售。例如進口日本肥前青花瓷，除了部分留存臺灣島內居民使用之外，也轉口輸出東南亞各地，更透過西班牙的大帆船航線，遠銷至太平洋彼端的美洲市場。

東寧政府還與英商進行大量的武器交易，在與英國通商協議中，不但詳細規定了每艘英國商船供應武器的數量，而且同意其來自大陸及各國的貨物可以匯集臺灣市場。英國商館認為只要能透過與臺灣通商，即達到直接與大明帝國、日本及馬尼拉通商的目的，但是活動的地區仍然僅限於東亞國家。

分析 1647 年至 1661 年，大清國戎克船(junk)和長崎貿易的平均數減少到 48 艘的原因，主要是受到反清活動仍在華南一帶，以及東寧政府控制了福建沿海並掌握海上貿易的影響，更凸顯 1662 年至 1672 年鄭氏自廈門撤軍

並以臺灣為基地，1673 年至 1683 年間，東寧政權藉三藩作亂反攻大陸未成，並最終在澎湖海戰中被施琅擊敗，竟致投降。

由戎客船數不斷的減少，明顯看出大清帝國嚴禁海上貿易，以及推動遷界政策的效應，導致東寧治理臺灣時期經濟發展已從荷蘭時期的全球貿易被迫侷限在東亞市場。

五、東寧時期臺灣發展土著化

檢視東寧治理臺灣，從國家組織型態上猶如一個王國(monarchy)，就國家(政府)暴力的支配關係而言，是與荷治時期重商主義的公司組織型態有很大的不同。

東寧時期之所以能夠不屈服於大清帝國，在思想上即本以大義「思明」的核心思想；在軍事上擁有自己強大艦隊控制浙、閩、粵的三省沿岸的海權；在經濟上靠海通販東、西二洋，可以支應軍資需要，讓東寧政府為了在臺灣營造一個政經發展的安定環境，開始透過興辦學校、立孔廟，以及實施考試制度，積極經略臺灣。

東寧時期統治臺灣是啟動在大明國東南海上，逸出大陸上五千年華夏格局的一段新的思想與文化，恰是與外來文明，包含中國文化、日本文化，以及西方文化的複合型態，凸顯臺灣先期就具有多元文化特質。

臺灣自東寧時期以至 19 世紀，一直存在中國概念與國際特色的雙重思想內涵。大清帝國統治臺以後，中國概念的思想日益加強深化，彰顯臺灣政經融入中國政經，再接軌國際政經體系。1895 年，日本概念的天皇思想統治臺灣，促使臺灣又融入日本政經體系的多元複雜思想體系。

1945 年，國民政府統治臺灣的中國概念，又使臺灣擺脫日本統治，論其發展經驗，由中國大陸來臺的政權，挾東南沿海的發展經驗及人才，配合在地人才，再加上美國政經影響的迅速發展。1978 年，在中國大陸的改革開放之後，臺灣捲入中國大陸的政經發展，中國概念與國際概念的思想竟成同步的開展與變遷。

　　東寧王國治臺時期的「土著化」 (indigenization)發展，是先認定初期的漢人移民心態是中國本土的延伸和連續，以後才認同臺灣本土的對象。從原住民族、荷蘭人、漢人的相互主體性概念而言，其中正如英國移民北美洲的「逐走土著人」(removing the natives)，以便為不斷增加的移民人口騰出空間。東寧王國治臺更加的凸顯漢人血緣脈絡，和具中華思想與文化特色的有計劃在臺灣社會的土著化。

　　透過荷蘭以公司政府型態統治福爾摩沙時期的「番字契」或「新港文書」，和東寧政府在推動漢文字的過程中，檢驗思想文化和商業行為上所形成制度發展的變遷，也造成了所有修改過的正式規則，與仍舊循不變的非正式限制之間存在的緊張關係。

　　東西文化與政經思想，在體制上不僅限於民主與專制的政治思想體系，更在於個人私有，與一切歸於統治者的經濟思想上對財產權認定之間的差異。尤其西方文化的個體自由化戰士性格，迥異於東方專制統治者被視為天之子，在人民之上，當然可取所欲取與為所欲為的政經思維。

　　東寧政權一直維繫大明國正統的思維，尤其到了大明帝國末期的南明落魄政權，更凸顯深受「君尊臣卑」思想與文化的影響，在施政作為上凸顯傳統封建社會的觀念，因而產生與西方不同的文化價值觀。

　　東寧政權的中央政府就是建置在臺灣，東寧政府在顯現政經權力運作機制的支配距離最近，以及指揮層級也最直接，更有效率地促使當時漢人社會發展土著化與漢化意識的影響至今。

　　東寧政權結束之後，整個大清帝國又恢復鎖國政策，臺灣再次被置放在東亞貿易的主要海線之外，以致臺灣和中國大陸都錯失了在工業革命之後和西方同步發展的契機。

第五章
皇權體制與清治前期政經思想
(1683 -1860)

> 無論人們會認為某人怎樣自私，在個人的天賦中總是明顯地存在著
> 這樣一些本性，這些本性使他關心別人的命運，把別人的幸福看成
> 是自己的事情，雖然他除了看到別人幸福而感到高興之外，一無所
> 得。
>
> 亞當・史密斯(Adam Smith, 1870-1924)

一、大清帝國的皇權政經思想

　　17、18 世紀，許多歐洲國家實施君主專制，是世襲君主統率著土地貴族的階級制度，並得到傳統組織和教會正統派的支持；專制君主象徵並具體實現了土地貴族的價值觀，雙方互為利益共同體。從國家權力結構的理論而言，專制君主可以為所欲為，但在實際運作上，卻制約於受過啟蒙思想洗滌的封建貴族。

　　這種君主體制在國內加強其權威，積累其稅收財富，並擴大其境外力量。這樣發展的「帝國」(Empire)型態，是一種政經體系，代表的是地域遼闊，權力相對高度集中，且以皇帝個人或中央統治機關所自成的一個權力結構。同時，皇權存在的基礎不但通常具有傳統的合法性，而且往往鼓吹一種更廣泛的、潛含統一性的政經思想和文化導向。

　　早期的貴族階級，後期世族大姓，的確具有龐大的組織力量，足以與政

府體系相抗衡，但這些人的政經利益都建立在政治的特權上，不僅不會反政府，而且與政府相勾結，把政府作為獲得私人政經利益的工具。

雖然有時由農民所引發的戰爭也可以發揮摧毀性的力量，許多王朝革命幾乎都靠農民參戰，得以建立新的朝代或統治集團；但農民力量總是被投機份子所利用，特別是在獲得政權之後，農民的最後結局仍然淪為被統治、被剝削的對象，並沒有順利形成民間或公民社會。

傳統中國自秦代以後即形塑大一統的觀念，皇權體制的結構只會是家族統治的更迭，政權的本質幾乎沒有什麼改變，仍然只是統治者剝削被統治者。無論是漢唐的統一時期，或魏晉南北朝的分裂時期，社會上地主和農民的衝突、政治上皇權與官權的衝突，從未停止過，只是在不同時代呈現程度上的差異而已。

從世界政經體系的觀點而言，中國、印度和羅馬都是以這樣的政經型態出現，而且中國是 12 世紀時期的世界 5 大強國之一。傳統中國由於廣大農業經濟具有的地區性與分散性，唯有依賴皇權體制才能夠把中國統一成一個社會。

大清帝國政府型態是中央集權的、專制的半官僚行政機構的中樞，控制了所有的國家及私人資源。它可以用行政命令改變財產的所有權，強迫徵收財務或強迫個人服從，一個縣令可以集民政、司法、財政所有大權於一身，在不違反皇帝獨裁大權的前提下，幾乎可以不受到制衡。

皇權體制的特徵：第一，君權無所不在，幾乎所有政策都以皇帝的話即法律，一切「唯朕是從」，皇帝嚴禁任何對立的權威挑戰；第二，凡事政治化，甚至連穿衣、禮教、書籍、繪畫、宗教信仰都不能例外；第三，大清帝國政經體制的遂行中央集權，統一全國律令，皇帝向全民抽稅。

皇權體制凡有職能的官階不能傳位，除了皇位之外，能傳位之爵職則無實權；地方行政事物則大致採縣及州府以下的委任給當地的行政機關。由於清政府的高度中央集權化，州縣級的地方機關必須在上級的監督下，只能依上級的命令行事。

1683 年(康熙 22 年)，臺灣正式成為大清帝國的版圖。1684 年，臺灣置

府的隸屬於福建省，大清國取消海禁初期，但仍不許移民攜家眷來臺。臺灣在清治時期的建省及郡縣分治的歷史過程，主要以建省為分水嶺，而前後劃分為兩個階段：

第一階段(1683-1885)是臺灣建省以前，時間是從 1684 年臺灣隸屬福建省起，至 1885 年臺灣建省。

第二階段(1885-1895)是臺灣建省以後，時間是從 1885 年建省起，至 1895 年「臺灣民主國」的短暫成立，緊接著根據《馬關條約》臺灣被大清政府割讓給日本。

第一階段(1683-1885)，清治臺灣的時間長達 200 年，其行政建制凸顯臺灣完全是位在大清帝國的邊陲，雖前後共設臺灣、臺北等 2 府，以及臺灣、鳳山、嘉義、彰化、恆春、淡水、新竹、宜蘭等 8 縣，但大清國仍然認為臺灣建省的條件不足而名實不稱；然對於臺灣各縣地太廣，聯繫不易，透過添官分治的行政管理則有其必要。

但畢竟政治組織很難配合實際需要，顯露出大清帝國視臺灣為「鳥不語、花不香」的彈丸邊陲之地，其政策一直偏向於消極治理的凸顯薄弱的行政控制力。主要目標在於防止動亂，以維持社會秩序的安定；推行政令，以促使行政與內地一體；布施文教，以根植政府所承襲的傳統文化。

清治臺灣時期的行政組織首先分為城市和鄉村兩種地區，以臺灣鄉村組織為例，除設置官方職員的地保之外，還設有自治人員，如總理、莊正、董事、老大等，其職任由墾戶(大租戶)、業主(小租戶)、殷戶(資本家)及德高望重者，經廳、縣認可後擔任，其職責由維持村落治安到戶籍、稅賦、公共事業等事務。

第二階段(1885-1895)，是臺灣建省以後，劉銘傳在臺灣接事，隨即著手行政區的新設與調整職官，改福建巡撫為臺灣巡撫，兼理提督學政，設巡撫衙門於臺北，並新設臺灣布政使，統籌省內兵餉、稅務、土地田畝及各省協餉事；增設臺灣知府、臺灣縣知縣、雲林縣知縣、苗栗縣知縣、臺東直隸州知州等；調整臺灣總兵官、澎湖總兵官及臺灣道的相關職權。

劉銘傳所實施的積極治理政策，希望「以一隅之施，為全國之範」，將

「臺賊多自內生，鮮由外至」的臺灣兵備方針改為以外備為重。臺灣建省初期勇營的駐地、軍力和布署，不斷地發生湘軍、淮軍的派系糾葛，彼此削弱了軍事力量。另外，文武官員雖有互相監督的義務，也有來自行政體系的層層監督，但大清國政府仍設計有巡台御史的監察制度，負責監督與考核的工作。

然而，該階段的行政組織變革，主要為因應外力環境所逼，而且真正治理臺灣的時間不長，只有短短 10 多年，清政府在臺灣的政經作為尚難累積出具體的成果，但也確實為臺灣近代工業發展奠下了一些基礎。

從世界強國體系與資本主義市場利益的檢視清治臺灣前期，從 1683 年（康熙 22 年）納入大清國版圖，到了 1860 年（咸豐 10 年）的被迫對外開港通商，在這長達 177 年的時間，大清皇權體制的在臺灣實施，其消極統治凸顯在清治前期的〈渡臺禁令〉上。該禁令實施的百餘年間曾五禁四弛，至 1875 年（光緒元年）沈葆楨奏請解除內地人民渡臺禁令後，才完全廢止。

二、農本思想與多重土地結構

清治前期臺灣農本思想的資本形成，只能是依賴地主制資本為主的農業生產結構。臺灣納入大清國版圖之際，隨著人口的不斷增加，導致勞動力規模進一步擴大所帶來的投資報酬率遞減，而刺激對土地的大量迫切需求。

清治臺灣前期土地的開發，除了乾隆時期福康安平定林爽文之役後，所採「隆恩田」是由官方發錢購置，募人耕作，遞年徵收租息，完納錢糧，扣存司庫充餉之外，都是由有錢勢者競向政府當局申請，取得開墾許可，將自己的資金投注於土地，而後再招募無佃農從事開墾。這種由出力者向創業者繳納一定租金的形成，即成為日後「大租」制度的原型。

臺灣的土地開墾，其性質幾乎是原封不動地將中國大陸舊有的土地開墾政策移植過來，而原本體現墾戶與佃戶關係的大租，其所約定的並非勞動地租，而是生產作物地租，即大租所繳納的主要是米穀或砂糖。

時值大清國移民大量湧入臺灣之際，佃戶乘機將土地轉租，形成新的

「現耕佃農階級」。佃戶每年向現耕佃農徵收一定的租額，再將其中的一部分轉納予墾戶，形成「一地二主」的地租關係，也就是墾戶為大租戶，佃戶稱為小租戶，以及現耕佃農等三個階級，若加上官廳便形成了土地結構的四層關係，這種特殊地主制土地結構在臺灣實施歷時長達1個多世紀。

清治前期臺灣地主制資本轉型的最大關鍵是，1843年清政府將原先規定大租戶繳納的「納穀制」改為「納銀制」政策，帶動了臺灣資本流通與商品經濟的擴大。

然而，也開始導致了大租戶的衰落和小租戶興起的結構性變化，也因為逐漸增加勞動力供給，和相對稀少土地的供需失衡現象，形成土地的僵直化而有利於地主階層的持有與發展。

檢視清治前期臺灣土地所有權制度，已經轉向以小租戶為中心的私有資本型態，小額地主制資本的形成有助於形塑臺灣中小規模型態為主的產業發展，卻也阻礙日後農業機械化生產的大規模經營。

清治前期臺灣土地開墾的主要地區，從臺灣的西部，再從南部而北部。在時間上，除了部分是在早期已經開墾之外，臺灣開墾的正式化與規模化，係於18世紀後半期，而到19世紀初期臺灣土地開發已經大致完成。

清治前期臺灣時期的農業，生產以米、蔗糖、茶、樟腦、鹽，及畜牧為主；礦業則以煤、煤油、金，及硫磺為主。生產者及商人一般皆直接在市場上與消費者進行物物交換或以貨幣、商品貨幣為媒介的買賣。

檢視清治前期臺灣的重農政策，主要可以分為三個階段：第一階段是自1683年的康熙至1735年的雍正之間的拓墾時期，這階段主要是進行大量開墾土地的粗放農作物種植；第二階段是1736年的乾隆經嘉慶至1850年的道光末期，這階段土地開發已屬少數的表現在米、糖、茶等經濟作物的農業精耕細作；第三階段是1851年的咸豐經同治至1895年光緒將臺灣割讓給日本殖民帝國主義為止，這階段是西方殖民資本主義列強的侵略，臺灣已淪為是半殖民地狀態，產業結構也配合政府的開放政策逐漸由農業轉為發展工業的雛形。

傳統中國社會的功能組織與結構，本質上就比較不易發展商業資本主

義。在明清帝國以前，社會就已有很明顯的「重農抑商」現象，但是臺灣在
17 世紀以前，以村落共同體組織為基礎的本地社會，並非是單純的自給自
足社會，許多日常生活必需品依賴從對岸的中國大陸進口，同時臺灣也向大
陸出口各種農產品，特別是米。

三、宗族組織與民間分類械鬥

皇權體制下的民間團體，通常都是聯誼性質。臺灣民間分類械鬥，主要
起因於狹隘村落組織的地區觀念所形成開墾地和水源使用權的紛爭。

政府無法有效阻止或放縱民間械鬥的發生，除了是文武官員不和、吏治
不良的原因之外，亦有部分因素源於清政府刻意採取「防臺而理臺」的一種
嵌制策略，形塑臺灣大陸化長達 200 年的原因之一。

臺灣民間械鬥的結果，不僅是族群紛爭，其鄉里或姓氏不同者也都捲
入，導致為私利而械鬥，並造成民變迭起的社會失序現象。所謂「三年一小
反，五年一大反」，而有案可稽的民變及分類械鬥，從 1721 年（康熙 60
年）起至 1894 年（光緒 20 年）的 173 年間，就有 60 次，全部次數乃至百
餘次之多，直至日本殖民統治臺灣，臺灣族群問題才在軍事高壓統治下，轉
變成臺灣人對抗日本人的民族運動。

臺灣社會發生民變的對清政府抗爭事件，最先是以反清復明及宗教的因
素居多。這階段的抗爭皆缺少組織與計劃的行動，後期因有天地會的出現，
臺灣住民才進入比較嚴謹有規模組織的抗爭階段。至於，以經濟議題的抗爭
則發生在政府取締私煎樟腦、納穀換銀，以及土地清丈等事件為主。

民間械鬥與社會抗爭事件的層出不窮，充分反映了皇權體制受到現存農
業階級結構和政治制度的挑戰，亦凸顯臺灣經濟自主性及與清政府極力將臺
灣大陸化，其間矛盾所衍生的不斷衝突，導致發生官逼民反的事件。

四、近代工業發端與產業調整

　　1683 年到 1860 年的 177 年間，臺灣農作的生產方法與工具仍是千百年農業生產的舊習，商業也限於趕集及流動小販往來，人民的生活習慣未受到新時代所帶來的好處。

　　臺灣產業結構明顯改變，和生產技術的大幅提升，其關鍵肇始於 1860 年（咸豐 10 年）英法聯軍打敗大清國之後，大清政府推行自強新政的近代化工業，臺灣重農思想的產業政策才有生產技術的調整契機。

　　特別是，臺灣豐饒的茶、糖、樟腦等農業產品，除了當時臺灣已具備相當規模的社會經濟基礎，及逐漸存在擁有商品交易實力的資本家，從內部支撐產業調整的力量之外；臺灣是海島，住民的民智普遍早開於，也是促成改進生產技術現代化的動力。

　　近代中國的工業化運動是在一個經濟發展水平相當落後的傳統社會中興起的，長期的積弱積貧，造成產業調整階段的初始資金來源十分困難，成為制約工業化的瓶頸之一。

五、清治前期臺灣發展邊陲化

　　清治前期皇權體制消極統治臺灣移民社會的形成，雖然在〈禁臺治令〉下，但仍因禁弛政策不定，隨著清治前期移往臺灣居住民眾人數的增多，乃至於規模化。臺灣已隱然形成是一個移民社會，卻也埋下日後族群和統獨意識的爭議。

　　清治臺灣前期政府對文化教育的推動，最早可以溯自 1683 年（康熙 22 年），靖海侯施琅所設於府城（即今臺南）的「西定坊書院」。其後二十餘年，在臺灣府治及其近郊續有增建，截至 1860 年左右，已設立有近 20 所書院。皇權體制的教育政策是在臺灣設校，分別有府縣儒學、書院、義學、社學、土番社學、民學六種。府縣儒學為官立最高學府，是為行政機關，而非學校；書院設於省城府縣及各地，為臺灣文運中心；義學是由官方或鄉紳富

戶設立，延師教導閭里子弟；社學為士子結社敬業樂群之所；土番社學為專教番人之學校；民學為私學，普設民間。

同時，清政府再透過科舉制度獎勵優秀學子進入官僚體系，形塑其在臺灣社會中的名望與地位。但大清國皇權體制的刻意強調士為四民之首，而商人居末的「重文抑商」政策，導致不利於臺灣經濟發展，形塑清治前期臺灣發展的邊陲化。

第六章
移墾體制與清治後期政經思想
(1860-1895)

只是扮演一個經濟學者的人，不會是一位好的經濟學者 (One who is
only an economist cannot be a good economist)。

海耶克 (F. A. Hayek, 1899-1992)

一、臺灣與國際體系的再接軌

1760 年代，英國工業革命發軔於以棉工業為起點，並改變了生產方式
與生產結構。1830 年代，主要產業部門則以機械制方式來大量生產，有助
於自由貿易體制與世界市場的形成，但亞洲、中南美洲等國家則開始受到不
平等的待遇，這是 19 世紀中葉臺灣處境的寫照。

19 世紀初，英國到了紡織業興盛時，也因為政府的干預太多，為地主
所把持的議會為了庇護英國的農業經營，遂徵收很高的保護性關稅。此即
《穀物法》，因而威脅到英國出口的實際影響。

世界上尚未實現工業化的其他地區，由於英國的保護政策而無法出售它
的農產品，又如何來購買只有英國才能夠提供的工業產品？所以，曼徹斯特
商界成為反對整個地主所有制，尤其發動抵制《穀物法》，是 1838 年到
1846 年間「反穀物法同盟」的大本營。

《穀物法》的實施，首先遭受衝擊的產業是貿易活動，曼徹斯特商界因
而聯合以紡織業為中心，形成一股自由開明思潮，要求政治和經濟的自由

化。所以，發生在 1789 到 1848 年間的法國政治革命和英國產業革命的「雙元革命」。

檢視當時臺灣生產技術的社會基礎，正如英國「曼徹斯特自由開明主義」亦有機會扮演如 19 世紀資本主義精神的典型體現者，可惜接著臺灣被迫接受日本殖民政經體制的統治，就未能有機會如西方國家順利發展資本主義市場經濟。

清治臺灣前期透過郊商形塑大清國成為臺灣唯一的貿易對象，但是 1860 年臺灣被迫對外開港通商，英美國家與臺灣的貿易來往頻繁之後，英美資本可以不理會臺灣同業公會的牽制而自由通商，於是以前臺灣對岸的泉州、漳州的商行以舢板船(junk, 或直譯戎客船)經營的商業，全為以汽船經商的英美商人所宰制。

由華商(含臺灣與大陸資本)所擁有的資本，雖在經濟民族主義的英美資本壓榨下還得以生存，但隨著大清國出口的衰退和外國貿易的大量進入，導致臺灣與大清國的經濟貿易關係逐漸淡化。

臺灣的開口通商除了導致臺灣北部茶葉與南部砂糖業的興起之外，樟腦與金礦的生產規模與經營之所以不如茶糖，主要受制於政府專賣，民間企業經營的空間受到極大限制，儘管如此仍創造了臺灣經濟發展的活力。清治臺灣後期的企業經營亦明顯因與外商的貿易，逐漸促使 19 世紀中葉臺灣經濟發展的在地化與國際化。

臺灣商業資本有比較明顯的發展，一直要到清治臺灣後期企業經營開始與金融業的密切結合，藉由有組織的企業展開對外貿易，特別是 1858 年先後透過香港的怡和洋行、寶順洋行等多家國際企業的加入。當英美資本陸續進入臺灣市場之際，外國商館與本地商人之間，逐漸形成仲介的買辦關係。

由於買辦熟悉與掌握當地的風俗習性及商情資訊，有利於外國商人的企業經營，成為英美資本在清政府與企業之間的重要橋樑。製茶業的媽振館既非單純的茶商，亦非僅是一般中間商，其身分介於洋行與茶商之間，不但接受製茶的委託與販賣，同時將製茶作為抵押品，進行通融資金的交易。

當時製茶資金的主要來源是匯豐銀行，尤其提供資金給洋行，洋行貸款

給媽振館，媽振館再供應資金給茶館，最後轉借於生產者。媽振館的角色不僅做融資，還將茶葉透過洋行外銷。也因為外商競相收購粗茶，刺激臺灣茶葉價格上漲，誘使農民擴大種植規模，以因應外商出口需求而賺取外匯。

洋行的主要業務範圍包括了：經營外貿，代理外商銷售和購買貨物；承保、代繳外商的出入口稅；授權管制外商，如外商與當地人民交結、或出外滋事，概唯洋行是問；負責經辦清政府與外商一切聯繫事宜。

臺灣茶葉的行銷通路到了 1872 年在臺從事出口貿易的外商更有德記洋行、水路洋行，以及和記洋行等多家公司的加入市場競爭，其中影響出口的最大宗項目就是茶葉、砂糖及樟腦的輸出。

外國商業資本活絡於臺灣資本市場，其增加速度尤其以 1860 年臺灣正式對外開港以後最為顯著。英美資本直接通航通商的結果，導致臺灣企業活動與國際貿易起了結構性的變化，即本地資本勢力逐漸疏離了臺灣一直與大陸緊密的貿易關係。

臺灣資本市場一方面雖受制於外商資本，但是由於進入臺灣的外商資本，其本質上僅是一般商業資本，並非產業資本。商業資本比較不容易深入整個生產過程，而只是要求直接與島內生產者交易，尚不至於影響本地既有的商業活動。

因此，外商資本的不斷流入增加，相對地累積了臺灣本地資本的成長。19 世紀和 20 世紀初的資本主義和帝國主義是一體的兩面。1860 年，清治臺灣後期的被迫開港，讓臺灣得以繼荷蘭東印度公司之後，再一次機會與國際體系接軌。

二、沈葆楨擘劃撫番開山並進

清治的後期沈葆楨先後來臺兩次。第一次於 1874 年(清同治 13 年)5 月來臺，停留時間很短，1875 年 1 月即內渡。嗣因獅頭社原住民作亂，日本派兵攻打臺灣的原住民部落牡丹社；3 月，他再度被調派來臺；4 月，他被任命福建船政大臣，以欽差大臣、辦理臺灣海防兼理各國事務大臣；7 月，

再度離臺，總計停留在臺灣的時間只有 1 年又 1 個半月。

沈葆楨福建侯官人，他是以禁菸聞名林則徐的外孫，臺灣四大家族板橋林家的林維讓，其孫女林慕安即是沈葆楨的媳婦，這是林則徐、沈葆楨等清治後期歷史性代表人物與臺灣對外發展所建立起的關係。

1875 年，大清政府接受沈葆楨的建議，廢除內地人民渡臺的禁令。這是臺灣對外關係繼 1858 年《天津條約》對外國人開放以來，有利於臺灣對外關係與經濟開發的一件重大國際關係。

沈葆楨治理臺灣期間，是擘劃撫番與開山並進政策的靈魂人物，他認為臺灣的治理「欲開山而不先撫番，則開山無從下手；欲撫番而不先開山，則撫番仍屬空談。」

在移墾政策上，除了開放民間買賣鐵、竹器類產品之外，並於廈門、汕頭及香港設「招墾局」，政府提供船費、口糧、耕牛、種仔等，招募閩粵居民來臺墾殖，板橋林維讓的配合屯墾，造就了林家以大地主身分崛起的契機，林維讓家族、沈葆楨家族的建立親戚關係，讓臺灣與福建之間的距離更近了。

沈葆楨來臺積極進行含有濃厚武裝殖民的撫番與開山並進政策，不僅開路的工作由軍隊擔任，即日後的招墾工作亦是採取以武力保護的方式來進行。北路由蘇澳至花蓮先後由臺灣道夏獻綸、提督羅大春負責。南路自赤山到卑南則為同知袁聞柝、總兵吳其光進行。

特別是著眼於交通和軍事考量的中路，派總兵吳光亮率軍隊於 1875 年(光緒元年)開闢橫貫臺灣東、西部的中路，從林圮埔(竹山)、鳳凰山、東埔、八通關，越秀姑巒山，向東到山後花蓮璞石閣(玉里)，打通了前山和後山的路線，即所謂的「八通關古道」。

在撫番開山並進中，沿途築設堡碉，派屯營哨，安撫良番，平服凶逆，募民隨往墾耕。沈葆楨還訂定開山後應辦者有十四事，即屯兵衛、刊林木、焚草萊、通水道、定壤則、招墾戶、給牛種、立材堡、設隘碉、置官吏、建城郭、設郵驛、置廨署；撫番時須並行者十一則，即選土目、查番戶、定番業、通語言、禁仇殺、教耕稼、修道途、給鹽茶、易冠服、設番學、變風

俗。

　　可惜沈葆楨的任期不長，但在這不到兩年的時間裡，他擘畫撫番開山並進政策實施的成效已具顯著規模。

三、臺灣建省與劉銘傳的新政

　　1885 年，臺灣建省以後，劉銘傳在臺灣接事，隨即著手行政區的新設與調整職官，改福建巡撫為臺灣巡撫，兼理提督學政，設巡撫衙門於臺北，並新設臺灣布政使，統籌省內兵餉、稅務、土地田畝及各省協餉事；增設臺灣知府、臺灣縣知縣、雲林縣知縣、苗栗縣知縣、臺東直隸州知州等；調整臺灣總兵官、澎湖總兵官及臺灣道的相關職權。

　　劉銘傳所實施的新政，希望「以一隅之施，為全國之範」，將「臺賊多自內生，鮮由外至」的臺灣兵備方針改為以外備為重。然而，該階段的行政組織變革，主要為因應外力環境所逼，讓他的政策無法延續，故在其有限的10 多年時間裡，成果未能完全展現。

　　1886 年，劉銘傳為增加耕種面積與農業生產量，設立全臺撫墾局，直接隸屬巡撫督導，並以林維源為全臺撫墾大臣，襄助劉氏。主要職責是配合防番專設的屯隘，及剿番的營汛兵勇，做綏撫生番的善後工作，但是臺灣的原住民族並不是一但歸化，即永遠歸化。

　　1890 年(清光緒 16 年)，劉銘傳的廢止《樟腦專賣法》，但樟腦產量最高曾佔全球 70%，與茶葉、蔗糖同列「臺灣三寶」，當時所有樟木管制，製作樟腦必須取得腦丁證，還採用可以替代兵役的措施。

　　劉銘傳的新政是在一個經濟發展條件不是很理想的環境下展開的，大清帝國的長期積弱與財政貧乏，導致新政啟動階段資金的取得來源十分困難，成為制約臺灣近代化的一個大瓶頸。

　　大清政府在推動自強新政的近代工業化策略中提出官辦、官督商辦、官商合辦或商辦等企業的經營模式。但傳統中國畢竟是個以官為本的國家，在西風東漸之初的接觸洋務，沒有官股本的資本結構是很難推展，純依賴民間

商人的資本力量還是太小，但光靠官辦也難成，不易解決官僚體系的行政效率問題。所以，不得不在代表政府權力的領導下，官方也入股，結合以商為主體的經營模式。

大清帝國最早實施的官督商辦方案，是李鴻章接受盛宣懷建議而成立的輪船招商局，以從原先被洋行獨佔的船運市場中分出一些資金來，招商局透過官方的力量把漕運的生意攬回來。除了輪船招商局之外，陸續成立的企業包括電報事業、中國通商銀行，和中國第一個近代鋼鐵企業漢冶萍公司。

這些企業在資本結構與企業經營型態上，不論是由原先官辦、官商合辦、商辦或官督商辦，其目的都是將市場利益直接置於官權的控制之下，並且利用民間資本的力量為企業及其主持者牟利，導致出現「挾官以凌商，挾商以蒙官」的官商共生關係。

清治臺灣後期政府的為推動臺灣近代化發展，1886 年劉銘傳在臺北設立商務局，促進臺灣與香港、上海和南洋的通航和通商，並在新加坡設立招商局和輪船公司，向華僑招募商股；而且透過官腦總局、礦務總局，贊助商人向德國購買先進的機器。

劉銘傳推動臺灣近代化所採行的官僚資本主義，即是早期許多先進國家所採取國家資本主義(state-capitalism)市場經濟的發展模式，是一種公私營交互投資的官督商辦企業的組織型態。

劉銘傳推動的新政還包括發展電報、電力，裝置電燈建設臺北市街，特別是為建構臺灣的交通路線，採用海外招商募股方式，聘請技師技術督導，興建臺北到基隆的鐵路幹線，是第一條原由商辦企業後改制官辦企業的鐵路。

當時臺灣商務局募集股金購買「駕時」、「斯美」的這兩艘船隻時，是由板橋林家的林維源，與盛宣懷所主持官股的合資經營，林維源兒子林爾嘉不但曾受聘清政府度支部(財政部)審議員，更參與盛宣懷籌辦的大清銀行。

另外，林家的林維讓的孫子林熊徵則投資盛宣懷主持的漢冶萍公司，還成為盛宣懷的女婿，如此官府與民間企業的交叉持股模式，更加凸顯了臺灣近代化發展中複雜的政商關係。

劉銘傳在興建鐵路，第一段從大稻埕到松山的鐵路在兩年後通車，臺北到基隆的鐵路也順利在 1891 年完工通車。加上臺灣北部的貿易總額已逐漸超越南部，也促使清治後期臺灣政經發展的重心已由南部移至北部。

然而，清治臺灣後期的鐵路經營雖然由私營，後因商家以耗費過鉅、回收利潤遙遙無期而不願意繼續投資，終致改為官營，且因鐵路工程品質粗造，經營效能不彰，但對臺灣近代化發展卻具有火車頭的作用。

1892 年(清光緒 18 年)，邵友濂雖將鐵路修至新竹，但他是一位弱勢巡撫，無法有效的統御派駐臺灣軍隊，與管理由私人經營硝磺、樟腦、金砂、鹽灘等企業。隔年，邵友濂調任，改由唐景崧接替，唐景崧委任胡傳(胡適的父親)代理臺東州直隸知州(縣長)，兼統鎮海後軍各營屯，隘勇守護新舊墾戶，然當時臺灣的政經社會已嚴重呈現疲態狀況。

四、臺灣民主國的成立與幻滅

1895 年 3 月，清政府詔令北洋大臣李鴻章為全權大使，與日本總理大臣伊藤博文議和，割讓臺灣；5 月，丘逢甲倡議成立臺灣民主國，推舉巡撫唐景崧為大總統。

臺灣住民在內外情勢無依無靠的絕望情境下，不得不以「全臺紳民」的名義對外發表「臺灣民主國獨立宣言」。1895 年 5 月 25 日，並由唐景崧於就任總統並發表文告，年號「永清」，國旗圖樣是藍地黃虎，首都定在臺北。

但從「獨立宣言」和總統就任文告的內容中，竟然明白否定其獨立的本意。臺灣民主國建國的目的，在於阻止日本對臺灣的佔領，建國只是抗日的一種手段，這些主政人士考慮的獨立，並非真正的臺灣獨立，只不過是大清國的屬國思維。

在這段期間，臺灣同時存在著兩個國家的政權和市場利益的武裝抗爭。結果，臺灣民主國被日本的臺灣總督府指揮下的軍隊所消滅，對臺灣政經社文發展產生了重大的遽變與深遠的影響。

　　1895 年，清廷甲午戰敗割讓臺灣，丘逢甲不願當亡國奴，與巡撫唐景崧共創臺灣民主國，擔任副總統，統領義軍抵抗日軍，戰鬥到 6 月 5 日，才因義軍防線全面崩潰而逃亡大陸。1895 年 11 月，臺灣民主國在劉永福棄守離臺而告終。

　　臺灣出現部分認同大陸的地方精英，便陸續返回他們在東南沿岸的老家，留下來的人士則各自在其家鄉進行零星式抗日游擊戰鬥，直到 1902 年以後才平息下來。

　　臺灣民主國惟僅 13 日即告瓦解，臺灣淪為日本殖民地，結束長達 212 年清治臺灣前期皇權和後期移墾政經體制的在臺灣實施。曾擔任臺灣民主國副總統的丘逢甲，終其一生仍以收復臺灣為職志。1912 年 2 月 25 日，丘逢甲病逝廣州，還遺言「葬須南向，吾不忘臺灣也。」

　　丘逢甲的後人一樣心念臺灣，其子伯琮，即號「念臺」。二戰抗日期間組織「東區服務隊」支援作戰。1945 年，臺灣光復之後曾擔任中國國民黨臺灣省黨部主任委員。

五、清治後期臺灣發展定著化

　　從世界體系與資本主義市場利益，來檢視清治後期的積極治理臺灣。1840 年，清政府溯自鴉片戰爭後，不斷地面臨與列強國家的經濟交涉，以對抗國際經濟民族主義，正如沈葆楨說臺地向稱饒沃，久為異族所垂涎，今雖外患暫平，旁人仍眈眈相視。

　　從 1879 年(光緒 5 年)至 1895 年(光緒 21 年)的 16 年間，先後歸順和討伐的有水沙連社、東勢角社、南澳社、老狗社、大嵙崁社、呂家望社、牡丹社、率芒社等。但沈葆楨之後的臺灣經營受限於大清財力不足，又因接任的王凱泰、丁日昌、吳贊誠等巡臺的先後罹病去世，導致對臺灣的經略受到影響。

　　清治後期促使臺灣加速定著化的措施，除了是清政府的推動文化教育和對科舉制度的重視之外，主要是特別依賴臺灣新興起的中小企業組織與發

展，和經理人因已能逐漸脫離大清政府移墾政策的保護與制約而獨立營運，並為創造自身企業利潤而密切與世界政經體系的接軌，才得於在不斷地成長的走向私人企業的自主與社會的定著化。

回溯臺灣自東寧政權(1662-1683)建立漢人政權以來，在移民開墾過程中社會的族群問題，則不單僅是存在於早期原住民族與漢族，乃至於清治時期(1683-1895)的滿族、日治時期(1895-1945)的大和民族之間，彼此都還發生族群衝突和文化差異現象，這很難單從傾向文化主義的「德育教化」，和傾向民族主義、帝國主義或殖民主義的「國家剝削」(state predatory)來處理的議題。

在政經上弱國難以維護獨立自主的身分，但在文化上弱國並不必然完全喪失其主體性。相形之下，日本殖民主義帶來的傷害較諸帝國主義還嚴重。殖民主義者不僅在政經統治上直接支配，在文化上亦展開脫胎換骨的「連根拔起」破壞，終致使殖民地人民喪失其固有的歷史記憶與文化傳統，我們可以從下一章日本軍國主義的實施殖民體制中充分得到印證。

檢視臺灣所謂生番、熟番與漢人之間的差異，固然不是與日本軍國主義的殖民文化主義模式所設想的相同，但在中華文化上所存在的相對差異，擁有政經權力的國家機關仍會是運用制度與法規等，來強壓人民以凸顯該期間所呈現所代表的差異性。

清政府統治臺灣的時間長達 212 年，很難不維持原住民、滿人與漢人之間的族群和諧和認同，但清治臺灣後期原住民不論接受漢化的程度有多深，對於漢族移民墾殖在臺灣發展的已經出現很明顯定著化型態的社會現象。

第七章
軍國體制與日治時期政經思想
(1895 -1945)

> 需求與供給就好像剪刀的兩把柄，或是把雙刃劍，缺一不可。
>
> 馬夏爾(Alfred Marshall, 1842-1924)

一、帝國主義的國家軍事體制

19 世紀的最後 25 年，以英國為核心的國際政經體系遭遇到極大的轉折點，亦即 1873 年開始到 1896 年才結束的「經濟蕭條」(economic depression)。在此經濟蕭條的過程中，國際市場的中心從英國開始轉向德國、法國、美國等國家；產業結構亦由輕工業轉換到重工業，也開啟了另一個新時代帝國主義（imperialism）的霸權戰爭。

帝國主義（imperialism）是一種政治主張或實踐，是一個國家通過奪取其他國家的領土和奴役其人民所建立的經濟及政治霸權。它是一個團體對另外一個團體侵略的統治支配。侵略是一種人類深沉的內在驅動力，人類當然也有其他更精緻的情感，如博愛的衝動、團結的理想，和良性統治的夢想。

但是這些都是高貴的理想，有時候就連宗教家都只能歌頌，而不能期待每個人都能做得到，唯有政治權威刻意設立的規定，不僅約束自己不從事侵略性行為，並禁止所屬團體如此做，這種驅動力才能受到有效地克制。

帝國主義可能衍生殖民主義(colonialism)、軍國主義、法西斯主義等程度不同的政經型態。1918 年，德國首相比洛(Bernhard Heinrich Karl Martin von Bülow, 1849-1929)在其一篇〈鐵鎚或鐵砧〉(hammer or anvil)的演說中指出，我們不能讓別的國家認為「你們還能做什麼」，世界體系的政經利益已經被瓜分完畢。關鍵不是在我們想不想殖民，而是我們必須要殖民。這種論調凸顯強國是鐵鎚的侵略角色，而弱國不幸必須被淪為鐵砧的「弱肉強食」淒慘下場。

「殖民地」一詞在使用之初，開始並沒有任何負面的藐視意涵。在古代僅是代表一群人進駐至遠方的一個居留地，如迦太基至腓尼基的居留(殖民)地，或希臘人在義大利的居留(殖民)地，乃至閩粵人在臺灣的居留(殖民)地。

但是，正如現在我們所知道的，當一群人進駐另外一個地方後，必定會發生某種程度的競爭、磨合，甚至於取而代之的結果。取而代之的過程則不可能完全和平方式的解決衝突與協商。至少就受害者的角度而論，過程上必定在手段、道德上會產生被剝奪、被侵占的缺憾。

因此，到外地居留的殖民主義體系顯然無法得到好的評價。在近代，我們將殖民主義擴張解釋為「任何經濟上或政治上依存的情況」。不論最後是否發生人口，或政經利益的取代，只要有依存關係的發生，其過程便可稱之為「殖民主義」。因而給「殖民」字眼帶來無限貶損的意涵。

特別是現代許多人強烈在批判外國或西方對世界體系的統治支配時，通常改用「殖民主義」，而不再使用舊的「帝國主義」一詞，加深「殖民主義」聽起來的讓人感覺難過，其所作所為產生的後果更令人不堪忍受。

「殖民主義」已夠令人厭惡，「軍國主義」的比之於「殖民主義」則更有過之而不及。「軍國主義」強調軍事武力戰爭的必要性，把國家完全置於軍事控制之下，一切為了侵略擴張政經利益的黷武思想和行為。

1868 年，日本明治天皇發表《五條御誓文》，開始建設原本國力孱弱的日本，乃至於明治維新時期實施「殖產興業」、「文化開明」和「富國強兵」政策的獲致成功之後，日本儼然成為以東方的西洋自居。

維新成功之後的日本，更發展出所謂「國權皇張」、「脫亞論」的論調，其在政經體制上學習德國的君主立憲，經濟發展上的工業化，和國防軍

事武力上的更新，終致社會在短短二、三十年間凝聚國族意識的團結，彰顯其已具備足以抗衡西方的國力。

日本由於受到西方殖民主義的影響，亦高唱軍國主義體制主張，開始對亞洲其他國家發動軍國主義的侵略戰爭。當時日本軍國主義主要選定擴張殖民地的目標，就是大清國，及其統治下的臺灣與朝鮮。此即是典型「軍國主義」的軍事侵略與政經統治思想的意識型態。

1905 年，當日俄戰爭結束後，美國為了自己國家利益，美國總統老羅斯福（Theodore Roosevelt Jr., 1858-1919）把戰敗國俄國在東北的利益交給了日本！1914-1918 爆發第一次世界大戰，儘管中國派了幾十萬軍伕到歐洲戰場，卻在美國的國際政經利益競逐遊戲中，美國總統威爾遜(Thomas Woodrow Wilson, 1856-1924)居然將德國在中國山東的權益轉交予日本，而非歸還給戰勝國之一的中國！美國上述做法，這無疑是給當時日本的軍國主義體制打了強心劑。

二、大正民主思潮與臺灣請願

16 世紀後半葉以前，日本還是完全被一個皇帝體制所統治的封建國家。1603 年，日本歷史上第三個，也是最後一個幕府——德川幕府建立於江戶(今東京)。

幕府體制是由中央幕府和 267 個地方藩進行統治，日本天皇只處理原則性的政事，而非日常事務。在這樣的幕府體制之下，1688 年至 1703 年的元祿年代，出現了經濟、文化的繁榮，但是進入 19 世紀之後，日本仍難逃面對歐美帝國主義殖民者威脅的與日俱增。

江戶時期的對外關係思維，要求基督徒踩基督聖像來證明其非基督徒，但後來仍出現被指為突破禁忌關卡的「踏繪」之舉。儘管對內治理，幕府時代的藩主在藩地內擁有絕對權利，藩主與藩主之間亦經常會有發生戰爭的情事。

1867 年至 1868 年日本發生一場政經結構性革命，幕府體制被推翻，國

家的控制權回到京都的天皇手上，終於結束了 250 年的德川(江戶)幕府時代，進入明治年代(1868-1912)。

日本明治維新之所以成功的因素，胡適指出：

> 第一，日本社會中有一個強有力的統治階級，所有改革和現代化運動的領袖都是來自這一個階級。第二，這個統治階級是有特權和高度訓練的武人世家。在社會上造成一種「尚武」」的風氣，這種「尚武」的風氣是其他東方國家所欠缺，而也正是抵禦西方列強侵略所必須的精神。第三，一千年來日本奇特的政治發展，已經為一個新的政治架構提供了穩固的基礎，這個基礎是變革中的一個穩定的中心力量。[1]

1895 年至 1945 年，日本在臺灣長達 50 年的統治期間，其軍國主義體制依歷任總督的統治，持有軍職的總督武官一共 10 位，超過總數的二分之一，而且合計執政的時間有 28 年，也超過日本在臺 50 年的一半，是軍國主義體制統治臺灣的徹底實施。

1914 年至 1918 年，第一次世界大戰中，美國已從市場轉向的國際體系取得獨霸優勢。在戰爭即將結束的盛行，和平應在人類有力的組織下建立，強調國際聯盟(League of nations)的構想，沒有任何一個國家，得伸展及於他國；也不容一個強權可以控制大陸和海洋。同時，主張軍備武器限制，為了保證將來和平，免除仇恨，此次大戰結束條款，不當提及任何一方的權益，應是「沒有勝利者的和平」。

1918 年 1 月 8 日，美國總統威爾遜在國會的講演中提出〈十四項原則〉，包含取消秘密條約、建立海洋自由、解除國際經濟禁制、削減軍備、公平調整殖民需要、保障弱小民族自主等等。

1920 年代，殖民地時期臺灣赴日留學生蔣渭水、林獻堂等人，受到當

---

[1] 周質平，《胡適叢論》，〈胡適筆下的日本〉，(臺北：三民，1992 年 7 月)，頁 71。

年孫中山發動辛亥革命和五四運動、日本奉行民本主義、美國總統威爾遜提
出民族自覺、共產國際成立等多元思潮的影響，終致匯成一股臺灣民主自
覺、非武裝抗日思想的風起雲湧時代。

　　在殖民地的臺灣也由於深受日本民主思潮與國會政黨政治的影響，開始
有了臺灣設置議會和新文化運動的形成。這主要從林獻堂在東京開始主張以
撤廢《六三法》為目標的組成「啟發會」，之後改名「新民會」。

　　1920 年，「新民會」與「臺灣青年會」於東京共同刊行機關雜誌《臺
灣青年》，來支持《六三法》的撤廢運動，以及後來逐漸形成與發展的臺灣
議會設置請願運動。

　　從 1921 年的開始，一直連續到 1934 年為止，臺灣議會設置運動每年連
續不斷的向日本帝國議會提出臺灣議會設置請願書，總計 15 次，簽名人數
高達 18,528 人。雖然該請願運動自肇始以來，即屢以遭受到「不列入議
程」、「不接受審理」或「審議不通過」為由的日本國會打壓，但是運動發
起臺灣人始終不放棄，每年往返臺日之間，進行勸說、連署或遊說請託日本
議員，和官員幫忙的努力進行工作。

　　1923 年，陳逢源就曾有提出「友聯主義」(federalism)來代替「同化
論」，主張殖民地臺灣與日本要成為聯邦，前提當然是臺灣能高度自治。然
而，同年「臺灣議會期成同盟會」在臺灣的成立，被總督府斥為嚴重觸犯了
《治安警察法》的遭到強烈阻止與逮捕行動。

　　當時，蔣渭水等人是根據日本《治安警察法》，向臺北警察署提出「臺
灣議會期成同盟會」的結社申請，在遭拒之後即改在東京重新成立「臺灣議
會期成同盟會」，最終導致在臺灣的「臺灣議會期成同盟會」會員紛紛被
捕。

　　進行上訴期間，在法庭上林呈祿陳訴強調繼續設置臺灣議會的宗旨不
變；蔡式穀極力爭取「臺灣文化協會」不要被受排擠；蔡培火仍揭發官憲的
離間臺人之間情感；蔡惠如指控警察蔑視臺人人格的慷慨陳詞。

　　1925 年 2 月，法院三審宣判，蔣渭水、蔡培火兩人被判四個月刑期，
陳逢源等 5 人被判三個月，蔡式穀等 6 人各罰金百圓，韓石泉等 5 人皆無

罪，史上稱之為「治警事件」。

對照大正民主時期日本政黨內閣的成立，和透過實施《普選法》的促使眾議院轉型為承擔國政的中心，凸顯了改變之前明治時期憲法的僅視眾議院為協贊(諮詢)機關的角色與功能，日本眾議院寄望能成為有如西方民主國家的議會政治發展。

然而，日本政府為的取締當時國內日益熾烈反對日本天皇制，與私有財產制的社會激烈抗爭，並為防止勞工農民大眾的利用普選作為革命性的武器，乃宣布實施《治安維持法》。

政府雖一再聲明《治安維持法》只用於取締共產黨的組織與活動，但對於當時在日本史上所發生僅有的一些自由主義言論與和平運動，都被當局以實施該法加以彈壓，乃至後來竟成為國內法西斯主義者，利用為鎮壓迫害民主主義的工具。

日治中期設置的臺灣總督府評議會，和律令審議會的組織成員和職權，儘管主持會議者被稱為議長或會長，如果都是由總督親自擔任的話，實在很難發揮議會或國會應有立法權行使，以達到監督行政工作的目標，其功能充其量只是扮演總督諮詢的答覆意見角色。

1931 年，《臺灣新民報》舉行「模擬選舉」。1935 年，臺灣首度地方選舉行使投票權，其實都只是軍國主義政府表演的一場鬧劇罷了。1937 年 8 月，更因為隨著軍國主義政府的因應戰爭需要，開始實施戰時動員的防衛體制統治，臺灣人設置議會請願運動根本就不可能有實現的機會。

三、米糖產業相剋的政經競逐

1895 年，甲午戰爭之前，由於日本必須向臺灣購買大量的糖，為改善日本嚴重的貿易逆差，經濟因素亦成為日本佔領臺灣的理由。加上日本受到第一次世界大戰的衝擊，導致日本轉變為糧食進口國。

從 1914 年到 1920 年日本稻米的總生產量都小於總消費量，日本本土面臨稻米供需嚴重失調的窘境，因此凸顯日本必須調整殖民產業內地化的政

策，來增加稻米與蔗糖的生產數量。

對臺灣總督府而言，從日本內地移植現代製糖業臺灣來，一方面可以解除每年高達 1 千萬圓砂糖進口的外匯流出，每年還可結餘近 1 千萬圓的支應臺灣所需要的財政經費，臺灣財政才得以獨立自主。

現代製糖業的移植臺灣，儘管臺灣本地產業雖也提供了相當進步的製糖條件與技術，但在比較製糖技術的過程中，根據新式製糖廠的分糖法，蔗農雖可以取回固定比率的糖，但糖廠並不是分給蔗農砂糖現物，而是依當時的市價折算現金給付。

實施分糖法的方式下，蔗農雖然要與糖廠共同承擔糖價波動的風險，在糖價有利的時候也可以分享利潤，可是這種分糖法方式不久就因為經營糖廠的資本家，為了要榨取蔗農分享政府特惠保護下之糖價所帶來的利潤，遂以瑣碎易生糾紛為由，改以直接收購的辦法。

總督府更以設置「原料採集區」制度，在劃定的甘蔗原料產區內，以新式製糖廠為唯一的買主，賦予市場壟斷權，導致臺灣原有發展的傳統糖業生產規模慘遭吞併。

總督府為保護臺灣現代糖業發展，具體表現在資金補助、確保原料供應，及關稅優惠等三方面。適用對象僅限於日本本國資本的現代製糖業，將臺灣原有的舊式製糖業排除在外。

透過總督府的介入，保護產業在臺灣市場的獨占利潤。所謂臺灣製糖業的勃興，可說只是發展日本本土現代製糖業的一個別稱。例如 1909 年，林本源製糖株式會社強制收購土地，導致農民的強烈抗爭事件。

1911 年，現代製糖業在臺灣糖產量高達 4 億 5,000 萬斤，創下歷史最高紀錄，滿足了日本國內 80%的市場需求，充分凸顯臺灣作為日本市場的砂糖產地。

另外，日本蓬萊米的相對於移植臺灣，顯然並未受到總督府如糖業般的積極保護與照顧。總督府還透過對水權的控制，操縱臺灣農民種植稻米的利益。尤其，1920 年 9 月 1 日，嘉南大圳動工興建，總督府投入稻米增產事業的資金，幾乎完全用在灌溉排水設施上。

　　總督府在水利設施方面也展開積極建設，從官設埤圳、公共埤圳、水利組合，到認定外埤圳等四種型態的處理，充分凸顯政府對水權的控制與支配，一方面要穩固臺灣商業性農業的發展，另一方面亦有助於日本本土經濟發展。

　　這也是臺灣為何能以蓬萊米為中心擴大出口市場，終致形成米糖相剋的嚴重市場利益競爭。由於臺灣被迫從事米、糖的單一耕作生產，不但造成殖民化經濟農工部門之間的不平衡發展，就連為農業發展的米糖產品，也因配合日本本土的經濟條件，為維持日本米價的平穩而抑制臺灣稻米生產與輸入；而又為滿足日本市場對於糖製品的需求，強迫臺灣農民大量種植甘蔗。

　　質言之，殖民化米糖產業政策，除了針對糖業資本的累積，係建立以停滯的米作部門及其所致生的低米作收入為前提之外，這種農工部門之間不平等分工的經濟發展管制模式，一直嚴厲執行到 20 年代中期才產生了新的變化。

　　1925 年以後，臺灣米的生產與出口因配合日本本土需求的劇增而急速成長，臺灣蔗農要求取得與米農等同收入的壓力隨之而來，殖民政府遂陷入蔗農或因收入偏低而轉作稻米的訴之抗爭，以爭取調高收購價格及改善收購條件，導致引發了糖業危機。

　　1925 年至 1935 年的稻米生產量係在穩定中成長，產量逐年增加；而甘蔗的生產量則幾乎每年呈現非常不穩定的現象，金額也都出現很大的波動。殖民地臺灣此種米糖業發展的相剋，凸顯總督府殖民政策的受制於日本本土政經勢力消長的影響。

四、國防軍需品業與南進戰略

　　臺灣農業與工業的不均衡發展結構，隨著戰爭的爆發與延續，尤其 1931 年在中國發生了九一八戰爭之後，臺灣的經濟政策才有機會得以由「工業日本與農業臺灣」，調整為以「工業臺灣與農業南洋」為主的產業結構。

　　臺灣工業發展一直是要到被統治末期，開始有了鐵路網、公路和水力發

電等三項。另外，化學工業及金屬工業迅速在臺灣發展，尤以 1934 年日月潭發電所的第一期完工，和 1937 年的第二期完工，其電力供應對煉油、醬油、肥料等化學與鍊鋁、機械等金屬工業的影響最大。

　　戰爭期間，農、工產業結構的變動，工業產值的超越農業產值，顯示臺灣產業特別是軍需工業的發展。殖民政府依據《專賣事業法》的合併各種企業，主要提供做為支援戰爭上國防軍需品的需求。

　　1937 年，日本軍國主義發動盧溝橋戰爭以後，臺灣被要求編入日本的總體戰時體制，殖民政府援引日本本土的《臨時資金調整法》，規定金融機關的貸款必須依照政府指示投資用途，優先貸款給直接參與軍需工業有關的企業。

　　1938 年，日本政府依據《戰時總動員法》，制定生產力擴充計畫，要求臺灣應擴充工業、農業及礦業生產。為了達成擴充生產力目標，殖民政府不但在資金、勞力、物資等方面實施統制管理。殖民政府更在總督府增設企劃部，負責物資統制與配給，抑制民生產業減少生產，並以其重要設備、原料優先配給軍需產業，並由經濟警察擔負戰時經濟統制之責。

　　1942 年，太平洋戰爭爆發，日本政府更將其本土淘汰，或老舊的民間工業機械運送來臺灣設廠生產，再將成品銷售到東南亞地區，並將東南亞的工業原料轉運回到臺灣生產。

　　同時，殖民政府透過三菱、南方拓殖等大企業合併各不同產業的企業公司，展開對東南亞地區等海外資源的掠奪，並直接提供協助殖民地臺灣發展與戰爭所需要的軍事物資。

　　戰時經濟的統制策略，總督府透過「臺灣鐵工業統制會」，制定〈臺灣戰力增強企業整備要綱〉，以及成立「臺灣戰時物資團」，加緊對各項工業物資、人力、資金的統制，並集中在發展軍需工業上。

　　受到戰爭的影響，當時臺灣紙幣不足，因此殖民政府將在日本印製的紙幣大量運來臺灣，導致臺灣經濟發生嚴重的通貨膨脹現象。1945 年，更因為日本戰敗的經濟破產，促使殖民政府當年在臺灣發行的馬克、票券、保險、郵政儲金等數十種債券，亦在一夕之間變成廢紙。

五、日治時期臺灣發展殖民化

日治時期軍國主義體制的施行警察國家型態，對臺灣人而言，臺灣與日本的政治統一，以及臺灣的經濟現代化，完全是透過警察兼具平民憲兵與現代化普及者的雙重身分，既可以強迫臺灣人順從日本的殖民統治，又可以強行將臺灣經濟納入日本的資本主義系統。

然而，日本在臺灣厲行軍國體制的統治，在達成殖民化統治的過程中，為達成預期的目標，透過警察政治功能的發揮，不但形塑臺灣殖民體制的核心要素；而且，在殖民化過程軍國體制與警察關係的互動，亦同時受到國際與日本本土政經環境，和臺灣本地政社結構的制約。

日本軍國體制在臺灣實施的警察政治，除了高階警察幹部都由日本人出任的不公平現象，不僅在社會資源上進行直接的政經支配之外，更促使臺灣人從不斷對抗異國統治的過程中，高漲了臺灣人集體意識與國族認同的問題。

軍國體制的殖民化政策實施，更在社會文化上展開全面性同化工作，其目的更甚於帝國主義的殖民地剝削與掠奪，終致臺灣人喪失其固有的歷史記憶與文化傳統。

日治臺灣軍國主義的政經體制，在經濟發展或許為戰後臺灣的基礎建設累積了一些經驗。從殖民現代性結果的觀點而論，認為臺灣的經濟發展源起於日治時期，及認為日治以前的發展根源為大清帝國統治臺灣特有的傳統。

若從帝國主義殖民侵略結果的觀點而論，認為日治時期臺灣的經濟發展由日本政府與日商所完全把持，以及認為日治時期對戰後中華民國在臺灣發展的影響微乎其微。

1895 年至 1945 年，日本軍國主義統治臺灣的整整有半個世紀之久，其政經體制的實施所帶來殖民現代性結果，抑或殖民化結果所帶來的殖民地悲劇，對於當前臺灣百姓仍存在著有不同的評價，這也是政治經濟思想史上對於各歷史時期的政經發展與變遷，會有存在著不同見解的地方，亦是臺灣歷史發展接連被不同政權國家統治，其所呈現斷裂的特有現象。

第八章
黨國體制與中華民國政經思想
(1945-1987)

二次大戰後，由於外匯管制，英國人不准到美國度假，這種情形和
美國公民因為政治觀點的不同而不能到蘇聯去度假，同樣是對基本
自由的剝奪。

傅利曼(M. Friedman, 1912-2006)

一、蔣介石戡亂戒嚴的黨國體制

1931-1945 第二次世界大戰，美國總統小羅斯福（Franklin Delano
Roosevelt, 1882-1945）主導的《雅爾達密約》（Yalta Conference），竟讓同
盟國一員的中國被蒙在鼓裡，協助蘇聯接收東北，並讓外蒙古獨立。

1945 年，戰後政府接管日本殖民臺灣時期的所有政經資源，尤其是當
時已極具規模的公營企業體系，因而政府能完全掌控臺灣政治經濟的發展。
1949 年，大陸淪陷，政府遷都來臺，更直接延續國共內戰時期的戰時戡亂
政經體制。

政府在政治上為了維持內部安定及有效對抗中共，在經濟上為應付日益
嚴重的通貨膨脹及改善國際收支，遂急欲確立威權政經體制，以配合戰後臺
灣重建的需要。

在行政資源接收方面。1945 年 9 月 20 日，政府依據〈臺灣省行政長官
公署組織條例〉，臺灣省行政長官公署就是臺灣省最高行政長官。在職權範

圍內，得發布署令，並得制定臺灣省單行法規，及具對在臺之中央各機關的
指揮監督權。政府乃完全承受日本殖民政府在臺灣的管轄權與行政權，此不
但確保了政府的法源基礎與強大權力，更是政府掌控政經社會資源的重要法
令依據。

在經濟資源接收方面。1945 年 11 月，臺灣省行政長官公署成立臺灣省
接收委員會，專門負責接收日本政府所轉交的企業。1946 年 1 月，成立日
產處理委員會，專門負責接收日本在臺民間的財產。

政府將這些日產除小部分轉賣民間之外，大部分收歸國有、省有，或改
組為國營、省營，或國省合營，例如當時日本殖民政府所壟斷的鐵公路運
輸、電話電報通訊系統，及菸酒樟腦等專賣事業，均併歸國營或省營，同時
藉由銀行的公營與貿易的壟斷，政府得以完全控制臺灣較具規模的大企業及
金融貿易等相關企業的發展。

1945 年抗戰勝利至 1947 年 7 月，政府實施〈戡亂動員綱要〉的綏靖期
間，依據《臺灣省行政長官公署組織條例》，臺灣雖不依行與大陸各地同樣
的省制，而採取由中央政府所任命之行政長官掌握政府的行政、立法、司法
等大權。

由於當時中國國民黨負責臺灣省黨務工作的組織尚未完全建置完成，黨
的權力運作還是委由行政長官維持類似日治時期總督府的統治模式來推動。
1948 年 12 月 30 日，國民黨中央決議以蔣經國為主任委員，但因戡亂情勢
逆轉，蔣經國並未到職。1949 年 4 月，國民黨中央委派陳誠兼任省黨部主
任委員，集臺灣省的黨、政、軍大權於一身。

1946 年至 1948 年，戡亂動員的綏靖期間，臺灣選出縣市參議員(及其
遞補者)、省參議員(及其遞補者)、臺灣地區國民參政員、制憲國民大會臺灣
省代表、行憲國民大會臺灣省代表、臺省監察委員、臺省立法委員等以上七
種民意代表，可以分為三個等級，即縣市、省，即中央三級的民意代表機
構，代表民意行使職權。

其中在選舉過程當中，也發生執政政府介入省參議會議長選舉，致發生
黃朝琴壓迫林獻堂當選議長之情事，及國民參政員選舉廖文毅與楊肇嘉的因

無效票問題，致使楊肇嘉落選，而原本可當選的廖文毅，不得不與林茂生、杜聰明、吳鴻森、陳逸松共 5 人抽籤決定而落選，埋下日後廖文毅出走的反對國民黨政府。

1947 年 2 月 28 日，臺灣因警察查緝私菸，不幸爆發「二二八事件」，警備總司令部宣布臺北市臨時戒嚴，引發大陸人和臺灣人之間省籍和族群對立的嚴重問題。

「二二八事件」發生的遠因，可溯自 1945 年，臺灣光復前日本安藤總督所主使日本少壯派軍人及臺灣少數分子醞釀「臺灣自治」活動。近因則是當「二二八事件處理委員會」提出〈處理大綱〉。

3 月 8 日深夜，奉命來臺的整編第二十一師主力在基隆上岸，其後一個星期，暴力鎮壓，肅殺之氣，隨即展開，有不少臺籍菁英份子以及基層百姓，在這個期間喪命，乃至中部地區組成的所謂「二七部隊」武力抗爭的事件發生。

10 日，國府蔣介石主席於總理紀念周上指出，臺灣省所謂「二二八事件處理委員會」所提出的無理要求，有取消臺灣警備司令部，繳械武器由該會保管，並要求臺灣陸海軍皆由臺灣人充任，此種要求已踰越地方政治範圍，中央自不能承認，而且又有襲擊機關等不法行動相繼發生，故中央已決派軍隊赴臺，維持當地治安。[1]

17 日，國府派遣國防部長白崇禧來臺並下令「禁止濫殺，公開審判」，軍警情治單位由此收斂，許多已判死刑犯人，得以免死，判徒刑者，或減刑，或釋放。[2]5 月，因米價飛漲，學潮如排山倒海而來，「反飢餓」、「反迫害」的罷課請願運動洶湧迭起，政府宣布實施〈維持治安臨時辦法〉。

蔣介石在「二二八事件」上，初起即認定此事是共產黨的陰謀，而決心

---

[1] 陳添壽，《臺灣治安史研究——警察與政經體制的演變》，(臺北：蘭臺，2012 年 8 月)，頁 98-99。

[2] 白先勇、廖彥博，《療傷止痛：白崇禧將軍與二二八》，(臺北：時報文化，2014 年 3 月)，頁 5-7。

加以剿平的心態，恐怕與後來所採取的血腥鎮壓及清鄉有相當密切的關聯。

「二二八事件」的發生與後果，國民黨政府撤換陳儀，臺灣行政長官公署改組為臺灣省政府，改由文人魏道明接任省府委員兼主席和臺灣省警備總司令。同時，宣布結束戒嚴、結束「二二八事件」後實施的清鄉措施、廢止郵件檢查、重申新聞自由，並開始推動地方選舉。

「二二八事件」凸顯了中華民國政府對臺灣統合，在短期內的平息了抗爭。但是之後所產生的影響也導致國民意識統合的複雜化。例如 1948 年春，廖文毅與謝雪紅等人組成的「臺灣在解放同盟」。1950 年 2 月，廖文毅、邱永漢等人組成的「臺灣民主獨立黨」。1956 年，並在東京組成「臺灣共和國臨時政府」，由廖文毅就任大統領。[3]

在這權力移轉的過程中，國民黨政府順利地鞏固統治臺灣的基礎。1948 年 3 月，蔣介石、李宗仁當選為中華民國第一屆總統、副總統，但為因應反共戰爭。5 月，公布《動員戡亂時期臨時條款》和修正公布實施《戒嚴法》，這政治結構凸顯「戒嚴戡亂」與「民主憲政」體制並行的正當性。

1948 年，行憲之後，修正《戒嚴法》，將公布機關改為總統，且應於一個月內提交立法院追認，如遇立法院休會期間，應於復會時即提交追認。此外，接戰地域內軍事機關得自行審判或交法院審判之罪包括「其他特別刑法之罪者」，擴大戒嚴司令官之權，得解散集會結社及遊行請願、限制或禁止人民之宗教活動有礙治安者，對於人民罷市罷工罷課及其他罷業得禁止及強制其回復原狀。

1949 年 1 月，蔣介石在總統職位引退，但仍擔任中國國民黨總裁，總統職權由李宗仁「代行」，撤銷了〈戡亂總動員令〉，停止《戒嚴法》的實施。李宗仁對於「代行」總統曾有表示過意見，他認為依據《憲法》應是「繼任」總統，而不是「代行」總統。[4]

11 月，李宗仁稱胃病經香港轉赴美國治療，立法委員、監察委員，及

[3] 若林正丈，《戰後臺灣政治史──中華民國臺灣化的歷程》，(臺北：臺大出版中心，2014 年 3 月)，頁 49、63。

[4] 李宗仁口述，唐德剛撰寫，《李宗仁回憶錄》，(香港：南粵出版社，1986 年 3 月)，頁 604-605。

國大代表先後聯電蔣介石復行總統職權；同時，促請李氏儘速返國未果；12月，國府中樞撤退到臺北。

檢視這一段期間，臺灣的政治事件還包括：1949 年 4 月，發生於的「四六事件」，起因於 1949 年 3 月 19 日晚上，臺大學生李元勳和師院何景岳兩名學生，共乘一輛腳踏車從士林回學校時遭警員取締，雙方起爭論，執勤警員被激怒動手打了學生。

兩名學生分別回到宿舍，兩校的住校生大約 400 人集體包圍警員服務的第四分局(今大安分局)，要求分局長出面解釋，分局長不在，正好督察長趕到處理，冒稱是分局長，學生不能接受，並請督察長到臺大宿舍前面廣場，等候分局長出面，但分局長始終未出現，學生開始隔天的罷課示威。嗣經臺北市警局承諾會要求警察改善處理違規事件的態度，示威學生才散去。

29 日，臺北市許多大學生成立「學生聯盟」，以「結束內戰和平救國、爭取生存權、反飢餓反迫害」為口號遊行，晚間在臺大法學院舉行青年營火晚會。事後，臺灣省主席兼臺灣警備總司令陳誠擔心臺灣治安受到當時大陸學生與軍隊衝突的影響，於是下令清查學運主謀。

4 月 5 日晚上，警備總部派人進入臺大、師院校園逮捕學生 28 人，引發警察和軍隊與師院學生的對峙。6 日，警總下令強制逮捕學生 200 多名。8 日被捕學生有 100 多人由家長具保領回，有 19 名移送法辦。時任臺大校長傅斯年十分不滿當局未經法律程序進入校園內逮捕師生，還親自與國民黨高層交涉，甚至嚴詞警告策畫逮捕行動的彭孟緝。

為表示對該不幸事件的發生而負責，謝東閔辭去師院代理院長的職務。另，傅斯年驟世後接任臺大校長的錢思亮，在「四六事件」中未對臺大麥浪歌詠隊成員張以淮出具公文書，證明麥浪歌詠隊為校內登記有案的社團。

「四六事件」的整體事件平息過後。1950 年，政府訂定〈戡亂建國教育實施綱要〉，加強三民主義等政治課程。1952 年，規定高中以上學校都須設軍訓室，凸顯這些措施的實行與「四六事件」的發生有密切的關連。

1949 年 7 月，發生澎湖因軍方強徵學生入伍充當兵源，導致血腥鎮壓的「七一三事件」。該事件源之於山東煙臺聯合中學校長張敏之帶領 8 千多

名師生流亡到澎湖，澎湖防衛司令李振清、三十九師長韓鳳儀等人欲強徵學生入伍充當兵源。

這其中包括孫震、顏世錫等在內的山東省流亡學生，這些曾經歷澎湖「七一三事件」所導致軍方血腥鎮壓的衝突事件，對於日後曾任崇尚自由風氣的臺灣大學校長孫震，和曾任負責治安工作的警政署長顏世錫而言，都可真是一宗很特別的重要歷史經歷。

這事件又稱「山東流亡學生事件」，校長張敏之、分校校長鄒鑑和 5 位同學最後遭到槍決，另有 41 位羈押入獄，並受 9 個月的感化教育，61 人歷經酷刑，受到管訓或個別看管等不當待遇，全案株連師生 109 人，還有因而被列入黑名單者更不計其數。

「四六事件」、「七一三事件」之外，在臺北的臺灣省郵政管理局，則因為郵電改組暨郵電員工分班糾紛，引發了怠工請願的社會抗爭風潮，更加速延續國共內戰在臺灣的表面化和激烈化。

尤其是針對戰後「臺灣共產黨」從「臺共省工委會」、「臺灣民主自治同盟」，以及「重整後臺共省委會」等共產黨組織所採取的一連串破壞活動。[5]

1949 年，國民黨政府為穩定臺灣治安，展開全面性的實施戶口總普查，並自 5 月 20 日起全省宣佈戒嚴。27 日，臺灣省警備總部根據〈戒嚴令〉制定〈防止非法的集會、結社、遊行、請願、罷課、罷工、罷市、罷業等規定實施辦法〉、〈新聞、雜誌、圖書的管理辦法〉，和《動員戡亂時期懲治叛亂條例》，以遏止共產黨勢力在臺灣蔓延，也因此招致國民黨政府被批評不民主和不重視人權。

8 月，陳誠被任命管轄江蘇、浙江、福建、廣東的東南軍政長官，並決定成立臺灣防衛司令部，任命孫立人為防衛司令官。9 月，更透過改組臺灣省警備總部後的臺灣省保安司令部，派彭孟緝為司令，加強入境臺灣檢查，嚴格取締縱火的破壞社會秩序行為，舉發與肅清中共間諜，禁止與中共地區

---

[5] 郭乾輝，《臺共叛亂史》，(臺北：中國國民黨中央委員會第六組，1954 年 4 月)，頁 45-57。

的電信往來等措施。12 月，院會決議改組臺灣省政府，陳誠免兼臺灣省主
席，而任命改由吳國楨接任。

　　同時，為了徹底使臺灣免於受到國共內戰的影響，政府採取與大陸隔離
策略。臺灣省主席兼兼臺灣省警備總司令陳誠還特別採取三項措施，第一是
在大陸上的銀行，一律不准在臺灣復業，以免擾亂金融；第二是在大陸上公
私立大學，一律不准在臺灣復校，以避免學潮；第三是大陸上的報紙，除了
南京《中央日報》以外，一律不准在臺灣復刊，以避免混淆視聽。此外，從
高雄或基隆登陸的軍隊，一律按實際人數加以收編，不得帶武器上岸，以避
免影響臺灣治安。[6]

　　1950 年 3 月，蔣介石在臺北復職，重新確立領導中心，並依 1947 年，
在大陸頒行的《中華民國憲法》，執行其所賦予的權力，是主張代表全中國
的正統政權，雖然行使地區僅限於臺、澎、金、馬地區，但在政府的組織結
構及機制上，均意涵維持包括整個中國大陸的中央政府體制。

　　政府為求鞏固領導中心，和為了讓華府相信國民黨真心在臺灣推動各項
改革，根據林孝庭指出：

> 1950 年 3 月中旬，蔣介石派其親信唐縱前往美國大使館，向師樞安
> (Robert Strong)親口傳達蔣介石本人樂見更多臺籍菁英參與臺灣內部
> 的政治事務。蔣介石的正面態度，一時之間鼓舞了許多黨國體制內
> 外的臺籍菁英，也幾乎在同時，國民黨政府宣布將推動地方自治，
> 舉辦地方層級選舉，對許多外國人士而言，這個決定是臺灣最終走
> 向民主化所邁出的重要第一步。[7]

　　首先開始進行的是中國國民黨的改造工作。8 月，國民黨成立中央改造

6　陳添壽，《警察與國家發展──臺灣治安史的結構與變遷》，(臺北：蘭臺，2015 年 11 月)，頁
　254。

7　林孝庭著，黃中憲譯，《意外的國度：蔣介石、美國、與近代台灣的形塑》，(臺北：遠足，2017
　年 3 月)，頁 196。

委員會。1951 年 2 月及 4 月，分別訂定〈中國國民黨黨政關係大綱〉與
〈中國國民黨從政黨員管理辦法〉，確立「以黨領政」的黨政關係。1952
年 10 月 10 日，國民黨召開第七次全國代表大會，通過改訂的黨綱與黨章，
完成了改造工作，更確定「革命民主」的政黨屬性。

所謂「以黨領政」、「革命民主」、「黨治軍隊」、「政治化軍人」等
黨務改造作法，雖然引起外界「第三勢力」、《自由中國》雜誌等諸多強烈
的言論批評。政府仍堅持完成了中國國民黨組織的整頓與改組，同時也貫徹
執政者以黨對政、軍、警、情治，及社團等機關的黨國體制一元化領導。

黨國體制一元化領導的達成，就如同 1947 年 9 月，國民黨第六屆四中
全會通過〈統一中央黨部團部組織案〉，將「三民主義青年團」(三青團)與
國民黨黨團合併模式，和 1949 年夏，所進行整合大陸時期「中統」與「軍
統」的成立「政治行動委員會」。

1950 年 12 月，「政治行動委員會」改稱「總統府機要室資料組」，先
由唐縱主其事，後由蔣經國擔任主任。之後，政府並將原屬任務編組的「總
統府機要室資料組」，正式納歸到仿如美國的國家安全會議所設立的「國防
會議」之下，由蔣經國擔任「國防會議」副秘書長。

該會議不經立法程序，不必向國會的立法機關負責，卻掌握大權，不僅
各情治單位必須對其負責，必要時連相關部會首長亦須接受節制，被批評稱
「太上內閣」，該會之下設有「國家安全局」，負責協調並監督各情治機
關。

蔣介石黨國體制，完成黨團合一、黨外無團、黨外無黨、黨內無派的組
織系統，確立了國民黨在臺灣一黨獨大的優勢，和鞏固以蔣介石和培植蔣經
國為核心的權力控制，為順利安排蔣經國的接班。[8]

1952 年 10 月 16 日，蔣介石發表《反共抗俄基本論》，與後來出版的
《蘇俄在中國》兩本書，更系統地闡述歷年來國民黨剿共戰爭的意義，直接

---

[8] 黃克武，《胡適的頓挫——自由與威權衝撞下的政治抉擇》，(臺北：臺灣商務印書館，2021 年 8
月)，頁 291。

的因素固然為剷除共匪的叛亂，間接的因素就是反共抗俄的侵略。「反共抗俄」關係中華民國存亡，三民主義的成敗，和自由世界今後成敗的關鍵。[9]

以黨領政的黨國體制，亦凸顯在 1952 年 12 月 31 日特別成立的中國青年反共救國團，由蔣經國擔任主任。該團強制規定所有高中以上學生為當然團員，團員必須信仰三民主義、宣傳三民主義，以三民主義為中心思想，凡有背叛三民主義者以違犯團紀論處。

救國團本身擁有《幼獅通訊社》、《幼獅月刊社》、幼獅廣播公司、中國青年寫作協會，和各地的青年活動中心，舉辦各類型青年活動，加強與青年的聯繫和輔導；並且採取與國民黨各縣市黨部相平行的組織建置，來配合推動黨的工作，做為國民黨領導青年並儲備青年黨員的機構。

1954 年 3 月，發生吳國楨因在臺灣省主席兼保安司令任內，反對蔣經國主導救國團的工作，除了不給予經費資助之外，還指責該團為希特勒的法西斯集團和共產黨的共青團，導致發生了吳國楨被國民黨開除黨籍事件。蔣經國與吳國楨的意見之爭之外，還發生有臺灣火柴公司總經理王哲甫被省保安司令部逮捕事件。[10]

1955 年 5 月，孫立人以陸軍總司令因抵制蔣經國政工制度，發生陸軍步兵學校少校教官郭廷亮以匪諜案被捕，300 多位軍官被捕。經過審訊後，共有 35 位由軍事法庭起訴判刑，時任總統府參軍長的孫立人被迫辭職，並遭受軟禁 30 多年的所謂「孫立人兵變事件」。[11]

1958 年，臺灣省警備總司令部成立，接管原保安司令部等單位所負責的戒嚴、警備、出入境管理、文化檢查、郵件檢查、軍法審判等業務。除此之外，改組後的國民黨海工會、陸工會、社工會，及憲兵、外交部情報司等單位，雖各有職司，但是都必須向國安會彙報。

---

[9] 蔣中正，《蘇俄在中國——中國與俄共三十年經歷紀要》，(臺北：中央文物供應社，1956 年 12 月)，頁 304。

[10] 江南，《蔣經國傳》，(臺北：前衛，1997 年 1 月)，頁 281-282。

[11] 陶涵(Jay Taylor)著，林添貴譯，《蔣介石與現代中國的奮鬥》(下卷)，(臺北：時報文化，2010 年 3 月)，頁 553-554。

　　檢視戒嚴戡亂時期黨國體制所引發言論自由的議題，主要是胡適、雷震、殷海光等自由人士，1949 年 11 月 20 日創刊至 1960 年 9 月 1 日，被迫停刊的《自由中國》半月刊雜誌的嚴厲批評。殷海光還在 1950 年 8 月 1 日出刊的《自由中國》寫了一篇〈自由主義底蘊涵〉，為自由主義下註解。[12]

　　《自由中國》一開始是受到蔣介石支持的，立場明顯，就是支持蔣介石的反共抗俄政策，胡適擔任名譽發行人，實際發行人是雷震。

　　余英時指出：

> 《自由中國》最初是在上海辦起來的，那時候國民黨已經知道自己搞不成了，希望在危難時期跟自由主義者合作，由胡適出面辦《自由中國》，希望號召自由世界的人支援國民黨。那時候還有半壁江山，胡適一九四九年四月二十日到美國，國民黨在危難之際，覺得一黨專政不好，要找一個有利的而且是美國人相信的中國自由派人士。在這樣的情況之下，蔣介石當時是合作的。胡適當時說：我除了蔣介石這個政府以外，沒有別的政府可以支持。換句話說，他是沒有選擇餘地。[13]

　　1951 年 6 月，從發生〈政府不可誘民入罪〉社論的開始，《自由中國》為了爭取言論自由和新聞自由，發表多篇違反國家實施戡亂體制政策的文字，其中犖犖大者如 1956 年的〈祝壽專號〉、1957-1958 年的〈今日的問題〉系列社論、〈出版法修正案〉等，都引來警總等情治單位的干擾，到了 1959 年因反對蔣介石的三連任之後，關係方才破裂。[14]

　　1960 年，當蔣介石以增訂臨時條款方式，總統任期將不受《憲法》第四十七條連任一次的限制，和中央民意代表不用定期改選的延續政權時，

---

[12] 殷海光，《殷海光選集——社會政治論》，(香港：友聯出版社，1971 年)，頁 83-103。

[13] 余英時口述，李懷宇整理，《余英時談話錄》，(臺北：允晨，2021 年 11 月)，頁 169。

[14] 雷震著，林淇瀁校註，《雷震回憶錄之新黨運動白皮書》，(臺北：遠流，2003 年 9 月)，頁 34-35。

《自由中國》雜誌嚴厲批判的最終下場，是 1960 年 9 月雷震等人在警總偵訊後，及由軍事檢察官起訴，認定雷震「散播無稽謠言，打擊國軍士氣，煽惑流血暴動，蓄意製造變亂，勾通匪諜份子，從事有利於叛徒之宣傳，包庇掩護共諜」。

審判庭作出「雷震明知劉子英為匪諜而不告密舉發，處有期徒刑七年」，以及「連續以文字為有利於叛徒之宣傳，處有期徒刑七年」，被判決須合併「執行有期徒刑十年，褫奪公權七年」。《自由中國》雜誌於 12 月 20 日正式宣布停刊，雷震與李萬居、高玉樹等臺籍人士預定成立「中國民主黨」的反對黨工作也就「胎死腹中」。

雷震一案，凸顯還不光是《自由中國》的提倡民主自由，和在第三次總統選舉上與蔣介石發生重大分歧與爭論，讓執政當局最忌諱是因為雷震與臺籍人士李萬居、高玉樹等人過從甚密，積極展開籌組反對黨行動的直接威脅黨國體制所致。

另一扮演批評政府言論的雜誌是《文星雜誌》。創刊於 1957 年，1965 年因「為匪宣傳」而被查禁，至 1968 年正式走入歷史。雖然《文星》發刊詞標示的三項性質是：

> 生活的、文學的、藝術的，在這種性質的內涵之下，它是「啟發智慧並供給知識」，所謂「啟發智慧」是現代人「生活的」必要條件，它的範圍當然囊括了思想上的開明和人權上的保障，所以「思想的」討論，也自然屬於《文星》雜誌的一個主題。[15]

1964 年，臺大教授彭明敏、魏廷朝等人撰擬〈臺灣自救宣言〉，也都在戒嚴黨國體制的監控和壓制之下，也同樣有人因叛亂罪而遭到入獄的悲慘下場。1965 年，《文星雜誌》第 98 期，李敖撰寫〈我們對「國法黨限」的

---

[15] 蕭孟能，〈文星雜誌選集序言〉，收錄：蕭孟能，《文星雜誌選集》(第一冊)，(臺北：文星書店，1965 年 5 月)，頁 1-6。

嚴正表示〉一文，批評黨國體制國民黨黨官的權力濫用。

《文星雜誌》最終的為自由民主的奮鬥訴求，儘管該雜誌當初創辦人葉明勳，和社長蕭孟能，這兩大家族勢力代表與國民黨層峰的密切關係，仍難逃戒嚴時期被警總發動圍剿、被封殺、被下獄，而繼《自由中國》事件之後的相同命運。

同時期，在批判專制極權的共產主義思想與政權的新儒家，如張君勱、唐君毅、牟宗三、徐復觀等人，則利用香港還在英國的殖民保護傘，以辦《民主評論》雜誌等刊物，發表評論的文章，甚至於《中華雜誌》的胡秋原、任卓宣、鄭學稼等人也加入論戰，形成了與雷震、殷海光等代表《自由中國》，蕭孟能、李敖等代表《文星》，以及唐君毅、徐復觀等代表《民主評論》等四種各有立場的言論。

這些為推動政治民主化和自由化的言論，其相對於武裝奪權和非法組織政黨的權力運作，都只是還停留在標榜延續「五四」精神的啟蒙運動，和對「東西文化」的論戰框框，都屬於比較傾向於知識份子的爭取言論自由層次，並未能對以黨領政的黨國體制產生重大威脅。

1971 年政府除了確立臺灣警備總部負責社會治安的監控，警察是實際執行基層偵防工作的分工任務。這年 6 月，爆發了近千名大學生因釣魚島問題在街頭示威，向美日使館抗議；以及 10 間所發生中華人民共和國取代中華民國在聯合國代表權的重大事件。

檢視 1950-1970 年代，還有曾在香港出現反對共產黨統治，與反蔣介石的國民黨黨國體制，而堅持民主自由的政治人物與知識份子。亦即他們在美國和桂系李宗仁的支持下，首揭反國、共兩黨大旗，鼓吹主張「第三勢力」(The Third Force)所形成一股勢力的運動。

當時「第三勢力」之要角包括：張發奎、顧孟餘、張君勱、左舜生、李璜、張國燾、許崇智、伍憲子、李微塵、童冠賢、謝澄平等，這些人分屬民社黨、青年黨，部分為國民黨及桂系政治人物。當年他們在美國的金錢支助下，曾先後在香港成立了「自由民主大同盟」、「中國民主反共同盟」、「中華自治同盟委員會」、「大中國建國會」、「中國民主大同盟」、「中

國自由民主戰鬥同盟」等名稱大同小異的第三勢力團體。[16]

　　發生於香港的「第三勢力」運動，基本上它是美蘇兩大集團冷戰結構下的一環。1950 年 6 月 25 日，韓戰爆發，在華府為因應中共參加韓戰所帶給美國新的軍事壓力，美國政府也體認到，在蔣介石與國民黨之外，需要扶植政治上的第三勢力，作為牽制北京、領導中國大陸境內的殘存反共游擊勢力、乃至未來於中國大陸情勢轉變時，取代蔣介石或毛澤東的另一個可能選項。[17]

　　余英時指出：

> 魯斯克(Dean Rusk, 1909-1994)在韓戰的前幾天，到紐約跟胡適長談，胡適沒有記下一個字，美方的意思就是要他取代蔣〔介石〕。胡適不想做總統。後來有人訪問魯斯克，他在晚年承認這件事，說他去鼓動胡適取而代之。胡適不肯做，也做不過來，在道理上也說不過去。他不會把蔣介石的位子拿來。[18]

　　胡適雖然不願直接衝撞黨國體制，然在言論自由的角度仍然支持《文星》雜誌所標榜的宗旨。在《文星》雜誌中做積極鼓吹胡適思想的人包括毛子水、李敖、徐高阮等人。但相對於胡適對《自由中國》雜誌的態度，胡適對《文星》雜誌的態度是吝於回應。[19]

---

[16] 陳正茂，《日治及戰後初期臺灣政黨與政治團體史論(1900-1960)》，(臺北：元華文創，2020 年 3 月)，頁 250。

[17] 林孝庭，《台海 冷戰 蔣介石——1949-1988 解密檔案中消失的臺灣史》，(臺北：聯經，2015 年 7 月)，頁 76。

[18] 余英時口述，李懷宇整理，《余英時談話錄》，(臺北：允晨，2021 年 11 月)，頁 166-167。

[19] 黃克武，《胡適的頓挫：自由與威權衝撞下的政治抉擇》，(臺北：臺灣商務，2021 年 8 月)，頁 214-215。

二、計劃性自由經濟與黨國資本

　　黨國體制凸顯「計劃性自由經濟」，在戰後影響臺灣經濟既要有代表是場自由的資本主義，又能兼具有經濟計畫性功能的重建時期。最直接影響農業增產的，就是政府一直強調只許成功不許失敗的土地改革，關係國民黨政權在臺灣的穩定與發展。其實施可說是一場和平的社會及經濟革命，也是一項歷史性的大工程，共分為三個步驟：

　　第一步驟：三七五減租。1949 年，臺灣省在農復會的經濟與技術協助下，實施農地減租措施。因為，臺灣原有耕地的租率，高達年收穫量的50~70%，並有押租、預租等額外負擔，且租期多為不定期，租約亦僅是口頭約定，地主可隨時撤佃、任意加租。此種租佃制度不但導致佃農生活困苦，且阻礙增加農業生產。

　　第二步驟：土地放領。政府為實施耕者有其田的倡導與示範，將國有及省有耕地所有權陸續移轉為農民所有。放領對象首先為承租公地的現耕農，依次為雇農，及承租耕地不足之佃農等。放領地價按照該耕地正產物全年收穫總量 2.5 倍，以實物計算，由承領農戶分 10 年均等攤還，若繼續繳租 10 年，即能取得土地所有權。

　　公有地租率原為正產物的 25%，故農民每年繳納與原來租率相同的地價，10 年期滿即取得所有權，新增負擔僅田賦而已。在此措施下，計有20%的農家承購土地，放領土地占總耕地面積之比例為 8.1%左右。農民承租土地後，安心工作，努力改良耕地與生產方式，生產量大有增加。

　　第三步驟：耕者有其田。臺灣省政府在農復會技術及經費協助下，於1952 年 1 月至次年 4 月，先辦理完成全省地籍總歸戶，將同一所有權人的土地，歸入一戶名下，由一鄉而一縣以至於全省。自地籍總歸戶完成後，省政府即著手起草實施〈耕者有其田條例〉草案，立法院並於 1953 年 1 月，將該條例修正通過。條例中規定私有出租耕地，地主可以保留相當於中等水田 3 公頃或旱田 6 公頃，超過之土地一律由政府徵收，轉放給現耕農民承領。

　　而共有出租地、政府代管之耕地、祭祀公業宗教團體的出租耕地、神明
會及其他法人團體的出租耕地，除條例有特殊規定外，均強制全部徵收。政
府徵收的耕地，一律放領給現耕佃農或雇農。

　　放領地價和徵收地價相同，加算年息 4%，由承領農民於 10 年內分 20
期均等繳清。現耕農民承購地主保留耕地時，得向政府申請低利貸款。保留
地出賣時，現耕佃農有優先購買權。1953 年，實施耕者有其田之結果，計
有 28%的總戶數，或約有 16%之耕地面積受到此措施的影響。

　　當土地改革第三階段耕者有其田政策開始實施時，為避免徵收與補償地
價造成通貨膨脹，政府乃以 7 成實物土地債券及 3 成公營公司股票給付。補
償農地改革徵收金額 14 萬 4 千甲農地的地價金額，大約為 22 億元，補償地
主總額的 7 成，約 15 億 4 千萬元，以 10 年年賦的實物債券償還，其他 3
成，約 6 億 6 千萬元，則以臺灣水泥、臺灣紙業、臺灣工礦、臺灣農林等四
大公營企業公司的股份即時交付。

　　四大公司經過資產重估後的新資本額為 9 億 9 千萬元，而地主補償額的
股份 6 億 6 千萬元，只不過占 68.0%而已。剩下 3 億 1 千萬元的股份裡面，
仍有 18.6%的股份為政府持有。就企業別來看，臺灣紙業公司的 26.7%、臺
灣工礦公司的 26.4%為國家資本，這兩家公司實質上仍未完全民營化。

　　四大公營企業是接收日本人企業而組織成的企業，其中水泥與紙業這兩
家公司是由同一業務性質的所有企業組織成的。相對於此，工礦與農林這兩
家公司則是統合許多中小企業組織成的。水泥與紙業公司的撥售，意味著地
主繼承了戰前的水泥資本和製紙資本，而工礦和農林公司的出售，意味著地
主繼承了戰前日人經營的各種中小企業。

　　這四大公營企業的開放民營，不但解決了土地改革地主的補償金問題，
同時也促成臺灣傳統大地主從農業生產轉型企業經營的契機，除了糖與肥料
之外，尤其是水泥與紡織業的經營，使臺灣產業在 1950 年代開始，就奠定
了發展勞力密集產業的良好基礎。

　　臺灣政經濟發展所建立的既是有「自由經濟」，又有「計劃經濟」性質
的「計劃性自由經濟」發展模式。國家政經發展的目標，是完全掌控在政府

計劃的大原則下，才能正確地輔導整個國家社會經濟邁向妥當發展的方向，以免私人在不成熟的自由競爭下承擔過大風險或破壞經濟秩序。

同時，政府在計劃掌控下，也可以避免過分的參與而影響市場價格機能的發揮。任何國家建設計劃，絕非只是純經濟建設計劃的顧及經濟層面，應該也要將政治、社會等層面的因素考慮在內，是以這些相關層面的特質為背景與趨勢為要件。

臺灣自 1953 年至 1989 年，共實施了九期經建計劃，第十期計劃自1990 年至 1993 年，但隨著郝柏村 1990 年 6 月的組閣，復改為六年計劃(1991~96)，同時在範圍上將以往的內容擴大，包括非經濟活動在內，名稱也改為〈六年國家建設計劃〉。

「計劃性自由經濟」發展模式，亦可稱之為「中華民國特色的資本主義」發展模式。1993 年 2 月，郝柏村辭職，〈六年國家建設計劃〉亦隨之終止。連戰的接任行政院長，以及在李登輝總統執政下的強調自由經濟，計劃性經濟特質就被排除不再延續。

二戰後期，1944 年政府在中央設計局內成立「臺灣調查委員會」，並在 1945 年完成〈臺灣接管計劃綱要〉。政府依據《臺灣省行政長官公署組織條例》的成立「臺灣省接收委員會」與「日產處理委員會」，對日治政府壟斷及日資企業接收及處理結果，將其部分企業配合政府政策撥為公營，其劃歸國營、國省合營及省營的企業總計 383 個單位。

1945 年，國民政府除了提出《臺灣接管計劃綱要》之外，政府也特別擬定兩項有關經濟接管的計劃，主要針對為〈臺灣地政接管計劃〉和〈臺灣金融接管計劃〉，開始實施所謂的計劃性自由經濟。

戰後臺灣企業主要可以分為公營、黨營和民營企業等三大類型的經營模式。所謂「公營事業」，根據 1953 年〈公營事業移轉民營條例〉第二條之規定，係指：1.政府獨資經營之事業；2.各級政府合營之事業；3.依事業組織特別法之規定，由政府與人民合資經營之事業；4.依公司法之規定，由政府與人民合資經營而政府資本超過 50%以上之事業。

尤其在公營事(企)業和黨營事(企)業方面，之所以不稱「企業」，而稱

「事業」，就當時政府的考量，認為公營和黨營，不似民營之純以營利為目的，而是賦與社會民生的福利責任兩者都具有特殊的時代背景和歷史意義。也因為政府和政黨的介入企業經營，遂亦有人將戰後國民政府統治臺灣時期所實施的政經體制稱為「黨國資本主義」(KMT-State Capitalism)。

戰後政府的公營事業來源，部分是大陸遷臺企業，和國府接續日治時期殖民經濟所留下來的資產。公營事業公司的存在與經營，主要偏重在加強與公營部門投資有關的基礎設施行業，以及投資報酬率回收時間長，或是資本和技術方面民間企業無法經營者，都由政府組成的公營公司來經營。

公營事業存廢的爭議始終存在。反對公營企業者，認為企業公營必導致效率低落，成為缺乏效率的最好溫床；而贊成者則力主公營企業可濟民營企業追求私利不顧公益之失，故可提升整體經濟的福利。

公營企業發展到了 1980 年代末期，盤根錯雜的公營企業轉投資民間企業常被批評與民爭利和利益輸送的工具。為因應臺灣社會的急遽變遷。1991年，政府修正業已停擺將近 40 年的〈公營事業移轉民營條例〉，將原條文第三條：「左列公營事業應由政府經營，不得轉讓民營：1.直接涉及國防秘密之事業。2.專賣或獨占性之事業。3.大規模公用或有特定目的之事業。」的內容，修正為「公營事業業經主管機關審視情勢，認已無公營之必要者，得報由行政院核定後，轉讓民營。」臺灣的公營企業終再繼 1953 年的四大公營企業民營化後，被迫鬆綁地走向民營化。

黨營事業的經營，政黨以取得執政權力為目標，必須結黨營私從事政治經營與政黨競爭，乃至被詬病「黨庫通國庫」，引發嚴重的黨國化社會議題。黨營事業亦如公營事業民營化的進程，逐步清理黨產和停止黨營事業的經營，特別是受到社會輿論壓力的影響。

溯其根源，係 1961 年 4 月 26 日，在國民黨中常會陳誠副總裁指示，中常會為節省黨支出經費，將黨的業務如「大陸工作及其他重要業務等」、中廣、《中央日報》、中央通訊社等，「堂堂正正」改列為受政府委託辦理業務領取政府委託費。又如國防研究院，也應該改列在政府正式預算項目中。另外，為節省開支，（黨）派人出國訪問或留學，「亦可儘量運用政府之有

關機會進行」，身兼行政院長的陳誠更言「行政院自當充分予以支持也」。

關於當時國民黨內尚存在的情報組織，機密性的情報經費，須在不妨礙工作的前提下，以嚴格的辦法規範。對於運用機密情報費用以「作為個人人情之需者」，須徹底防止。關於地方黨部預算中的「民眾服務站」經費，陳誠表示應該改列在省政府社會處之預算。

臺灣實施的計劃性自由經濟，走的是介於純粹資本主義和中央計劃經濟之間的三民主義道路，略近於戰後的德國和日本模式，但整體而論臺灣產業發展的黨國化體制仍是無可避免的被美國資本主義化了。

三、蔣經國執政初期本土化政策

1949 年 12 月 20 日，《自由中國》(第一卷第三期)刊登，傅斯年在基隆市擴大紀念講詞〈蘇聯究竟是一個甚麼國家？〉指出：

> 俄國人在滿清時代還拿去我們的布里亞蒙古和新疆北邊，伊犁河下流一大塊肥沃的土地。這些都是中國本國的國境，至於藩屬在中亞的更不必說。一百年來，我們橫遭帝國主義的壓迫，領土主權不知喪失多少。英國人拿去了緬甸等，法國人拿去了安南等，日本人拿去了朝鮮等，這些都不過是中國的藩屬，並不是本土；唯有俄國人拿去的大都是本土(日本人拿去的臺灣也是本土)。[20]

傅斯年這篇講詞中，特別指出日本人拿去臺灣是中國的本土。這說法凸顯的傅斯年認為，臺灣自滿清時期是中國一部分的思維。這也可呼應當年胡適掛名《自由中國》雜誌名譽發行人，和雷震等人籌組「中國民主黨」的寄望 1950-1960 年代國民黨強調革命菁英之外，應有第二政黨存在的訴求。

---

[20] 1949 年 12 月 5 日，傅斯年在基隆市擴大紀念講詞〈蘇聯究竟是一個甚麼國家？〉，收錄：《自由中國》(第一卷第三期，1949 年 12 月 20 日出版)。參見：《傅斯年選集》(第九冊)，(臺北：文星書店，1967 年 1 月)，頁 1587。

　　另外，1964 年 9 月，臺大教授彭明敏等人撰擬〈臺灣自救運動〉宣言，以及後來《文星雜誌》激起「西化」與「傳統」的思想論戰，則偏重在民主政治的開放言論自由的主張。

　　1965 年，陳誠去世，行政院長嚴家淦派蔣經國出任國防部長。1969 年6 月，蔣經國擔任行政院副院長時重要人事權的掌控已悄然進行。到了 1972 年 5 月，蔣經國出任行政院長，國民黨的權力結構核心更逐漸轉移到蔣經國所掌控的單位上，所謂「接班人」態勢已儼然浮出檯面。

　　1968 年，柏楊(本名郭衣洞)因漫畫內容是描述大力水手與其小兒子海上落難，飄到小島，於是就發展到角逐誰統治的問題，大力水手就允諾兒子繼承。這涉及到敏感的「接班」問題，震怒了有關當局，柏楊曾因「以影射方式，攻訐政府，侮辱元首，動搖國本」入獄，關了 9 年多。

　　1969 年 6 月，李登輝被帶往警備總司令部訊問。河崎真澄根據李登輝回憶當時的情景：

> 從被帶走那時開始，每天從一大早一直持續偵訊到深夜，都非常詳細的詢問，特別是與共產黨是否有關的這件事，相同問題一再反覆地詢問。另一方面，調查官不小心說漏嘴的一句話，讓李登輝牢記在心。他說：「像你這樣的男人，除了蔣經國，不會有人想用。」當時李登輝完全不理解這句話的含意。對李登輝的偵訊約持續一個星期，最後無罪飭回。[21]

　　1971 年，李登輝在國民黨已從革命菁英結構逐漸調整技術官僚王作榮的推薦下，加入了國民黨，也開始李登輝在國民黨內一路受到當年蔣經國推動本土化政策下的培植。

　　余英時指出：

---

[21] 河崎真澄，龔昭勳譯，《李登輝秘錄》，(臺北：前衛，2021 年 7 月)，頁 142。

在一九六○年左右這一階段，國民黨的勢力還是非常穩固的。他們的人還沒有老，基本上控制了局面，臺灣人的勢力還沒有到成熟的階段。《自由中國》也只能提倡民主自由思想，保持自由主義的香火不斷。時代不成熟，臺灣的經濟起飛才剛剛開始，當時不會發生很大的變化：馬上進行自由競選。[22]

當時政府為解決大陸選出的中央民意代表日漸老化、凋零的問題，以免造成法統體制的危機。溯自 1969 年就開始舉辦增中央民意代表的補選。惟上述不論是政治性的反對運動，或是學術性的爭取言論自由空間，都只是一種「孤星式」抗爭，根本無法制衡執政當局的統治權威。

1970 年 4 月，美國臺灣獨立建國聯盟成員黃文雄與鄭自才，在紐約狙擊蔣經國失敗。1972 年 6 月，蔣經國先生出任行政院長後，新的權力組合已初步形成。在政府部門大幅增加本省閣員的比例，使臺籍人士擔任重要職務，這包括剛入黨不久李登輝擔任政務委員的負責農業政策。

1975 年 4 月 5 日，總統蔣介石過世，副總統嚴家淦繼任，但以黨領政的黨國政經體制，實際政府運作的權力機制仍掌控在當時擔任國民黨主席蔣經國的手裡。

戒嚴戡亂的黨國體制，政府面對來自美國政府壓力的要求採取臺灣優先的民主化政策，以及在美國推動臺灣獨立運動者，和國內新興團體要求改革的呼聲，國民黨政府深刻了解到本土化政策的重要性，乃修正〈動員戡亂時期臨時條款〉，以擴大名額方式來容納更多本土的地方派系人士及政治精英參與中央決策。

1975 年 8 月，由黨外人士所主持的《臺灣政論》創刊，由於主導者完全由臺灣本土政經精英組成，訴求主題已經隱約可以看出較為鮮明的「臺灣意識」。1977 年 11 月，地方選舉所引發的「中壢事件」，更誘發反對運動群眾採取體制外更激烈的抗爭活動。

---

[22] 余英時口述，李懷宇整理，《余英時談話錄》，(臺北：允晨，2021 年 11 月)，頁 176。

　　1978 年 5 月，蔣經國出任總統，繼續推動本土化政策，特別是任命李登輝擔任臺北市長。1979 年 1 月 1 日，美國與中華人民共和國建交。4 月，制定攸關臺海兩岸對中華民國的安全保障的《臺灣關係法》。9 月，《美麗島》雜誌的創刊，不但凸顯臺灣意識，並且主張改革體制的群眾激進抗爭路線，終於在同年 12 月，在高雄爆發了「美麗島事件」。

　　這時「黨外」的運動並沒有因為「美麗島事件」重要幹部被逮捕而趨式微，反而因新崛起的領導者而激進化。1980 年 2 月，發生林宅血案。4 月，高俊明等 16 人因藏匿施明德而被捕。

　　1981 年 7 月，留美學人陳文成伏屍臺大校園。1983 年，增額立委選舉時組織的「黨外選舉後援會」，在選舉後，更組成「黨外公共政策研究會」，並於 1986 年 1 月，明白表示，將在各地設置地方支部。這堪稱是實質的組黨宣言。

　　1984 年 2 月，李登輝被當時身為總統兼國民黨主席的蔣經國提名為中華民國第七任副總統候選人。10 月，發生《蔣經國傳》作者劉宜良在美國舊金山被殺的「江南事件」。11 月，全國情治機關聯合執行緝捕幫派首要份子，代號為「一清專案」的掃黑行動。12 月，主張重視基本人權的「臺灣人權促進會」成立。

　　1985 年 12 月，蔣經國更對外表示「蔣家人今後不能也不會參選總統」、「不會出現軍事政權」等涉及有關中華民國政經體制的結構性議題。1986 年 9 月 28 日，民進黨在臺北圓山飯店正式宣布成立，臺灣進入政黨競爭的時代。

　　黨國政經體制的面對改革運動，顯示了民間社會已普遍從省籍權力分配、社會利益分配，及政經發展自主化等實際政經結構性和意識型態層面，乃直接衝撞蔣經國捍衛中華民國與推動本土化策，但也展現蔣經國推動臺灣政治民主化的目標與決心。

四、經濟三化策略與社會的劇動

回顧戰後臺灣經濟發展的過程，政府與市場都曾分別扮演著不同階段的重要功能和角色。這段政經發展的歷史，溯自 1954 年 6 月，俞鴻鈞組成的財經內閣，但當時財經首長在國民黨內的層級並不高。

1958 年，陳誠組閣，嚴家淦任財政部長、楊繼曾任經濟部長，以及尹仲容以「美援會」副主任委員的參與實際工作與承擔責任，也就是臺灣經濟發展的進入所謂「尹仲容時代」。

1963 年，尹仲容過世。隨著嚴家淦組閣，起用俞國華擔任政務委員，徐柏園任中央銀行總裁及外貿會主委，李國鼎擔任「美援會」取消之後所另擴大組織的「經合會」副主任委員，並負責實際工作。1967 年，孫運璿擔任交通部長，兩年後轉任經濟部長。

孫運璿傳回憶：

> 民國三十四年(1945)十二月中，他來臺灣報到的地方，是位在和平東路、羅斯福路口台電的一棟低矮平房。在這棟平房裡，近二十年，他奉獻出他的壯年期，為臺灣經濟起飛鋪上跑道。從機電處長、總工程師、協理而後總經理，他搶修電力、規劃電力長期發展、總理規模日增的公司。[23]

如今，臺灣在廢核、核四封存的錯誤政策之下，開始遭遇必須面對停電或輪流停電的惡果，更令人懷念起那與孫運璿共同打拼的這群專業技術官員來。

1969 年，蔣經國出任行政院副院長並兼任國際經濟合作發展委員會主任委員會的職務後，他對臺灣未來出路的思維也出現劇烈的轉變，從冷戰高峰時期「反攻大陸」國策的堅決擁護角色，成為以「建設臺灣」為優先考量

---

[23] 楊艾俐，《孫運璿傳》，(臺北：天下，1989 年 9 月)，頁 52-53。

的務實領導人。

林孝庭指出：

> 持平而論，國府遷臺初期，縱使蔣經國個人偏好具有濃厚社會主義
> 色彩的計劃經濟，傾向由政府主導國家經濟發展，反對經濟自由
> 化，但他終非參與臺灣財經議題的核心人物，而美方對財經技術官
> 僚的主觀偏好，卻讓蔣內心深感不平，從其日記內容可知，他甚至
> 情緒化地遷怒與美方關係密切的中方財經官員，對這些人的言談作
> 風心生厭惡。……私下批評尹仲容「驕傲狂妄」，以及楊繼曾「得
> 意忘形，處處發表高談闊論，目中無人。」[24]

王作榮在《李國鼎先生紀念文集》的一篇懷念〈李國鼎先生在臺灣經濟
發展中的定位〉的文中指出：

> 李國鼎是一個非常有眼光、有能力，更有活力的人。……這與當年
> 他在美援會的作風一樣。當年尹仲容要壓住他而無能無力，蔣經國
> 有能力連部長本職都去掉，孫運璿則雍容大度，採取自由放任主
> 義，給你〔李國鼎〕一個無人管的編制外單位，給你一筆錢，由你
> 去玩，好讓我安心做事，不料柳竟成蔭，現在還救了臺灣經濟一
> 命。[25]

李國鼎之所以從經濟部長調任財政部長，和政務委員的原因，應與其在
財經界形成一股勢力，讓蔣經國對其有所顧忌。任治平在《這一生：我的父
親任顯群》書中提及，1958 年 1 月 13 日，任顯群獲假釋，時任考選部長的

---

[24] 林孝庭，《蔣經國的臺灣時代：中華民國與冷戰下的臺灣》，（臺北：遠足，2021 年 4 月），頁
390。

[25] 王作榮，〈李國鼎先生在臺灣經濟發展中的定位〉，收錄：《李國鼎先生紀念文集》，（臺北：李國
鼎科技發展基金會，2002 年 12 月），頁 143。

姨公陳雪屏去看守所辦理交保手續，在陪其回永康街的家，並叮嚀假釋出獄，說話行事都須小心。[26]

余英時談他岳父陳雪屏指出：

> 北平圍城的時候，他從南京派飛機到北大接教授，能出來就出來，但是當時一般的教授都不願意走，因為一家十幾個人怎麼走法？又是內戰，不是外戰，所以許多人不走了。接胡適是他打電話安排的。這事《胡適日記》上有記載。陳寅恪也是因為他的關係接出來。那時候最有名的人，一個是胡適，一個是陳寅恪。[27]

難怪陳雪屏會被批評與自由主義胡適走得近，藉黨外勢力以自重，並招搖挑撥。陳雪屏長公子陳棠，曾追隨李國鼎多年，當年與李偉、季可渝、李端玉、許遠東有「五虎將」之稱。陳雪屏女兒陳淑平又是嫁給自由派著名學者余英時。或許這樣的複雜關係，也是導致蔣經國對李國鼎不放心的原因之一。

國家發展經濟到底是市場重要？或是政府重要？政治中有經濟、經濟中有政治的政治經濟學探討的理論。或許我們可以做一個簡單結論：蔣經國主張的是偏重凱因斯經濟理論中的政府(政治)角色與功能；而李國鼎主張的是偏重海耶克經濟理論中的市場(經濟)自由與機制。

我們政府應該扮演積極的功能，其實政策本身並無好壞之分，而是只要能解決問題的就是對的政策、好的政策。1976 年，經濟學諾貝爾獎得主、自由經濟大師傅利曼(Milton Friedman)於 1975 年到臺灣訪問時，聽完經建會、中央銀行的簡報之後，當時經建會主委兼中央銀行總裁俞國華特別請其批評指教。

傅利曼非常不客氣地說：「撤銷中央銀行、撤銷經建會」(Abolish the

---

[26] 任治平口述，汪士淳、陳穎撰文《這一生：我的父親任顯群》，(臺北：寶瓶，2011 年 9 月)，頁235。

[27] 余英時口述，李懷宇整理，《余英時談話錄》，(臺北：允晨，2021 年 11 月)，頁161。

Central Bank, Abolish the Council)，由於俞國華知道這是自由經濟主義大師傅利曼的一貫主張，於是說：「好極了，那我就是自由人了(I would be a freeman)，那我就失業了。」

這雖然只是俞國華利用 freeman 與 Friedman 的諧音所幽了的一默，兩人的相視而大笑。由此，也可以用來檢證當時臺灣實施計劃性自由經濟所遭致自由經濟學家的批評了。

1985 年，政府採納「經濟革新委員會」提議，加速臺灣產業的自由化、國際化及制度化的「經濟三化」策略。自由化檢討以往在產品、資金及技術的國內與國際間流通所做的限制，力求開放程度，讓臺灣產業國際化，並對與社會經濟發展有關制度、政策與法規給予制度化。

戒嚴時期國民黨政權對於勞工階級，從及早時期開始就針對公營和黨營業的勞工提供極為優渥的福利政策，並以公營和黨營企業的勞工為中心，在國民黨的主導下組織了金字塔式的勞工組織，藉以控制公營和黨營企業的勞工，防止其走向政治化。

到了 1980 年左右，新興社會運動本質上已「脫革命化」，社會型態逐漸進入人民和國家政權在公共偏好的研判，以及對未來視的論述競爭和動員的比賽，亦即新興議題的社會運動已和爭奪政權無直接關聯。

揆之，1970 年代臺灣新興社會運動開始受到現代化與民主化運動，同時構成文學本土化的重要基石，作家書寫的議題觸及農民、勞工、女性、生態環境所面臨的危機，同時也深入探索外資帶來不公平、不公義的文化。

跨國公司進駐臺灣是為了創造巨大利潤完全不會在意低廉工資的不合理，也不在意環境污染所付出的代價，更不在意臺灣住民是否享有言論自由，現實主義逐漸取代了現代主義。

尤其 1980 年代以後，臺灣社會自主性提高，強調對社會議題的關懷，解嚴前便已出現消費者、反污染自力救濟、生態保育、婦女、原住民人權、學生、新約教會，勞工、農民、教師人權、殘障及福利弱勢團體抗議、老兵權利自救、政治受刑人人權、外省人返鄉運動等。

檢視 1987 年臺灣解嚴前的所有勞資爭議，都是透過由黨國所組織的調

解委員會調解，沒有一件爭議是透過司法解決。調解委員會的組成一般除了包括衝突的勞資兩造，還包括國民黨地方黨部幹部、主管勞工事務的地方政府官員，和地方警察局警察人員。調解的目標與效果往往並非全由國家扮演作為客觀的仲裁者解決問題，化解怨懟，通常都只是要藉干預而壓制潛在的社會衝突。

1980 年初期，普遍出現「自力救濟」的抗議事件，凸顯冀求黨國化政府的介入，尤其是在經濟性的補償事件。1980 年至 1986 年間光是非政治性的「自力救濟」活動，因公害而受害的地方住民所常見的典型反應，對造成傷害者進行直接的抗議與要求補償。群眾公然的集體抗議活動的頻繁，明顯地削弱了依靠長期戒嚴體制所進行的社會控制。

整體而論，1970 年代臺灣社會自覺意識的普遍覺醒，對於新興社會運動的爭議議題，反映了臺灣以黨領政的黨國體制所造成社會的多重矛盾。也就是 1987 年解嚴前的民主的、族群的、省籍的，與階級的矛盾所引發社會的政治經濟問題。

社會運動在凸顯社會的自主性，和資源分配的重組。戒嚴戡亂時期黨國體制政府面對來自民間的挑戰，「以黨領政」模式不得不因應社會變遷而加以調整。在諸多新興社會運動中，以勞工運動、環保與消費者保護運動最直接挑戰戒嚴戡亂的黨國政經體制。尤其是自 1979 年以來，政府為興建核四環保抗爭問題爭議不休，讓國家發展付出很高的代價。

1984 年，政府開始實施《勞動基準法》。1987 年，成立勞工委員會的由專責機構，來解決勞資爭議所衍生的諸多問題，惟勞工在國家政經體系的結構中，其力量仍顯得相對居於弱勢，特別是在以黨領政的黨國一體環境之下，勞工團體所單獨發起的抗爭運動，要能展現形成對政府與財團的影響力仍極為有限。

政府雖以自由化、國際化、制度化的「三化策略」，及科技導向的發展高科技工業政策，因應社會多元化、美國新保護主義，及區域經濟的競爭，臺灣產業實際獲致相當程度的發展，但仍持續受外貿順差所帶來的經濟外部不平衡。

政府為了穩定匯率在外匯市場的政策干預，與為了避免貨幣供給額成長過快所採取的沖銷措施，延長了臺灣整個政經體制自由化、國際化和產業結構的調整期。

五、戒嚴時期臺灣的中華民國化

1947 年 2 月 28 日，發生的「二二八事件」迄今，已超過半個世紀。檢視過去這幾年來的官方與民間處理方式，儘管國民黨政府分別於 2000 年與 2008 年的兩次總統大選中，選民以選票讓國民黨淪為在野，也明顯警惕了當年政府對發生「二二八事件」的應負責任。

檢視有關「二二八事件」的議題，並沒有因為民進黨的執政而有所化解或平息，反而爭議話題的現象有越演越烈的趨勢，讓人對該事件的看法，不但越看越迷糊，彼此觀點也越來越分歧，形成信者恆信，不信者恆不信的兩極化狀態。

對於蔣經國在臺灣執政的功與過，始終存在有兩極化的看法。認為蔣經國執政對臺灣有功的，最明顯的就是推動十大建設，讓臺灣經濟發展成為亞洲四條龍之首，在政治上則是推動本土化政策，開放黨禁，促進臺灣的民主化。

認為蔣經國執政有過的，最明顯的就是主導白色恐怖，讓臺灣的人權蒙上黑影，最應該為「孫立人案」、「雷震案」、「美麗島案」、「江南案」等重大政治事件負起責任來。

余英時指出：

> 白色恐怖現在可能也被誇張了，因為大家可能同情被迫害的人，我也很同情。但是也要了解，如果當時國民黨不緊張地抓，內部是有問題的。張光直的回憶錄說，他也是坐牢的，跟他一起搞地下讀書會的人就跑到大陸去了。因為確實有間諜，當然有抓錯的，寧可錯殺一百。一九四九年到一九五二年，在台灣的地下人員相當多，有

所謂「白色恐怖」，主要是針對左派地下人員，包括國防部的次長
吳石都是間諜。後來對雷震這些自由派是壓制得很厲害。國民黨就
算對雷震那麼恨，也只能判十年就算了。[28]

戒嚴時期的蔣經國執政，總體說來可從「革新保臺」思維，來觀察他對
於所謂「臺灣、臺獨、本土化與民主化」，其四者之間微妙既複雜關係的處
理態度與方式。如果我們要將這四者的關係，做一個比較具體的整體性的概
念，來定義蔣經國本土化，其所追求的是中華民國在臺灣的主體性發展。

蔣經國對當時國內外政經局勢已有相當的理解，他在新舊兩代之間、本
省人與外省人之間、政府與人民之間、獨立與統一之間、開放與保守之間，
都有或多或少的存在矛盾關係，如果稍微處理不當或偏頗，都有可能隨時發
生嚴重的後果。

蔣經國儘管對於臺灣推動民主化並未能全然釋懷與接受，他曾批評所謂
今日的民主、前進份子，美其名而已，一但有權在手，無惡不作，危害人民
和社會的，就是這些以民意代表而自居的敗壞份子。

1972 年，溯自蔣經國組閣，對臺灣推動本土化政策已獲相當普遍的支
持，他亦曾指出，本省籍之高級人才稀少缺乏，不是不想用本省人，而實在
是須要一段時間來培養他們，也導致他的本土化政策亦即容易被外界認為是
刻意製造「兩個中國」。

中華民國與中華人民共和國的自 1950 年代初期，在歷經 1952 年《中日
和約》、1954 年〈中(臺)美共同防禦條約〉，乃至於 1958 年「八二三炮
戰」之後，更是確立了兩岸分裂分治的態勢。其對國共內戰「錯誤」的局勢
推論，和其許多的作為與不作為，都對臺灣的政治前途，帶來深遠的影響，
也對形塑「中華民國在臺灣」的關鍵時刻，扮演了重要角色。[29]

---

[28] 余英時口述，李懷宇整理，《余英時談話錄》，(臺北：允晨，2021 年 11 月)，頁 165-166。

[29] 林孝庭著，黃中憲譯，《意外的國度：蔣介石、美國、與近代台灣的形塑》，(臺北：遠足，2017
年 3 月)，頁 30-32。

第九章
轉型體制與中華民國政經思想
(1987 -2020)

現代資本主義精神，不只是精神，而且也是現代文化構成性組成成
分之一的「以職業觀念為基礎的理性的生活經營」，同時也必須是
職業人乃是我們文化時代中的每一個人的命運，必須正視此一命運
的嚴峻面貌，才能做我們自己命運的主人。

韋伯（ Max Weber, 864-1920 ）

一、蔣經國執政後期與臺灣解嚴

1987 年，是中華民國與中國國民黨在臺灣的關鍵年。在這一年的 7 月
14 日，是蔣經國執政後期的宣布解嚴。

「解嚴」意味著結束長期的「戒嚴」，和結束動員戡亂時期的黨國政經
體制，是臺灣朝向政經自由化發展重要的一步。此時，顯示人民以後可以達
成其長期以來，所從事於追求組黨結社、集會遊行，和言論自由的政治民主
化願望。

蔣經國執政時期本土化政策雖有被批評是安撫本省籍人士的策略上運
用，但從實際的效應而論，亦凸顯中華民國在臺灣的主體性發展，其攸關戒
嚴時期戡亂體制的出現重大轉折，要以下列幾項法令修訂與實施政治民主化
的影響最大。

其中包括：1986 年 3 月，國民黨第十二屆三中全會所通過的〈政治革

新方案〉。1986 年 9 月，民進黨的建黨完成。1987 年 6 月，特別是在立法院通過了《集會遊行法》，以及攸關國會結構的〈資深中央民代自願退職條例〉、《選舉罷免法》、《人民團體組織法》等重要相關的法律條文。

1987 年，蔣經國除了黨及行政決策體系重用臺灣人之外，特別是黃尊秋出任監察院長、林洋港出任司法院長，已使國民黨的領導階產生「量變質變」的效果，使政治決策過程更能反映臺灣的民意取向。[1]

1987 年 7 月 27 日，當蔣經國以茶會招待 12 位臺灣耆老，告訴他們自己也是臺灣人，臺灣也是他的故鄉，其內心必定百感交集。流露出他對這片生活了四十年的土地的私人情感，以及從「異鄉人」到「本地人」的心境轉換之外，又何嘗不是國府遷臺後，出身並受益於實施戒嚴戡亂的黨國體制，透過「以黨領政」的保障政權合法性，又能親身終結數十年一黨獨大的統治，讓臺灣戒嚴戡亂時期得以走向民主化的歷史進程。

檢視臺灣戒嚴戡亂時期，從 1987 年解嚴至 1991 年廢止〈動員戡亂時期臨時條款〉等重大國家體制的改革之後，其所展開一系列黨國政經體制的結構性轉型，建構臺灣成為全球競爭體系國家和世界資本主義體系的一部分，其國家性(stateness)與民主轉型的治理能力(governability)更牽扯兩岸關係與發展，乃至於區域性安全和美國所建構世界秩序的政治經濟關係。

二、李登輝執政前期的深耕本土

1988 年 1 月 13 日，蔣經國過世，李登輝宣誓就任第七任中華民國總統。國民黨中常會通過李登輝代理主席。在蔣經國總統留下任期的兩年多，李登輝實質上只是「代理總統」，他心裡明白這時候的國家權力運作，還是必須依賴「以黨輔政」的政治漸進主義模式，才足以順利推動國政的發展。[2]

---

[1] 彭懷恩，《臺灣發展的政治經濟分析》，(臺北：風雲，1992 年 10 月)，頁 170。

[2] 李登輝，《臺灣的主張》，(臺北：遠流，1999 年 5 月)，頁 122。

5 月 20 日，南部等 10 縣市農民北上遊行示威，要求政府禁止美國火雞、水果進口，群眾攻擊立法院、警政署、臺北市警察局、城中分局、破壞公共設施，引發流血衝突的「五二〇事件」。7 月，國民黨十三全大會選舉李登輝為黨主席。同月，監察委員謝崑山揭發雷震在獄中寫的 400 萬字回憶錄，遭新店軍人監獄焚毀，引發了抗議。

1989 年 5 月 22 日，李登輝接受俞國華辭職，提名李煥繼任行政院長，國民黨則由宋楚瑜出任中央委員會秘書長。1990 年 2 月，李登輝為顧及黨內的反彈與省籍族群的平衡，儘管是在國民黨內部保守勢力的驚濤駭浪下，提名李元簇為副總統候選人。5 月 20 日，在採取間接選舉的方式中，他們順利當選了總統、副總統。

李登輝在宣誓就職典禮致詞中指出：

> 中華民國憲法是依據國父孫中山先生遺教制度，旨在明權能之非，和中外之長，建立健全的民主體制。但在制定過程中，既多周折妥協，施行伊始，又逢戰亂頻仍，審時度勢，乃有〈動員戡亂臨時條款〉的制定。40 餘年來，在先總統蔣公及故總統經國的先後領導下，此一苦心設計，對維護復興基地安定，開創「臺灣經驗」奇蹟，功不可沒。

李登輝也在致詞中希望能於最短期間，依法宣告終止動員戡亂時期。同時，參酌多年累積的行憲經驗與國家當前的環境要求，經由法定程序，就憲法中有關中央民意機構、地方制度及政府體制等問題，做前瞻與必要的修訂，俾為中華民國訂定契合時代潮流的法典，為民主政治奠立百世不朽的宏規。[3]

李登輝就職總統後的任命郝柏村組閣，在野黨以抗議「軍人干政」為由發動萬人遊行，同月，李登輝政府特赦許信良、施明德等政治犯，這也凸顯

---

[3]　李登輝受訪、鄒景雯紀錄，《李登輝執政告白錄》，(臺北：印刻，2001 年 5 月)，頁 92。

蔣經國本土化追求的中華民國在臺灣的發展，到了李登輝執政的階段逐漸地轉變為深化本土化政策的主體性發展。

1989 年，正是全球政經局勢出現動盪的一年，特別是 1989 年 6 月 4 日，中國北京爆發「天安門事件」，和 1990 年 3 月 16 日，臺灣學生在臺北中正紀念堂發起「萬年國民大會代表下台」、召開「國是會議」的「野百合學生運動」，以及東德、波蘭等世界國家風起雲湧的民主化浪潮。

李登輝在國民大會被選為第八任總統之後，這是其認為可以邁向自己心目中理想民主國家大道的時機。李登輝為穩定國家政局和回應學生的訴求，除了同意除役的郝柏村擔任行政院長之外，並於 1990 年 6 月 28，召開為期一周的「國是會議」，廣徵各界意見以做憲政改革的參考。

「國是會議」的重要結論，包括總統由臺灣住民直接選舉產生，修訂憲法，和對中國大陸的政策必須考慮臺灣的安全等。李登輝在「國是會議」閉幕致詞：「國是會議對於爾後的憲政改革有很大的影響力，我們要果斷地進行尊重民意的政治改革。」[4]

國會改革並依司法院大法官會議，針對資深中央民代退職案的釋字第二百六十一號解釋，研討解決了數十年來中央民意代表改選與健全國會結構的問題。更促使李登輝「以黨輔政」的中華民國在臺灣政策有了法源依據，和深耕國民黨化本土延續執政權的決心。

7 月 11 日，國民黨中常會決議在黨內設置「憲政改革策劃小組」，由副總統李元簇擔任總召集人，下設法制、工作兩個分組小組，推動制定憲法增修條文，加速中華民國政經體制正式朝向民主憲政的常軌前進。

李登輝認為：

> 只要繼續保全中華民國的主權和地位，並修改憲法內容，讓中華民國成為新共和國，那麼也就沒有宣告臺灣獨立的必要，只要把中華民國「臺灣化」就好，也就是所謂的「本土化」。當然，國民黨政

---

[4] 河崎真澄，《李登輝秘錄》，(臺北：前衛，2021 年 7 月)，頁 206-207。

　　　府是外來政權，所以為了讓這個外來政權和臺灣和諧一致地連結，
　　　就必須改變國內行政事務的政治形態，1991 年以修憲為基礎所做的
　　　內政組織型態變更，就是為了達成這個目的。[5]

　　1991 年 4 月 8 日，第一屆國民大會第二次臨時會集會，進行第一階段
修憲工作，通過《中華民國憲法》增修條文，並廢止動員戡亂時期臨時條
款。宣布動員戡亂時期於 5 月 1 日零時終止。這是結束自蔣介石實施以來，
經過蔣經國執政時期的所謂「兩蔣時代」在臺灣的動員戡亂時期的黨國體
制。

　　同時，廢除《懲治叛亂條例》、《違警罰法》，新定《社會秩序維護
法》、訂定〈大陸地區人民非法入境遣返實施要點〉及〈臺灣地區人民自大
陸地區遣返實施要點〉。同月，「知識界反政治迫害聯盟」舉行遊行示威，
發表「520 聲明」，反對政治迫害和白色恐怖。

　　9 月，由臺灣醫界、學界成立的「100 行動聯盟」，主張廢止刑法 100
條中有關言論主張的內亂罪。10 月，民進黨召第五屆全體黨員代表大會，
將「建立主權自主獨立的『臺灣共和國』及制定新憲法的主張，應交由臺灣
全體住民以公民投票方式選擇決定」列入黨綱。12 月，政府舉行第二屆國
民大會代表選舉。同月底，第一屆國民大會代表、立法委員與監察委員全部
退職。

　　1992 年 5 月，立法院通過刑法一百條修正案，廢除言論、和平內亂罪
的所謂「思想叛亂入罪」的條文。12 月，第二屆立委選舉，民進黨獲得
31%的總得票率及 50 席的立委，相較於國民黨的 53%及 102 席，國內政黨
政治的態勢隱然形成。

　　李登輝一連串深耕本土化政經體制的改革，也導致對李登輝執政初期透
過「以黨輔政」的政治生態產生極大的壓力，也讓人感受到在蔣經國時代，

---

[5] 李登輝，《餘生──我的生命之旅與臺灣民主之路》，（臺北：大都會文化，2016 年 2 月），頁
104。

謙虛到令人驚訝的李登輝，從 1990 年擔任總統開始，態度就完全改變。

1993 年 2 月，宋楚瑜出任臺灣省主席。3 月，許水德接國民黨秘書長。8 月，國民黨次級團體「新國民黨連線」出走的另組「新黨」。1994 年 12 月，臺灣省長、北高市長與省議員選舉。

1995 年 12 月，特別是在第三屆立委選舉之後，朝野政黨因內部權力結構的調整，與理念的歧異，以及遭受不斷政爭的影響，政治生態隱然出現各派系分立與次級團體的各擁山頭，並對李登輝「以黨輔政」的深耕本土化政策，在其政經權力的結構上，帶來很大的衝擊與轉折。

三、李登輝執政後期的臺灣意識

「臺灣意識」的形成，主要溯自 1895 年日本的殖民統治，歷經 1945 年臺灣人回歸原鄉的夢想破滅、1947 年「二二八事件」和白色恐怖統治，導致臺灣人視國民黨為「外來政權」的加重「臺灣意識」。

李登輝執政初期，從兩蔣時代「以黨領政」的過渡「以黨輔政」，到執政前期的深耕本土化政策，和執政後期強調「主權在民」的建構「臺灣意識」，凸顯李登輝主導的修憲在 1992 年至 2000 年的八年間，共進行了第二階段至第六階段的修憲工作，積極推動國家政經體制的轉型進程。

1994 年 8 月，國民黨召開的第十四屆中央委員會第二次全體會議時，就宣稱其自己的政黨屬性已從早期的「革命政黨」逐步蛻變為「革命民主政黨」、「富有革命精神的民主政黨」，乃至於成為政黨政治中的「民主政黨」。[6]

12 月，中華民國舉行行憲以來，第一次省長與直轄市長選舉結果，宋楚瑜當選省長、陳水扁當選臺北市長、吳敦義當選高雄市長，充分展現李登輝推動深耕本土化的政策，落實臺灣地方自治的選舉。

1996 年，第三屆國大代表選舉與中華民國第 9 任總統、副總統的直接

---

[6] 中央委員會秘書處編，《中國國民黨第十四屆中央委員會第二次全體會議總紀錄》，(臺北：中央委員會秘書處，1994 年 8 月)，頁 234。

民選的方式，國民黨排除黨內強烈反對聲浪，其所冒著有可能淪為在野黨的風險，更是在國家憲政上建立民主體制關鍵時刻，揭示中華民國已從「以黨輔政」體制的轉型中，建立了「主權在民」的民主體制，選舉結果李登輝、連戰當選總統、副總統。

李登輝執政階段臺灣的從解嚴、國會全面改選，到總統直選，不但完成了主權在民的政治民主價值觀，以及強化主權國家定位來凸顯臺灣追求相對主體性的國家整體目標。

同年 12 月，「國家發展會議」的召開，主要是凝聚社會的共識，匯集國人的智慧，研商突破政經發展瓶頸的對策，以全面提升國家競爭力，加速國家建設。

「國發會」除了在憲政體制與政黨政治、兩岸關係與經濟發展等議題方面獲得結論之外，較受關注的是凍結省級選舉，和總統提名閣揆無須立法院行使同意權的共識，也導致 12 月 31 日宋楚瑜宣布辭去省長一職。

朝野為盡速落實「國家發展會議」的共識，均分別在自己黨內研擬適當的相關條文，國民黨成立「修憲策略小組」與「修憲諮詢顧問小組」等二個層級，積極研討，以便在國民大會召開的會期內能完成修憲工作。

特別是針對中央與地方體制、兩岸關係、國家定位與經濟自由化，相信改革臺灣政經體制，更加符合國際政經環境的趨勢，與因應臺灣強化社會整合共同意識的需求。

「國家發展會議」決議應將臺灣省虛級化，引發省長宋楚瑜的辭職風波。從轉型期政黨型政治權力的結構論，透過總統、副總統的直接民選制度的考驗與檢視，正可以凸顯國民黨政權可以脫去是一個「外來政權」的議論。

中華民國權力結構的逐漸走向社會開放構成的力量，可以驅策社會走向效率與合理化，並重新設定政經活動的秩序，引導政經活動往比較優勢的方向進行，而遠離賄賂與裙帶主義的病態社會。

這是轉型期政黨型政治民主化的最大意義，但是所謂「統一或獨立」，以及臺灣住民「究竟是臺灣人或是中國人？」等國家認同的議題，隨著兩岸

關係互動的複雜化更成為爭議焦點。

2000 年，臺灣政治權力結構產生很大的變化，國民黨不但在總統大選失掉執政權，同時也出現臺灣政治史上的第一次政黨輪替，代表民進黨的陳水扁和呂秀蓮依憲法當選第十任中華民國總統、副總統。

2004 年，陳水扁當選連任的投票日前夕發生總統槍擊事件，投開票日當天的晚上，連戰、宋楚瑜將聚集在競選總部的支持者帶到總統府前，開始靜坐抗議，並展開往後長達近一個月的街頭抗議，與此同時也向高等法院提起選舉無效，與陳、呂配當選無效之訴。

有關當選無效與選舉無效之訴，分別於 11 月和 12 月由高等法院判決連宋陣營敗訴。然而，2008 年，國民黨馬英九又贏回政權，臺灣政治轉型體制的政黨政治發展又進入新階段。

檢視李登輝執政後期，特別是在 1996 年的總統直選之後，也因為李登輝大量的取用地方派系代表性人物，導致地方勢力的湧進中央政府與黨部的權力機構，隱然形成李登輝有意遂行「臺灣意識」的思維，也就是發展出「臺灣中華民國」的意識。中華民國已經不是以往的中華民國，而是「New Republic」，也就是所謂的「第二共和」。[7]

在國家安全的重要治安上，首次由警察系統出身的莊亨岱出任警政署長，以及「國安三法」中的通過修正《人民團體法》的政黨解散，改由憲法法庭處理；修正《國家安全法》的放寬對異議人士返臺的限制；修正《集會遊行法》刪除不得違背憲法的規定。

1997 年，特別是李登輝公布大赦二二八事件受難者，相對的也凸顯李登輝重視「臺灣意識」的思維，但因為該年國民黨在縣市長選舉中受挫，李登輝的「臺灣意識」的思維終遭致國民黨內部少數保守派人士的批評。

2000 年 3 月 18 日，陳水扁、呂秀蓮當選中華民國第 10 任總統、副總統，出現我國歷史上首次的政黨輪替，更對國家政經體制的民主化產生深遠

---

[7] 李登輝，《餘生──我的生命之旅與臺灣民主之路》，(臺北：大都會文化，2016 年 2 月)，頁106。

的影響，致使李登輝的「臺灣意識」更受到黨內重要幹部和黨員的質疑。

3 月 24 日，李登輝提前辭去國民黨主席職務，結束了李登輝主導國民黨的時代。5 月 20 日，李登輝總統任期屆滿，陳水扁繼任的完成政權和平轉移，同時宣告「李登輝時代」的結束。

檢視李登輝執政後期「臺灣意識」的明顯揭櫫，溯自 1994 年「生為臺灣人的悲哀」的沉重聲音，李登輝告訴日本作家司馬遼太郎：

> 到目前為止，掌握臺灣權力的，包括國民黨在內，都是外來政權。一定要將國民黨變成臺灣人的國民黨。由於對以前白色恐怖的恐懼，七十多歲這一代晚上都沒辦法睡得安穩。不希望子孫再受到這樣的待遇。國民黨是外來政權的說法，讓我在國內外受到相當大的批評。[8]

1996 年，總統直選的效應，致使李登輝政權獲得比較穩固的使用「生命共同體」，來論述深耕本土化「臺灣意識」的國民意識理念。1997 年 7 月，李登輝大赦「二二八事件」受難者，此為我國行憲後首次行使大赦，更加彰顯李登輝的「臺灣意識」。

1998 年 5 月 20 日，《中央日報》在中華民國首任民選總統就職兩周年，特以登載辛在臺〈李總統深化人民主體意識的十年〉，和阮銘〈認識民主臺灣的今天與明天〉的兩篇專文，強調李登輝總統與斯土斯民融合一體的施政理念。[9]

10 月，北、高兩市市長選舉，李登輝提出「新臺灣人」觀念，國民黨馬英九擊敗民進黨陳水扁當選臺北市長；高雄則由民進黨謝長廷取勝國民黨吳敦義。12 月，宋楚瑜臺灣省長任期屆滿。

1999 年 7 月 9 日，李登輝在接受德國廣播公司「德國之聲」訪問時，

---

[8]　李登輝，《新臺灣的主張》，(臺北：遠足文化，2015 年 8 月)，頁 103。

[9]　辛在臺，〈李總統深化人民主體意識的十年〉、阮銘，〈認識民主臺灣的今天與明天〉，參見：《中央日報》(1998 年 5 月 20 日)。

宣布中華民國與中華人民共和國是「特殊的國與國關係」，李登輝的「新臺灣人」與「臺灣意識」型態已經更趨凸顯出來。

「臺灣意識」乃由臺灣長期以來，一直處在各個不同列強帝國邊陲的歷史記憶，而立基於追求臺灣住民的主體意識，要求掌握自身政經前途的決定權。從與「中華民國臺灣化」的相關性來說，所謂的「臺灣意識」，其原動力便是確立「以臺灣為範圍」的國民國家(Nation-state)為其最終目標的意識型態。

「臺灣意識」型態嚴厲挑戰國民黨政權存在以來一貫堅持的「中國國家體制」。2000 年，政黨輪替，具有濃厚「臺灣意識」型態的知識份子，和文化界人士的意見團體，開始以南部「南社」、中部「中社」之類的型態組織起來。

2001 年 6 月，李登輝出席了「北社」的成立大會。8 月 12 日，以李登輝為精神領袖的「臺灣團結聯盟」(簡稱臺聯)成立，成員主要以原中國國民黨內本土派的黨員，及民主進步黨內獨立派的黨員組成。由於偏向臺灣主體性及臺灣國家正常化的政治訴求，故該黨普遍被歸屬為泛綠陣營的政黨之一。

根據李登輝指出：

> 所謂新時代臺灣人，那就是面對自己所居住的臺灣，必須能夠強調，臺灣是自己的，也就是要有主體性。[10]

「臺聯」的外圍組織如：「李登輝之友會」、「群策會」、「李登輝學校」陸續成立。隔年 5 月，李登輝參加了「臺灣正名運動聯盟」，以「臺灣正名」為訴求在臺北與高雄兩市舉行之遊行活動。

「臺灣正名運動聯盟」就是以「臺灣獨立聯盟」為核心的臺灣獨立運動聯合組織之一。2002 年 10 月，「群策會」以「邁向正常國家」為題舉行研

---

[10] 井尻秀憲，蕭志強譯，《李登輝的實踐哲學》，(臺北：允晨，2010 年 1 月)，頁 230。

討會，明確標榜「正常國家」路線的理念，不但是承續李登輝在國民黨執政時期凸顯「臺灣意識」的主張「特殊的國與國關係」，更進而主張要「去中華民國化」的「兩國論」。

「臺灣意識」的普遍形成，檢視解嚴之後當前臺灣兩大政黨的國民黨和民進黨，其所揭櫫不同訴求所呈現彼此意識型態的對峙。兩大政團各自標榜「國家主體意識」，並凸顯在選舉中強烈訴求的動員各自民眾的支持，以贏得執政權，獲取政經利益。

以國民黨為主的泛藍政團，其所強調的是「作為主權獨立的國家之中華民國」、「作為一個主權獨立的臺灣，參與國際社會」、「中華民國與臺灣樣式的融合」、「市場自由化、經由大陸市場，有助於國際化」。

以民進黨為主的泛綠政團，則強調「作為主權獨立的臺灣共和國」、「以臺灣為名義參與國際社會」、「去中國化、臺灣正名」、「市場自由化、國際化不能依賴大陸市場」。

2011 年，前總統李登輝、前國民黨投管會主委劉泰英，因國安密帳的法律問題遭到特偵組起訴。2013 年 9 月，爆發立法院長王金平和民進黨立法院總召柯建銘的涉及司法關說案，國民黨主席馬英九主導的撤銷王金平國民黨籍，引發其不分區立委身分和立法院長職務的爭議和訴訟。

另外，起因於王金平在立法院長任內遭受部分國民黨籍人士批評其過於偏袒民進黨，和其與李登輝自離開國民黨之後主張「去中國化」的強調「臺灣意識」立場的微妙關係，導致國民黨內所謂部分的「本土派」人士，對馬英九處理王金平黨籍和不分區立委的態度感到不滿，致使國民黨內再度出現對於「臺灣意識」型態的體制之爭。

四、國民黨與民進黨的大陸政策

政府迫遷來臺初期，帶高度對抗時期的經典戰役，主要代表性的有「古寧頭戰役」和「八二三炮戰」。「古寧頭戰役」是大陸時期國共內戰的結果，使得臺海局勢暫獲喘息，保住了臺灣安全的戰役；「八二三炮戰」的結

果，則是國共雙方代表大規模武裝衝突的結束，也是兩岸分裂分治的開始。

臺海兩岸分別提出「三民主義統一中國」與「我們一定要解放臺灣」的兩種迥然不同的訴求，作為表明雙方的不同政治上立場。但隨著毛澤東和周恩來的先後去世，鄧小平提出「和平統一、一國兩制」的兩岸解決方案，蔣經國則提出「三不政策」的回應，主張拒絕與中國大陸的一切往來。

出現兩岸「脫內戰化」關係的最大轉折，可以溯自 1987 年 11 月，政府正式開放人民赴大陸探親。1979 年，中國大陸開始改革開放，提出「三通四流」、「葉九條」、「鄧六條」、「一國兩制」等統戰策略，蔣經國政府初期雖仍以「不接觸、不談判、不妥協」的三不政策加以回應，但對國內政經的衝擊，迫使政府採取務實(pragmatic)做法的調整兩岸關係。

1980 年，王昇承蔣經國之命，將原為因應臺美斷交所臨時組成的反統戰「固國小組」，轉型為「王復國辦公室」，直屬國民黨秘書長辦公室，由王昇擔任主任，一年後該單位更名「劉少康辦公室」，相對應於中共「中央對台工作小組」的窗口單位。

1987 年，解嚴的前期，臺灣開放兩岸大陸探親，臺灣在貿易上獲得巨額順差，對大陸經濟的依賴性逐漸攀升。1988 年，李登輝擔任總統。1990 年 5 月 20 日，李登輝在就職演說提到，在客觀條件成熟時，準備與中國進行國家統一的協議。

這也顯示李登輝在這段時間，他對中國統一的方式是聯邦制、邦聯制，是有其想法的。同年 9 月，政府在總統府設置國家統一委員會，屬於任務編組的單位。然而，對於當時是否真的考慮將來可能與中國統一這件事，根據河崎真澄的訪問指出：

> 李登輝在面對詢問時，有點不好意思笑著。他透露：「實際上，國家統一委員會是要欺騙國民黨內部保守派及共產黨的謊言。」李登

輝口中所說的「謊言」，或許應說是「華麗的虛飾(rhetoric)」吧。[11]

1991 年 1 月，行政院成立大陸委員會，之後並在民間成立財團法人海峽交流基金會，作為推動兩岸關係的窗口。2 月，通過《國家統一綱領》，以「實踐民主政治及保障基本人權」等作為統一的條件。

李登輝指出：

> 如果北京的共產黨政權能改變為民主主義，那麼臺灣也可以與其進行國家統一的對話，我當時是這樣認為。這是在不訂統一時程的情況下，又再加共產黨絕對不可能實現的條件。由於鮮明高舉「統一」的旗幟，國民黨內部的保守派及共產黨也就無法再批評李登輝是「臺灣獨立派」，或者是「推動兩岸分離的現狀固定化」，這才是李登輝內心真正想要的結果。[12]

1992 年 7 月，政府通過《臺灣地區與大陸地區人民關係條例》。10 月，兩岸政府分別授權的非官方組織海峽交流基金會、海峽兩岸關係協會舉行香港會談，討論「文書驗證」及「掛號函件」等事宜如何進行。在會談上，中國大陸海協會提出「一個中國」政治性議題，但雙方認知分歧，在會談結束前無法獲得具體結果。

11 月，中國大陸方面來函對「雙方雖均堅持一個中國原則，但對於一個中國的涵義，認知各有不同」表示接受。1993 年 9 月，由辜振甫與汪道涵分別代表雙方在新加坡舉行歷史性的「九二會談」。亦即後來衍生有無「九二共識」的爭議。

1995 年 1 月，中共總書記江澤民提出對臺政策的「江八點」主張，為回應「江八點」。4 月，李登輝在國統會議上提出「李六點」主張。李登輝

---

[11] 河崎真澄，龔昭勳譯，《李登輝秘錄》，(臺北：前衛，2021 年 7 月)，頁 209。

[12] 河崎真澄，龔昭勳譯，《李登輝秘錄》，(臺北：前衛，2021 年 7 月)，頁 210。

六點主張如下：

> 一、在兩岸分治的現實上追求中國統一。二、以中華文化為基礎，
> 加強兩岸交流，提升共榮共存的民族情感，培養相互珍惜的兄弟情
> 懷。三、增進兩岸經貿往來，發展互利互補關係。四、兩岸平等參
> 與國際組織，雙方領導人藉此自然見面，可以緩和兩岸的政治對
> 立，營造和諧的交往氣氛。五、兩岸均應堅持以和平方式解決一切
> 爭端，我們不願看到中國人再受內戰之苦，大陸當局應聲明放棄對
> 台澎金馬使用武力。以所謂「台獨勢力」或「外國干預」作為拒不
> 承認放棄對台使用武力的理由，只會加深兩岸猜忌，阻撓互信。
> 六、兩岸共同維護港澳繁榮，促進港澳民主。[13]

　　「江八點」與「李六點」的雙方主張，最有共識的是對於「中華文化」
的充分肯定。6 月，李登輝以私人名義訪問康乃爾大學，提出了中華民國在
臺灣的國家定位議題。

　　1996 年 3 月，臺灣舉行總統直選，強調「主權在民」的概念，引發中
國大陸在臺灣海峽試射飛彈危機，企圖影響臺灣內部大選選情。5 月 20
日，李登輝在總統就職演說中特別提出「登輝也願意與中共最高領導當局見
面，直接交換意見」，但並未獲中國大陸的善意回應，這當然會引起李登輝
對大陸的反感和一些想法與作為的改變。9 月，李登輝提出「戒急用忍，行
穩致遠」政策。

　　1997 年 2 月，鄧小平過世。7 月，李登輝在國家統一委員會的閉幕致詞
指出：

> 我們在此鄭重重申：中國要統一，但必須統一在既照顧全體中國人
> 利益，又合乎世界潮流的民主、自由、均富的制度之下，而不應統

---

[13] 李登輝，〈李登輝在國統會談話全文〉，《經濟日報》(第四版)，1995 年 4 月 7 日。

一在經過實踐證明失敗的共產制度或所謂的「一國兩制」之下。我們作此主張，是因為我們堅信：第一，共產統一或「一國兩制」的統一，不利於全中國的民主化，使大陸同胞享受民主生活的希望更加遙不可及。第二，只有統一在民主制度之下，兩岸三地的聯合力量才能成為區域安定的助力。一個統一但專制、封閉的中國，必然會引起鄰國不安，改變亞洲均勢，威脅亞太地區的和平與穩定。第三，只有透過民主制度的全面實施，才能以法治化的機制及透明化的政治運作過程，增進兩岸互信，並確保雙方切實遵守協議，共締雙贏新局。[14]

因此，我們進一步主張：第一，雖然未來的中國只有一個，但現在的中國是「一個分治的中國」，中華民國於 1912 年即已成立，1949 年之後，雖然播遷臺灣，但中共政權的管轄權從未及於臺灣。臺海兩岸分由兩個不同的政治實體統治，是一個不容否定的客觀事實。第二，中國的統一應該循序漸進，水到渠成，不設時間表，是大陸地區民主化與兩岸關係的發展，決定「和平統一」的進程。第三，在統一前，中華民國在臺灣的人民應該擁有充分自衛的權利。這是二千一百八十萬人民與生俱來的權利，也是維護臺灣地區民主化的成果，促進大陸民主化的必要力量。第四，在統一前，中華民國在臺灣的人民基於生存、發展的需要，應該像五〇、六〇年代一樣，充分享有參與國際活動的權利，讓兩岸人民有平等的機會，為國際社會貢獻心力。第五，海峽兩岸應擴大交流，增進兩地繁榮，並以合作取代對立，以互惠化解敵意，為將來的和平統一奠定有利基礎。第六，海峽兩岸應以彼此對等、相互尊重為原則、充分溝通、求同化異，在分治中國的現實基礎上，協商並簽署兩岸和平協定，

---

[14] 李登輝，《餘生——我的生命之旅與臺灣民主之路》，(臺北：大都會文化，2016 年 2 月)，頁 96-97。

結束敵對狀態，以促進兩岸和諧，維護亞太安定。[15]

1998 年 6 月，美國總統柯林頓（Bill Clinton）訪問中國大陸，在上海發表美國的「對臺三不」主張。1999 年 7 月 9 日，李登輝提出兩岸關係至少是「特殊國與國關係」。

根據河崎真澄指出：

> 李登輝原本即有「臺灣主權不及於中國，中國主權也不及於臺灣」的判斷。然而，歷史上在臺灣的「中華民國」是一九一二年成立於南京的政權，由於有此淵源，特別使用「特殊」這個字眼來表現。[16]

這是李登輝在卸任總統之前，希望能讓臺灣以國家身分得到定位，同時在國際法上也能被明確定義，致使兩岸關係再陷入低潮。

在經濟發展方面，政府積極推動〈振興經濟方案──促進民間投資行動計畫〉，及〈發展臺灣成為亞太營運中心計畫〉的重大政策，期將臺灣扮演東亞和歐美銜接的一個的樞紐。

這概念就發展為「亞太營運中心」(APROC, Asia-Pacific Regional Operation Center)，1994 年政府公布了規畫的「六大中心」之後，但這一切都需要有個前提，就是兩岸必須開放三通。

河崎真澄批評：

> 江丙坤等人所描繪的「亞太營運中心」，其實是將中國大陸視為實質上的經濟殖民地，以這種角度所形成的構想，讓當時處於「相對

---

[15] 李登輝，《餘生──我的生命之旅與臺灣民主之路》，(臺北：大都會文化，2016 年 2 月)，頁 98-99。

[16] 河崎真澄，龔昭勳譯，《李登輝秘錄》，(臺北：前衛，2021 年 7 月)，頁 230。

優勢」的臺灣，給人有如殖民宗主國一般的印象。李登輝認為，或許當時確實已經可以想見中國經濟未來的成長，但實際上臺灣真的可以持續控制中國的經濟嗎？更何況兩岸牽扯到主權的問題，在安全保障上也看不到絲毫樂觀的跡象。[17]

1996 年 9 月，李登輝在國民大會發表演說，正式提出「戒急用忍」政策，這對臺灣經濟發展造成很大的影響。直接受到衝擊的最顯明例子，就是臺塑集團王永慶在 1996 年 8 月的自行撤銷在福建投資發電廠的申請案。李登輝主張「戒急用忍」將「高科技、五千萬美金以上、基礎建設」作為明確的界定標的。

檢視李登輝「戒急用忍」政策，從現在出現的反應兩極化現象。正面而論，可以避免臺灣喪失技術優勢，並避免產業急速空洞化，降低臺商對大陸之依賴性，進而在中美貿易大戰中不會受創過甚。負面而論，臺灣企業也喪失了走向國際化、自由化的轉型機會。

2000 年 5 月，陳水扁就任中華民國總統，提出「一個原則、三個堅持、五個反對」、「四不一沒有」作為民進黨的大陸政策，並將「國家統一綱領」終止適用，但承諾在任內不會推動臺灣獨立公投和修憲。

針對民進黨陳水扁所提出的兩岸關係思維，大陸的回應是以「聽其言、觀其行」的冷處理。2001 年，民進黨黨代表大會以「臺灣前途決議文」取代「臺獨黨綱」。2002 年，陳水扁喊出「中國與臺灣、一邊一國」的主張，兩岸關係更陷入低潮。

2005 年，中國大陸通過〈反分裂國家法〉來反制。上任總統之後的陳水扁，從未再召開過國統會議，而國統會每年的預算則少到象徵性的新臺幣 1,000 元，最終於 2006 年 2 月 28 日正式終止運作，亦即陳水扁總統任內宣布廢除國家統一綱領與國家統一委員會。

2008 年，國民黨馬英九執政時期，主張「不統、不獨、不武」的主軸

---

[17] 河崎真澄，龔昭勳譯，《李登輝秘錄》，（臺北：前衛，2021 年 7 月），頁 243-244。

思維，以加強對中國大陸的經貿。2009 年 6 月，簽署「海峽兩岸共同打擊犯罪及司法互助協議」正式生效。

2010 年 6 月 29 日，在重慶簽訂第一次協議，之後完成簽署《海峽兩岸經濟合作架構協議》（ECFA），後續有貨品貿易、服務貿易、投資保障以及爭端解決協議協商。是年，為商談兩岸共同打擊犯罪，警政署長王卓鈞首次帶團訪問大陸。

2014 年 3 月，立法院審議「兩岸服務貿易協定」時，則因為民進黨強烈質疑該協定只是有利於遊走兩岸財團的利益之嫌，終致爆發所謂的「太陽花學生運動」。

2015 年 11 月 7 日，馬英九在其總統任內與北京當局最高領導人習近平於新加坡舉行「馬習會」。這雖是臺灣自中央政府播遷來臺，兩岸分治後的兩岸領導人第一次會面，兩岸領導人就兩岸關係的和平穩定發展交換意見，但並無具體的進展與結果，導致馬英九被批評只是急於自己的歷史定位。

2000 年至 2008 年民進黨陳水扁執政期間的經濟政策，則持續推動小三通，兩岸關係的對大陸貿易政策則調整為「積極開放，有效管理」、放鬆對大陸各項投資限制、縮小中國人民來臺限制、修改兩岸人民關係條例。

2016 年，民進黨蔡英文執政時期主張「維持現狀」，不承認「九二共識」，與中共主張兩岸同屬一個中國的主張不同。2017 年，習近平提出「新時代中國特色社會主義」的建設現代化國家，但是在蔡英文政府仍堅持不接受「九二共識」的歷史事實之下，導致兩岸關係發展的停滯。

2019 年，習近平提出「和平統一、一國兩制」，在「九二共識」基礎上與臺灣各黨派探索「一國兩制臺灣方案」。這「一國兩制」被外界認為，北京是主、臺北是副，是父子的上下關係。民進黨則修訂《兩岸人民關係條例》的提高兩岸簽署政治議題協議的門檻作為反制。

2020 年 1 月，總統大選期間，蔡英文否認兩岸有「九二共識」，訴求「接受九二共識就是接受一國兩制」贏得連任，形塑了民進黨主張「九二共識就是一國兩制」，國民黨主張「九二共識、一中各表」，共產黨主張「九二共識、反對臺獨」，導致兩岸關係走向分歧與對立的態勢。

在對大陸經濟貿易政策上，蔡英文政府主張降低對中國的貿易依賴，加大臺商回流的政策紅利，以及面對美國與中國貿易的激烈對抗情勢，蔡政府為了避免輸美產品被課徵超額關稅，及新冠狀肺炎帶來的企業營運困境，臺商雖然有逐漸離開中國大陸的跡象，但是兩岸經濟交流仍然活絡，只要大陸對臺灣不採取任何經濟管制的話，民進黨執政相較國民黨執政時期對於大陸市場的依賴程度並未見降低。

五、轉型期中華民國發展民主化

蔣經國解除戒嚴確實是將國家戒嚴戡亂體制的轉型，這是國家走向自由民主的重要歷程，確切說來，蔣經國是讓國家體制自由化了，到了李登輝藉由憲法的修訂，更是將國家體制推向民主化的道路上去了。

1993 年 3 月，李登輝推動對「二二八事件」受難者的賠償條例，並以國家元首的立場，對過去國民黨政府的錯誤作為表示道歉。1996 年，以憲法總統直選的結果，李登輝不但已經是中華民國的總統，更是貼近民意的由臺灣地區人民選出來的「臺灣總統」。

從中國國民黨的角度，論述臺灣近代本土化政策的發展與變遷，臺灣經歷了原住民與漢人合力於 1662 年，驅逐荷蘭統治臺灣的本土化運動。以後明清時期的到了 1860 年代，滿族人政權與原住民、漢人合力對抗英、法等帝國主義國家，是為臺灣的再次本土化運動。1895 年，反日本殖民統治，是為臺灣政經發展第三次本土化。

隨著二戰結束，東西冷戰開始中華民國在臺灣的反國際共產主義侵略，到了 1970 年代蔣經國組閣的推動本土化政策。1987 年，臺灣的解嚴，隔年蔣經國過世，李登輝持續深耕本土化政策。

1988 年 7 月，中國國民黨召開第十三全大會，正式推李登輝為黨主席，同時中央委員的成員結構與排名大洗牌，國民黨的組織結構已完成本土

化了。[18]1996 年，直選李登輝當選為中華民國總統，是代表本省籍的臺灣人擔任了中華民國總統，這可視為中華民國本土化的完成。至此，臺灣不應該再批評國民黨和中華民國是「外來政黨」和「外來政權」，臺灣已正式進入政黨政治的民主時代。

1999 年 7 月，李登輝總統在任期只剩下不到一年的最後階段，對外正式宣布了兩岸至少是「特殊國與國的關係」的「兩國論」。李登輝意圖讓國民黨脫離舊有框架，重生為完全不同的以臺灣為主體的政黨。李登輝盡心努力的是：要讓臺灣從蔣介石以來的中國窠臼中脫胎換骨為一個全新的民主社會。[19]

2000 年 5 月，臺灣出現第一次政黨輪替，陳水扁、呂秀蓮就任總統、副總統，在政經體制上強調轉型正義，試圖除了透過二二八事件、林家血案、陳文成命案、尹清楓軍購案等事件的重新調查，實踐刑事正義彰顯人權政策。

11 月，修正通過〈戒嚴時期不當叛亂暨匪諜審判案件補償條例〉，該條例適用範圍稍有擴大，也包含戒嚴施行前夕的左翼迫害事件，和 1979 年「美麗島事件」在內。

同時，政府又比照「財團法人二二八事件紀念基金會」方式，成立「戒嚴時期不當叛亂暨匪諜審判案件補償基金會」。然而，轉型正義必須尊重回歸歷史傳承的漸進改革過程，對於有些特殊的政治性案件應該避免導致轉型正義的意義受到扭曲。

2008 年，總統大選的政黨再次輪替，政權回到馬英九總統、蕭萬長副總統代表的國民黨，臺灣從轉型期進入民主的鞏固。同時，強調多重族群的融合，和發展兩岸的共生關係，以追求臺灣海峽兩岸的一個穩定、和平環境。特別是將李登輝執政階段強調「臺灣意識」的調整為「中華民國意識」主體性的國家發展體制。

---

[18] 張景為著，關中口述，《明天會更好——關中傳奇》，(臺北：2020 年 11 月)，頁 192-193。

[19] 河崎真澄，龔昭勳譯，《李登輝秘錄》，(臺北：前衛，2021 年 7 月)，頁 274。

2009 年，完成《行政院組織法》和實施的《公務人員行政中立法》，其中第九條規定公務人員不得為支持或反對特定之政黨、其他政治團體或公職候選人從事如站台、拜票、主持集會、發起遊行或領導連署等高度政治性活動，而被批評箝制講學自由及剝奪政治權力等違反人權的質疑。

重視言論自由受到憲法保障，不得立法侵犯。《集會遊行法》的修正也從早期「罵不還口、打不還手」的態度，調整為依法保障合法的憲法人權，將《集會遊行法》從本質上屬於一般禁止之特定行為的許可制，改為原則上視為人民權利的報備制。

2012 年 5 月 20 日，馬英九在連任的就職演說中提出「一個中華民國，兩個地區」論述，強調中華民國是一個主權獨立的國家，根據《中華民國憲法》，「互不承認主權、互不否認治權」是對兩岸現狀最好的解釋，也是雙方正視現實、擱置爭議的最好方式，這與「九二共識、一中各表」，是互為表裡的理論，以維持兩岸的和平發展。國臺辦發言人楊毅以「兩岸不是兩個中國」、「兩岸關係不是國與國關係」回應。

2013 年 7 月 24 日，馬英九總統在國民黨中常會前，特別為軍中發生洪仲丘命案向國人鞠躬道歉。8 月 3 日，由「公民 1985 行動聯盟」發起為洪仲丘之死的討真相、懲真兇，計有 25 萬民眾聚集總統府前的凱達格蘭大道。

這是一次公民自發性新型態的社會運動，公民力量的崛起，政黨、政治人物不介入的場域，展現公民自覺力量的現代公民社會，這凸顯臺灣民主政治的轉型，更趨近於成熟的民主化社會。

2014 年 3 月 21 日，大法官會議針對 2008 年底發生的「野草莓事件」，群眾遭驅離所引發《集會遊行法》申請許可是否違憲作成 718 號解釋，《集會遊行法》採許可制合憲，但該法第 9、12 條「緊急偶發性狀況、24 小時前申請許可」的規定，不符比例原則，宣告違憲，並自 2015 年 1 月 1 日後失效。

2014 年 3 月 18 日至 4 月 10 日，爆發「太陽花事件」，學生與公民團體佔領立法院和行政院辦公室，該事件滋事者雖部分被移送法辦後判不起訴

處分，從警察執行公權力，和對於社會秩序的維護，凸顯臺灣政經體制的民主鞏固與轉型有待更趨成熟和法治觀念的加強。

2016 年 5 月 20 日，新當選的民進黨籍蔡英文總統宣誓就職，臺灣出現第三次的政黨輪替，同時新政府標榜社會轉型正義為其施政的重要目標。2017 年，通過《促進轉型正義條例》，執行項目包括：一、開放政治檔案。二、清除威權象徵、保存不義遺址。三、平復司法不法、還原歷史真相，並促進社會和解。四、不當黨產之處理及運用。五、其他轉型正義事項。

然而，也引發朝野對於「正義」與「不正義」的各自解讀，致使社會存在許多的爭議，尤其是成立的「促進轉型正義委員會」，由於組成的委員部分過於偏向某一政黨或意識型態的色彩，導致該委員會淪為政黨意識型態或個人派系利益鬥爭的工具，喪失該有的公正、客觀的立場。

「促轉會」爭論最大的議題包括：亟欲將中國青年救國團、中華民國婦女聯合會和中華救助總會等機構的視為國民黨附隨組織，這是假轉型之名、行真豪奪的「轉型不正義」，將更是 2020 年蔡英文連任總統以後，檢視其在臺灣轉型民主體制的具體成效如何？

2000-2008 年，民進黨政府在經濟政策上，主要推動知識經濟與接軌國際經貿體制的策略，政府揭櫫「知識化、永續化、公義化」三大理念，全力投資人才、研發創新、運籌通路與生活環境外，亦發展半導體、影像顯示、生物科技及數位內容等產業，以提升產業創新能力與國民生活品質。

2008-2016 年，國民黨政府在推動六大新興產業行動方案，包括生物科技、精緻農業、醫療照護、觀光旅遊、文化創意、綠色能源等產業，將原有的通信、資訊、光電及半導體的 ICT 產業，在加入相關的綠色能源產業、醫療設備產業及製藥等生技產業，並與文創產業密切相結合。

2016 年蔡英文政府為推動經濟創新與落實結構改革，以面對後金融海嘯時期的全球經濟「慢速拖行」情勢，秉持「創新、就業、分配」的核心價值，以創新來創造資源的共享。政府分別通過《產業創新條例》取代《促進產業升級條例》，和實施〈產業實施綱領〉，促進未來臺灣產業的發展。

　　尤其面對數位化和人工智慧(AI)時代來臨，AI 革命比工業革命的規模大且更激烈，未來 AI 將逐步取代白領或藍領的工作，勢必帶動新產業結構的改變，不但是會造成產業人力供需的調整，並將促使因薪資結構的改變所導致貧富差距的拉大，也將衝擊現行臺灣的政經體制。

　　2019 年，民進黨政府針對與「國安三法」有關的國家安全與兩岸關係的議題，分別通過「刑法部分條文修正案」、「國家機密保護法部分條文修正案」、「兩岸人民關係條例增訂第五條之三修正案」，「國家安全法部分條文修正案」，以及「兩岸人民關係條例部分條文修正案」等所謂的「國安五法」。

　　承上論，再再凸顯民進黨執政下，凸顯表面上「中華民國是臺灣」，但實質上的臺灣等於國家的概念，尤其當前又處在中國大陸「武統」的威脅下，更激起部分臺灣人「去中國化」的加強尋求「獨立自主」目標。

　　當我們國家面臨國家認同與兩岸關係的特殊處境時，再加上美國與中國大陸的兩大強國爭霸，我們本可在主觀上有能建立國家認同與兩岸關係的共識，但是在客觀上遭遇國際體系與市場利益的爭奪，國內出現藍營人士主張「親美友日和中」或綠營人士主張「親日友美仇中」等不同思維，讓我們對於國家認同與兩岸共識的更加複雜化與嚴峻化。

第十章
結論：臺灣政經思想與中華民國未來

> 那常使國家變成人間地獄者，正是人想把國家變成大國之一念
>
> 荷爾德林(F. Hoelderlin, 1770-1843)

一、新冷戰時期國際政經思想發展趨勢

1945 年，戰後中華民在臺灣時期政經發展，主要藉由初階「農業培養工業與工業發展農業」，和進階「工業發展農業與貿易培養工業」的兩大主軸策略，其所衍生「發展型國家理論」的政經體制先受肯定，有別於拉丁美洲國家。

惟近年國際政經思潮受到 1997 年亞洲金融風暴，和 2000 年美國政府次級房貸危機的影響，類屬經濟發展中偏重政府角色的威權政經體制國家，其政經體制結構屢屢受到質疑。

檢視從 1945 年的二次大戰之後，到 20 世紀的結束，東西方的陷入冷戰期間，可以說是國際政經體系的理性主義時代(Age of Rationalism)。在政治議題上，美國以理性主義對待戰敗國，不但不要求戰敗國賠款，透過〈馬歇爾計劃〉（The Marshall Plan）幫助德國、義大利兩個戰敗國在內的歐洲復興，又被稱之為〈歐洲復興計劃〉（European Recovery Program）。

對亞洲的戰敗國日本也一樣，還以麥克阿瑟（Douglas MacArthur, 1880-1964）的改革政策，不但不廢除天皇，更替日本規畫一部民主憲法，並付之實施。在韓戰期間，麥克阿瑟曾主張動用核武，但為杜魯門(Harry S. Truman, 1884-1972 年)總統所否決。在經濟議題上，從全球「關稅暨貿易總

協定」(GATT)，到「世界貿易組織」(WTO)的經貿體系建構，都是冷戰期間理性主義的產物。

21 世紀，由於非理性主義的開始興起，導致小布希(George Walker Bush, 1946-))總統的「單邊主義」(unilateralism)和川普(Donald John Trump, 1946-)總統的「美國優先」(America First)，都不再是理性主義。長期主導世界秩序的美國，不再以理性主義主導全球的政經秩序，加上 AI 時代的到來，更助長了全球非理性主義的擴散和蔓延。

2011 年，尤其自美國紐約點燃「佔領華爾街」（Occupy Wall Street）的抗爭運動以來，更促使國際社會針對全球資本主義市場經濟所導致政府失能、經濟失序、財富不均等問題的深切反思。畢竟權貴資本主義不是真正的資本主義，因為資本主義還要受各種各樣的限制，在法律上徵收很多稅。資本主義也接受許多所謂社會主義原則，就是所謂福利國家的問題。

社會主義制度只能在某一程度實行，不可能全面實行，有一批人控制公家所有財產，這批人難道都是聖賢？中國大陸經濟和科技的高速成長，開始威脅美國資本主義擴張和獨霸全球的強權地位，美國開始有了反擊動作。特別是在川普擔任美國總統之後，開始對中國大陸掀起了貿易大戰，並以提高關稅策略來抑制對中國大陸的貿易嚴重逆差。

中國大陸與美國貿易之戰，改變了中美關係的關鍵和核心因素，也凸顯中美關係對全球政經發展的影響，中國大陸對美出口的減少，減緩經濟成長，相對也暴露中國沒有成本優勢與美國對抗，凸顯美國當前還是獨霸全球的政經局勢。

臺灣經濟的發展當審視全球政經發展的趨勢，更不能自絕於兩岸關係的發展，當戰後與臺灣最密切貿易的美國及日本等重要國家，無不都以大陸市場為重要目標之際，臺灣更當善用與中國大陸同文同種的競爭優勢，來提高在國際市場上的競爭力。

回顧人類歷史的發展，在資本主義政經體制變遷上將走向政治民主、市場經濟及公民社會的道路，而自由的政治與經濟的體制必須仰賴創意價值的民間活力，才能夠繼續地維持生存下去的競爭力，中華民國臺灣時期經濟政

策與發展亦應朝向此主流價值前進。

二、臺灣政經思想主體性與整合性建構

彼得・杜拉克（Peter F. Drucker, 1909-2005）指出，凡是未曾嘗試過我
們那一代習以為常的恐懼生活，從未受到戰火蹂躪，未曾吃過戰俘營苦頭或
生活在恐怖警察國家的人，不僅應心存感激，更應該凡事懷抱著包容心與憐
憫。

在 19 世紀的 1848 年，西方社會也因為馬克思（Karl Marx, 1818-1883）
與恩格斯(Friedrich Engels, 1820-1895）發表〈共產黨宣言〉（The
Communist Manifesto）的揭櫫共產主義思想。

它是以資本主義的反命題作為思考基礎，建立起極權主義的大標誌。其
在政治上凸顯了帝國主義與殖民主義，乃至於極權國家的紛紛出現；在經濟
上資本主義則導致充分代表了貪婪資本家的政經利益，也因此形塑的凸顯了
自由與平等之間的矛盾問題。

檢視資本主義與共產主義在 20 世紀的 1930 年代至 1960 年代，其仍然
沿續著自由與平等之間爭議的熱門話題。1945 年 4 月 29 日傅斯年發表於重
慶《大公報》〈羅斯福與新自由主義〉指出：

> 人類的要求是自由與平等，而促成這兩事者是物質和精神的進步。
> 百多年來，自由主義雖為人們造成了法律的平等，卻幫助資本主義
> 更形成了經濟的不平等，這是極可恨的。沒有經濟的平等，其他的
> 平等是假的，自由也不是真的。但是，如果只問平等，不管自由，
> 那種平等久而久之也要演出新型的不平等來，而且沒有自由的生活
> 是值不得生活的，因為沒有自由便沒有進步了，所以自由與平等不
> 可偏廢，不可偏重，不可以一時的方便取一舍一。利用物質的進步
> (即科學與經濟)和精神的進步(即人之相愛心而非相恨心)，以促成人

類之自由平等，這是新自由主義的使命。[1]

承上述，傅斯年的強調「不可以一時的方便取一舍一」，即指只求「平等」的共產革命，或只求「自由」的資本主義，旨在於促成人類追求自由與平等的普世價值。

1949 年 11 月 20 日，傅斯年在臺北的《自由中國》雜誌創刊號又針對自由主義與共產主義的〈自由與平等〉矛盾，發表了一篇措辭比較中性的文字指出：

> 沒有經濟平等，固然不能達到真正的政治自由，但是沒有政治自由，也決不能達到社會平等。現在在世界上一派人批評「自由」，說他是假的，其中也不無道理之處，當然也不是全有道理，然而他們犯了一個最大錯誤。「平等」二字，其難解，其在近代史上之失敗，其在俄國當代宣傳中之虛偽，比起「自由」二字來，有過而無不及。在「自由」「平等」不能理想的達到之前，與其要求絕對的「平等」而受了騙，毋寧保持著相當大量的「自由」，而暫時放棄一部分的經濟平等。這樣將來還有奮鬥的餘地。[2]

1949 年，二戰結束後的蘇聯共產集團，其所實施強調經濟社會「平等」的理論，相對於美、英等民主國家，其所實施政治社會「自由」的理論，乃至於為解決因自由市場失靈的出現大量失業問題，乃透過凱因斯(J. M. Keynes, 1883-1946）重視政府職能的實施資本主義經濟政策，導致 1970 年代末期世界經濟爆發「惡性停滯性通貨膨脹」(hyper- inflation)的嚴重後果。

然而，為解決政府經濟政策的過度干預市場機能，於是出現了 1980 年

---

[1] 傅斯年，《傅斯年選集》(第八冊)，(臺北：文星書店，1967 年 1 月)，頁 1,386。

[2] 傅斯年，《傅斯年選集》(第九冊)，(臺北：文星書店，1967 年 1 月)，頁 1,584。

代中期美國總統雷根（Ronald W. Reagan, 1911-2004）政府與英國首相余契爾（Margaret Thatcher, 1925-2013）政府聯手共同倡導實施所謂「新自由主義」（Neo-liberalism）的全球化策略，並且強烈批判共產主義的危害全球自由經濟體系與市場。

「新自由主義」是古典經濟自由主義的復甦，從政治經濟學的角度，無論古典或新古典經濟學的強調自由市場機制，其主張小政府的組織型態，政府介入市場自由的干預越少越好，尤其反對政治對經濟的干預和對商業、貿易和財產權等等的管制措施。

「新自由主義」的出現，除了造成國家、市場、社會結構的顧及國內重大改變之外，它更是強化支持利用經濟、外交壓力或是軍事介入等因應國外手段來擴展全球化的市場，達成自由貿易和國際性分工的目的。

「新自由主義」的政經理論，其亦在凸顯任何政治體制或經濟體制都糾葛於國際政治與經濟體系的網絡中，故其政經問題亦深受國際政治與經濟體系相關特質的影響。同時間，也導致了 1987 年整個蘇聯共產集團在政治與經濟結構上的徹底轉變和解體。

然而，「新馬克思主義」（Neo-Marxism）的政經理論，其試圖在馬克思古典理念基礎之上的結合一些人類現代哲學思想，但仍堅信馬克思主義的基本原則，特別是認為如果沒有社會下層的經濟基礎改變，上層建築的改變是不會發生的，意在凸顯「社會學」（Sociology）的強調的平等、正義和福利的理念，主張從社會層面去深入探討政治、經濟、社會(包括文化)的結構性關係。

「新自由主義」偏重強調政治經濟學的「自由」理念與目標，終致 2008 年全球爆發嚴重金融風暴的經濟失序現象，和「新馬克思主義」偏重強調政治經濟學的「平等」理念與目標，終致國家出現經濟發展落後的嚴重問題。

為解決當代「新自由主義」與「新馬克思主義」在政經發展上的出現各有偏執現象，這也凸顯在政治行動上的「有限理性」，仍然為制度所制約；同時，這一政治行動也還必須受到與其他同樣處於制度內所制約的經濟、社

會之間的互動而定。

　　獨霸全球的美國人實際上是世界上最怕戰爭的，美國要發展世上最強大的軍隊，目的就是要拒戰爭於萬里之外，絕不讓戰爭在本土發生。蘇聯解體後的中國崛起，但中國大陸現在還沒有具備與美國對抗的軍事武力實力。幾百年來，東西方一直都存在文化與價值觀的差異，而且西方發達國家的眼中仍充滿了民族優越感。

　　2019 年 5 月 15 日，中國大陸北京召開的首屆「亞洲文明對話大會」，會議以「亞洲文明交流互鑒與命運共同體」為主題，中共國家主席習近平在開幕式的演講指出，亞洲文明對話大會為促進亞洲及世界各國文明開展平等對話交流、相互啟迪提供新的平台。要加強世界上不同國家民族文化交流，夯實共建亞洲命運共同體、人類命運共同體的人文基礎。

　　21 世紀人類的文明衝突主要分別是中華、日本、印度、回教、西方、拉美，以及可能存在的非洲文明，衝突不再僅是國與國之間，更多地將是文明與文明之間。如今代表西方文明的美國，正在與代表中華文明的中國大陸展開一場文明衝突。

　　美國式的資本主義與中國特色社會主義體制之間的文明衝突，我們處在這關鍵的時刻和面臨兩大強國之間，中華民國生存與發展的歷史也承載中華文明的永續責任，焉能不慎乎？

　　臺灣政經思想的發展與變遷，從原住民時期村社的歷經荷西公司體制、東寧封建體制、清國皇權體制、日治軍國體制、國府黨國體制，至當前轉型體制的走向民主體制思想的發展，在這四百多年來讓人不得不有臺灣斷裂歷史的感嘆！

　　最後總結，我願引用我在【臺灣政經史系列叢書】發刊詞中的一段指出，檢視人類文明史的歷程，國際情勢發展到了 1980 年代以後新自由主義的全球化政治經濟浪潮，已經很明顯出現了世界性金融資本的掠奪，和社會貧富懸殊的嚴重現象，不但凸顯資本主義市場經濟的失靈與民主政治的失能，而且充斥著根本兩者就不公平，以及貪婪資本家與無恥政客頻頻演出相互利益勾結的危機。

　　面對當前政治與經濟體系運轉的失效，引發我們檢討過去政治經濟體制發展歷史的優劣缺失之外，更要關心 21 世紀政治經濟學對於國家與社會關係發展的深切思考，和其相對關注於未來臺灣政經體制相互主體性與結構整合性的發展，與攸關這塊土地上人民生活所產生的影響。

第三部分

訪談篇：
戒嚴時期的中華民國與臺灣

八二三炮戰與高舉副司令官
被調職案之探討

一、前言

　　國共的鬥爭，兩岸的分裂，中國的大歷史潮匯流到了金門，然後打了一個漩渦，整個歷史就在以金門為軸心的漩渦下打轉。以前這樣的漩渦是歷史的向心力，以蔣介石的反攻大陸為主導；現在卻產生了離心力，而以民進黨的臺獨意識為主流。

　　1949 年的古寧頭大戰，讓兩岸的歷史分流；1958 年的「八二三炮戰」影響所及，讓臺灣發展的歷史分流。

　　本文首先約略介紹高舉將軍的生平，其次敘述「二二八事件」與永康艦、八二三炮戰的運補計畫，和高舉副司令官的直擊炮戰現場，第三部分將以金門防衛副司令官高舉將軍為例，敘述他在八二三炮戰期間所代表海軍單位提出的戰術計畫，因與美軍派駐金門顧問團的意見相左，竟中途遭致調職回臺，乃至 1965 年的 54 歲年紀退役。

　　最後，針對該項人事調職案作探討，並冀望有助於彌補「二二八事件」和八二三炮戰有關歷史檔案文獻的遺珠之憾。

二、二二八事件與太康艦長高舉

　　高舉(字超然)將軍自馬尾海校畢業後，先後奉派義大利、德國、美國研習海軍。根據〈高舉將軍生平年表〉，高舉將軍於 1946 年 8 月調升太康艦艦長，其任內曾在渤海灣一帶截斷中共在大連與煙台間之運輸補給，並奉派

協助處理 1947 年臺灣爆發的「二二八事件」。

高舉將軍生平年表

年月日(年齡)	內容記述	備註
1911/3/1(1 歲)	出生	祖籍渤海。父親高仲芷
6/1/1926~8/31/1932 15 歲~21 歲	煙台幼校、馬尾海官校二十一年班	煙台與馬尾海軍官校合併
9/1/1932~10/11/1943	少尉、中尉、上尉主任教官大隊長分台長	3/1/1933~8/31/1939（出國留學義、德）
10/11/1943~8/1/1948	軍委會少校、少校艦長	主管：蔣中正
8/1/1946~12/26/1947 (2/28/1947 二二八事件)	太康軍艦中校艦長	主管：桂永清，1946 年高舉與瞿梅小姐結婚
12/26/1947~7/1/1949	海軍官校接艦訓練班上校主任	主管：桂永清，1948 年長男高紹舉出生
7/1/1949~4/1/1950	海總第五署上校副署長	主管：桂永清
4/1/1950~11/16/1953	國防部二廳上校、少將副廳長	主管：侯騰、周至柔、賴名湯。1951 年長女高峭梅出生
11/16/1953~2/16/1955	海總法規委員會少將委員	主管：馬紀壯
2/16/1955~11/1/1956	海總諮議室少將諮議官	主管：梁序昭
11/1/1956~9/30/1958 (47 歲)	金門防衛司令部少將副司令官	主管：劉玉章、胡璉。參謀總長彭孟緝。1958 年次子高靜安出生

8/23/1958(八二三炮戰) (47 歲)	金門防衛司令部少將副司令官	第十軍軍長張國英兼金防部副司令官。郝柏村是陸軍第九師少將師長
9/30/1958~1965	國防部聯合作戰研究督導委員會委員	主管：彭孟緝
1965 年(54 歲)	退役	
10/1980 移居馬里蘭	商船船長，70 歲退休	1976 年長子高紹舉赴美。1979 年長孫高執中出生
1983(73 歲)	移居洛杉磯	1987 年次孫高守正出生
10/22/1994(83 歲)	洛杉磯過世	

資料來源：依據高舉將軍家屬提供資料彙整。(2021.09.21)

根據高舉將軍長公子高紹舉(JSK 高)指出：

> 二二八事變時我父親是太康艦長，那時臺灣行政長官陳儀逮捕一些
> 人，要我父親將他們在海上處決，我父親拒絕，告訴一定要審判後
> 有罪，並要有官方命令。[1]

1949 年底，國府來臺，高舉調升海軍總部五署副署長。1950 年 3 月，奉調國防部二廳副廳長。1953 年 11 月，調海軍總部法規委員會委員。1956 年 11 月，從海軍總部諮議室少將諮議官奉調金門防衛司令部少將副司令官。

1958 年 8 月 23 日，八二三炮戰爆發，高舉金門防衛海軍副司令官與司

---

[1] 參見：陳添壽，《八二三炮戰補遺──高舉將軍的志事平生》(未刊稿)。

令官胡璉將軍率領弟兄並肩作戰，但當戰事正激烈時，他突然於 9 月 16 日被調離副司令官職務返臺，發表的新任職務是國防部聯合作戰研究督察委員會委員。

1965 年，高舉將軍奉准退役。根據高舉將軍長公子高紹舉(JSK 高)指出：

> 父親清楚督導委員那是一個閒差，其間三次請退役，第一次老蔣慰留，第二次因有美軍顧問告訴老蔣我們國軍將官太多了，我父親想那是個好機會就再次請退，當時有二十多將官也請退，結果除了他和另一位其他都准退了。有些不知道八二三的陸空軍將領都說老蔣看好你了。當時上級告訴我父親要升他中將，不要退役，但我父親心已冷。[2]

三、八二三炮戰運補計畫的爭議

1958 年 8 月 23 日，爆發八二三炮戰的兩天後，美軍調派艾塞克斯號航母（USS Essex CV-9）與四艘驅逐艦增援臺海，並將勝利女神飛彈營移交臺灣，以及加快提供外島七個師的現代化裝備。

9 月 1 日，國防部長俞大維在接見美國陸軍部長布勞克爾(Bruker)，及太平洋陸軍司令懷特上將等人後，接見協防司令史慕德(Roland N. Smoot)。

俞大維在以上的商談中，綜述我方目前當務之急如下：1.運補及傷患後送。2.有效之反炮擊。史慕德對中國海軍在過去一週中之表現，表示關切，認為彼等應更具積極性和想像力。惟有以勇氣與決心，才能對準備提供之美國人民與政府，顯示中華民國不屈不撓之精神。[3]

史慕德言下之意，對海軍表現有所不滿。事實上當時海軍表現良好，史

---

[2] 參見：陳添壽，《八二三炮戰補遺——高舉將軍的志事平生》(未刊稿) 。

[3] 李元平，《俞大維傳》，(臺中：臺灣日報社，1993 年 2 月)，頁 237。

慕德應被金門的美軍顧問所誤導，當時美軍顧問主張用登陸艦(LST)搶灘的方式運補，金門部副司令高舉海軍少將表示反對，因目標太大以及坐灘太久會造成搬運軍民嚴重傷亡。

美軍顧問以為高氏膽怯，遂向國軍高層反映，導致高氏被調職。其後美軍顧問組與海軍副司令黎玉璽協議用中型登陸艦(LSM)，及機械登陸艇(LCM)來搶灘運補金門，此即後來之「閃電計畫」。從 9 月 7 日起到 9 月 18 日共實施八個梯次，但運補的效果不好，俞大維在美國為國軍運補船隊護航一事並不滿意。[4]

因為戰事膠著，蔣中正向美國駐華大使莊萊德(Everett Drumright)表達憂心，對於美國是否能夠保持外島運補暢通與確保外島安全，希望獲得美國的保證，因而無法接受美國限制他為了自衛採取的反擊。

隨著戰事延長，我方於 9 月 26 日首次利用美援 12 門 8 寸榴炮反擊來扭轉戰局。10 月 6 日，中國大陸發表《告台灣同胞書》，主動單方面停火 7 天的同時，提出舉行和談，但遭國府拒絕。

10 月 10 日，蔣中正於雙十國慶表示：在這六個多星期的惡戰苦鬥中，不僅打破了共匪在金門登陸作戰的陰謀，制壓了其侵略東南亞的野心，更將其虛聲恫嚇、圖窮匕見的一切弱點，都對世界暴露無遺。

10 月 25 日以後中共改「單打雙停」策略。一直到 1979 年 1 月 1 日北京與華府建立外交關係後，共軍才全面停止炮擊外島。

哈佛大學費正清研究中心研究員陶涵(Jay Taylor)引述周恩來對季辛吉（Henry A. Kissinger）的話指出：

> 1958 年美國要求蔣放棄金門，完全切斷臺灣和大陸的臍帶，但是臺灣和大陸領導人「合作化解杜勒斯此一努力」。……金門危機終於過去，國、共雙方繼續敵對，雙方設法挫弱對方；但是在最高階

---

4 陳漢廷，〈國防部長俞大維(四之三)──整軍經武手金馬〉，《傳記文學》第 104 卷第 2 期，(臺北：傳記文學雜誌社，2014 年 2 月)，頁 78-79。

層，他們彼此有默契——雙方皆認同中國的統一，然而他們背後的兩大超強盟友只要求臺海和平——也就是兩個中國。[5]

　　檢視這場戰役，美國始終不情願為了金馬外島與共軍正面衝突，以避免引發大戰，甚至擴及與蘇聯的軍事衝突。國府要固守金馬外島，美國又擔心國府擅自發動對大陸軍事行動，使得戰事一再拖延。

　　最後卻在美國與北京關係正常化下結束這場戰爭，為兩岸帶來分治的局面，印證了國際情勢的詭譎多變。

四、高舉副司令官直擊炮戰現場

　　李元平在《俞大維傳》記述了炮戰開始的激烈慘況。[6]根據當時擔任金門防衛副司令官高舉將軍於 1983 年在其回憶炮戰現場的詳細記述：

> 在美軍顧問都認為二次大戰均未曾有過那樣密集和猛烈的敵軍炮火中（前兩天故總統蔣公到防衛部召集團級以上部隊長開軍事會議，敵方似得到情報，想集中敵軍全部炮火力量摧毀司令部盡殲司令部人員，敵人沒有料到他老先生已於前一天走了），我披著被受重傷的抗日名將吉星文將軍的濺血洒滿和濕透的軍服（敵彈落在我們兩人七步之內，吉負重傷我只輕傷），踏著已經陣亡的趙家驤將軍（故蔣委員長東北行轅參謀長兼瀋陽警備司令）及兩腿均被炸斷的防衛部參謀長劉明奎將軍等的血灘（劉兩腿經陸總醫院兩年長期治療後已能扶杖以行），衝入有堅固的防禦工事的指揮部。但一想到重傷的吉星文，又衝出指揮部奔往停車場，擬驅車往吉處設法載他到郊外之 53 陸軍醫院（此時空軍副司令官章傑座車直接命中，身首

5　陶涵(Jay Taylor)著，林添貴譯，《蔣介石與現代中國的奮鬥》，(臺北：時報文化，2010 年 3 月)，頁 627-628。

6　李元平，《俞大維傳》，(臺中：臺灣日報社，1993 年 2 月)，頁 221。

分飛死狀頗慘）。當我又一次陷于滿天炮火的停車場上時，心中自忖吉雖負重傷未必會死（因該處至少有一部分掩蔽，停車場則毫無掩蔽），我此番生還已無望矣。炮轟暫停後，因吉將軍的司機已陣亡，乃由我司機謝彥石送往 53 醫院，終因傷重（腹膜炎）于次日（或第三日已不詳）卒於醫院。這中間還有一段插曲：當我到駐金門海軍各單位巡視時，不少官兵都驚訝地說副司令官負此重傷怎麼還能跑出來看我們呢？我還得向他們解釋我滿身的血污都是吉副司令官腹部中彈時濺到我身上的，我其實只手部受輕微彈片擦傷。[7]

另，據高舉將軍長公子高紹舉記憶：

記得第二天國防部派人到我家報告我媽媽說，我父親只受輕傷，當時我在她身邊。[8]

五、高舉副司令官被調職案始末

9 月 2 日，儘管料羅灣海戰中，我方兩棲船團在混戰中運補成功，但史慕德(Roland N. Smoot)卻對層峰抱怨海軍的運補金門，因為海軍總司令梁序昭顧慮損失的決定改由登陸艦(LST)在外海停泊，讓兩棲運輸車(LVT，俗稱水鴨子)泛水往岸上運補。

這個戰術成功突破共軍封鎖，縱使後來也獲得美方高度肯定，卻已導致當時同屬海軍的高舉副司令官在 9 月 16 日即被後調回臺。

加上，美方海軍部門一向認為國府海軍缺乏良好的高階層領導，海軍資深軍官多半來自陸軍。海軍技術上不錯，但沒有參與戰鬥的驅力，而且害怕戰損，影響作戰行動。

---

[7] 參見：陳添壽，《八二三炮戰補遺——高舉將軍的志事平生》(未刊稿)。

[8] 參見：陳添壽，《八二三炮戰補遺——高舉將軍的志事平生》(未刊稿)。

根據高舉將軍〈書後補敘——關於八二三炮戰以後金門島支援及補給問題〉的記述：

> 關於八二三炮戰以後金門島支援及補給問題，我和當時駐金門美顧問組組長（陸軍上校）意見不一致。他建議我要電請臺北海軍總部，派遣運輸登陸艦隊之大型登陸艦，不惜一切犧牲，直接搶灘，輸送補給。我鑒於連日炮戰已使金門海軍巡防處所屬小艇隊受到重大損失，小艇目標不及大型登陸艦十，甚至百分之一，而機動力則十，甚至百倍於大型登陸艦；小艇尚不免一一被擊沉，大型登陸艦搶灘後變成死靶（sitting duck）勢必全軍覆沒，應將我們的經驗告訴他⋯⋯。因此我主張登陸艦抵達金門海域不必搶灘，就在海域附近保持機動，由艦上載來之陸戰隊用之兩棲運輸小艇，輔以金防部海軍巡防處所屬小艇隊之小艇執行最後階段之運補任務，小艇及少數人員之損失究竟較大型艦艇及大批需長時間訓練的官兵之損失比較容易補充。但他堅持己見，竟向美軍事顧問團團長杜安少將（陸軍）說我不合作。國防部為維持中美協調召我回部。但他的計劃一開始執行就遭到挫折，最後還是照我的原計劃順利推行運補任務。我同時也公函美軍臺灣協防司令史慕德中將（海軍）將我所擬計劃請他評判。他覆函贊同並聲言：「高副司令官的（Admiral Kao's）措施在海軍立場而言是完全正確。」許多人都曉得我回臺北不久最高當局（故總統）即召見慰勉有加：「金門之事出於誤會，不必去介意，好好幹！」他老人家對這件事很清楚。[9]

1959 年 6 月 24 日，當時美軍臺灣協防司令史慕德中將（海軍）的覆函 (高紹舉中譯)：

---

[9] 〈書後補敘——關於八二三炮戰以後金門島支援及補給問題〉，參見：陳添壽，《八二三炮戰補遺——高舉將軍的志事平生》(未刊稿)。

一九五九年六月二十六日

高　舉　海軍少將

中國　海軍

敬重的高將軍：

謝謝你六月二十二日寫給我的信及有關你去年秋天調離金門防衛司令部的文件。

你非常慷慨地提供我這第一手真實的資料，否則事件的真相將長久難以澄清。對於你的堅守原則，以及許多目擊者報告你在激烈炮火下執行職責的勇氣，容我向你表示最高的敬意。

希望你未來事事成功！

敬重你的，

史慕德

美國海軍中將(署名)[10]

　　特別是當時擔任金門防衛司令的胡璉(字伯玉)將軍，事後亦於 1959 年 9 月 14 日回函給高舉(字超然)將軍的信：

超然副司令官吾弟大鑒：頃接九月七日來函敬悉種切，此次吾弟之事，余於九月八日黎〔註：黎玉璽〕副總司令抵達金門時，微有所聞，慳以語焉不詳，未能忖度，雖先後曾函電總長〔註：王叔銘〕解釋，迄未奉覆。今談來書所云一切，始悉個中詳情，乃係美方誤會所致，當日不令海軍船隻搶灘，以免人船兩失，原由余所決定，而為吾弟所執行者故於駁運結果，卒使七百餘員之新兵，安然抵達。若直接搶灘必不如此，日來美海軍數次護航吾船團均不能搶灘

---

[10] 〈1959 年 6 月 26 日史慕德覆高舉函〉，參見：陳添壽，《八二三炮戰補遺——高舉將軍的志事平生》(未刊稿)。

下卸，且受匪炮損害甚巨，即為明證。由此以見吾弟其時之決策極為正確。茲竟以此事使吾弟受屈，余亦至感不安。余為吾弟之長官，一切責任自應由余負擔，現已親筆另函 總長〔註：王叔銘〕詳陳始末，俾邀明察，諒以吾弟之忠貞盡職，志操純正，俾能有所大白，否則即以七百餘員之新兵以受吾弟措置得當之所惠，得慶無恙，自亦功德無量。諸希不必有介於懷是幸。

專此匆覆，並頌 近祺

胡璉 印 手啟 〔註：民國四十八年〕九月十四日[11]

又，根據高舉將軍家屬的記述：

美國有軍事顧問團在金門非常害怕，要求我們海軍從臺灣派艦運送充員去金門，我父親是海軍最高指揮官的拒絕了，因為當時炮彈的密集會造成非常大的傷亡。美軍一狀報告老蔣，他一聽不和美國老大哥合作還得了，不久就把我父親調回臺灣。當家父第三次請退役時老蔣對他說當時是誤會。[12]

八二三炮戰期間，當時擔任金門防衛司令部副司令官的張國英陸軍少將，亦於 1959 年 5 月 18 日回給高舉將軍的信：

超然吾兄勛右：大札敬悉。
金門炮戰吾人能躬逢其盛而又以身免，自反已可心安矣。
兄在炮戰期間，不計艱危，單車簡從，出入灘頭，其勇敢盡職之情形有目共覩，何待弟言。吾兄在炮戰期間處理海運業務，因情況不

---

[11] 〈1959 年 9 月 14 日胡璉覆高舉函〉，參見：《鄭天杰訪問錄》，中央研究院近代史研究所口述歷史叢書(21)，1990 年 5 月出版，頁 154-156。

[12] 參見：陳添壽，《八二三炮戰補遺——高舉將軍的志事平生》(未刊稿)。

明，聯絡失常，發生誤會，致有吾兄奉命後調之事發生，如今上下
皆明，兄又何憂也。至於流言中傷，乃無聊人之所為，弟前亦遭遇
同樣狀況，稍過時日，必能水落石出，不辯自清，不知兄以為然
否？有暇盼常賜

教示。專覆並頌 時祺

　　　弟　　國英 拜上　〔註：民國四十八年〕五月十八日[13]

　　從當時參與炮戰的諸位將領信中，我們不難感受出高舉將軍在八二三炮
戰中，因為戰術任務上與美軍顧問的意見相左，竟演變成海軍不配合美軍的
行動為由，導致高舉將軍在炮戰發生後的 23 天即被後調回臺北。

　　然而，當時高舉將軍堅持在戰術上不願意犧牲官兵生命的海運搶灘任
務，從後來戰事的全局發展來檢討，當時高舉將軍採取保全官兵生命安全的
戰術，也有其人道主義的一份堅持吧！

　　高舉將軍自述其辭職退役的原因：

國民政府自從抗日戰爭之前開始迄剿共失敗退守臺灣以後，黨政軍
各單位除了空軍因係新興軍種比較單純外，其餘各單位一向派系對
立，明爭暗鬥，互相傾軋；又因國家經過幾年抗日戰爭以後國庫空
虛，財政困難（正應古諺所謂窮斯濫矣），因而導致貪污成風，操
守欠佳的部隊長因為公費不夠開支，也就借設法彌補名義混水摸
魚，公私不分。故蔣總裁（當時剛來臺灣已辭總統職）在草山革命
實踐研究院（第三期）對受訓中的陸海空軍部隊長訓話說：「你們
貪污吃空我都曉得，我過去對你們太好了，現在……」以上連最高
當局都瞭如指掌的貪污成風情形在當時竊鉤者誅，竊國者侯邪氣籠
罩之下，加上領導階層未能以身作則，樹立良好楷模以移風易俗，

13　〈1959 年 5 月 18 日張國英覆高舉函〉，參見：陳添壽，《八二三炮戰補遺——高舉將軍的志事平
生》(未刊稿)。

此種腐敗情形實屬難免。至於操守廉正，奉公守法，不肯同流合污之部隊長在此複雜環境之下，與到處陷阱、動輒得咎的場合當中反而可能招致無妄之災，甚至殺身之禍。大陸淪陷以前的政風概括的可以用兩句話來形容它——方方正正到處碰壁，圓圓滑滑左右逢源——兩次痛苦經驗（請閱附錄）以後對國民黨政府，尤其國軍前途早已萬念俱灰，去志堅決。離開太康〔艦〕後又經三次呈請退休，第一次老總統批「緩議」；第二次乘顧問團團長蔡斯將軍建議「國軍將官太多，與部隊人數不成比例，國防部可鼓勵提早退休」，在二十幾位陸海空軍自請退休之將級軍官中老總統又批「除韓文源、高舉外餘照准」；第三次稱病請退並附證明，始奉准退休。[14]

附錄：痛苦經驗

（I）長江江防司令部要塞，第一總台第一分台台長任內：

在對日作戰期間，接艦之前鄂西會戰正進行中，我當時任第七佈雷大隊大隊長，大隊部設在面對百里洲之松滋（縣）江岸，于敵陸軍攻佔松滋縣城時，隨陸軍部隊沿江往宜昌方面轉進，途中收到總部電報調我轉任要塞第一分台台長，以阻擋已接近宜昌即將進犯石牌（第一分台防區）之敵（我接任時前任台長已於我到達以前離開，因此就沒有正式移交）。

如敵軍進展迅速，幾天之內就要迎戰，自然應不分晝夜全力加強戰備，有一天總部林總台附來看我，告訴我國防部點檢組即將到石牌點檢駐石各部隊，你台上有兩名空缺，要找兩名民伕應點。我一聽之下大感意外，他走後我就問台附陳○○我們台上為何有空缺？他說那都是伙伕、炊事兵、服務生之類。前任台長因為公費不夠開支，空缺是用於彌補不夠開支的公費。我說既如此那就從實報告，何必

---

[14] 參見：陳添壽，《八二三炮戰補遺——高舉將軍的志事平生》(未刊稿)。

偷偷摸摸找民伕頂替，給士兵留下很壞的印象。

過了兩天另一位總台附郎○○（他是高我一期的海官同學）可能是總台長不放心，又叫他來催說「高射炮營長已被扣押，聽說你們還沒有去找民伕準備應點」。我對他說我不會找民伕來應點的，我一生光明磊落，堂堂正正，奉公守法，豈屑做這種偷偷摸摸，敗壞軍紀，貶損人格，玷污清譽之事？假如我竟因這次事件而坐牢或槍斃，那這個黨，這個政府已到無可救藥的地步了，我們活著和死了還有什麼兩樣？

第二天受檢時方總台長很不高興，也顯得有點不安。我出了紕漏他可能會受累，我卻是心安理得，處之泰然。因為我這次等於向國防部不合理的會計制度──一方面逼使清廉的部隊長為了截長補短不得不便宜行事，另一方面導致意志不堅定，操守有問題的部隊長走上混水摸魚，違法貪污之途──挑戰，因此也就增加了我的信心和勇氣。

可是很意外的點檢竟毫無問題的順利通過，不僅方總台長鬆了一口氣，覺得奇怪，連我都莫名其妙，回去後我問陳台附是怎麼一回事？陳說不是我幹的，而是弟兄們，特別是幾位軍士長認為台長到任不到一個月，如因此無故受罰而蒙不白之冤很不公平，自動去找人應點。可見公道自在人心。

（II）在太康軍艦艦長任內：

我們本來奉命準備開泊日本東京灣，參加盟軍進駐日本本土之佔領軍，當時駐日軍事代表團團長為何世禮中將（何為香港巨紳何東爵士之公子，曾任國防部高參），因華北軍情緊張，改派我們巡弋渤海灣，截斷山東半島與旅大間共軍交通及補給運輸。

我們第一次出巡捕獲敵運輸船隻及物資之多，破北巡艦隊在兩年中一次出巡所獲成果的紀錄。我們是火力最強，速度最快，噸位最大的隊長艦，本來就應如此，不足為奇。但是某日午夜時分我上駕駛台（也就是指揮台）想在雷達上看一看海面情況，在門口正要開門

進去時，聽到裡面的值更官正和副長徐集霖聊天，他對徐說：「我們跟高艦長做事有點划不來」。

我聽到這一句話就不想開門進去打斷他的話，想聽一聽他的「不平之鳴」。

他繼續說下去：「我們時常不分晝夜一夜沒睡，黎明照樣要起來追捕敵船，地區不分敵我，為了要補獲在敵要塞比我們更大的大炮，更長的射程，更強火力掩護下沿岸航行的敵船，我們還要冒著被擊沈的危險開到他們射程之內和他們打硬仗；其他各艦官兵都有好處，我們做更辛苦的工作，冒更大的危險，獲更大的戰果，官兵反而一點好處沒有；艦長嗎，他起碼戰果大，民望也大了，聲譽也高了，我們又有什麼呢？」

這裡讓我對這位值更官所說的「好處」說明一下：我們當時都曾聽說——只是傳聞——國防部當時有一個尚未確定的議案——當然尚未公佈實施——為鼓勵士氣，以後擬准許艦長將截獲敵物資百分之二十淨值做犒賞作戰員兵之用。他們認為其他各艦早已便宜行事，照分不誤，皆大歡喜，雖然是不合法的。

聽完這一段話以後我就不想進入駕駛台。回到艦長臥室自己檢討：我目前的作風特立獨行，奉公守法固善矣，但對提高士氣，發揮更大作戰力量，爭取更大戰果並無俾益，只有損害。各艦員兵回港後艦泊在一個碼頭上，當然會交換情報互通消息——我的結論是我要改變作風。

第二天一早我就把徐副長找來，我對他說我已決定不要再讓我們太康官兵吃雖合法但不公平的虧了。不過我的做法還是跟別人不一樣，我要公開做；此外我自己絕對不要沾一點光。我們成立一個委員會來處理這個問題，委員中一人由伙夫、炊事兵、及勤務兵中選出；艙面及機艙士兵中各選一個委員；官員都算委員，我派你當主任委員，如因不法而發生任何後果由我一個人完全負責。只要我自己清白問心無愧，如為鼓勵士氣我願意承擔任何風險也不計後果

了。

當然這種幾近集體貪污的事，堂堂皇皇公開地做，不到一個月就已傳遍了南京的海軍總部和青島的軍區司令部，軍區的軍法處長已經來訪問過，桂總司令也自南京飛青島，雖未必與本案有關，倒也附帶地解決了本案。

當我們晉見桂總司令時，途中我安慰副長徐集霖：你不必擔心，一切由我擔當，要殺頭應當殺我的，部隊中一切均應由主管官員負責，這是責無旁貸的。

晉見桂總司令時我把實際情形做詳細的口頭報告，他很同情我的處境，次日他召集各單位首長及高級幕僚、軍區司令參謀長、各處處長、官校校長、教育長、駐青島各艦艦長開會，到最後討論本案時桂總司令站起來問：「大家認為高艦長這個人會不會貪污？」大家面面相覷，最後桂總司令又說：「假如大家都認為高艦長不會貪污，那本案就此結束。」在短短幾年中，假如沒有富正義感的士卒及深知我操守的長官，我的腦袋早已搬家，至少也要做幾年的冤獄。正如美諺所謂「夠了就是夠了」。在那種方正不容讒諂蔽明，邪曲害公的大環境內不肯以身之察察，受物之汶汶，特立獨行之士，尤其是三閭大夫型人物最明智的選擇也只有斂展功名利祿，急流勇退，返樸歸真了。共產黨並不可怕，可怕的是當時的國民黨和他所組成的政府已經腐敗到不可救藥的地步了。

六、美軍與國府安定國家政局思考

回顧 1950 年代前後的臺灣政局，蔣中正、蔣經國父子扮演著安定中華民國的最重要角色。尤其依據 1949 年 5 月《動員戡亂時期懲治叛亂條例》，與 1950 年 6 月《戡亂時期檢肅匪諜條例》，也接連發生了幾樁攸關政局的事件，諸如 1953 年「吳國禎案」、1955 年「孫立人案」、1960 年「雷震案」等都很難不讓人做諸多的揣測與聯想。

高舉將軍在 1987 年 7 月 20 日擬好給蔣緯國的一封信中提到：

> 經國先生任接政治部主任時，我也在國防部任二廳副廳長。在周至
> 柔將軍主持的會議中，我代表二廳與經國先生並非緣慳一面。……
> 我曾經替經國先生做了一次吃力不討好的事，主要我想是誤會。[15]

從高舉將軍擬給蔣緯國的信中，隱約透露其在國防部二廳副廳長任內，
就曾有過與蔣經國在公事上的磨擦。爾後，再加上金門炮戰高舉將軍在海軍
運補戰術上所引發與美軍之間的嫌隙。

我們合理推斷：如果當年再有軍中派系的興風作浪，《黎玉璽先生訪問
錄》指出：

> 事隔三十年後，於民國七十二年三月接到高舉的一封信，說他是當
> 時接艦班主任，對我如何如何，始知是高舉做了手腳，使我不能赴
> 美接收太和軍艦。[16]

另據〈高舉回顧一二〉記述：

> 讀黎玉璽先生訪問紀錄 170 頁，有關他對當年赴美接艦未成事件誤
> 會之深與事實出入之大，令人深感遺憾，實有加以說明，以正視聽
> 之必要。當年我堅決要辭去太康艦長時伏波艦（英國接收回來的）
> 新近才沉，最高當局對這艘由美國接收回來八艦中火力最強，速度
> 最快的旗艦極為重視；桂總司令鑒於伏波的教訓不敢將它交給任何
> 生手新人，一直不讓我走，我的同學海軍軍官學校校長魏濟民准將

---

[15] 參見：陳添壽，《八二三炮戰補遺——高舉將軍的志事平生》(未刊稿)。

[16] 黎玉璽，張力，《黎玉璽先生訪問錄》，中央研究院近代史研究所口述歷史叢書(31)，(南港：中央研究院近代史研究所，1991 年 6 月)，頁 170。

也勸我：「你現在是艦隊長，馬上就要升艦隊司令，為何一定要辭職？」我當時答他：「邦有道則兼善天下，邦無道則獨善其身，莫說司令，總司令又何足道哉！」（地點是青島海軍軍官學校）這句話的上半段在當時只能心照不宣。那時我心中的感受和認識是：抗日不怕日本人，剿共不怕共產黨，最怕的還是自己人──派系。所謂明槍易躲，暗箭難防。最怕的還是自己人──派系。

最後我在上總司令書中及晉謁總司令作口頭報告時，均極力保證馬紀壯、王恩華、黎玉璽三人中任何一人都能勝任太康艦長（馬紀壯曾在永順軍艦當過我的副長，我知他最深；王恩華是當時三位永型艦長中最資深的艦長，黎先生是梁序昭先生任內的太康副艦長，當然也能勝任。雖在離我們有過一段不愉快關係的時間還不算太久之後，我尚極力推薦晉升他任太康艦長，有什麼邏輯可以解釋在我們關係正常以後反而一定要阻擋他的出路呢？損人利己是小人做的事，損人不利己不是普通人甚至連小人都不會做的事，更不是正人君子所屑為之事，當然君子之量也非一般凡夫俗子所能測度得到的。我們都已屆──不是將，而是即將就木之年；孔子說鳥之將死其鳴也哀，人之將死其言也善，黎先生，我們可以相信孔夫子的話了。[17]

　　如果是軍中派系的嫌隙，或是平日高將軍的處事又極富正義感，或許有得罪某些人士，有人挾怨報復，影響層峰對高副司令官的人事態度，這是極有可能會發生的。

　　據高舉將軍的長公子高紹舉的記述：

　　我的外公，他叫瞿純白，他是老共產黨員瞿秋白的堂哥。外公，他是外交官，是外交部到臺灣之後第一位退休的外交官。瞿秋白是

---

[17] 參見：陳添壽，《八二三炮戰補遺──高舉將軍的志事平生》(未刊稿)。

1899 年一月二十九號出生的，江蘇常州人，我的外公是 1888 年出生的，年紀差了十一歲，我媽媽都是講常州話，我都聽得懂，常州話和上海話差不多。我想他們之間大概沒有什麼聯絡。我家有一份瞿氏家譜。我們家一點瞿秋白的資料都沒有，只有一本書。我媽媽都不知道，而且她現在記憶力已經很差了。我外公在世時我從來都沒有聽他講過瞿秋白，我想是因為他是共產黨。那時代都不提他。外公去世時我十九歲。[18]

艾葉在〈就死前夕，瞿秋白發出的戰鬥檄文——《多餘的話》(上)〉指出：

1916 年農曆正月初六，債主逼門，衣食無繼，瞿母吞服拌有紅磷火柴頭的虎骨酒，痛苦而死，瞿秋白《哭母詩道：「親到貧時不算親，藍衫添得淚痕新。飢寒此日無人問，落上靈前愛子身。」聽者無不泫然淚下。瞿母死前，寫下幾封遺書，拜託親友，撫養幾個兒女，從此瞿家星散，他們的父親也隻身去外地謀生。1916 年底，瞿秋白離開常州，轉到武漢，投奔堂兄瞿純白，從此走上了探索人生的道路，「尋求社會問題的政治解決辦法」。[19]

艾葉在〈就死前夕，瞿秋白發出的戰鬥檄文——《多餘的話》(上)〉的該文中繼續指出：

1922 年，經張太雷介紹加入中共。年底，中共總書記陳獨秀抵俄，任陳的翻譯，並接受其建議，回國工作。也就是在這個時候，瞿秋

---

[18] 參見：陳添壽，《八二三炮戰補遺——高舉將軍的志事平生》(未刊稿)。

[19] 艾葉，〈就死前夕，瞿秋白發出的戰鬥檄文——《多餘的話》(上)〉，《傳記文學》第 115 卷第 6 期(2019 年 12 月 691 期)，頁 17。

白不自覺地犯了一個終生懊悔的錯誤，那就是他拒絕了堂兄瞿純白要他去大學教書或去外交部工作的建議，而選擇了職業政治家的職業，主編中共黨刊《新青年》季刊的工作。1923 年 1 月 13 日至 1927 年「八七會議」之前，這個時期，是瞿秋白參加中共以來工作最順利的時期。[20]

根據上述，如果是因為高舉將軍的岳父是瞿純白，又因瞿純白的堂弟是瞿秋白，更因為瞿秋白的留俄共產黨員背景，是有名的共黨理論家，這在當時政府「反共抗俄」的政策下最受忌諱，是否影響高副司令官職務上繼續升遷的機會？

若因當時臺灣的軍中保防或特務系統，在做輿情反映時出現偏差，甚至於聯想高舉副司令官岳父瞿純白與瞿秋白的親戚關係，或是有人為了仕途的邀功，羅織罪名的誣陷，這在 1950-1960 年代「白色恐怖」時期亦有可能發生的情事？

當然，我們極不希望見到高舉副司令官，因岳父瞿純白與共產黨員瞿秋白之間的堂兄弟關係，直接影響了他在金門副司令官職務上的調離情事發生。但這一切都有待進一步資料的出現和查證。

七、結論

回顧八二三炮戰這段逐漸被遺忘的歷史，對於當年那些倖免於難的官兵，如果能夠知道在這淒厲的炮戰中，還有這麼一段曲折的過程，或許高舉將軍對於自己金門防衛海軍副司令官的被調離戰場就不會耿耿於懷了。

高舉副司令官這段八二三戰役的人事調職案，正提供給大家反思當時派駐金門的美軍，其在此戰役中所表現要堅持美國立場和維護其國家利益的強硬態度。

---

[20] 艾葉，〈就死前夕，瞿秋白發出的戰鬥檄文——《多餘的話》(上)〉，《傳記文學》第 115 卷第 6 期(2019 年 12 月 691 期)，頁 18。

　　對照高舉副司令官在此激烈戰事中，代表中華民國海軍立場的明智果決提出作戰方案，但因戰術與派駐金門美軍顧問團意見的相左，層峰又為顧及軍事合作關係，最後竟致高舉副司令官被後調回臺的經過，更何況高舉副司令官所提方案在後來的實戰中被證實是完全正確的戰略。

　　我在查閱《八二三戰役文獻專輯》[21]、《823 戰役參戰官兵口述歷史》[22]等具官方性質的檔案文獻，皆未見有高舉將軍被調職的記載或相關記述。

　　我認為八二三炮戰的這段歷史應還給高舉將軍的一個公道，這也是本文要補遺「二二八事件」和「八二三炮戰」檔案文獻的最大目的。

---

[21] 臺灣省文獻委員會、國防部史政編譯局合編，《八二三戰役文獻專輯》，(南投：臺灣省文獻委員會，1994 年 8 月)。

[22] 孫弘鑫主編，《823 戰役參戰官兵口述歷史》，(臺北：國防部史政編譯局，2009 年 6 月)。

蔣經國時代「本土化」的歷史意義

一、前言

　　1958 年，「八二三炮戰」的結果，兩岸情勢形成分裂分治的局面。兩岸分別由中華民國與中華人民共和國所代表的政府，儘管兩岸政府對外都不斷宣示自己擁有中國的主權。但是當時在聯合國的席次，溯自二戰結束以來都由中華民國所擁有，並且與英美法等重要國家同是常任理事國。

　　1971 年，兩岸這種對峙分立的態勢有了重大轉折，中華民國被迫退出聯合國，中國代表權改由中華人民共和國所擁有。

　　面對此嚴峻的國際情勢，蔣經國在中華民國退出聯合國的第二年，也就是 1972 年 6 月 1 日組閣，蔣經國開始啟用的青年才俊和本省籍菁英，臺灣正式進入蔣經國可以充分揮灑自如的「蔣院長時代」。

　　1974 年，蔣介石總統過世，蔣經國更是直接主掌國家建設的重責大任。從 1972 年的正式組閣，直到 1988 年他的過世。一般在學術研究或歷史上稱之為所謂的「蔣經國時代」(1972-1988)。

　　以下本文將分蔣經國「吹臺青」的論述、言論自由管制的新聞記述，和解嚴前後溫州街文化記憶等三部分，並嘗試透過與周伯乃、楊正雄等二位的與談方式加以敘述。

二、蔣經國「吹臺青」的論述

　　蔣經國的「吹臺青」風向，應溯自 1972 年，蔣經國的行政院長任內的正式組閣。在這次發布閣員的名單中，本省臺籍人士就包括了：徐慶鐘副院

長，林金生內政部長，高玉樹交通部長；謝東閔任臺灣省主席，張豐緒任臺北市長，還有李登輝、連震東、李連春等三人為政務委員。這份名單凸顯「蔣院長時代」的「吹臺青」政策，逐漸走向蔣經國內心思考未來要讓臺灣人主導臺灣發展的「本土化」布局。

當時閣員名單中的政務委員李登輝、連震東、李連春等三人，幾乎都與臺灣的農業發展有關。其中又以李連春政務委員的來自嘉南平原，也就是當今臺灣最大穀倉，臺南市後壁區的「莊稼人」。

林孝庭引用《蔣經國日記》指出：

> 近來贛州市面米價上漲，推其原因無非是政治之紛亂以及米商之從中圖利，所謂米荒，皆是人為。上午電話通知吉安縣府，請其協助購米，並請熊〔式輝〕主席命令吉安、吉水等處不得強扣米商。因為此事，我坐立不安，是想去解決此種難題。[1]

這段文字涉及贛州米價上漲糧食問題所引發的政治經濟事件，讓當時擔任贛南行政專員的蔣經國坐立難安。我們對照兩蔣到了臺灣之後，會如此重視糧食問題，破格取用對臺灣糧食問題有研究的專家李連春，分別擔任糧食局長和政務委員。

檢視李連春的生平略述，他在日治大正 9 年（1920）畢業於臺南後壁菁寮公學校，曾於白河公學校擔任工友。赴日留學畢業後曾服務於總督府米穀局。臺灣光復後，曾奉派擔任臺灣省糧食局局長。

1949 年，政府遷臺，大量人口移入臺灣，糧食供應緊張，李連春制訂第一次糧食增產五年計畫；1970 年，蔣經國擔任行政院長任內獲聘為行政院政務委員。李連春主持臺灣糧政長達二十四年，為臺灣早期糧政的主要奠基者，不僅規劃農業整治增產方案，並落實執行糧食的管制政策。贏得「牛

---

[1] 《蔣經國日記》(1941 年 2 月 21 日)。引自：林孝庭，《蔣經國的臺灣時代：中華民國與冷戰下的臺灣》，(臺北：遠足，2021 年 4 月)，頁 375。

車上不倒翁」的美稱。

李連春是否具國民黨籍背景,但這並不是很重要,以他農糧專業的技術官僚,除了受到老蔣總統的重要之外,尤其符合蔣院長時代的重用本省籍人士和技術官僚背景的兩大要件。

拙作《臺南府城文化記述》有篇〈後壁鄉誌補遺〉,係針對鄉公所編《後壁鄉誌》只列林榮賢和黃崑虎等二位工商界名士,似嫌有所不足。《後壁鄉誌》在對國家社會有重大貢獻者,應該多多增列如李連春等人士。[2]

當年,經國先生特別在「革命實踐研究院」舉辦「國家建設班」,是承襲其父親國民黨總裁蔣中正辦理《黨政軍聯合作戰班》的成功經驗而來。在蔣經國主導和充分信任下,負責當年執行「革命實踐研究院」重要幹部訓練任務的主任,正是曾任行政院長的已故李煥先生。

李煥當時紅遍半邊天的炙熱一時,他不但是國民黨的「革命實踐研究院」主任,同時身兼「中國青年反共救國團」主任,和國民黨「中央黨部一組」(後來改稱組織工作會,現在的組發會)主任,李煥集這三個重要單位的職權於一身,顯見當年經國先生對他的信任有加。

「革命實踐研究院」是負責訓練黨政軍警重要領導幹部的單位,在黨國體制一體的時期,黨政軍警等重要職務的調升,幾乎都要具備有受過該單位訓練的人士來擔任。

「中國青年反共救國團」是負責全國大專院校、高中學校的團務活動,在各學校、縣市也都分別設立青年救國團組織和青年活動中心,青年學生最想參加的是救國團舉辦的寒暑假的冬夏令營活動。

「中央黨部一組」,或是後來改稱的組織工作會,更是負責黨組織的選舉提名和輔選的動員工作。在中央民意代表機構的監察委員、國大代表和立法委員尚未改選之前,所有各縣市長、省議員等民意機構,和農漁水利會等社會團體的幹部,都要經由「中央黨部一組」,或是後來改稱的組織工作會

---

2   陳添壽,〈後壁鄉誌補遺〉,收錄:《臺南府城文化記述》,(臺北:方集,2020 年 1 月),頁 91-92。

來負責執行。

「革命實踐研究院」、「中國青年反共救國團」、「中央黨部一組」，這三個單位是蔣經國鞏固權力，和他重視政治菁英，推動本土化的單位。李煥的擔任這三個單位的主任，一直到 1977 年縣市長選舉，爆發了「中壢事件」之後，李煥才被調離這三個職務。

蔣經國「吹臺青」的本土化政策，儘管李煥在晚年接受口述歷史的時候，說蔣經國沒有特別要他推動所謂的「本土化」政策，或是有人批評蔣經國的推動「本土化」政策，只是他拿來要攏絡本省籍人士的策略罷了？

但是我們檢視蔣經國自從 1972 年擔任行政院長以來，乃至於國民黨主席、中華民國總統的階段，他所重用的謝東閔、連震東、林洋港、邱創煥、李登輝，而後的張豐緒、連戰、陳奇祿、楊寶發等，乃至於「本土化政策」最後階段的全面提升地方基層黨務工作人員的素質，再再證實蔣經國「吹臺青」的落實了他的「本土化」政策。

2021 年 4 月 27 日，是前總統蔣經國冥誕，史丹佛大學胡佛檔案館東亞館藏部主任林孝庭出版《蔣經國的臺灣時代》一書，並接受《聯合報》記者陳宛茜的越洋專訪。

林孝庭解讀部分《小蔣日記》指出，日記中所呈現的蔣經國是一直處於他父親老蔣的巨大政治光環的陰影之下，希望以工作成就贏得父親和他人的肯定；而且小蔣滯留蘇聯十二年的經歷，則打造小蔣既尖銳冷酷又感性親民的兩極化特質。也是一位傾向於在意識形態與務實作風之間，設法取得平衡的政治人物。

1979 年初，當蔣經國為臺美斷交耗費心神，他對於黨內派系利用國難爭權奪利，深惡痛絕。但只要念頭一轉想到老百姓，他立即流露出鐵漢柔情。尤其自從中美關係發生變化之後，就沒有離開過臺北，好久沒有見到他的人民了，我非常想念他們，不和民眾在一起，就會失去樂處。

承上述，蔣經國也是一位傾向於在意識形態與務實作風之間，設法取得平衡的政治人物。我們檢視小蔣在 1970 年代開始實施的「本土化」政策，積極培植本省菁英，參與國政、黨政等重要各部門的決策，這是蔣經國對於

國際情勢和兩岸關係的務實面，不似蔣介石所謂「漢賊不兩立」的意識型態堅持。

蔣經國「本土化」的積極培植本省菁英，擔任黨政的核心幹部，已故的臺南縣長楊寶發先生就是受到刻意培植的其中之一，當年他還是與小蔣的二兒子蔣孝武，同是革命實踐研究院國家建設班第 3 期的學員。

蔣經國的重視基層建設，和流露庶民總統的作風。蔣經國執政時期的經常下鄉，接觸民眾，處處可以顯示他的親民風格。例如蔣經國下鄉到臺南縣(今併臺南市)，由楊寶發縣長陪同到臺南縣柳營鄉視察酪農專業區發展的情形。[3]

柳營酪農專業區主要分佈在八翁里，早年的酪農戶由 6 頭牛慢慢養起，1990 年代前後是八翁酪農專業區擁有最多乳牛的時期，現今仍是國內相當重要的鮮乳產地。

臺南市柳營區也是臺灣最大的酪農區，這幾年來隨著產業轉型為具觀光價值的休閒業。牧場除了設有乳牛資訊及 DIY 教室，提供小朋友認識乳牛的生態之外，也讓參觀者獲得酪農相關常識。

牧場內有餐廳，提供各種由新鮮牛乳製作的美食，如營養健康的鮮乳火鍋、牛乳糖、奶酪、優酪乳、牛奶布丁、牛奶麻糬等等，鮮乳製品，味道純正香濃。

回溯蔣經國的「本土化」政策，如今已數十年過去，我們總還可以品嘗到柳營酪農區的各種美食，特別是手工做的鮮奶饅頭，總會想起小蔣當年當年有遠見和毅力，排除一切困難在臺灣所進行的本土化政策，也才有日後李登輝 1988 年當選國民黨主席的完成中國國民黨本土化，和 1996 年在首次舉辦總統直選的結果中順利登上了總統寶座，完成中華民國的本土化。

在臺灣大學教書的陳奇祿先生，也是當年蔣經國推動「吹臺青」本土化政策時期所刻意培植的政治菁英。陳奇祿的《民族與文化》一書，他提到

---

[3]　陳添壽，〈臺南縣長的贈書〉，收錄：《臺南府城文化記述》，(臺北：方集，2020 年 1 月)，頁59。

1948 年 5 月，應李萬居主持的《公論報》，主編「臺灣風土」，直到他 1951 年赴美進修。[4]

陳奇祿這段秉持中華文化的論述臺灣風土思維，和他有過與李萬居共事的經歷，也因這段重要資歷奠定他後來被蔣經國、李煥的提拔有關。曾任陳奇祿多年的機要秘書周伯乃，他曾告訴我一段追隨陳奇祿的回憶略述：陳奇祿先生從政也晚，他算是李煥先生提拔的人才，曾任救國團顧問，出任國民黨中央黨部副秘書長，則是 1976 年，已經 53 歲了。

周伯乃提及，當年他是在張寶樹擔任中央黨部秘書長的時候，任命他任陳奇祿的機要秘書。1976 年，跟隨陳奇祿進入行政院任政務委員室秘書，同時兼任《中央日報》副刊執行編輯。周先生也提到他一度到文化大學任課，當時陳奇祿的妹妹陳碧蓉女士在該校任圖書館館長，所以張鏡湖要他任董事會秘書，他答應了。

陳奇祿 80 大壽接受《中國時報》記者訪問時曾感嘆說：「離開臺大教職到政府工作，是個大損失。在學術上最得意的事情是開『臺灣研究』先河，次是對臺灣原住民物質文化的探索。」在 80 大壽餐會，周伯乃、莊芳榮等故舊門生為陳先生出版了紀念集。另外，中央研究院替他出了一本口述歷史！

陳奇祿一生都很重視他的學術地位，如中央研究院院士。據周伯乃所述：如果陳奇祿不從政，他可能會當上院長。陰錯陽差，經國先生批准他接閻振興的臺大校長，但那年有世界性的學術會議在哥斯達黎加召開，臺灣有三種類型的校長代表參加，大學閻振興、職業學校趙筱梅、中學校長崔德禮。

當時如果 6 月 1 日辦理校長交接儀式的話，會影響閻先生、陳先生都無法具資格參加，因而失去重要一席，臺大乃臨時換了退休教授虞兆中去接校長，陳奇祿先生接任文建會。這也才有 1981 年陳奇祿接任文建會主委之

---

[4] 陳添壽，〈溫州街瑣記：陳奇祿與臺灣大學校長一職的陰錯陽差〉，《臺灣商報》電子報(2021 年 3 月 2 日)。

後,並在他任內協助完成經國先生推動十大建設的其中一項,有關負責執行各縣市興建並成立文化中心的重大政績。

陳奇祿父親陳鵬,早期在福建、上海等地經商,外祖父鄭少卿為出身中國浙江紹興的書法家,父母親為日治時期(1895-1945 年)高級知識分子。這是非常特殊的家世背景。

陳奇祿在香港求學,後來入上海聖約翰大學、英國倫敦大學、日本東京帝大,唸的是政治;到臺大任教之後才改人類學,並專攻臺灣土著文化;成為人類學系名教授。

陳奇祿與吳三連同鄉,也曾擔任過吳三連基金會董事長。吳三連曾是陳奇祿母親的學生,也是他父親的同學,身份很特殊,交情非淺。陳奇祿任國民黨中央黨部副秘書長時,《中央月刊》需要廣告費,他出面在中山北路與南京西路附近餐廳,由吳三連代邀一桌客人,當場有人響應!可見他們私交不錯。陳奇祿在臺南縣,不僅獲得地方人士所謂「海派」吳三連等人的敬重,也贏得「山派」胡龍寶等人士的推崇。

陳奇祿與張若女士的證婚人是傅斯年,陳奇祿岳父張山鐘先生。1951年,當張山鐘角當選第一屆屏東縣長。1952 年,蔣經國成立「中國青年反共救國團」時要籌措經費,由當時副主任謝東閔出面向張山鐘勸募,獲得張山鐘的答應大力支持。

張山鐘當年亦響應政府的土地改革政策,曾讓出土地價格換算嘉新水泥股份股票,以支持政府的土地政策和協助推動國家企業的發展!張山鐘曾擔任省府委員。當第二屆縣長選舉時,張山鐘一度有意與林石城一戰。最後接受臺灣省政府有力人士的勸退。

張山鐘主導屏東縣張派所擁有的群眾基礎,對其兒子張豐緒的仕途影響非常大,當屬蔣經國「吹臺青」本土化政策培植的對象,尤其是後來擔任了臺北市長一職。

對於蔣經國在臺灣執政的功與過,始終存在有兩極化的看法。認為蔣經國執政對臺灣有功的,最明顯的就是推動「十大建設」,讓臺灣經濟發展成為亞洲四條龍之首,在政治上則是推動本土化,開放黨禁,促進臺灣的民主

化。

認為蔣經國執政有過的，最明顯的就是他主導「白色恐怖」，其中又讓臺灣人權問題蒙上黑影的，應該為「孫立人案」、「雷震案」、「美麗島案」、「江南案」等重大政治事件，他應該負起責任來。

如果總體說來，要去評論蔣經國在臺灣執政的功與過，或許從「革新保臺」思維，最能簡單地涵蓋「蔣經國眼中的臺灣、臺獨、本土化與民主化」了。

蔣經國對島內局勢已有相當的體悟，對於新舊兩代之間，本省人與外省人之間，政府與人民之間，都有或多或少的矛盾，如果處理不當，可能發生嚴重的後果。雖然蔣經國對島內推動本土化已獲相當普遍的支持，但他仍感受本省籍之高級人才稀少缺乏，不是不想用本省人，而實在是須要一段時間來培養他們。

特別是蔣經國對島內推動民主化並未能全然釋懷與接受，他在日記中記述：

> 選舉、選舉，不知多少壞人利用選舉，做了多少卑鄙和惡毒的行為，所謂今日的「民主」、「前進」份子，美其名而已，一但有權在手，無惡不作，危害人民和社會的，就是這些以「民意」代表而自居的敗壞份子。[5]

1987 年 7 月 27 日，當蔣經國以茶會招待 12 位臺灣耆老，告訴他們「我也是臺灣人」，臺灣也是他的故鄉時。其內心必定百感交集。一九四九年以「流亡異鄉」的心態來臺避禍，對島上的一切感到好奇，經歷五〇年代白色恐怖時期，以「國家安全」之名逮捕臺籍菁英，六〇年代致力改善與臺人關係，七〇年代在內憂外患中開啟「本土化」工程，以及八〇年代順應潮

---

[5] 《蔣經國日記》(1975 年 12 月 20 日)。引自：林孝庭，《蔣經國的臺灣時代：中華民國與冷戰下的臺灣》，(臺北：遠足，2021 年 4 月)，頁 357。

流，全面推動民主化，這其中或許出於無奈與被動，或許內心不時雜著猶疑、掙扎與路線擺盪，然而若沒有他以政治強人的高度，在生命最後的階段奮力打開新局，則其亡故後，無論誰繼承其位，都將缺乏足夠的威望與膽量來達成此目標。[6]

誠哉！當蔣經國晚年脫口說出「我也是臺灣人」時，除了流露出他對這片生活了四十年的土地之私人情感，以及從「異鄉人」到「本地人」的心境轉折之外，又何嘗不是國府遷臺後，出身並受益於威權體制的政治強人，親身終結數十年威權統治格局，讓臺灣得以走向真正民主的總紀錄。[7]

檢視與蔣經國關係密切的總統府「機要室資料組」何時正式成立運作，迄今未有明確答案，有謂一九五〇年初蔣介石將「政治行動委員會」改組為總統府「資料組」，然蔣經國日記顯示「資料組」成立之後，前者依然繼續運作，兩者同時並存，而非「取而代之」的關係。

有關「政治行動委員會」與總統府「機要室資料組」分別成立的時間，及其相關性。根據徐復觀 1981 年 12 月 4 日發表於《華僑日報》〈悼念唐乃建(縱)兄〉文指出：

> 三十八年蔣公退隱溪口，三月間他〔唐乃建〕……也到溪口來了。……到臺灣他開始擔任總統府資料室主任。……我〔徐復觀〕在溪口時，經國先生若向蔣公提出重要人事安排意見，常把名單先給我看，有一次他提出由我參加整理兩情報〔軍統、中統〕機關的名單，我懇切告訴他，兩機關內部情形，我一點也不了解，而我的性格，又決不適於這種工作，請他把我的名字刪掉，勸他還是找鄭

6 林孝庭，《蔣經國的臺灣時代：中華民國與冷戰下的臺灣》，（臺北：遠足，2021年4月），頁373-374。

7 林孝庭，《蔣經國的臺灣時代：中華民國與冷戰下的臺灣》，（臺北：遠足，2021 年 4 月），頁374。

介民、唐乃建比較好。經國先生接受我的意見。[8]

　　檢視 1950 年 1 月 23 日，〈俞濟時、唐乃建呈蔣介石政治行動委員會工作報告〉的這段文字，可以對照當時俞濟時 1949 年 1 月隨蔣介石退居溪口，1949 年 4 月 25 日隨蔣介石離開奉化。1949 年 8 月任國民黨總裁辦公室總務主任兼侍衛長的職務。

　　池蘭森曾在《追思與懷念——紀念蔣經國先生逝世十周年口述歷史座談會紀實》中指出：因為經國先生做過情報負責人，民國三十九年我中央政府在大陸潰敗後來臺，因應情勢需要，在中央黨部下成立「政治行動革命委員會」，以此統合國家情治力量，官方通稱為「總統府資料組」，設立於新北投八勝園山麓，門前僅掛個小木牌，名為「秀廬」，並完成整合情治、嚴肅紀律、摘奸發伏及保障人權四大任務。九月十八日經國先生主持大陸敵後情報班，也就是情治界習稱的「石牌訓練班」。

　　揆諸上述的資料與文獻或可如下推論：「政治行動委員會」成立於 1949 年 8 月間，歸屬國民黨總裁辦公室，由俞濟時、唐乃建二人掛名，但實際召集人係由軍統局出身的唐乃建出面統籌運作。

　　1950 年 3 月，蔣介石在臺灣復職視事之後，於總統府成立「機要室資料組」，由唐縱擔任主任(或稱組長，該單位應屬臨時性任務編組)，仍兼中央黨部「政治行動(革命)委員會」主任委員(或稱召集人)。

　　唐乃建任職上述兩項重要職務期間，皆因未有法源依據所成立的單位，且當時蔣經國應尚扮演「機要秘書」性質的協助老蔣督導這兩個單位？一個月之後，當唐乃建調任內政部政務次長，該兩項職位與業務即由蔣經國接掌。蔣經國接「機要室資料組」主任後，由陳建中擔任副主任一職。

　　1955 年 6 月，去世的前參謀總長桂永清，當時為什麼他會被大肆造謠，是因為反對政工制度而被蔣經國「毒死」。林孝庭指出，

---

[8]　徐復觀，〈悼念唐乃建(縱)兄〉，《華僑日報》(1981 年 12 月 4 日)。

一九五〇年秋天，蔣經國曾在日記裡寫道，他將以情報、游擊、政工和軍隊黨務做為日後的工作重心，……該年稍早，蔣從原國防部政工局長、留俄同窗鄧文儀手中接過印信，正式接掌國軍政治工作……他缺乏優秀軍事背景人才可以運用，陸、海、空三軍高階將領不但不重視政工，甚至敵視政工，視政工人員為軍中密探，專司監督部隊的指揮官，製造軍中恐怖與猜忌的氣氛。[9]

1951 年 5 月 19 日《蔣經國日記》指出：

一九五一年五月，蔣經國前往左營海軍總司令部召開政工會報時，他根據海軍政工幕僚提供的資料，批評海總高層「重視機關，不重視部隊艦艇士兵生活」、「重陸地不重海上」、「重形式不重視批評，各級長官都不願人家向他呈訴」，小蔣用意本在關心海軍基層士兵的權益，不料此番談話卻引來總司令桂永清強烈的反彈；蔣前腳剛離開，桂立即宣稱蔣的消息來源全係一小報告，捏造是非且毫無根據，甚至負氣聲稱他「不想再幹這個總司令，誰願意當請誰來當好了。」[10]

林孝庭指出：

一九五一年夏天，蔣介石獲政工人員密報，得知海軍內部出現「四維社」的次級團體組織，便嚴屬指責總司令桂永清，並一口氣將十三名海軍將領撤職，而華府卻將此事件解讀為小蔣挾私怨報復桂永清之舉，令老美感到更不可思議的是，老蔣因擔憂海軍內部可能叛

9　林孝庭，《蔣經國的臺灣時代：中華民國與冷戰下的臺灣》，(臺北：遠足，2021 年 4 月)，頁 53。

10　《蔣經國日記》(1951 年 5 月 19 日)。引自：林孝庭，《蔣經國的臺灣時代：中華民國與冷戰下的臺灣》，(臺北：遠足，2021 年 4 月)，頁 53-54。

變，竟然允許政工部門的權力超越總司令。……令兩蔣父子至感憤怒的是，部分國軍將領配合美方，攜手反對政工制度，中央情報局文件揭示，公開反對政工的孫立人與桂永清，都曾私下向老美抱怨，身旁負責情報業務的幕僚遭到撤換，由蔣經國的人馬取代，而同樣對政工制度持異議的黨國大老何應欽則一度遭到形同「軟禁看管」的待遇，不被允許離開臺北市。[11]

現今的調查報告指出，一九五五年「孫立人案」為一件冤案，是兩蔣父子因政治因素而對其整肅。

1955 年 6 月 26 日《蔣經國日記》指出：

六月二十二日至二十五日小蔣前往金門視察時，還發現當地支持孫立人的「叛亂」組織，大肆造謠不久去世的前參謀總長桂永清，是因為反對政工制度而被蔣經國「毒死」。因此小蔣主觀認定，這些「叛亂」組織「雖未深入部隊，但卻已有其普遍性」。[12]

桂永清是黃埔一期生，抗爭勝利後擔任海軍總司令。國府遷臺，調任參軍長。1954 年 7 月 1 日，桂永清升任參謀總長，在參謀總長就職 52 天後，心臟病觸發死亡，是年 54 歲。

對於桂永清之死的不同說法，不論是「毒死」、「暴病」身亡、被迫「自殺」，或是「心臟病觸發死亡」。綜觀桂永清的在軍職期間，主要起因於他不滿意小蔣的政工制度，才是他真正的致命傷吧？

1950 年 8 月，唐乃建奉派為國民黨中央改造委員會第六組主任。1952 年，任中央委員會第一組主任，負責組訓、輔選動員等工作。1957 年，調

---

[11] 林孝庭，《蔣經國的臺灣時代：中華民國與冷戰下的臺灣》，（臺北：遠足，2021 年 4 月），頁 54-55。

[12] 《蔣經國日記》(1955 年 6 月 26 日)。引自：林孝庭，《蔣經國的臺灣時代：中華民國與冷戰下的臺灣》，（臺北：遠足，2021 年 4 月），頁 64。

任臺灣省政府秘書長。1959 年，出任國民黨中央黨部秘書長。1965 年，調任國防會議副秘書長。1969 年，任駐大韓民國大使。翌年，回臺就任中國農民銀行董事長，6 年後退職，受聘為總統府國策顧問。1981 年，病卒臺北。

1954 年 10 月，總統府「機要室資料組」改組為國家安全局，鄭介民為第一任局長。陳建中於 1968 年接李煥中央委員會第一組主任，1972 年一組改稱組織工作會，陳建中又將主任交李煥接任。

曾是唐乃建任職省府秘書長的同事、前教育廳長劉真，於 1982 年 10 月 27 日，《中央日報》發表〈懷念唐乃建兄──為紀念唐乃建兄逝世周年作〉，文中除了提到唐乃建擔任中央黨部祕書長時，有一次宴請中央研究院院長胡適之先生，因他與胡先生相識未久，又恐胡先生不悉其寧夏路寓址，乃託劉真至南港代邀，並陪同前來，以示誠敬。當日同作者皆為學術界人士，席間所談盡是一些輕鬆的話題，未曾一語觸及當前政治實務。那晚酒菜俱佳，賓主盡歡而散。事後胡先生有一天向劉真說：「唐秘書長頗富書卷氣，不像是一位具有多方面政治經驗的人物。」[13]

劉真在該文中，還特別提到唐乃建於 1965 年創辦臺南(女子)家政專科學校(今臺南應用科技大學)，讓人容易聯想起蔣經國積極培植的本土化人才謝東閔先生。1958 年，他創辦實踐(女子)家政專科學校(今為實踐大學)的從事教育工作。

林孝庭指出：

> 為了拉攏臺籍菁英並扭轉「特務頭目」的形象，蔣經國可謂用心良苦；一九六一年春天，東京「臺灣共和國臨時政府」在臺地下組織被情治單位查獲，翌年初，同樣由廖文毅創立的「臺灣民主獨立黨」在臺地下工作委員會也遭破獲，廖的眾多親友皆遭軍法審判。此時，小蔣出面招撫，透過行政院政務委員蔡培火、臺灣省議會議

---

[13] 劉真，〈懷念唐乃建兄──為紀念唐乃建兄逝世周年作〉，《中央日報》(1982 年 10 月 27 日)。

長黃朝琴、國民黨中央黨部副祕書長徐慶鐘與總統府資政丘念台等臺籍人士，積極勸說廖文毅放棄臺獨返回故鄉，又透過調查局向廖喊話，只要他肯回來，保證無條件釋放其親友，歸還所沒收的財產，並給予適當的職務與地位。此種心理戰逐步發生效果，一九六五年五月十四日廖文毅自東京搭機返臺，離開日本前他發表聲明，「決心放棄臺灣獨立組織活動，響應蔣總統反共建國聯盟號召，劍及履及，離日返臺，貢獻所有力量。」[14]

廖文毅在 1945 年國府接管臺灣，他被指派為臺灣行政長官公署工礦處的簡任技正，並兼臺北市政府工務局長。1946 年辭去兼工務局長，改兼任臺北市公共事業管理處處長。

對照黃朝琴先生，1945 年他以外交部駐臺特派員兼任臺北市市長，時間是在 1945 年 11 月 1 日至 1946 年 3 月 1 日，廖文毅任職於臺北市政府期間應該曾經是有過黃朝琴市長的下屬。而在之後的「制憲國大代表」臺北市區選舉，廖文毅又因票數敗給連震東而告落選。

1946 年，臺灣省參議會成立，黃朝琴出任議長，秘書長由中央簡派連震東出任，黃朝琴的擔任臨時省議會及省議會議長，先後達 17 年之久。如果以同是臺灣大地主家產的子弟出身，和同是有留學日本、美國的學識背景，相較這些期間政壇的活躍，廖文毅顯然要比黃朝琴遜色多了。

黃朝琴出生在現今的臺南市鹽水區，他競選的省議員期間，臺南縣市尚未合併。根據《中外雜誌》連載王紹齋校訂的《黃朝琴回憶錄》，黃朝琴自舊金山總領事調任仰光時，胡適大使回給他的一封信。

黃朝琴的本省籍，能在外交系統服務，又受到長官胡適信裡說的老兄調任仰光，是舊金山的絕大損失，是胡適的絕大損失，老兄在金山任內的成績，胡適是佩服。

---

[14] 林孝庭，《蔣經國的臺灣時代：中華民國與冷戰下的臺灣》，(臺北：遠足，2021 年 4 月)，頁340。

　　當時部分的臺籍政治人物也與胡適、雷震等有意籌組「中國民主黨」的運動呈現分合態勢。1958 年，雷震與兩度以黨外身分當選臺北市長的高玉樹，以及臺灣省議會本省籍議員郭雨新、李萬居、吳三連等人共組「中國地方自治研究會」，但遭國府當局阻撓禁止。

　　1960 年春天，蔣介石最後以《動員戡亂時期臨時條款》部分條文的方式連任總統，並且打破任期限制。此一結果也加速跨省籍政治人物的結盟。4 月下旬，臺灣縣市長與省議員選舉結束後，雷震與李萬居、高玉樹等人立即宣布組織「地方選舉改進座談會」，跨出籌組新政黨的第一步，隨後在全臺各地舉辦巡迴座談會。

　　由於該次選舉有不少非黨籍臺人高票當選，蔣經國檢討與反省國民黨的情勢，感受到必須適應新的政治環境，做法上應採取「外鬆內緊」的原則，面對臺籍政客，他自忖不可用壓迫的方式來解決問題，但亦決不可以為遷就即可了事的思維。

　　蔣經國面對《自由中國》雜誌積極籌組政黨的此一情勢發展，1960 年 9 月 4 日，警備總部突然以叛亂罪將雷震與《自由中國》編輯傅正等人逮捕時，採取的方式並未將同樣參與籌組反對黨的高玉樹、郭雨新、李萬居等臺籍人物一併法辦。

　　對照高玉樹、郭雨新、李萬居等臺籍人物與當時臺籍政治人物葉廷珪（1905-1977）的從政過程。葉廷珪出生於臺南市。日治時期曾任臺南市會議員。1946 年當選臺南市東區區民代表。1947 年「二二八事件」，他遭到政府拘捕，經判決無罪釋放。

　　1950 年，葉廷珪出馬角逐臺南市第一屆民選市長，與臺南市議長黃百祿並列前二名高票，進入第二次投票。在第二次投票中，葉廷珪整合臺南市黨外勢力當選，成為臺南市歷史上第一個黨外市長。

　　在第一屆市長選舉第二次投票前，葉廷珪即曾北上會面國民黨臺灣省改造委員會主任委員倪文亞，請求加入中國國民黨，並獲臺南市黨部受理。1954 年，第二屆臺南市長選舉中，未獲提名的葉廷珪違紀參選，連任失敗。

1957 年，他以無黨籍身分當選第三屆臺南市長。1960 年，第四屆臺南市長選舉時，葉廷珪敗給國民黨提名的辛文炳。然而選後國民黨被指控在選舉中舞弊，引起《自由中國》在社論中要求應宣告選舉無效。

其中曾傳出國民黨特派本省籍大老蔡培火、省府委員侯全成向葉廷珪「疏解」勸其放棄選舉無效官司。據《雷震日記》記錄，在葉廷珪與雷震會談時證實此事，並謂對方表示如不訴訟，省政府將給一委員，結果遭到葉氏以服務地方拒絕。

日後，葉廷珪一度名列《自由中國》雜誌舉辦「地方選舉改進座談會」召集人，並名列「中國民主黨」籌備委員會召集人。可是在一場預定在臺南舉行座談會的前夕，葉廷珪突然在報上發表啟事聲明與座談會無關。此舉被視為對吳三連在市長選舉支持辛文炳不滿，而召集人之一郭國基也因李萬居對他的批評不滿，鼓勵葉氏不要參加座談會。

1964 年，第五屆臺南市長選舉，葉廷珪以無黨籍身分當選臺南市市長。1965 年，葉廷珪恢復國民黨籍黨後，曾一度打算競選第六屆市長，然因《地方自治法》通過後，他以當時年齡超過 61 歲無法參選市長。

1968 年，葉廷珪任期屆滿卸任。卸任後受聘為臺灣省政府顧問。1972年，國大代表選舉時，他曾登記國民黨內的國大提名，然而未獲國民黨提名。對此葉廷珪一度表示競選到底，並違紀登記參選國大代表，最後遭國民黨勸退撤回登記。1977 年，葉廷珪病逝。

檢視葉廷珪一生的從政與參加選舉活動，凸顯他遊走於國民黨、無黨籍，和雷震籌組「中國民主黨」間的恩怨情仇，與無奈分合的政治現實。這也正代表 1970 年代的前後，臺灣在戒嚴時期地方政壇上的複雜性與弔詭面。

1977 年 11 月 19 日，臺灣舉辦五項地方公職選舉，包括縣市長、縣市議員、臺灣省議員、臺北市議員與各縣的鄉鎮市長。在桃園縣長部分，國民黨提名調查局出身的歐憲瑜參選桃園縣長，臺灣省議員許信良也有意參選桃園縣長，因未獲國民黨提名而自行宣布參選，遂遭國民黨開除黨籍。

在縣長選舉投票過程中，由於民眾強烈質疑國民黨有作票行為，引起中

壢市市民憤怒，群眾因此包圍桃園縣警察局中壢分局、搗毀，並放火燒毀警察局，警方發射催淚瓦斯，以及開槍打死青年的暴動事件，史稱「中壢事件」。亦被認為是臺灣民眾第一次自發性走上街頭的抗議活動。

開票結果為許信良大勝歐憲瑜，當選桃園縣長。同時，黨外人士共贏得四個縣市長寶座、二十一席省議員與六席臺北市議員。這結果讓蔣經國因此數夜難以安眠，慚愧之至，視此為其從政以來所遭受的最大打擊。

「中壢事件」發生之後，導致當時身負蔣經國推動「本土化」任務，身兼國民黨組工會主任、革命實踐研究院主任與救國團主任等三項職務的李煥下台，代之而取的是王昇權力擴大，政壇遂出現有所謂「李換王升」之說。

「中壢事件」暴動的經過始末，當時主掌治安責任的名義上為警備總部，但實際執行的警政署署長兼臺灣省警務處長孔令晟。當時小蔣要他推動警政現代化，「中壢事件」發生時，他就在現場坐鎮指揮，當時就提出來「打不還手，罵不還口」的原則，但是最後還是有群眾和警員發生打傷的流血。

孔令晟認為治安要建立制度威信，全世界都一樣，要遊行示威要有法依據，驅散以後要辦主使者。「中壢事件」在政壇上造成「李(換)換王(升)昇」之說，不但內政部長張豐緒下台，連動的孔令晟的警政現代化也受到影響。

1979 年 1 月 1 日，美國與中華民國斷交並與中華人民共和國建立外交關係。3 月 28 日及 29 日眾參兩院分別火速通過《臺灣關係法》，卡特(Jim Carter)於 4 月 10 日簽署生效。蔣經國接獲消息後，內心沒有太大的起伏，或許中華民國走向「臺灣化」，並非小蔣本意，然而外交現實情況的演進，讓他少有其他更理想的選擇。

卡特接受了中國的「建交之三條件」：撤出駐臺美軍、廢除《中美共同防禦條約》、終止與臺灣所有官方關係。《臺灣關係法》則規範美國與一個非邦交國家的關係，一定程度上認可了臺灣的主權地位，並明定美國對臺灣防衛的義務，承諾提供必要與充分的防衛物品與防務，宣示抵抗任何國家對臺動武，同時表明任何企圖以非和平方式來解決臺灣的前途之舉——包括使

用經濟抵制及禁運手段在內，將被視為對西太平洋地區和平及安定的威脅，而為美國所嚴重關切。

見證中美斷交等重大外交事務的錢復，已經捐贈個人資料的歷史檔案，內容包含中華民國退出聯合國，及與中美斷交見證、駐美代表及外交部長時期與 4 任元首的交會，對於歷史研究是很珍貴的史料。

錢復與中研院關係素有淵源，錢復的父親錢思亮曾任臺灣大學校長、中研院院長，兄長錢煦亦是院士。錢復表示，近史所檔案館是此批檔案最好的歸宿，中研院典藏這些文件使他無比光榮，也希望對近代歷史有興趣的學者，能有所貢獻。

錢復的從政經歷豐富，歷經國家各項重要職位，從其最近交由天下文化出版的《錢復回憶錄》更見證當代外交及政治第一手信史。錢復這次捐贈資料包括四大主題，包含錢復大學時期的讀書筆記、退出聯合國與中美斷交的電文、與華府多位政要的信函及與總統的交會文件。

錢復這些私人文獻資料，為什麼會捐贈近史所，而沒給臺史所，這也很特別。當然我們尊重捐贈者的自由選擇，或許這是近史所長期以來被視為南港學派，是比較傾向於國際研究的領域，在學術國際上也早就已經享有盛名。

特別是有關近現代史方面檔案的典藏，諸如外交部總理衙門檔案、籌辦夷務始末的檔案，都是交給近史所負責整理、研究與典藏，或許這正是長期以來服務於外交系統的錢復，是他個人慎重考慮捐贈近代史典藏其文獻資料的最主要原因吧！[15]

錢復私人的文獻資料捐贈中央研究院近史所，除了讓我想起《兩蔣日記》的保存在美國史丹佛大學胡佛研究所所代表不同的意涵之外，最令我記憶深刻的該是前總統府祕書長張羣 1948 至 1972 年來的日記，還有一些與日本政要往來的信函，全數捐贈中國國民黨黨史館。

---

[15] 陳添壽，〈溫州街瑣記：錢復與張群捐贈個人資料的歷史意義〉，《臺灣商報》電子報(2021 年 4 月 14 日)。

張羣日記資料中提到，當時中華民國與日本要斷交時，我方擬了兩個版本的聲明，一個是寫了「斷交」，一個版本則沒有，張群表示不要把「斷交」兩字寫入，認為中華民國與日本的關係算是「中止」。

我們知道張羣與日本關係特別深厚，他從 19 歲赴日本求學，即與日本朋友相交，上至天皇、首相以及政經文化各界人士，都有過接觸，真可謂「相識滿日本」。

錢復的從事對美外交，與張羣的從事對日外交，他們二人分別肩負的對美與對日的外交工作，從錢復寫的《錢復回憶錄》與張羣寫的《我與日本七十年》，這二書所凸顯我國在外交工作上的繁重、複雜與艱辛。

張羣《我與日本七十年》的內容，在記錄當時 1952 年簽訂《中日和約》的內容十分詳細，資料也很多。特別是 1957 年 10 月，他以特使身分訪問日本，就已感受到：

> 自從大陸淪陷以後，共匪在日本的滲透，非常積極；同時我們的對
> 日工作，尤其是宣傳方面，做得不夠，以致日本人民，對於中華民
> 國的觀念，漸漸淡漠起來，談到我國，每每稱為「臺灣」，與我友
> 好者稱「國民政府」，而提到中國，就聯想到大陸。[16]

書末，張羣曾舉述胡適之先生稱儒教的精神是「不打算盤」，我們兩國所代表的東方文化也正是這種精神，可惜在今天專會「精打細算」的日本人聽來是很不容易接受的。不過，我總覺得一個國家違背了他的立國精神，總是一件可悲的事。[17]

蔣經國面對美國與中華民國斷交，並與中華人民共和國建交的國際政經處境，儘管全國上下盡了最大努力，勉強接受了與美國簽訂的《臺灣關係法》，但是國內政治的反政府、反國民黨的情勢亦已經日趨嚴峻。

---

[16] 張羣，《我與日本七十年》，（臺北：財團法人中日關係研究會，1980 年 4 月），頁 162。

[17] 張羣，《我與日本七十年》，（臺北：財團法人中日關係研究會，1980 年 4 月），頁 265。

1978 年 12 月，蔣經國採取臨時中斷立委選舉的因應策略。隔年，才恢復立委選舉，但還是爆發了「美麗島事件」，更凸顯臺灣地方政治生態的劇變。這段期間，蔣經國與地方政治生態的關係，例如以蘇南成在臺南市議員、市長選舉中的政治與政黨立場的轉變為例。

1964 年，蘇南成於第六屆臺南市議員選舉最高票落選。1968 年，第七屆市議員選舉，蘇南成由國民黨提名，當選臺南市議員。在議員期間，即有意參選議長但未獲得國民黨提名。

1972 年，第七屆臺南市長選舉，蘇南成爭取黨內臺南市長提名，但最後國民黨提名張麗堂，他即脫黨以無黨籍參選的敗給張麗堂。1973 年，第八屆臺南市議員選舉，他以最高票連任臺南市議員。

1977 年，再度以「黨外」身分參加第八屆臺南市長選舉。此次選舉他在政見發表會上提到行政院長蔣經國，必冠以「賢明」兩字；提到故總統蔣中正，則肅立稱「偉大」，口口聲聲「主義領袖」與「愛鄉愛國」，贏得許多公教票與軍眷票。結果蘇南成擊敗尋求連任的張麗堂，當選第八屆臺南市長。

蘇南成上任後實施夜間辦公，獲得時任行政院長蔣經國讚揚。蘇南成在市長任內也表現與黨外保持距離。1979 年，「美麗島事件」發生後，黨外人士要在中山公園（今臺南公園）辦活動，遭蘇斷然拒絕，並批美麗島人士為「暴力分子」，引起黨外勢力與其翻臉並公開批判。

1981 年，臺南市長選舉中，在國民黨開放參選的情況下，順利連任第九屆臺南市長，成為民選以來第一位連任成功的臺南市長。他在當時中華民國總統蔣經國「欽點」下，恢復國民黨籍。

1985 年，繼任許水德成為高雄市市長，1990 年，卸任高雄市長，1992年轉任不分區國民大會代表，並於 1999 年 1 月繼錢復之後接任國民大會議長。又因推行國代延任案，9 月，被國民黨開除黨籍，並喪失不分區國大代表資格。

2001 年，以無黨籍身分參選第十四屆臺南市長落選。2002 年，當選第十五屆臺南市議員。離開國民黨後，2003 年 12 月，在時任總統陳水扁拜訪

下，表態支持陳水扁連任。

2004 年，時任臺南市議員的他以無黨籍身份參選立委落選。2005 年，蘇南成獲陳水扁聘為總統府資政。2010 年，高雄市長選舉時表態支持脫離民主進步黨參選的楊秋興。2011 年，第八屆立委選舉時則表態支持邱毅競選立委。2014 年 9 月，病逝。

蔡培火政治的臺灣本土化角色，也是非常特殊的一個案例。蔡培火祖籍福建晉江。其先祖早年來臺經商。1889 年 5 月，蔡培火出生於雲林北港。1909 年，畢業於臺灣總督府國語學校師範部之後，在臺南第二公學校任教員，遷居臺南。1914 年，在林獻堂的引薦下，加入日人板垣退助發起的「臺灣同化會」。

1915（大正 4）年，「臺灣同化會」以因違害社會秩序，被總督府強制解散，蔡培火在莫須有之罪名被捕下獄。解職之後的蔡培火在林獻堂資助下，1916 年，入東京高等師範學校，1920 年畢業。在學期間任東京「啟發會」幹事、「新民會」幹事，以後又任發行人兼編輯人等職。

1923 年，在他 35 歲時以普及臺灣白話文運動，和出任林獻堂擔任「臺灣文化協會」總理的秘書長(專務理事)。1924 年，因「治警事件」以違反《治安警察法》，與蔣渭水、陳逢源等人被捕下獄。1927 年，「臺灣文化協會」分裂，蔡培火與蔣渭水、林獻堂等民族主義派離開協會，另組「臺灣民眾黨」繼續從事政治活動。

檢視 1895 年之前的蔡培火年少時期，是在大清帝國的統治下，他回到臺南從事教職；1895 年至 1945 年的日本統治期間，他在臺灣推展臺語文、參與《六三法》撤銷、設置臺灣議會，和爭取臺灣人自治等運動。[18]

1963 年，《徵信新聞》登載蔡培火接受訪問，曾自謂在日本高壓統治的年代，他是身處「殺頭相似風吹帽」(不辭險語風吹帽)的環境下，而仍能「敵在世中逞英雄」(敢逞英雄起漢魂)的革命生活。

---

[18] 陳添壽，〈日治中期臺灣設置議會與新文化運動〉，收錄：《臺灣政治經濟思想史論叢(卷一)：資本主義與市場篇》，(臺北：元華文創，2017 年 1 月)，頁 207-227。

該訪問文中還附有一張照片，是 1924(民國十三)年春，《臺灣民報》在東京創立所攝，右起：蔡惠如、黃朝琴、黃呈聰、林呈祿、陳逢源、蔡式穀、蔡培火、蔣渭水。

1945 之後的戰後國民黨執政時期，1946 年，他在 58 歲的高齡加入國民黨。1947 年，以臺南地區的當選立法委員。1948 年，擔任臺灣省黨部執委。1949 年，受聘東南長官公署政務委員。1950 年 2 月，入陳誠內閣成為臺灣省籍人士的政務官。

1961 年 4 月 20 日，蔡培火以政務委員提出的「改革地方黨部的建議意見」，經黨秘書長唐縱函覆行政院秘書長陳雪屏的轉呈，和 1962 年 2 月 22 日，以黨員提出的「關於黨務部分建議意見」，其內容大多以建議中央應重視地方黨部的組織，和大量取用本省籍人士為其主要關注的議題。

1979 年 12 月，「美麗島事件」發生，當時他以身為國民黨中央評議委員在該黨十一屆四中全會堅決指出，促進團結和諧之道，必須是執政黨與黨外人士加強溝通，並主張內閣中應增加在野黨和無黨籍人士的名額。

1981 年 4 月，國民黨十二全大會中更大聲疾呼執政黨要有包容精神的促進全民團結。吳三連曾在《自立晚報》，發表〈一代人豪蔡培火先生〉的這篇文字來肯定蔡先生。

蔡培火與廖溫音於 1949 年在南京結婚，廖溫音在抗戰時即協助宋美齡推動婦女工作，擔任國民黨中央組織部婦女運動委員會委員。1946 年，宋美齡派廖溫音來臺協助推行婦運。

1983 年 5 月，蔡培火病逝，享年 95 歲。2000 年，吳三連臺灣史料基金會出版了七冊的《蔡培火全集》，提供許多近現代史的第一手資料，讓國人研究攸關他參與臺灣政治經濟發展的歷史，有更深入釐清和認識。

回溯 1946 年臺灣省參議會成立，黃朝琴當選省參議會議長，而原本呼聲頗高，且在輩分上高於黃朝琴的林獻堂，但在丘念台的介入居間協調之後黯然退出。1947 年 5 月，林獻堂被魏道明省主席聘為臺灣省政府委員，翌年任命「臺灣省通誌館」館長，實不足以與昔日的身分地位相稱，致使他不得不於 1949 年遠走日本。

　　根據《黃朝琴回憶錄》指出，1945 年 8 月 15 日，日本投降，當時在蘭州的黃朝琴決定請假回籍省親，後來當他決定應邀出任臺北市長，回到重慶後，聽到老前輩林獻堂先生適來上海歡迎陳儀長官，他遂寫第二封信給獻堂先生，報告他要回臺服務，請獻堂先生指導工作方針。[19]

　　1955 年，蔡培火以政務委員受命赴日勸林氏返臺未果。隔年，林獻堂客死東京。我們很難揣測或推論蔡培火在二戰末期之所以會去重慶的動機？至於他的勸林獻堂返臺，和林獻堂的滯留日本不歸，或許有其中的部分原因，主要是涉及與黃朝琴省參議長選舉的未能如願有關吧？

　　比較可以確定的是：蔡培火在日本統治臺灣和國民黨政治本土化政策上，他為臺灣人發聲的態度與立場是一致的，其角色是盡他在推動羅馬拼音白話文之外的另一份心力吧！

　　承上述，廖文毅流亡日本時，蔣經國出面招撫，透過行蔡培火、黃朝琴、徐慶鐘與丘念台臺籍人物，積極勸說廖文毅放棄臺獨返回故鄉。丘念台是客籍的本省重要人士，除擔任資政之外，還曾經擔任過監察委員、國民黨中央黨部常務委員等要職。

　　丘念台父親丘逢甲，曾參與建立兩個民國，包括臺灣民主國與中華民國。亦即丘逢甲分別參加創建 1895 年唐景崧的臺灣民主國，和 1912 年孫文的中華民國。

　　丘逢甲、丘念台父子的經歷，根據司馬嘯青 2011 年出版的《東寧才子丘逢甲》(上、下冊)，和有關丘念台的一些簡報資料，丘氏父子的重要經歷：1860 年，丘龍章屏東開課講學。1862 年，戴潮春之亂，丘家避居苗栗銅鑼。1864 年，丘逢甲出生。1877 年，中秀才。1886 年，與林卓英冥婚。1887 年，入海東書院。1888 年，中舉人。1889 年，中進士。1890 年，任宏文、羅山書院院長。1892 年，任崇文書院院長。[20]

　　1894 年，唐景崧繼任巡撫、丘逢甲組義勇營。1895 年 5 月，丘逢甲領

[19] 黃朝琴遺著，王紹齋校訂，《中外雜誌》，〈黃朝琴回憶錄(十二)〉，頁 106-109。

[20] 司馬嘯青，《東寧才子丘逢甲》(下冊)，(臺北：秋雨文化，2011 年 2 月)，頁 254-275。

導保臺運動，進而參與唐景崧、陳季同等人建立的「臺灣民主國」，6 月唐景崧離臺、7 月丘逢甲離臺。

1896 年，丘逢甲奉旨歸籍海陽。1897 年，主講於韓山書院。1899 年，主講於東山書院、自辦潮州東文學堂、是冬應康有為之邀赴港。1901 年，任嶺東同文學堂監督。

1903 年，唐景崧卒、丘逢甲轉往廣東汕頭發展。1904 年，任廣東學務公所參議、創辦初級師範傳習所、創兆學堂。1905 任，學務公所視學。1906 年，任廣東府中學堂監督。1907 年，加入廣東地方自治研究社。1909 年，當選廣東省諮議局議員、副議長。

1910 年，廣東新軍起義失敗，丘逢甲保護鄒魯脫險。1911 年，辛亥革命，丘逢甲任廣東省軍政府教育司長，以廣東代表抵南京選任孫中山為臨時大總統，中華民國開國。1912 年，孫文就任臨時大總統，丘逢甲謁明孝陵，因病辭京，2 月病逝故居。

丘逢甲本姓丘，於雍正年間奉命避孔子諱「丘」，改姓邱，之後民國成立，其回復姓「丘」。1935 年，丘念台到中山大學任教，任鄒魯秘書，隔年在該校出版《嶺雲海日樓詩鈔》。1938 年，丘念台以中山大學教授身份往訪延安毛澤東、葉劍英等人，並寫《管窺謹獻》的建議書。[21]

1945 年，赴重慶見蔣介石，10 月 25 日臺灣光復，中國國民黨臺灣直屬黨部改為臺灣省黨部，任執行委員。1946 年，受于右任、鄒魯推薦，任監察委員。1947 年 7 月至 1948 年 12 月任臺灣省黨部主任委員。

1950 年 3 月至 1954 年 1 月任總府府資政。1953 年，逢甲學院董事會成立。1961 年，政府核准辦學。1967 年，逝於東京，歸葬陽明山。2006 年，丘逢甲廣東蕉嶺故居，中國國務院級文物掛牌式。

周伯乃轉述：他〔丘逢甲〕有一個孫女，還是曾孫女丘秀芷（夫君符兆祥，小說家，政工幹校八期畢業）女史寫過她祖先的很多事績！丘秀芷曾在新聞局服務很久，她夫婿符兆祥跟我〔周伯乃〕常有來往，在當學生時代就

認識，因為民國 49-50 年，曾應邀去演講過多次，講〈近代西洋文藝史〉，講稿曾在其幹校〈復興崗〉刊出一段時間！且其有一個板橋中學的同學姚復新與我在〈空軍通校〉同期同學，而且還是上下舖同學！他離開軍職後，就在「亞洲作家協會」做事！

　　1983 年 12 月 26 日，丘秀芷發表在《中央日報》的一篇〈柏莊詩草與冬官第一逢甲公念台公文物展〉提到：「民國六十六年元月，我為了撰寫二叔祖逢甲公的傳記，除了動員許多親朋好友，還設法結識許多研究文獻的朋友。」

　　另外，2014 年 4 月 29 日《中國時報》，季季發表〈我的第一個海南朋友〉的文章提到：C〔指丘秀芷〕的二叔公丘逢甲 1895 年反對清廷割臺，抗日失敗返回祖籍地之前寫下〈離臺詩〉六首，其中最有名的是第一首：「宰相有權能割地，孤臣無力可回天」。

　　我在拙作《臺灣政治經濟思想史論叢》，特別關注了丘逢甲參與了臺灣民主國與中華民國的創建，和其子丘念台參與中華民國的抗日與國民黨在臺灣時期的建設。

三、言論自由管制的新聞記述

　　曹聖芬《懷恩感舊錄》的〈開創時期的政大新聞系〉記述：

> 民國二十三年春天，由母校選送美國米蘇里大學研究新聞學的馬星野先生學成歸來，在南京晉謁校長蔣公，蔣公問他的志趣所在，馬先生回答說：準備以畢生之力，從事新聞事業。校長對馬先生的敬業精神，很是嘉許。不過校長的目光看得更遠，他說：「辦一張報紙容易，找一批辦報的人卻難；所以要先從新聞教育着手，培養一

批新人才。[22]

曹聖芬又敘述馬星野為新聞系創辦《中外月刊》作為他們實習的刊物，在中國新聞史上這也是第一本純新聞性的雜誌。

談到新聞事業與新聞教育，就讓人更容易聯想到曾任中央通訊社社長、董事長的大老蕭同茲，人稱「蕭三爺」。

馮志翔《蕭同茲傳》提到：

> 蕭同茲是新聞教育的鼓吹者，也是新聞教育的扶植者。他主持中央社期間，每年都吸收各大學新聞系的畢業生。他認為從事新聞工作和從事教育工作一樣，都必須具有對這項工作的興趣與志願，否則便不能將「終身」付託給這個事業。[23]

從《蕭同茲傳》所附照片中，有張先後歷任中央通訊社社長：蕭同茲、曾虛白、馬星野、魏景蒙等四位新聞界先進的合照。還有另一張是 1969 年 10 月《念茲集》出版，中央社同仁向蕭同茲獻書，為他的七五誕辰祝壽。合照中有周培敬、馮志翔、沈宗琳、周紹高、壽星(蕭同茲)、丁則怡、律鴻超、張潤生、蕭孟能等人。

當年蕭同茲主持下的中央通訊社，臺灣光復後的葉明勳是被派駐臺灣分社主任。1973 年 11 月被稱「蕭三爺」的蕭同茲不幸病世，隔年 11 月 20 日葉明勳成立「財團法人蕭同茲先生文化基金會」，主要宗旨在紀念蕭先生帶領中央通訊社一度的擠身為世界五大通訊社之一，為華文新聞史寫下輝煌的一頁，印證胡適曾說：「有了中央社，才使國內各的報紙改換了新面目，這是中央社最大的成就。」[24]

---

[22] 曹聖芬，《懷恩感舊錄》，(臺北：中央日報，1981 年 3 月)，頁 139。

[23] 馮志翔，《蕭同茲傳》，(臺北：臺北市新聞記者公會，1974 年 11 月)，頁 253。

[24] 《中央通訊社特刊》，(臺北：中央通訊社，1971 年)，頁 32。

該基金會的董監事名單，第一屆董事長許孝炎、常務董事有葉明勳與蕭孟能、董事有沈宗琳、魏景蒙、林柏壽、辜振甫、辜偉甫、李嘉等人。第二屆董事長改由葉明勳擔任，但已不見蕭孟能的續任董事了。

其中的蕭孟能角色令人充滿好奇，回溯 1960 年代前後，蕭孟能主持的《文星》雜誌、《文星叢刊》、《文星集刊》，和文星書店。當時《文星》雜誌登載的文章，以及該雜誌上所登載許多名人、學者、政論家出版作品的廣告，多非常具權威性與可讀性，特別是臺灣還處在戒嚴的管制言論自由時期。

1965 年，蕭孟能在《出版原野的開拓》寫他少年的志願，從他初中三年級開始，就受到抗戰前後出版界的影響，養成了一個留意文化出版狀況的興趣和習慣，並且喜歡把當時讀的書，寫成筆記。這種筆記，從初中三年級開始，直到現在（1965 年），已經有一千多種，大部分都是中外名著，給了他極大的啟發和見聞。

所以，他和他大學時代的同學，後來是他太太朱婉堅，在 1952 年在衡陽路口租下一個小攤，創辦了他少年時代夢想的一家書店的雛形書店，就是「文星書店」。1957 年，創辦《文星》雜誌，由葉明勳擔任發行人，蕭孟能任社長。1962 年 8 月 1 日發行人葉明勳與主編陳立峰離職，改由蕭孟能擔任發行人，李敖主編。

1963 年，出版《文星叢刊》。1964 年，有了大部書【文星版】《古今圖書集成》，和《文星集刊》第一輯 100 種的出版。1965 年 12 月 25 日，《文星》雜誌第 99 期尚待排印之時，因內容問題被令停刊 1 年。也因此導致蕭孟能與他經營文星出版事業的日趨陷入困境。

1970 年代，當時許多小書攤或舊書攤處處可見擺賣過期的《文星》雜誌合訂本，和零星的《文星叢刊》、《文星集刊》的舊書，凸顯戒嚴時期蕭同茲、蕭孟能父子與葉明勳的關係，亦未能救得了《文星》雜誌被禁的下場。

接下中央通訊社蕭同茲棒子的是曾虛白先生。1921 年，曾虛白結識了董顯光（1887-1971），並應董顯光之邀擔任《庸報》記者。1937 年，抗日

戰爭爆發，中央成立國防最高委員會，董顯光被派任軍事委員會第五部副部長，專責國際宣傳，曾虛白任國際宣傳處處長。

1945 年，抗戰勝利，董顯光辭副部長職，曾虛白肩負國際宣傳的重擔。1947 年，行政院將國際宣傳處改組成立新聞局，董顯光擔任首任的局長，曾虛白任其副局長。1948 年 12 月，曾虛白隨同董顯光離開了新聞局的工作崗位。

1949 年，政府遷臺之後，董顯光出掌中國廣播公司總經理，曾虛白又任其副手的副總經理職位。1950 年 10 月，曾虛白調升中央通訊社社長，但仍繼續在中廣公司主持其自撰自播的時事評論節目《談天下事》。

曾虛白從 1950 年 9 月 25 日至 1970 年 9 月 25 日止，《談天下事》足足播出 20 年整的長時間。之後並於 1970 年 9 月與 1971 年分別自 280 萬餘字的廣播稿中，將涉及國內與匪情問題的部分刪除 100 萬字另刊專冊，得餘稿 180 餘萬字的成《談天下事——韓戰年代集（上、下冊）」，與《談天下事——越戰年代集（上、下冊）》的前後兩集，交由臺灣商務印書館出版。

曾虛白在〈自序〉指出：

> 新聞評論不能像史學家有充裕時間，旁徵博引，以求正確。究竟與寫史不同，但新聞學者的求真動機時與史家無異。綜合二十年舊稿，跡其屬稿時之展望似與事實發展尚無太大距離，爰貢二十年心血結晶，作熱心研究我政府遷臺以來二十年間國際變化者的參考。[25]

《韓戰年代集》（上、下冊），見其書分總論、冷戰高潮期（三十九年至四十三年）、冷戰退潮期（四十三年至四十六年）、冷戰迴潮期（四十六年至五十年）等四大部分，再詳細評論的分如：冷戰高潮期的分韓戰前期、

---

[25] 曾虛白，《談天下事——韓戰年代集（上冊）》，〈自序〉，(臺北：臺灣商務印書館，1970 年 9 月)，未註頁碼。

韓戰後期；冷戰退潮期的分日內瓦四外長會議前後、蘇俄放射人造衛星；冷戰迴潮期的分艾赫會談前、甘赫會談前。

《韓戰年代集》（上、下冊）的內容詳之詳矣，惜字體偏小，閱讀起來頗費眼神，但不損蘇雪林對曾虛白先生「政論家、文學家、新聞學家」，和馬星野對他「曾經滄海，虛懷若谷，白雲在天，俯覽無餘」的評價。

《韓戰年代集》（上、下冊），該書中有特別部分論及大韓民國與中華民國之間兩國關係與發展之外，亦廣述冷戰、國共內戰、韓戰，乃至於八二三炮戰等相關國際局勢演變的議題。研究韓戰的歷史學家就曾指出，韓戰對於 1950 年之於臺灣局勢，正和西安事變之於中共，因其同具有旋轉歷史的分量，故歷年多為治史學人所關注。

當年令人特別關注的是，美國於 1978 年 12 月 16 日宣布，自 1979 年元月起將與中華人民共和國建交，而與二戰盟友中華民國斷交的消息傳到臺北，我們當更感受到中華民國與大韓民國的反共立場，和保持緊密外交關係的重要性了。

1978 年 3 月 21 日，國民大會投票選出蔣經國為總統，政府並預定年底舉行增額中央民意代表的選舉，可是選舉進行到了 12 月 10 日美國宣布與我國斷絕外交關係，政府不得不宣布中止選舉活動。

許多報紙還報導大約五百名反對派候選人及支持群眾聚會的消息。警備總部試圖勸導新聞媒體少報導，卻無功而返。國民黨中央黨部文工會主任楚崧秋，公開表示報界的開放是「好現象」。[26]

1979 年的恢復選舉，12 月 10 日爆發「美麗島事件」，警備總部將黃信介等 8 人以叛亂罪起訴，送軍事法庭審理。國民黨的學者改革派以及楚崧秋等溫和派，主張軍事法庭公開審理高雄事件，被告在庭上的聲明也准許報紙報導發表。

1980 年前後，國內最重大新聞報導事項，要以 1979 年 12 月 10 日晚上發生在高雄市的遊行示威，所導致的暴力流血事件，也就是史上所稱，和影

---

[26] 陶涵(Jay Tayor)、林添貴譯，《蔣經國傳》，(臺北：時報文化，2000 年 10 月)，頁 368。

響臺灣政局的「美麗島事件」。

政府治安當局先後將涉嫌份子依法逮捕偵訊，其中 8 人於 1980 年 2 月 20 日，經軍事檢察官依叛亂罪嫌起訴，並自 3 月 18 日起在軍事法庭進行了長達 9 天的公開審訊後，於 4 月 18 日宣判。

在那一段時間裡，國內各大報紙、電視、廣播媒體，對於審、檢、辯、被告各方有關論告、辯護、陳述等過程均予報導。執政的國民黨為了讓國人對該事件的審理經過有更進一步詳細的了解，特由當年負責新聞宣傳的中央文化工作會，其所屬《時事週報社》匯集各界輿論反映，印行《崇法治・正視聽》(共三集)。

戒嚴時期過去對於軍事檢察官依叛亂罪嫌起訴、法庭審訊，和宣判的案子，政府單位未曾有過如此公開審判過程，以及開放媒體自由報導的作法。根據《崇法治・正視聽》──「高雄暴力案」的起訴與審訊 (第三集)》的〈編輯說明〉指出：

> 本案從起訴、審理、判決到覆判等一切過程，充分顯示了公開、公正、公平的原則，及政府貫徹民主法治的決心；新聞傳播事業亦都秉持公正、客觀的態度，據實剖析，匡正危害國家安全及社會大眾福祉的謬論飾詞。[27]

我們理解當時政府單位針對「美麗島事件」，其所以採取的開明立場和開放態度，如果沒有有關單位的提議，和蔣經國裁定軍事審判過程公開，處在戒嚴時期的氛圍是不可能被同意。

當時擔任中央文化工作會主任的正是楚崧秋先生，彰顯當時有關「美麗島事件」軍法審判的開放新聞報導的尺度，主要是因為有負責文宣工作的開明人士主張和向上峯的建議所促成的。

---

[27] 時事週報社，《崇法治・正視聽》(第三集)──「高雄暴力案」軍法審判定讞》，(臺北：時事週報社，1980 年 6 月)，頁 1。

　　楚崧秋有擔當，肯負責的特質！亦可從當年紀政運動選手的競選立法委員，沈君山替她寫一篇將近 5,000 字的文章，登載在《中央日報》第二版以專欄的形式，分上下兩天刊出之後，但這時候黨內出現了雜音。

　　據曾服務於《中央日報》編輯部的周伯乃轉述：楚崧秋於國民黨中央常會結束後，當天下午楚崧秋就提出辭職！這證實 1980 年前後，楚崧秋在擔任《中央日報》社長，和中央文化工作會主任時期，處理當時國內複雜政情所持新聞開放的態度。

　　林孝庭指出：

> 1980 年四月一日，原本於台、美斷交後臨時組成的反統戰「固國小組」，正式轉型為「王復國辦公室」，直屬國民黨秘書長辦公室管轄，由王昇擔任主任、出身政戰的政論家李廉擔任書記(書記長)，下轄情報、計畫、協調、行政秘書各一，並從各黨政部門精選幹部十五名擔任幕僚，為了業務所需，另設有基地、海外、大陸三個「工作研究委員會」，分別指派正、副召集人來推動各項工作，一年後該單位更名為「劉少康辦公室」。[28]

　　《美麗島事件》發生的 1980 年前後，從開放新聞報導的自由民主尺度，對照「劉少康辦公室」成立的政治保守立場，凸顯當時國內政治情勢正面臨重大轉折的關鍵時刻。

　　回溯這期間的馬星野、楚崧秋與中國新聞學會的角色。中國新聞學會最初成立南京，不久即逢抗戰軍興，中央政府播遷重慶，於是重新籌備，在民國 30 年 3 月 16 日召開成立大會，由名報人張季鸞先生撰寫「中國新聞學會宣言」，揭櫫學會之職責。1965 年，於臺北中山堂重新召開會員大會的推動會務。

---

[28] 林孝庭，《蔣經國的臺灣時代——中華民國與冷戰下的臺灣》，(臺北：遠足，2021 年 4 月)，頁 149。

曹聖芬《懷恩感舊錄》指出，民國二十四年(1935)在中央政治學校新聞系創立的最初階段，馬星野就以新聞系師生做基本會員，組成了新聞學會。[29]不過，這個由馬星野組成的新聞會，應屬於單純學校師生性質所組成的單位。

1947 年，馬星野當選國大代表。1952 年，擔任中央委員會四組(文工會前身)主任。1972 年，接下中國新聞學會理事長。1973 年，擔任中央通訊社董事長和國民黨新聞黨部主任委員。1985 年，轉任國策顧問。

楚崧秋於 1978 年底任中央委員會文工會主任。1980 年 7 月，任中國電視公司董事長。1985 年，接中國新聞學會理事長。1998 年 3 月 21 日，楚崧秋於《自立晚報》發表〈滿懷感激——願永為新聞界義工〉一文，是為其〈中國新聞學會七屆大會上的自誓〉：

> 與新聞學會這一純民間性組織結緣，並忝任膺理事長職務近十年，的確有一些內心的話，想在這第七屆會員大會，即將蒙大家體諒我，同情我擺脫這份責任的前夕一吐為快。關於學會組織的起源，變遷的經過，以及民國七十四年當我擔任執政黨新聞黨部主委以後，如何順應時勢的變化，廣納各方善意的建議，不要讓學會和黨部攪在一起，淪為一個變相的御用團體。當學會於七十六年底雛形初具，我就辭去主委一職，使其擺脫政黨色彩，一步一步，實實在在地走上「跨媒體、超黨派、不分公營民營、結合業學兩界」，名副其實的一個新聞團體的大路。[30]

1998 年 4 月，中國新聞學會理事長改選由當時擔任世新大學校長成嘉玲(報界名人成舍我之女，現任《傳記文學》社長)出任，楚崧秋轉受聘為名譽理事長。1999 年，楚崧秋亦不再擔任新聞黨部主委，國民黨中央改派新

---

[29] 曹聖芬，《懷恩感舊錄》，(臺北：中央日報，1981 年 3 月)，頁 142。

[30] 楚崧秋，〈滿懷感激——願永為新聞界義工〉，《自立晚報》(1998 年 3 月 21 日)。

聞局長程建人擔任。

1999 年 8 月 20 日，《聯合報》登載龔濟的一篇〈談新聞局長兼領新聞黨部〉指出，自中央政府遷臺設新聞局長以來，歷任局長從「三沈」的沈昌煥、沈錡、沈劍虹，經魏景蒙、錢復、宋楚瑜，以迄邵玉銘、胡志強、蘇起、李大維，沒有任何一人兼領執政黨新聞黨部。[31]

該文更強調新聞局不是做生意的，它的工作對象是新聞媒體，它的工作內涵與精神關涉民主政治的精髓——言論自由。它的獨立性愈高，客觀性愈強，中華民國民主政治的基礎才愈鞏固。因而，嚴厲批評行政院新聞局長程建人不該兼領新聞黨部主委。

檢視上述所列出馬星野與楚崧秋二人的主要經歷，他們都曾先後擔任中央委員會四組(或稱文化工作會)主任，而在擔任新聞黨部主任委員的期間，同時擔任中國新聞學會理事長職位。儘管中國新聞學會是肩負服務新聞從業人員，新聞黨部是聯繫國民黨員同志的工作，但難免被批評黨務與新聞有工作不分的嫌疑。

檢視從 1978 年選舉活動的延續 1977 年所發生縣市長選舉的「中壢事件」以來，經 1979 年 12 月爆發的「美麗島事件」，乃至於後來媒體實況報導的軍事法庭審理過程，那時候馬星野是新聞黨部主委，在國民黨組織體系隸屬中央文化工作會遵從楚崧秋主任的領導。當時臺灣雖然還處在戒嚴體制的環境下，臺灣民主政治和媒體言論自由卻已有了開放的尺度。

馬星野先生在新聞界亦有開明人士之稱，特別他與清華大學的關係。馬星野（1909-1991），浙江平陽人。14 歲時，考入浙江省立十中並獲朱自清賞識。其後，又先後考入廈門大學、中央黨務學校。畢業後留校擔任同學會總幹事。

1928 年 8 月，羅家倫出任清華大學校長，馬星野任校長室秘書。1930 年 5 月，羅家倫辭去校長職務。1931 年，馬星野前往美國密蘇里大學新聞學院深造。

---

[31] 龔濟，〈談新聞局長兼領新聞黨部〉，《聯合報》(1999 年的 8 月 20 日)。

1934 年，馬星野學成返國後在中央政治學校任教，時年僅 26 歲的馬星野一邊籌辦新聞系，一邊開始在中央政治學校外交系開課。當時的系主任羅家倫怕他年紀太輕會被學生轟，讓他先在外交系四年級開「新聞學」選修課程。隔年，新聞系成立，馬星野就出任創系的主任。

1928 年至 1934 年的馬星野主要經歷，凸顯在其受到羅家倫的器重與栽培。當羅家倫擔任清華大學校長時，馬星野任其校長室秘書的關係；以及當羅家倫擔任中央政治學校系主任時，他即讓年輕剛回國的馬星野講授新課程、籌備新聞系，和擔任系主任。

1931 年，梅貽琦接替羅家倫的清華大學校長職位，一直到 1962 年他在臺灣的因病過世，梅貽琦擔任校長長達 31 年之久。根據趙賡颺〈協助清華在臺復校瑣憶——為紀念梅校長逝世二十周年作〉指出：

> 清華籌備處所租〔臺北〕中華路七十七號之院宇尚佳……惜房間甚少，……乃急於購置一屋，作臺北辦事處——校長住、辦公，接待各機關學校人士，並供新竹本校來臺北辦事員工留宿。……最後選定金華街 110 號現址，乃一教會甫經遷出之空屋，地皮面積四百五十坪，後半有檜木之活動房屋四五間，屋主為曾任臺灣警備副司令之紐將軍……因此很順利地以五十六萬成交。……清華籌備處自四十五年〔1956〕七月結束，改為臺北辦事處，梅校長於二月稍先單獨遷往金華街新舍辦公，亦有就便監督興建修理等工程之意。[32]

趙賡颺的文字詳細敘述了清華大學臺北辦事處的成立、購地、興建，和梅貽琦校長遷居新舍辦公的經過。也因為有這一位在臺北金華街的清華大學臺北辦事處廳舍，加上馬星野在大陸時期曾追隨該校第一任校長羅家倫的擔任校長室秘書的原由，讓人聯想 1980 年代前後，馬星野主持中國新聞學等

---

[32] 趙賡颺，〈協助清華在臺復校瑣憶——為紀念梅校長逝世二十周年作〉，《傳記文學》(第四十卷第六期)，頁 21-25。

單位之所以能順利租用該處辦公。

回溯清華大學自創校到在臺灣復校，主持校政的重要人士皆屬開明治校的校風而聞名，乃至於在臺灣曾擔任清華大學校長的沈君山，願意在臺灣政治發生重大爭議事件時挺身而出，協調化解爭端，例如早年他提出「革新保臺」觀點，迄今仍是研究臺灣政治經濟發展討論的重要課題。

馬星野的妹妹馬均權女士，在《中央日報》主編〈家庭〉版，至退休。與蔣經國私交甚篤的新聞界名人魏景蒙，亦與馬星野交情甚好。每次馬星野主委主持會議的時候，有些時候因擔心會議中偶爾出現有冷場情形，馬先生就會特別請魏景蒙發言或講笑話。若逢重大事件，馬先生更會請教魏先生有無內幕消息。大華晚報發行人耿修業是馬星野的得意學生，在會議中馬先生亦常指名大華晚報耿修業社長發言。

魏景蒙平時即以善於說笑話出了名，據曾服務陽明山革命實踐院的周伯乃轉述：有一年開黨代表會，在陽明山中山樓，星期六下午都下山了，經國先生還要我們廣播找他去辦公室聊天！因為魏先生與經國先生私人甚篤，經常輕車到忠孝東路三段魏家，找他聊天吧！

魏景蒙大家習慣稱呼「魏三爺」。《傳紀文學》有他遺孀陳薇（陳春子）回憶〈魏三爺與我〉的文章。陳女士的文筆和對夫君的描述，處處充滿感性與感恩的濃濃之情。魏景蒙妹妹魏惟儀嫁給曾任駐美大使沈劍虹。

馬星野與林語堂私交甚篤，林語堂的侄兒的夫人周素珊（筆名畢璞）主編「公論報」副刊多年，先生任職「中央通訊社」，直到限齡退休！周素珊先生叫林翊重（又名伊仲），是林語堂三哥林憾盧的兒子。

1989 年 4 月 10 日，《中央日報》詹悟發表的〈詞中有誓兩心知——魏三爺與陳薇〉提到：

> 陳薇只有小學畢業，三爺愛她，可說是同情成分居多。她十五歲歸魏，二十七歲為三爺生了一個兒子，三爺去世時，她三十五歲，聽憑魏家人取三爺任何遺物，兒子魏文元不得繼承遺產、訃聞上不列

她的名，她一無怨言。[33]

耿修業有篇〈懷念吉美——紀念魏景蒙先生逝世周年〉回憶：

在新聞圈中，吉美比我們入道早，他應是先進；他對新聞事業，他
對社會國家，俱著有珍貴的貢獻，可是他從不習慣於炫耀過去的經
歷，也鮮言他得意的事。他是很多人的好朋友，純真熱忱。他永遠
年輕，不以老前輩自居。蔣總統經國先生給吉美的輓額是：「平凡
可親」，這真是對吉美有着最親切的了解。[34]

「平凡可親」也是我在參加多次會議中對魏景蒙的待人誠懇與發言謙遜
的真實感受。不僅於此，我發現他非常專注於別人的發言，而且勤於寫筆
記。一般上了年紀的人，乘車，坐飛機，參加開會，總愛閉起眼睛，似睡非
睡，修養精神。但他參加任何大會、小會，從不使自己空閒，台上人開始講
話，他打開筆記簿振筆疾書，專心致志，興趣盎然，一點也不厭倦。

魏景蒙這「打開筆記簿振筆疾書」的景象，我可以證實之外，我還發現
另外也有位前輩亦有此好習慣，就是當時服務於中央日報副社長的姚朋（彭
歌）先生，他的勤於作筆記，或許與他們擔任主筆和搖筆桿性質的工作也有
密切關係吧。

曾追隨耿修業多年的記者郭信福記述：1987 年左右，他在大華晚報服
務的時候，常被耿修業社長指定在他們新聞界大老們聚會中當代喝！出席的
如馬星野、楚崧秋、錢震、卜少夫等等大老，席間只有他一個小伙子！

最讓他至今仍然印象深刻的是，卜少老對他說的一句話，使得指定「陪
酒」的他，沒有推辭的理由：年輕人不喝酒，愧為少年郎！當晚，他真的醉
了，勉強回到家，立刻狂吐！幸虧他四叔幫他打了解酒針、並打了點滴補充

---

[33] 詹悟，〈詞中有誓兩心知——魏三爺與陳薇〉，《中央日報》(1989 年 4 月 10 日)。

[34] 耿修業，〈懷念吉美——紀念魏景蒙先生逝世周年〉，《大華晚報》。

營養，累慘了老婆！～人在江湖．身不由己！～ 確有其事！吃頭路，老闆
交代的事情，怎敢不依？

　　魏景蒙與卜少夫的朋友相知交情，可從卜少夫在陳薇著《魏三爺與我》
的〈序文〉裡說：

> 魏景蒙一生來往的女人，除掉他最早正式結婚的那一位外，其他，
> 差不多我都熟識或知道。我很奇怪，她們大多數來自風塵，或複雜
> 環境中具有多樣性的英雌。三爺書香世家出身，幼年青年教育也很
> 完整，深受儒家思想浸潤，何以在男女關係上，卻不受傳統禮教束
> 縛，而不恤人言，作多次突破？研究他的性格，便知道他天生有同
> 情弱女子的宿根，他的戀愛以憐愛的成分居多。[35]

　　1989 年 6 月 14 日，《中央日報》登出潘秀玲的一篇〈風流可乎？〉指
出，魏景蒙、卜少夫的性好漁色使身旁的陳薇、卜夫人身受其苦，而兩個男
人不僅我行我素，也為享受眾多女人的「服侍」而自豪。[36]

　　前臺灣新生報社長石永貴發表在《傳記文學》第四十二卷第五期的紀念
魏景蒙社長文字。文章篇名〈千古一奇人──魏景蒙先生〉，石永貴在該文
內提及，當年中央通訊社成功地在沙烏地阿拉伯成立中東採訪處，對於特派
員一職，當時的魏景蒙社長費盡心思，明查暗訪，尋求適合人選。

　　根據石文的記述：

> 因為我〔指石永貴〕在文化工作會的關係，他〔指魏景蒙〕也不把
> 我當外人，向我說明了這個特派員的重要性以及可能人選、背景，
> 甚至優缺點，他要我考慮，並分別與家父（由於中東回教國家政教
> 領袖共同朋友，他早與家父相識）及吳主任叔心〔指吳俊才，馬星

---

[35] 卜少夫，〈序文〉，陳薇，《魏三爺與我》，(臺北：傳記文學，1984 年 10 月)。

[36] 潘秀玲，〈風流可乎？〉，《中央日報》(1989 年 6 月 14 日)。

野妹夫〕先生商量商量，再回話。……回到辦公室，據實報告吳主
任。叔心先生毫不考慮地說「還是不去好」，理由是這個工作固然
很有意義，但相較之下，還是我當時的工作，更能發揮，更能對於
黨及新聞界做較多的服務。[37]

石永貴當時的職務是中央文化工作會總幹事，吳俊才主任是他的上司，
他沒贊成石永貴去接中央社中東特派員，後來石永貴接了《臺灣新生報》總
編輯兼副社長，因為表現優異，半年後升任社長。接著又調任臺視總經理，
和在吳俊才先生擔任中視董事長時期，擔任旗下的總經理等重要職務。

石永貴擔任《臺灣新生報》社長期間，因為工作上關係，我利用開會之
便，到他社長辦公室拜訪，承蒙他送我當時該報出版部發行的多本書刊，也
鼓勵我多寫東西，能多在其報紙上發表文章。石永貴在調離《臺灣新生報》
社長之後，社長一職由曾任中央文工會秘書、新聞黨部書記長的沈岳先生調
任。

1983 年 4 月 28 日，葉明勳在《聯合報》發表一篇〈魏三爺的真性情〉
回憶：

> 臺灣光復不久，他〔指魏景蒙〕擔任中央宣傳部上海辦事處主任，
> 民國三十五年間，他率領了一個外國記者團來臺，那時候我〔指葉
> 明勳〕代表記者公會在新蓬萊餐廳招待他們；三杯酒過後，傑米
> 〔指魏景蒙〕表演了他的語文天才，淋漓盡致，不知怎麼談到《西
> 遊記》，為了表演孫悟空，傑米還在地上打起筋斗來。[38]

葉明勳文中又談到晚年的葉公超先生，心情落寞，有好幾次傑米和我陪
他同席。公超先生常常終席一語不發，有時對傑米發言，往往不按理出牌，

---

[37] 石永貴，〈千古一奇人──魏景蒙先生〉，《傳記文學》(第四十二卷第五期)，頁 92-93。

[38] 葉明勳，〈魏三爺的真性情〉，《聯合報》(1983 年 4 月 28 日)。

傑米總是舉杯相向笑語怡然,那種風範,真是堪稱知心「老朋友」。

葉公超與魏景蒙的知心「老朋友」,我們可以從魏景蒙的妹妹魏惟儀在1983 年 1 月 14 日,《中國時報》發表的〈同林泉選一答兒清幽地——景蒙三兄百日祭〉的文中感受得其「哥倆好」的意象。

魏惟儀在文中提到:

> 三哥你知不知道今天就是你逝世的百日紀念?就在這天要把你骨灰葬在金山墓園。為你選永久安息的地方,小蒙曾和我商量過,她本來認為金山墓園太遠,不如找個近一點兒的可以隨時弔祭,但我覺得你在地下也要有一兩個知心的朋友才不會寂寞,金山墓園有葉公超先生,你們空了可以煮酒談詩品茗論學或是講講你倆的「共同嗜好」。[39]

葉公超歷任外交部長、駐美大使,魏惟儀的先生沈劍虹亦曾任駐美大使。1983 年間,魏惟儀連續在《聯合報》發表了一系列有關隨夫駐美期間的回憶,諸如:1983 年 1 月 14 日〈歸去來〉、3 月 14 日〈雙橡園之戀〉、4 月 15 日〈双橡園的女主人〉、7 月 23-24 日〈駐華府使節浮沉記(1971-1980)〉等等。

1983 年 4 月 26 日,發表於《中國時報》的一篇〈玉宇瓊筵〉,文內特別提到葉公超大使的宴客軼事:

> 我們在華府舉行過八次國慶酒會,每次都相當圓滿,自然是全體合力之功。美國人最愛吃的是春捲(他們呼之為蛋捲 eggrolls)喜歡到不可思議的地步,所以春捲都要比其它點心多一倍。據說葉公超先生做大使時,有一年心血來潮要把國慶酒會的點心換換花樣。他自己很喜歡吃油條,於是叫大師傅將春捲改為油條。國慶的第二天

---

[39] 魏惟儀,〈同林泉選一答兒清幽地——景蒙三兄百日祭〉,《中國時報》(1983 年 1 月 14 日)。

（十月十一日）華盛頓郵報登載大使館酒會的新聞中間有一段說：
「中國大使館今年大概是為了省錢春捲裡沒有放餡兒！」[40]

馬星野與魏景蒙的先後出任中央通訊社社長，馬星野的妹妹馬均權女士嫁給吳俊才，可比美於魏景蒙的妹妹魏惟儀女士嫁給沈劍虹生；吳俊才的《中央日報》駐印度特派員，可比美於沈劍虹的出使美國；馬均權的烹飪美食，可比美於魏惟儀的寫作文采。

1984 年 1 月 5 日，李嘉先生發表在《聯合報》的一篇〈此情可待成追憶——景蒙的字與我的詩〉。「此情」是中央通訊社東京特派員李嘉娓娓細述著與景蒙之間的交情，文字如下：

> 人在最悲戚的時候，說不出一句話，掉不下一點眼淚，因為沉默是最悲痛的反應，最強烈的抗議。我〔李嘉〕與景蒙相識四十二年，相交三十二年，他視我如友如弟，情同手足。他的死，對當時遠在日本、日夜期待他早日康復的我，是一生中最深沉的悲痛，亦是我向天對人的最大抗議。景蒙撒手西去以後，我停筆到今天，無一紙追悼之詞，恪守「不立文字，不著語言」之教，而古人亦說過：「哀莫大於心死」，景蒙「身亡」，李嘉「心死」，這實在是我年來真正的心情，有幾人知曉。景蒙悄悄地走了，留下的是懸掛在我東京書齋內的一幅二人合作的立軸，我作的詩，他寫的字。[41]

讀著上述文字之後，再慢慢欣賞景蒙的字與推敲李嘉的詩，相得益彰，讀來更令人感受特別深刻。這首五言律詩是這樣寫的：「花為開時媚／情從別後長／歲寒風不語／夜靜玉生香／／國破絃歌絕／樓空刀劍藏／蓬萊一覺夢／白透鬢邊霜」。

---

[40] 魏惟儀，〈玉宇瓊筵〉，《中國時報》(1983 年 4 月 26 日)。

[41] 李嘉，〈此情可待成追憶——景蒙的字與我的詩〉，《聯合報》(1984 年 1 月 5 日)。

魏景蒙墨寶還有應葉明勳先生之屬書的「大肚能容／容天下難容之事／開顏長笑／笑世間可笑之人」。陳薇女士還為三爺出版有正、草、篆、隸，共計一百餘幅暨紀念文遺照等的《魏景蒙書法專集》。

魏景蒙有寫給陳薇的詩句：「不得哭，潛別離，不得語，暗相思，兩心之外無人知……」。陳薇回送給他的詩句：「卿卿我我戀愛中，多少歡樂兩相擁。夢裡柔情千萬種，醒來難與人爭寵。好夢易醒世事空，情絲未斷緣欲終。今宵夢境已不同，空留懷念長夜中。」

陳薇寫給魏景蒙的詩句：「為君相思為君愁，摘得花兒一朵朵。欲待葉落歸根後，妾身早已白了頭。」陳薇後來又加上：「為君思量為君發愁，惹來妞兒有好幾個，不見舒服不見享受，只見整日忙昏了頭。」魏景蒙將其「摘得花兒一朵朵改為「摘得野花幾許多」，並說：「野花就是野花，那有甚麼花兒一朵朵，沒那麼美！」

魏惟儀在〈同林泉選一答兒清幽地──景蒙三兄百日祭〉的文中，亦有回憶她三兄的逝世雖很突然，但是他彷彿有預感。他去南部旅行的前夕寫了一首陶淵明的輓歌給女友？那辭是：「有生必有死，早終非命促，昨暮同為人，今旦在鬼錄。魂氣散何之？枯形寄空木。嬌兒索父啼，良友撫我哭。得失不復知，是非安能覺？千秋萬歲後，誰知榮與辱？但恨在世時，飲酒不得足！」

魏景蒙豁達開朗的好交朋友個性，正如他的好友黃雪邨送他的一副對聯：「餞舊迎新綠酒初嘗人易醉，尋花問柳汀州拾翠暮忘歸」。但三爺給陳薇「此心不渝」的歌詞：「山南有棵樹，樹邊有枝籐，籐兒灣灣纏著樹，籐纏樹來樹纏籐，日日夜夜兩相伴，朝朝暮暮兩相纏，籐生樹死纏到死，樹死籐生死也纏。」

諾貝爾獎得主楊振寧與翁帆的愛情逸事，似乎在愛情深重與年齡差距上，是部分可以同拿來比之於魏景蒙與陳薇吧。人間有愛，若能有幸找到相愛的婚姻對象，本就人生一樂事。

胡適晚年曾以他自己跟江冬秀結合四十餘年而終於不棄的經驗，他說他們是結婚之後，才開始談戀愛，他們都時時刻刻在愛的嘗試裡，所以能保持

家庭的和樂。

四、解嚴前後溫州街文化記憶

1980-1990 年代的溫州街 96 巷，是我最經常走的一條路線，後來因為辛亥路與羅斯福路交叉口附近的拓寬工程，和高架橋的興建完成之後，該巷現在已改為羅斯福路三段 283 巷 19 弄了。

當年，我從現在羅斯福路上三段的 283 巷子走進去，記憶中重要與飲食有關的餐館，最先看到是右邊一家名叫「阿里港」的攤位，肉羹麵是招牌，我通常是點了一碗，再切一盤滷的海帶、豆干和一顆蛋，更理想的是再來一碟燙青菜。

「阿里港」攤位往前走幾步的斜對面，就有一家緊鄰溫州公園的「蠶居」和賣水餃的館子。這是一家北方館子，是我們一家四口都喜歡的餐館，點了水餃，加上館子備有的一小碟薑片和醬油，也算飽食一餐。

走過溫州公園，在著名景點臺電宿舍加羅林魚木(Cratevareligiosa Crateva religiosa)對面公寓的一樓，有家沒有取名的早餐店，名叫「阿玲」的廚藝不錯，特別是她做的飯糰。有回老闆告訴我一個有趣的事，當年小女念臺大時，有時候會買好幾個飯糰帶到學校，原來是她班上同學要她幫忙訂購的。

這家早餐店斜對角，當公家宿舍改建國宅之後的第二棟，也開了一家名「綠洲」的早餐店，我喜歡這家老闆親自煎做的蛋餅，和自製的豆漿。再隔壁棟有家賣肉丸的攤位，老闆夫婦來自宜蘭，待人滿親切，有回女老闆特地小聲告訴我，國宅搬來一位姓陳的著名女立委，有時候會點這家肉丸，拿進屋裡食用。

走過這國宅再往下走去，就會到了溫州街 52 號，也就是陳奇祿住家前的三角型小公園。在對面不遠處的靠近辛亥路高架橋旁，開了一家名叫「厚賓」的麵包。我光顧這家麵包店的次數最頻繁，小孩上幼園和小學時期，我幾乎每天一大早就會買這家剛出爐的餐包、肉鬆麵包、奶油麵包等，當作小

孩的早餐。有時候，小孩子吃麵包，偶爾我會到旁邊有家鐵皮屋榮民賣的山東白饅頭。

我可確知的是現在這家賣白饅頭的鐵皮屋已經被拆了，厚賓麵包店也關了，阿里港肉羹麵的招牌也換了，而且攤位也不再緊鄰羅斯福路口，而是搬進更接近溫州公園的地點。

283 巷取而代之的新開館子大都屬許多國家不同風味特色餐廳，成為名符其實的飲食街，而再再凸顯溫州公園與加羅林魚木的景點，「溫羅汀園區」的文化內涵更是有看頭了。

1978 年冬末至 2004 年夏初的這 26 年間，其中後期的 2000 年至 2004 年我都會到臺灣大學的新生南路旁搭乘學校交通車，以便到位於桃園龜山的中央警察大學上課之外，主要還是隨著兩位小孩的出生與長大，我們家人一起到臺大校園散步或運動等休閒的活動。

當時候我從住家的 283 巷 19 弄的走出來，到巷口我都會刻意向右轉的選擇從這棵加羅林魚木的邊邊走過。不管加羅林魚木是在繁花盛開的英姿時刻，或是在風華繽紛落盡的枯木期間。

繞過加羅林魚木的左轉，便是聞名的溫州街 86 巷，再繼續往前的直行，即會到達與新生南路的交叉口。這是我住在這裡的一段期間，我們除了可以享受臺灣大學校園的優美環境之外，而我最經常也喜歡獨自光顧的地方就是「聯經書店」和「桂冠書店」。

現在的「聯經書店」與 1980 年前後的迄今，變化並不大。我買的大都與臺灣政經史發展有關的書籍，除了曹永和院士出版的《臺灣早期歷史研究》和《臺灣早期歷史研究續集》之外，胡頌平編著《胡適之先生晚年談話錄》、余英時寫的《中國近世宗教倫理與商人精神》等，也都是當時在「聯經書店」購買的圖書。

儘管後來縱使我搬離了溫州街，但我還是會經常回到「聯經書店」看書和買書，例如我後來又買了曹院士的《近世台灣鹿皮貿易考》，以及余英時由聯經出版的《重尋胡適歷程：胡適生平與思想再認識》等學術性的著作。

「桂冠書店」相對來說，其經營和財務就坎坷多了。我與「桂冠書店」

的結緣，起於我早期在中國文化大學擔任講授「管理學概論」的課程。當時我指定學生的參考用書，便是「桂冠書店」翻譯出版的彼得・杜拉克《管理學導論》一書。另外，我在政治經濟學領域的重要參考書，也是「桂冠書店」列入的【桂冠政治學叢書】，由蕭全政教授撰寫的《政治與經濟的整合》學術性著作。

如今的「桂冠書店」，隨著國內環境變化和出版業的不景氣，在老闆賴阿勝的辛苦慘澹經營之下，仍不敵市場和財務的壓力，只得搬回老家苗栗繼續苦撐，最後也因賴老闆的過世而結束營業，令人不勝唏噓。

我走在解嚴前後的溫州街與新生南路三段附近的書店，除了主要的「聯經書店」和「桂冠書店」之外，當時「誠品書店」尚未在此設立門市部。然而，現在的「誠品書店」，以其新穎經營方式，和寬闊舒適空間的後來居上，成為新生南路上最耀眼的一家書店。

1970 年代，即已在此附近設立的出版社，我印象比較深刻的有位在羅斯福路 3 段 333 巷 14 號 2 樓的「四季出版事業公司」。當臺灣還處在戒嚴時期的 1979 年 9 月，該公司出版了《李敖文存》(一、二集)。我也買了 1980 年 11 月黃年寫的《臺灣政治發燒》的時事論文集。

當時李敖的作品大部分是熱賣品，讀者通常會擔心李敖的書又會被禁。所以，有時會出現搶著熱購潮。我猶記得當時我買《李敖文存》的主要誘因是：《李敖文存》(一集)中有篇談論〈「蔣廷黻選集」序〉的長文，和一篇〈「左舜生選集」序〉的文字，以及《李敖文存》(二集)中有〈胡禍呢？還是禍胡呢？〉、〈胡適和三個人〉的二篇談論有關胡適的文字。

另外，有家出版社位在新生南路三段 88 號 3 樓之 1 的「時英出版社」，當時已是 1987 年解嚴之後的 1992 年 4 月出版了黃德福《民主進步黨與臺灣地區政治民主化》，和 1995 年 9 月蕭全政《臺灣新思維：國民主義》等有關臺灣政治發展的著作。

特別是在比較後期的時間才在羅斯福路 3 段 283 巷 14 弄 14 號開業的「南天書局」，我在 2004 年搬離該巷之後，為了完成《臺灣治安史略》一書，還特地回到舊家的同巷子這家書店，花了近新臺幣 1 萬元，買了全套日

本版《臺灣總督府警察沿革誌》。

我在溫州街附近的「四季出版公司」、「時英出版社」和「南天書局」等三家出版社所買的上述多本著作，當我在審修拙作【臺灣政治經濟思想史論叢】的作品時，這些書刊都成為是我案頭上的重要參考文獻。

對照戒嚴前後的溫州街，在其分別與羅斯福路和新生南路上書肆的最大區別，羅斯福路上的小書攤凸顯在戒嚴時期被警總視為「禁書」的私下流通市場；而新生南路上的書店則出現解嚴之後各種類圖書的公開銷售市場。

平常時刻，我從羅斯福路 3 段 283 巷 19 弄「奇數」號的公寓門右轉走出來，如果在 19 弄口不選擇右轉的，再從加羅林魚木的溫州街 86 巷直行到新生南路。我在「特別時刻」是可以到了弄口繼續向前直行，走在臺電宿舍與溫州國宅之間的巷子；或是一到弄口便左轉再朝往國宅與改建好臺大教職員宿舍公寓之間的巷子，皆可以同是走到新生南路。

我所謂的「特別時刻」，就是星期例假日的早晨，當小孩不用上學而可以睡得比較晚起的時候，我們全家會直行的在一家名「綠洲」的早餐店，食用豆漿、蛋餅和臺式的蘿蔔糕等。從「綠洲」早餐店繼續直行可以走到新生南路三段的「臺一牛奶」吃冰品，和買到有如元宵冬至的特製湯圓。

有些時候的「特別時刻」，是指到弄口便左轉的再朝前述國宅與臺大教職員宿舍的巷子，就有一家小矮房子的家庭式理髮店，老闆是一對夫妻和僱用的一位年輕師傅，三位都是屬重量型身材。

當我們家男生一起去理髮的時候，通常是男老闆親自操刀，如果遇到客人多，偶而也會輪到年輕的胖叔叔，但他手藝就比不上老闆的俐落了，若是客人再多，必須由女老闆「下海執髮」，我們家當時尚幼的弟弟看到「巨無霸」拿起剪刀時的那一刻，總會露出「驚恐」怕怕的表情而抗拒。

在緊鄰的另一巷子，開著有家名叫「菊日本料理店」。如果以當時該日本料理店的消費金額水準來衡量，光憑我的月薪收入，是有點捨不得花這比較高價錢，來支應我們家四口常去這家店消費，還好我們家有位不喜歡吃海鮮類食物的小孩。

不過，這家「菊日本料理店」對面的「台灣的店」小書屋，是專售有關

臺灣歷史與文化方面的書刊，倒是我常獨自去買書的地方。之後，也因為
「南天書局」、「唐山書店」等陸續地在溫州街附近設立了門市，讓我多了
許多光顧的處所。

　　1987 年的解嚴後，和 1992 年廢除《動員戡亂臨時條款》的時刻，我在
「台灣的店」買了【澄社報告 1】《解構黨國資本主義──論臺灣官營事業
之民營化》，以及克寧出版社於 1995 年分別出版姜南揚寫的《臺灣大轉型
──40 年政改之謎》，與若林正丈、劉進慶、松本正義編著的《臺灣百科
(增訂版)》等書。

　　上述的三本專業性著作，對於我在研究臺灣政經史，特別是在審修拙作
【臺灣政治經濟發展史論叢】的系列著作，當我論及戰後臺灣政經體制發展
與變遷的文字時助益良多。

　　我在「台灣的店」找書、看書，因其屋內空間並不大，又沒有提供可以
坐下來舒緩腳酸的地方。這時候的我，偶爾也會選擇走進附近在新生南路三
段 16 巷 1 號，名為「紫藤廬」的一家小館，坐下來喝茶略作休息。

　　「紫藤廬」是遠近馳名的一座二層樓日式建築，門外附有小小庭院。
「紫藤廬」原地為日治時期臺灣總督府官員淺香貞次郎的宅邸。戰後由政府
接收做為當時擔任關務署署長周德偉的公家宿舍，並雅其名為「尊德性
齋」。

　　當 1950-1960 年代臺灣還是在實施嚴格經濟管制的時期，時任經濟部長
兼中央信託局局長的尹仲容，他首先提倡「計劃式自由經濟」思維，並規
劃、執行進口替代與出口導向政策。

　　周德偉肩負的正是國家關稅措施的重責大任，而他住居「尊德性齋」的
期間，也正是協助經濟部長尹仲容主持「外匯改革方案」，和其指導林鐘雄
等學生的時間，對臺灣經濟思想教育與政策發展產生不小的影響。[42]

　　1970 年代前後，臺灣還是處在戒嚴體制之下，「尊德性齋」可說成為

---

[42] 陳添壽，〈戰後臺灣政經發展策略的探討〉，收錄：《臺灣政治經濟思想史論叢(卷一)：資本主義
　　與市場篇》，(臺北：元華文創，2017 年 1 月)，頁 339-401。

當時由胡適、雷震主導《自由中國》雜誌的時期,許多知識份子、文藝界人士的談論時政的聚集地,亦可謂是臺灣引介西方自由主義思潮的起源地,彰顯文化「筆桿子的勢力」。

1979 年,「美麗島事件」發生之後,臺灣風起雲湧的政治文化運動讓此地更是成為當時所謂「黨外人士」聚會的重要場所。我印象中 1983 年由多家黨外雜誌代表所發起的「黨外編聯會」即在此成立。當時許多的政治人物亦常於此進出的作為聚會之地。

我住溫州街的期間,早已聞「紫藤廬」盛名,知其因庭院中的紫藤而得名和其茶館的經營。如今的「紫藤廬」不僅是具茶藝文化館,它更成為是一處以人文精神,及公共空間內涵為特定的歷史古蹟。

我喜歡獨自的來到「紫藤廬」,感受的是其代表臺灣政治民主化與知識份子「文化沙龍」所凸顯的政治文化意涵。尤其當我日後的審修拙作【臺灣政治經濟思想史論叢】的系列論文的時候,腦子總是不時會思及當年的情景。

從原溫州街 96 巷,後因為辛亥路拓建而變更為羅斯福路 3 段 283 巷 19 弄的地理位置,其與進出羅斯福路、新生南路和辛亥路的距離作比較的話,是以走到辛亥路上為最近的距離,亦成為是我們家人經常出入的一段路程。

我從原溫州街 96 巷左轉,不到 50 公尺就會碰到以前是糧食局公家宿舍,因辛亥路的拓寬,很快就被改建成面向著辛亥路政府單位的一棟大樓。這時候我有兩個選擇,是選擇向右轉或向左轉的直行再稍繞道之下,都可以順利走到辛亥路上。

當我選擇向右轉直行時,我左手邊沿著的即是這棟大樓背面的整排住家。我後來遇到這整排住家一樓的一戶人家,他說他是在交通部服務,而巧的是他與我還同來自臺南後壁鄉的北漂青年。這房子是因為他具中央政府單位服務的身分,並在抽中之後花錢買下來的。

我的這位同鄉姓李,與我年齡相近,我們高中同念省立嘉義中學畢業,印象中他是交通大學畢業,在我 2004 年尚未搬離了溫州街的期間,我們還互有來往,後來他曾出任民航局局長一職。當我們家兒子有學期念師大附小

的幼兒園時，我們會經過他家門前，繼續直行到「厚賓麵包店」左轉，再越過辛亥路高架橋下，經新民小學、連雲街，到師大路附近的師大校園學區了。

當我選擇向左轉的直行時，在走不滿百步地方就會與羅斯福路 3 段 269 巷成「T」字形。我面對的樓房 1 樓，現在開設的正是「雙葉書廊」。這時候我可以左轉走到溫州公園前的右轉，即到羅斯福路上；我也可以右轉的稍前走幾步再左轉，即到羅斯福路與辛亥路交叉口的現在「諾貝爾大廈」，經此越過辛亥路，到達古亭國小，這也是我們小孩念該小學時候的必經之路。

我們知道「雙葉書廊」早期以經銷《文星》雜誌和【文星】叢書和叢刊出名，1970 年代之後擴大成為供應國內大專院校教科書、圖書進口公司，和專業書籍的出版社。

現在「雙葉書廊」並不採取書店門市的營業方式來擺設，2004 年我在未搬離溫州街舊家之前，曾走進「雙葉書廊」的探詢相關書訊，承蒙贈送 Harry Landreth and David C. Colander 合著的《經濟思想史》(*History of Economic Thought*)一書。

這書也是當年我在臺北教育大學社教系講授《經濟思想史》的主要參考書之一，更是我在審修【臺灣政治經濟思想史論叢(卷一)：資本主義與市場篇】的其中一篇〈近代經濟思潮與臺灣經濟特色〉的重要參考著作。

回溯當年我會落腳在溫州街，主要是辦公室同仁的介紹，當時我對於當地的環境並不熟，但聽說它就位近公館的臺灣大學，即引發我的興趣，並前往了解屋況和居家附近的環境。

對溫州街鄰近臺灣大學的好感，始於我對於臺灣大學自由學風和學習環境的嚮往，可是臺灣大學對於我而言校門太窄，感嘆自己無緣能進入就讀。但我自青少年時期即閱讀胡適、傅斯年、殷海光、李敖等多位自由主義學人的作品，對於學術文化仍難忘情，想到可以選擇住在溫州街，也算是一種虛榮心的滿足吧！

記得自己高中、大學時期的閱讀胡適、傅斯年、殷海光、李敖等人的作品，也買了許多有關於他們和自由主義方面的著作，尤其對於·《自由中國》

和後來《文星》雜誌接棒的印象特別深刻。

諸如：當時「文星書店」出版的《胡適選集》、《傅斯年選集》、《傳統下的獨白》、《胡適評傳》等等。尤其喜歡閱讀《傅斯年選集》收錄臺灣大學校長傅斯年，在《自由中國》雜誌上的談論〈自由與平等〉，與《大公報》〈羅斯福與新自由主義〉等多篇文字。[43]

當年傅斯年校長的反對共產主義思想，特別是其與俞大維之間的親戚關係，以及俞大維國防部長在「八二三炮戰」中的表現，加添當年他們住過的臺灣大學校長宿舍，都讓我對溫州街當時的名氣產生了許多的連結。

最後決定買房住居溫州街的另外重要原因，是它位置在羅斯福路、新生南路和辛亥路的交叉點附近，交通便利。當時內人上班的地點就在溫州街對面的羅斯福路上，而我要到金華街辦公室上班也只要一趟欣欣客運 253 號公車即可抵達。

1980 年代前後的溫州街，沒有如現在已經興蓋完成的臺電大樓、臺北信友堂，和溫州國宅等明顯的大樓建物。尤其溫州國宅當時還是臺大教職員的宿舍，是日治時期留下來日式建築的矮房子聚落。

印象中當時比較顯目的大樓，好像只有在羅斯福路三段 281 號附近的羅斯福路大廈。當初我對這棟大廈沒有特殊的印象，可是在我住進溫州街後不久，有天我路過這棟大廈，我心想這裡面到底是住了那些人家或公司行號，於是我特別好奇又仔細看了樓層住戶的牌板，赫然發現「中國文藝協會」的名字。

「中國文藝協會」，突然讓我回憶起 1970 年代初期我在大學唸書的時候，因為喜歡閱讀和買書。記得有一年的書展，我已經記不起來舉辦的地點是在耕莘文教院，或是在羅斯福大廈的「中國文藝協會」，但是那場文藝性質的書展，還吸引我特地從新莊的輔仁大學宿舍，趕到溫州街這附近的地方來。

---

[43] 陳添壽，〈1950 年代前後臺灣「胡適學」與自由主義思潮〉，收錄：《臺灣政治經濟思想史論叢（卷三）：自由主義與民主篇》，(臺北：元華文創，2018 年 6 月)，頁 29-57。

　　後來也因為「中國文藝協會」的關係，我腦子裡有了張道藩這位政治與文藝人物的印象。因此我在拙作【臺灣政治經濟思想史論叢】(卷六：人文主義與文化篇)，特別針對當年「中國文藝協會」的成立背景與經過有詳細論述。[44]

　　巧的是在一個偶然機會，聽到與我住同棟公寓，曾任蔣彥士秘書長的錢仲鳴秘書，他告訴我當時有關張道藩擔任立法院長時，與蔣碧薇就住這裡，更讓這裡的溫州街令人有更多的好奇。後來我在拙作《臺南府城文化記述》中還特別敘及。[45]

　　張道藩、蔣碧薇與徐悲鴻之間的愛情故事，早已在政治文化圈傳聞已久。尤其《蔣碧薇回憶錄》裡寫《我與徐悲鴻》和《我與張道藩》的愛情描述，特別是蔣碧薇在〈卻道海棠依舊〉的晚年回憶，真讓人會「問世間情何物」？也更人對照聯想張道藩與蔣碧薇他們兩人來臺灣之後，他們住在溫州街一起生活的這段悲愴歲月來。

　　溫州街的地理位置非常適中，不管是來自羅斯福路或是新生南路的過客，或是時有大學生情侶來到溫州公園，特別是現在許多臺灣大學學生喜歡坐在樹陰的石椅上聊天。

　　當 1980 年代前後，臺灣還是處在戒嚴時期的階段，尤其 1977 年臺灣縣市長選舉中，國民黨在桃園縣長選舉投票過程中爆發作票爭議，引發中壢地區市民的激憤抗爭，群眾包圍中壢分局、搗毀並放火燒毀警察局，最後導致警方開槍打死群眾的「中壢事件」。

　　「中壢事件」之後，臺灣開啟了所謂「街頭抗爭」的運動風潮。1978年 5 月蔣經國新上任總統大位，12 月美國與中華民國斷交，進行中的立法委員選舉暫停，1979 年 12 月 10 日國際人權日爆發了「美麗島事件」。[46]

---

[44] 陳添壽，〈徐復觀激進的儒家思想與本土化思維〉，收錄：《臺灣政治經濟思想史論叢(卷六)：人文主義與文化篇》，(臺北：元華文創，2020 年 11 月)，頁 239-291。

[45] 陳添壽，〈張道藩與蔣碧薇〉，收錄：《臺南府城文化記述》，(臺北：方集，2020 年 1 月)，頁227。

[46] 陳添壽，《臺灣政治經濟思想史論叢(卷五)：臺灣治安史略》，(臺北：元華文創，2020 年 7 月)，頁 299-302。

　　接踵而來的一連串街頭抗爭，當時靠近溫州街的羅斯福路上，靠近臺灣大學附近路邊上尚未興建大樓之前的幾家矮房子書攤，是銷售禁書雜誌和書刊的熱門焦點路段，也開始出現一窩蜂創刊與被禁的雜誌與書刊。

　　《大學雜誌》這時候早已被當時所謂的「黨外雜誌」所取代，諸如：《台灣政論》、《這一代》、《前進》、《蓬萊》、《美麗島》雜誌等等。新崛起「黨外」聲勢，有 1980 年代替「美麗島事件」中被告投入選戰的家屬，與 1981 年地方選舉參與辯護律師的投入選舉，不但當選，而且多位都是在該選區以第一高票當選，黨外聲勢顯得越來越高漲的趨勢。

　　回溯當年每當我走過這些書店攤位，總要翻翻的瀏覽這些黨外刊物，其中的《臺灣政論》和《美麗島》這兩份雜誌，我偶爾也會買回家閱讀。當時還有最特別是李敖，分別由四季、桂冠、天元等出版社出版的《李敖千秋評論叢書》、《李敖千秋評論號外》、《萬歲評論叢書》，我幾乎每期都會購買。

　　李敖出版的單本雜誌書，由於批發日期受到許多因素的牽制，導致書店擺出來銷售的時間不一定。所以每月的初一，或是走過書店的攤位總還會問問老闆，李敖又有新書出版嗎？老闆最經常回答的答案是「有」，但被警總禁了，現在書店裡已沒有存書了。

　　柏楊當時也正由遠流出版社發行【柏楊版】《資治通鑑》，每月一冊，陸續出版全 36 冊，當時也造成一股購買熱潮，我當然也不落人後。有關我對於李敖和柏楊著作的文化記述，我都已收錄在拙作【臺灣政治經濟思想史論叢】(卷六：人文主義與文化篇)。[47]

　　另外，當時還有比較偏向國民黨言論的【風雲論壇社】出版的風雲書系《蔣經國浮雕》、《透視黨外勢力》等書，以及我印象中還有正位在溫州公園對面書店販售專業性的雜誌和【藝術圖書公司】。

　　相對於羅斯福路段的購書人潮，這裡就顯得冷清多了，甚至於現在附近

---

[47] 陳添壽，〈近代學人 1970 年代重要著作與胡適的文化記述〉，收錄：《臺灣政治經濟思想史論叢（卷六）：人文主義與文化篇》，(臺北：元華文創，2020 年 11 月)，頁 119-195。

的樓下店面都已被改開餐館，溫州街成為名符其實的飲食街了。正如同在解嚴之後，我就也不再購買李敖或其他黨外雜誌的作品了。

1978 年底，我初住進溫州街家的時候，現在的羅斯福路三段 283 巷，在 30 多年前的景點，除了溫州公園，和臺電宿舍內的加羅林魚木等這兩個地點最為有名氣，特別引起大家的注意與興趣。

這棵醒目又美麗的加羅林魚木，當年是種植在臺電公司宿舍的圍牆內，隨著知名度的打開，吸引許多賞花者和攝影師來此地。現在已不再專屬於臺電公司的獨享，而改為公共空間的提供大家可以自由觀賞活動，和備有座椅成為可以休閒的景點。

溫州公園近年來的加以整理和美化，更是讓溫州街成為臺北市區重要方位的指標之一。猶記得當年內人坐月子期間，家父從臺南後壁老家上臺北來探望媳婦和孫女。

當下車轉搭計程車時，家父向計程車司機說「溫州公園」，或許是因為家父受日本教育，講的是臺灣國語，司機竟然將家父直接就載到「恩主公」(行天宮)，我們得費一番工夫向司機解釋清楚後，家父和他特地攜帶上來，而且已經過處理乾清好的七隻雞，才得以順利抵達溫州街的家。

我住 283 巷的期間，有天發現在附近的一棟公寓樓上掛著「林絲緞舞蹈社」的招牌，讓我想起 1960 年代中期我念高中時候買林絲緞寫的《我的模特兒生涯》。這書 1965 年由「文星書店」出版，而當年我對於這位勇於挑戰社會，開國內專業人體模特兒風氣之先，後又習舞蹈的傑出女性，印象極為深刻。

2009 年 6 月 7 日，《中國時報》刊出林絲緞接受專訪的記述，林絲緞說 20 幾年前，她在溫州街開設舞蹈教室，以啟發式舞蹈為特色。這時候我也才更深入了解她在夫婿李哲洋於 1990 年過世之後，她將李哲洋遺留下來的音樂史料七十大箱捐給藝術學院(現在的臺北藝術大學)，來嘉惠有志於臺灣音樂歷史研究的後繼者。[48]

---

[48] 李志銘，〈生平猶有未竟志──李哲洋與巴托克〉，《中國時報》(2015 年 7 月 10 日)。

以此推算，「林絲緞舞蹈社」這時間正是 1980-1990 年代我家住溫州街的時期，只是我家小孩沒有從林絲緞老師的學習舞蹈，而是在住家附近的學學書法、鋼琴等其他方面的才藝課程。

林絲緞《我的模特兒生涯》中有段文字記述：

> 攝影界要想徵求一個模特兒都還不是一件容易辦到的事，在我開始的那個時期裡，當然更是困難了。當時，我在雕塑家楊英風先生那裏兼職，他是一位工作得很勤勉，並且頗值得人信任的藝術家，他誠意的要求我為一位很有聲譽的攝影家服務，我總算答應了，這就是我進入攝影界的開始。說起來會有人不相信，我第一次替他服務的這位攝影家，就是那位以奇特技法聞名於世的郎靜山先生。[49]

上述這段文字敘述的時間，當是 1960 年代前後發生的事。1970 年代後期，乃至於 1980 年代我從住家走出來，繞過溫州街加羅林魚木的往臺灣大學校園的路上，特別是在 86 巷附近，我經常可以遇一位總是一襲青衫，或是長袍馬褂的先生，他的這身穿著和獨特相貌，加上蓄鬍，從遠而近的擦身而過，很容易一眼就可以認得出來是攝影大師郎靜山先生。

我想我可以確定這時期的郎先生曾住過溫州街，但我不能確定他是住溫州街 86 巷的公寓，或是臺灣大學教職員宿舍所改建的國宅大樓裡。記憶中我家小孩學繪畫的麥老師(其家人開設老麥攝影)授課地點，就在國宅大樓裡，偶爾會看見郎先生在附近進出。

郎靜山是以中國山水式的集錦攝影著稱，1949 年來到臺灣之後，也拍了許多當時黨政軍、商、社會文化各層面的名流名士，如張大千與蔣經國、溥心畬與京劇名伶焦鴻英的合影，特別是拍攝一幀著名電影明星李麗華的嫵媚照等等。[50]

---

[49] 林絲緞，《我的模特兒生涯》，(臺北：文星書店，1965 年 1 月)，頁 103。

[50] 陳添壽，〈郎靜山攝影藝術〉，收錄：《臺南府城文化記述》，(臺北：方集，2020 年 1 月)，頁 210-211。

　　相較於郎先生的拍攝林絲緞照片，許多人因為從來沒有見過郎先生有半裸女的作品，就對林絲緞上述的話懷疑起來，林絲緞自己想這也許是當時因為限於經驗，未能使郎先生完成一幀理想的作品的緣故。

　　我住的溫州街 96 巷後來改稱羅斯福路三段 283 巷 19 弄，記得 2000 年前後就在我們同一個巷弄裡，有一天我突然遇到我久仰的臺灣史專家曹永和院士，我心想他怎麼會到我們的這巷弄裡來，我不明所以然。

　　可是過了幾天，我又遇見曹院士和幾位年輕學生從 6 號 1 樓的大門一起走了出來。當時曹院士看起來身體還硬朗，他本來就是瘦瘦小小的身材，但是以他的年紀來說，走起路來還是非常的穩健。

　　回溯 1978 年我剛住進這裡的時候，6 號的這棟淡黃色 7 層電梯大樓還未興建，施工的初期我們夫婦想了解房價，還特別問了正進行工程的人員，得到的答案是 1 樓住家是老闆的自家保留戶，其他樓層也大部分是老闆的至親好友預訂了。後來 2 樓的一戶人家，先生在財政部，太太在台電公司，他們的兒子與我家女兒正巧是古亭國小的同班同學。

　　這棟樓層與當時溫州街巷弄的附近住家做比較，已經屬於比較高級的住宅了。興建完成之後，各樓層住戶也都紛紛住進來了，可是我注意到 1 樓一直空著，並沒有住戶搬進來。後來聽說有陣子是老闆自己住，但時間並沒有很長。

　　2004 年，在我未搬離此處之前，我就經常會遇見曹院士由一群學生陪著從自家走出來，我想應是學生到此接受曹院士的講課，和做相關專題研究的討論，以及資料的整理出版。

　　我因為早期即對臺灣政治經濟發展的歷史很有興趣，在住進溫州街之後的不久，我就經常到新生南路的「聯經書店」看書買書，曹院士的二本大作《臺灣早期歷史研究》和《臺灣早期歷史研究續集》，其「臺灣島史」觀點對我的諸多啟發，早已是我撰寫相關論文的重要參考著作。[51]

---

[51] 陳添壽，〈溫州街瑣記：曹永和的臺灣歷史研究與基金會貢獻〉，《臺灣商報》電子報(2021 年 3 月 10 日)。

曹院士學歷只有中學畢業，但那是日本統治臺灣時期的特殊環境之下，但他自開始在臺灣大學圖書館擔任助理員，一路到圖書館主任，圖書館成為他的研究室。曹院士精通日、西、荷等多種語言，以海洋史角度看臺灣歷史發展，擺脫漢人開發史的框架。65 歲才開始在臺大任教，一直到 90 歲退休，其自學與教學精神，一直是我學習和敬佩的當代學人。

曹院士自 1999 年 7 月成立基金會以來，其會址設在羅斯福路三段 283 巷 19 弄 6 號 1 樓。我注意到該財團法人曹永和文教基金會，出版了多種學術性著作。我後來買了該基金會 2005 年 11 月出版陳國棟《臺灣的山海經驗》，和 2007 年 2 月鄭惟中翻譯歐陽泰(Tonio Andrade)《福爾摩沙如何變成臺灣府？》等書。

特別是我在審修我的【臺灣政治經濟思想史論叢】的期間，我又參考了 2011 年曹院士的《近世臺灣鹿皮貿易考》。上列著作對於我在臺灣政經史和臺灣治安史等領域的研究獲益甚大。2014 年曹院士過世，其家屬即在其羅斯福路自宅 1 樓設置靈堂，供人瞻仰。曹院士的自學典範一直是我學習的榜樣。

我住溫州街期間，有回偶然在溫州公園附近的遇到我大學時代系主任藍乾章老師。我們師生已是十多年未見，老師說他就住溫州街的臺灣大學教職員宿舍。

老師早年在大陸時期畢業於武昌文華圖書館專科學校，曾先後在武漢大學、浙江大學等校圖書館，及國立中央圖書館工作。隨政府來臺之後，因曾服務於臺灣大學圖書館和任教於圖書館學系，才有機會和條件住進後來溫州街的臺灣大學教職員宿舍。

老師後來也曾擔任中央研究院歷史語言研究所傅斯年圖書館主任，1971 年轉任我們輔仁大學圖書館學系主任一職。當時在臺灣念圖書館學系算是熱門科系，而且只有臺灣大學設圖書館學系、臺灣師範大學社教系設圖書館組，輔大是剛剛設立，所有課程皆援引自臺大、師大的教授與教學。

當時在臺大授課的藍乾章老師教我們的「中文參考」、「中文分類與編目」，師大的王振鵠老師教我們「圖書館學概論」、「圖書採訪與選擇」等

專業科目。

我在藍乾章系主任的指導下，主編了《輔大圖書館學刊》創刊號，還在圖書館學系創辦了《耕書集》，以提倡讀書風氣，和撰寫書評的刊物。他同意並在經費上支援，同時寫下《耕書集》這三個字作為刊頭。

受到老師的鼓勵和影響，我開始也在《輔大青年》也連續發表了文章。諸如〈從三院圖書館到聯合目錄編製之芻議〉，談論有關連結學校的文學院、法商學院和理學院等三座圖書館。老師後來擔任這三座圖書館的總館長。

由於在《輔大青年》連續發表〈論大學教育與大學圖書館〉、〈從三院圖書館到聯合目錄編製之芻議〉，和在《大學雜誌》的發表〈有待加強的臺灣圖書館事業〉等文章，對於後來我在撰寫專欄評論的時候不致於會感到生疏，或困難。

1980 年代前後的當我住溫州街，正是臺灣政經社文環境有很大轉變的關鍵時期，政府的行政與立法部門為因應解嚴後政經體制的改革，尤其為提高立法效率及品質，如何從「粗糙立法」邁入「精緻立法」，我發表〈立法資訊與議事功能〉，也大力呼籲公立圖書館應鼓勵社會的閱讀風氣。

1987 年，承蒙臺北市立圖書館之邀，在其《臺北市圖書館館訊》發表〈從管理觀點論圖書館組織〉一文，以及 1980 年代後期受聘當時中國圖書館學會公共關係委員會，後來擔任國家圖書館館長顧敏，其主任委員任內的委員，我也將在該委員會議中的發言，整理成〈資訊共享〉一文，發表在當時的《臺灣新聞報》。

我也關心臺灣圖書館事業的發展，為了推廣公共圖書館社區大學化，和教導青少年如何使用圖書館。1987 年 6 月 7 日-13 日，我還特以〈開啟知識的寶庫〉為題的長文，在當年剛改組成青少年讀物的《現代日報》連載。

上述諸文，我都要感謝當年圖書館學界老師的教導，還有藍乾章老師推薦我到國科會科學資料中心實習，以及受惠於他講授「中文參考」這門專業課程，對於我在通識教育跨領域學科的知識啟蒙。

1970 年，我初進大學的研讀圖書館學，抱負要撰寫【近代學人著作書

目提要】，並且完整的列出百位學人的名單，於是展開大量閱讀與蒐集相關學人的著作，我心目中的第一位學人就是胡適之先生，我也試作完成了〈胡適之著作書目提要〉乙篇。[52]

回想大學三年級暑期，我在國家科學委員會科學資料中心的實習，當時科資中心位在南港中央研究院園區，我因實習單位科資中心人員的介紹，得以住進園區內一棟舊屋的宿舍裡，讓我常有機會和時間到胡適紀念館瀏覽。

當時我在胡適紀念館購得《中國中古思想史長編》、《中國中古思想小史》、《白話文史(上卷)》、《神會和尚遺集》、《嘗試集》等書。《中國中古思想史長編》的書封面，就有「毛子水敬題」字樣，還有書末附有毛子水寫的〈中古思想史長編手稿本跋〉，以及為《中國中古思想小史》寫的跋。

從上述毛子水在胡適過世之後為胡適著作的整理出版，凸顯毛子水與胡適的特殊師生關係，還有毛子水受到胡適夫婦的充分信任，畢竟毛子水出身北京大學，和來臺之後在臺灣大學教書。所以，余英時會說：「我算來算去，胡適在臺灣學術界的追隨著僅剩下毛子水一人。」[53]

我在大學畢業服完兵役之後，並未繼續走上圖書館學研究和實務工作的路，但我始終不忘情於對有關近代學人著作的蒐集、閱讀與書寫。特別是我仍繼續閱讀胡適著作和其他有關的論述，我發現毛子水與胡適的文化記述經常被報章雜誌所刊載。

1980 年代之後我住溫州街，對於有關溫州街的人與事特別感到興趣。我的簡報裡有篇 1988 年 10 月 3 日，《中央日報》登載程玉凰整理的〈毛子水早年求學生涯〉，在文前特別註明：

> 這篇口述是民國六十七年九月八日及二十五日，兩次在毛先生家裏承命受記的。毛先生是我的業師。所以他特別要我筆記下來，當時

---

[52] 陳添壽，〈我撰寫《近代學人著作書目提要》的心路歷程〉，收錄：《臺灣政治經濟思想史論叢(卷三)：自由主義與民主篇》，(臺北：元華文創，2018 年 6 月)，頁 3-28。

[53] 余英時口述，李懷宇整理，《余英時談話錄》，(臺北：允晨，2021 年 11 月)，頁 261。

> 他頗有意以聊天方式來口述他的自傳，可惜僅講兩次，從啟蒙敘至
> 民國十八年冬自德國留學回來，便因其他雜事，諸如搬家、整理溫
> 州街舊居書籍。[54]

文中述及「搬家、整理溫州街舊居書籍」，證實我在溫州街經常看到一位長年穿長袍，身體微僂長者毛子水的舊居，正是為在溫州街的臺大教職員宿舍群。毛子水年輕時期在北大念數學系，留德階段研修科學史，回國後應傅斯年之邀在北大講授科學史、文化史。隨政府來則在臺大中文系任教。

毛子水自述其與傅斯年的同時間在北大念書，他們的博覽群書，強調的是大部分靠自己努力的看書，認為學問是自修來的。毛子水在胡適〈中古思想史長編手稿本跋〉指出：

> 胡先生生平以思想史為他做學問的主題，民國三十五年他從美國回
> 到北平時，所攜帶的書籍大部分是關於哲學史和思想史的。他打算
> 以二十年的功夫專心完成他的中國思想史。誰料共黨暴亂，使國家
> 不得安寧，這個讀書著書的志願，竟不能達到！但一直到他去世的
> 時候，胡先生對於先民有意義的思想，一絲一毫都不肯輕易放過。
> 他無論在什麼書上看到有關人類自由、平等或破除迷信、反抗武斷
> 的話，都必用密圈密點記出。我每翻閱先生所讀過的書，就會想起
> 先生生平的志慮。[55]

我則會聯想起自己在 50 年前的構思撰寫【近代學人著作書目提要】，和 40 年前我住溫州街舊居的繼續蒐集和閱讀胡適、傅斯年、毛子水等學人的著作，對於他們的博學和通識見解，感到十分敬佩。

---

[54] 程玉凰，〈毛子水早年求學生涯〉，《中央日報》(1988 年 10 月 3 日)。

[55] 胡適，《中國中古思想史長編》(手稿本)，引自：毛子水〈中古思想史長編手稿本跋〉，(臺北：胡適紀念館，1971 年 2 月)，頁 2。

當時與胡適、傅斯年等人代表自由主義精神象徵的還有殷海光教授，其故居位於溫州街 18 巷 16 弄 1-1 號，此處界於臺大、師大及大安森林公園的位置中心點，為日治時期帝國大學現在是臺大教授的宿舍群。

如果直接就從和平東路 1 段 248 巷進去，要比從羅斯福路方向走溫州街下去，來得方便和省時多了。1956 年殷海光從《自由中國》雜誌的住處遷居於此，直到 1969 年胃癌過世。

1966 年，我在南部念高中時期，就已經久聞殷海光的大名，和非常想要接觸他的作品。當年我除了閱讀他常在《自由中國》雜誌發表的文章，和他翻譯海耶克《到奴役之路》等書。

1970 年 9 月，我離鄉北上之後，當時他已於 1969 年 9 月 16 日過世，但是我非常興奮買到他剛過世才 1 個月，陳鼓應為其編的《春蠶吐絲——殷海光最後的話語》一書。

這書除了一篇〈給鼓應的信〉，和陳平景於 1969 年 10 月 16 日從美國加州 Palo Alto 城寫給殷海光的一封信之外，引起我注意的還有殷海光記述〈徐復觀〉和〈給徐復觀先生的信〉，以及記述〈唐君毅〉等多篇文字。

這幾篇文字之所以引發我的關注，主要是因為當年我正撰寫《近代學人著作書目提要》，徐復觀和唐君毅等兩位代表「新儒家」思想的學人都是我選列的重要對象。

殷海光對徐復觀的評論：

> 他兇咆起來像獅虎，馴服起來像綿羊；愛熱鬧起來像馬戲班的主人，孤獨起來像野鶴閒雲；講起理學來是個道學夫子，鬥爭起來是個不折不扣的步兵團長；仁慈起來像春天的風，冷酷起來像秋天的霜。然而他充滿了生命的奮進、鬥氣，一分鐘也不停，一秒鐘也不止。[56]

---

[56] 陳鼓應，《春蠶吐絲——殷海光最後的話語》，（臺北：世界文物供應社，1970 年 10 月），頁 23。

殷海光對唐君毅的評論：

> 唐君毅具有一種奇理斯瑪人物(Charisma)的性格。有強烈的復興文化
> 的使命感。其為人也，沉篤、厚重、真實。我一看見他就感到他是
> 人文教主一樣。他徹頭徹尾是個一元論者：道德的一元論和知識的
> 一元論。他論事如用一個無邊無岸的甌子，任何東西都用這個甌子
> 去蓋。所以他是搞錯了行的道德詩人。[57]

　　我住溫州街期間，仍然繼續關注對於有關殷海光自由主義思想的評論：
1999 年 9 月 20 日，張灝在《中國時報》的一篇〈殷海光與知識分子〉的評
論，殷先生這種帶有強烈道德意識的自由主義，放在他生命的脈絡裡，有其
不尋常的意義。

　　2002 年 9 月 18 日，林毓生在《中國時報》有三天的連載〈殷海光逝世
以來臺灣的民主發展——紀念殷海光先生逝世三十三周年〉指出：

> 遺憾的是，殷先生剛毅而清醒的聲音，在那個年代，非但未能對政
> 府產生振聾發聵的作用，反而惹來了當政者的厭恨。之所以如此的
> 根本原因是：政府不成其政府，只是蔣氏政權的門面而已。蔣氏政
> 權是不願改變其獨裁的本質的：它自然會認為推行民主的基礎建
> 設，不但違反而威脅到它的政治利益。[58]

　　1987 年以前的臺灣未解除戒嚴時期，特別是在 1950-1960 年代殷海光
所揭櫫人類追求自由、民主、人權的思想與理念，而且勇於面對來自統治階
層的排山倒海壓力，其成就了殷先生是一位崇尚自由主義的悲劇性歷史人

---

[57] 陳鼓應，《春蠶吐絲——殷海光最後的話語》，（臺北：世界文物供應社，1970 年 10 月），頁 27。

[58] 林毓生，〈殷海光逝世以來臺灣的民主發展——紀念殷海光先生逝世三十三周年〉，《中國時報》
(2002 年 9 月 18 日)。

物。如今的殷海光故居亦已成為臺灣自由主義精神的象徵。[59]

余英時對於殷海光有如下評語：

> 殷海光是直挺挺的書呆子，自視很高，而且堅持自己意見。殷海光
> 在學養上不足，他的《中國文化的展望》沒有找到要點，他是臨時
> 轉向，沒有轉成功。當然，我們研究一個民主自由運動，不能光從
> 個人上面看，個人的好處與缺點，那是人人都有的。胡適也一樣，
> 也有他的毛病，他的缺點。但是，殷海光整個還是站在民主自由的
> 陣線裡面，基本的方向是對的，這一點不能否認。[60]

2021 年 4 月 6 日，我特別與《曙光文藝》詩刊創辦人楊正雄先生，一
起前往住在臺北市民生東路的社區，探望前道藩文藝中心副董事長兼主任周
伯乃先生腿傷復原的情況。大家也談及 1960 年代前後，中華民國的政治經
濟發展，亦論及當時臺灣文學和政府推動文藝政策對臺灣社會的深遠影響。

由於楊兄早期的參與創辦《曙光文藝》，所以從 1958 年《曙光文藝》
詩刊的出版、發行、執照出借給「笠」詩刊、政府註銷、復刊新曙光文藝季
刊，到 2005 年的宣布休止，期間近半世紀的經營甘苦談，楊兄也都能如數
家珍的細說從頭。我對於楊兄的充滿浪漫、理想主義的幹勁，和當年辦文藝
雜誌甘冒風險的勇氣，表示十分敬佩。

言談中，我對於楊兄談及在軍中辦《曙光文藝》，當年曾遭遇被政風單
位調查的情事感到興趣。其內容我謹略引楊兄大作《曙光文藝傳奇》的文中
所述：

> 來了，暴風雨來了，七期出版過後，連長告訴我服役嘉義最高單位

---

[59] 陳添壽，〈溫州街瑣記：殷海光故居與自由主義精神象徵〉，《臺灣商報》電子報(2021 年 3 月 26
日)。

[60] 余英時口述，李懷宇整理，《余英時談話錄》，(臺北：允晨，2021 年 11 月)，頁 175。

找我，帶《曙光》由政工陪同。入房一對一說有人向臺北檢舉交查，先翻看《曙光》，問筆錄了，沒什麼可瞞，問完。他說我再一個多月退伍，不要添麻煩，12 月份勿出版。想到金門被整慘，人在他人屋簷下不得不低頭，留得青山在不怕沒柴燒。向關係密切伙伴發出我由於《曙光》被調查信息。暴風雨終於來了，我被調查以為沒事，有人搞釜底抽薪，改查在《曙光》掛名軍官，有的記過，更有記大過（官階，難升了），只好將全部編委名單取下了，工作人員非軍人也改筆名。寒蟬效應，退出不少人，力量減弱了，我仍感激他們過去的協助！[61]

楊兄也感嘆：為了《曙光文藝》的屢被查、法院罰款只有承受，但支持《曙光文藝》的軍官是好友，他們因而受罰使他難於忘懷！

楊兄所談《曙光文藝》在軍中遭遇麻煩的經過，同時間也是擔任《曙光文藝》編輯委員的周伯乃學長，則從其在 1960 年代前後曾參與當時執政黨和政府的文化政策經過，和先後擔任過許多文藝單位重要職務的工作經驗，就他的了解，類似《曙光文藝》這種在軍中辦刊物的被調查事件可能會有，但如果說《曙光文藝》詩刊會被嚴重指為「政治事件」、「思想事件」，應該還是不致於會有這種情事發生吧？

伯乃兄特別舉前立法院長，也是當年主持「中國文藝協會」的張道藩為例，他認為張先生畢竟是一位崇尚文化藝術者。他當年還呼應國防部總政治部將文藝推動到軍中去的政策，並協助軍中革命文藝活動的推廣。

楊正雄與周伯乃等兩位當年《曙光文藝》詩刊雜誌的實際工作者，和他們二人對於當年軍中文藝政策的看法與評論，或許正是戒嚴時期臺灣文藝政策與活動的一個小縮影。

我讀楊正雄先生寫的《曙光文藝傳奇》，書中提及一段他初識陳秀喜的經過：

---

[61] 楊正雄，《曙光文藝傳奇》，(臺中：文學街出版社，2019 年 7 月)，頁 70-71、85。

1967 年冬天……戲劇似的認識陳秀喜。離開臺中到臺北，我向一位
上校退役經營的計程車公司分期付款買二手車，……公司租屋的女
房東住樓上，為小事巧在說我不是，陳秀喜進來一聽拉她上樓。我
在樓下與也是上校的總經理在談《曙光》，他也喜歡文學，我有拿
以前舊《曙光》及陳千武寄來的二期詩稿，陳秀喜下樓要乘坐，看
見舊的《曙光》說句她有在動筆，就送她。搭車去臺視才知陳秀喜
寫歌，臺視樂隊有演唱，出第一張唱片，女房東是好友來送唱片，
陳秀喜翻了《曙光》也問家況，下車送我唱片給地址要我帶小女去
基隆她家喝春茶。真帶小女去了，才知陳秀喜先生是銀行經理，給
小女紅包。後她先生調回臺北，也去見過她先生及子女。陳秀喜給
稿及小女紅包，是在幫助《曙光》印刷費，自覺《曙光》不穩，推
介她參加《笠》及另一詩刊，陳秀喜展開新詩創作新里程。[62]

　　1973 年，陳秀喜寫〈臺灣〉這首詩，後來被改編為〈美麗島〉這首
歌。已故藝人李雙澤先生作曲，楊祖珺唱的〈美麗島〉一曲頗受歡迎。據了
解在 1979 年「美麗島事件」發生後，被國民黨政府認定歌詞宣揚臺獨意識
遭到查禁，直到蔣經國過世才解禁。陳秀喜就在這年遷居位在臺南市白河關
子嶺明清別墅區的「笠園」。
　　1982 年 6 月 14 日，《中央日報》副刊登載蘇雪林發表的一篇〈竺園雅
集小記〉的開頭記述：

　　　詩人陳秀喜自臺北遷居關子嶺後，把她主有的笠園也搬了過來。他
　　屢次向我稱讚笠園之美，想邀我去玩玩，我總以路途太遠，我行動
　　又不便，未曾答應，辜負她的美意，於心每覺歉然。……我因成大
　　中文系主任唐亦男教授和秀喜也是舊識，遂邀同往……。過明清溫
　　泉別墅數家，便到了詩人寓居處的笠園，……升到正廳，涼台上有

---

[62] 楊正雄，《曙光文藝傳奇》，(臺中：文學街出版社，2019 年 7 月)，頁 135-136。

塊古色古香的奇木，嵌「笠園」兩個大字。古木上又掛著一頂笠帽。與樓下簑衣相映成趣。大概是表示農民本色。……秀喜愛交朋友，更愛交結年輕人，她住的屋廬名為「笠」，編輯的詩刊也名「笠」。[63]

正雄兄在《曙光文藝傳奇》書中述及：《笠》曾向他借《曙光》執照出版了 8 期，於是我查閱了該書附有 1961 年 7 月 4 日出版《曙光》文藝月刊第一卷第三期的編輯委員中除了周伯乃等人之外，還有覃子豪也在委員之列，也發表了多篇的詩作。

從楊正雄、陳秀喜，再到蘇雪林的聯想到覃子豪等詩人，尤其是蘇雪林與覃子豪之間，不禁令人聯想起 1959 年在《自由青年》刊物上，展開的一場有關中國傳統詩與象徵詩體論戰。

蘇雪林發表〈為象徵詩體爭論敬告覃子豪先生〉，代表的是一般傳統學者對於現代詩所持不同觀點的批評，認為中國傳統詩的可貴是在重視造境、琢句、協律等要素，和達到可讀、可誦、可歌等層次。

覃子豪發表〈論象徵派與中國新詩──兼致蘇雪林先生〉，代表的是現代主義在凸顯臺灣當時的詩是要真實表現內在的世界，認為現代詩在發掘人類生活的本質，使其更接近生活真實的思想解放。

楊正雄在《曙光文藝傳奇》亦特別提及 1961 年他還在嘉義機場服兵役，克服困難復刊，五月推出《曙光文藝》一卷一期，覃子豪先生支持《曙光》，給了西班牙詩人 F. G. Larea 由他翻譯的〈紀念物〉、〈騎士的歌〉的兩首詩。

回溯我自己 1970 年代在大學唸書的時候，也特別喜歡覃子豪的作品，我曾有在文學院圖書館閱覽室，愛不釋手地閱讀他詩作，連續好多個小時的甘苦回憶。對於我舊時的關子嶺回憶，或許關子嶺「嶺頂公園」，以及附近雷諾瓦山莊「笠園」的別墅群，也是我晚年想退隱住居的好去處。

---

[63] 蘇雪林，〈竺園雅集小記〉，《中央日報》(1982 年 6 月 14 日)。

殷海光與《曙光文藝》還有一段特別的記述。楊正雄指出：

> 臺大學生李慶蘭外尚有多人是讀作者，有位女生將曙光送了殷海光
> 教授後，來信說殷教授要我去見他，北上時找她陪去殷教授宿舍，
> 在客廳交談，我得知識，他知南部民情。殷教授提醒下次勿穿軍服
> （再去已退伍），他說巷口崗哨在監視。辦《曙光》他肯定，要我
> 小心。[64]

這位將《曙光》送給了殷海光教授的女生，楊正雄在《曙光文藝傳奇》
書的附錄 1，有封楊正雄給文友虞和芳博士的信：

> 和芳文友：早安，那年，妳帶我去見殷海光教授，出國後，一直沒
> 連絡。不久我重入殷居無限感慨！暑假又去德國？以前成大應鳳凰
> 教授向我要曙光資料，乃由國家圖書館影印不太好。妳的大作找到
> 二件如附件。
>
> 祝　文安　楊正雄 8.11。[65]

又據楊正雄轉述：鄭貞銘的《百年風雲》在寫美國人的中國通費正清，
提到是他導致《文星》停刊，殷海光的教授去職，但沒詳情，您或可找資
料、線索，不清楚狀況，我後來因《曙光》困境沒再去殷教授宿舍。

承上述，楊正雄因《曙光》困境，後來也沒再去看殷海光教授。楊正雄
所指《曙光》困境，有可能是財務與銷路困境，或者是因殷海光所說「巷口
崗哨在監視」，或者兩項困擾兼而有之，使其為了避免不必要的困擾，而未
再繼續前往探視。

檢視導致《文星》雜誌停刊的主因，源自於 1965 年 10 月，李敖在

---

[64] 楊正雄，《曙光文藝傳奇》，（臺中：文學街出版社，2019 年 7 月），頁 72。

[65] 楊正雄，《曙光文藝傳奇》，（臺中：文學街出版社，2019 年 7 月），頁 223。

《文星》雜誌第 98 期發表〈我們對「國法黨限」的嚴正表示〉，公開批評國民黨壓制言論。國民黨認定李敖和《文星》的文章已對國民黨的統治「法統」構成威脅，於是在 1965 年 12 月，對《文星》雜誌處以停刊一年的處罰，一年以後，又以「不宜復刊」為由，實際上勒令《文星》無限期停刊。

《文星》雜誌當時的主要執筆者包括殷海光、陸嘯釧、李聲庭等人。2008 年 11 月 15 日，《聯合報》登載記者楊正敏的報導指出：1966 年教育部發文借聘殷海光，要他離開臺大。殷海光拒絕接受，隨即被警備總司令部約談，臺大雖然有排殷海光的課，但他卻不能上課；隔年終於被迫離開，兩年後因胃癌病逝。

2020 年 11 月，我在拙作《臺灣政治經濟思想史論叢(卷六)：人文主義與文化篇》，曾引余英時《中國文化與現代變遷》在〈費正清與中國〉一文中提到：1967 年，臺大要解聘殷海光，費正清晚上找余英時到他家去，商量怎樣由「哈燕社」出面給殷海光一筆研究費，邀殷海光來訪問。

余英時說他的任務是根據殷海光的著作向「哈燕社」陳詞。在談話之中，余英時察覺到費正清對國民黨深惡痛絕。余英時指出國民黨恐怕不會讓殷海光出境，費正清表示一定要通過美國政府施壓力。最後殷海光還是未能成行，祇好由「哈燕社」將研究費按期會給殷海光，使殷海光可以繼續留在臺大。[66]

從余英時的上述內容，或許可以印證後來臺大雖然有排殷海光的課，但他卻不能上課的結果。因為，當時殷海光除了在《文星》雜誌發表文章之外，他的主要著作《中國文化的展望》是被列為禁書。1970 年代前後我一直想要購買該書來閱讀，但在市面上遍找不著。

2021 年 4 月 6 日，我與楊正雄一起到臺北民生東路探視周伯乃先生，周先生是《曙光文藝》的大力支持者，是位名詩人，中山文藝獎得主。承蒙周伯乃特別的致贈由活泉出版社印行的殷海光《中國文化的展望》(紀念版)

---

[66] 陳添壽，《臺灣政治經濟思想史論叢(卷六)：人文主義與文化篇》，(臺北：元華文創，2020 年 10 月)，頁 127。

一書，謹藉此向他表示個人的謝意。

　　根據正雄兄轉述，《曙光文藝》早期有位臺灣大學念書的作者虞和芳，當 1962 年 2 月 24 日胡適先生剛過世的時候，她即在《曙光文藝》(第二卷第一期)發表了一首詩〈哀悼胡適之先生〉：

> 人生最可悲的莫過於死／而今，您卻對它含笑相迎／您沒有畏懼，沒有不平／安祥地讓它侵蝕您底心靈／／誠然今世仍會有著太陽／而您的去，卻已帶走時代的光芒／您總是泰然處事，穩當安步／任重道遠，您也從不喊苦／您任勞任怨，堅定的做著中流砥柱／我們讚您，嘆您，卻沒人能及您，能和您相比／／您如今去了，棄我們而去，不等待我們而去了／您已得到安寧，然而卻留給我們無窮悲悽／千千萬萬的人，為您墮淚，為您婉惜／只為的您是一代完人，青年導師。[67]

　　正雄兄還告訴我，虞和芳就是帶他去溫州街臺大宿舍見殷海光，她也是喜歡柏楊作品的讀者，而且與柏楊有點淵源。於是我查閱了 1984 年 3 月，由星光等出版社發行的《柏楊 65：一個早起的蟲兒》，赫然發現有篇雲匡寫〈人性的光輝〉一文有如下的記述：

> 這本書的主題部分，是由柏楊的九位朋友和他的新夫人以〈柏楊與我〉為題，分別執筆。他們是：孫觀漢、梁上元、梁黎劍虹(梁寒操夫人，上元的母親)、虞和芳、羅祖光、史紫忱、吳覺真、筑音、姚安莉，和張香華(柏楊夫人)。十篇文章中，除孫觀漢一篇曾刊載於臺北出版的《愛書人雜誌》，其餘皆未發表過。[68]

---

[67] 楊正雄，《曙光文藝傳奇》，(臺中：文學街出版社，2019 年 7 月)，頁 89。

[68] 柏楊 65 編委會主編，《柏楊 65：一個早起的蟲兒》，雲匡，〈人性的光輝〉，(臺北：星光等，1984 年 3 月)，頁 47。

文中，另對虞和芳與柏楊的交情有如下記述：還在德國的虞和芳，是臺灣到國外留學的，1984 年 3 月，也是頗具知名度的作家之一。她到目前為止，還不曾和柏楊見過面，只有着一份心靈交流的友情。她為柏楊之陷於冤獄，寫過不少詩文，並在德國慕尼黑城廣泛推薦柏楊著作。

她說：「柏楊的作品，若以一個字來概括的話，我會舉出『愛』字。他所以甘心背黑鍋，情願冒著生命危險，還是喋喋不休的說話，只是希望我們能向上向善。他自己也說過，何嘗不知道『悶』為上策，但是他的話就是忍不住的向外亂冒。這只因他的一番愛心作祟。」[69]

在柏楊的九位朋友之中，除了虞和芳對於柏楊的因文字獄之災感到不捨之外，我也注意到梁黎劍虹、梁上元的這對母女。1970 年代，我在輔仁大學與蔡傳志、周玉山、蘇逢田、葉景成、蔡建仁等人，在一起編輯《輔大新聞》時，得有機會曾與梁上元照過面。

由於是大夥同學見面的場合，加上我們編輯的《輔大新聞》，因為有過激烈批評時政，很快地就被迫改組，我們這組編輯群也就散了。我僅知梁上元是梁寒操先生的寶貝千金，但當時寡聞如我者，確實不知梁寒操是何許人也？

我是在出社會工作多年之後，研究臺灣政經體制的結構，和與新聞界多所接觸，才清楚梁寒操是國民黨大老，先後擔任過《中華日報》和中國廣播公司董事長。

回想我的青少年時期，因為喜歡閱讀胡適、徐志摩、覃子豪等人的詩，也因結識了臺南鄉親詩人正雄兄，幸有《曙光文藝傳奇》機緣，得讀虞和芳〈哀悼胡適之先生〉詩，進而檢視《柏楊 65：一個早起的蟲兒》書，更勾起我重溫《輔大新聞》的一段往事來。

2011 年 11 月 12 日，中山文藝獎得主、詩人周伯乃傳來，由臺北市廣東同鄉會出版，慶祝中華民國建國百年紀念特刊《歷史傳承與創造未來》，

---

[69] 柏楊 65 編委會主編，《柏楊 65：一個早起的蟲兒》，雲匡，〈人性的光輝〉，(臺北：星光等，1984 年 3 月)，頁 65。

其中登載他的一篇大作〈中國近百年來的文藝思潮〉。

　　文中論述「歷來文藝思潮是與時代的脈絡相結合，一部完整的文藝思潮發展史，就是一部人類發展史的精華記錄」，並從中分述：民族主義的文藝思潮、辛亥革命時期的文學、「五四」運動與文學革命、抗戰時期的文藝思潮，以及臺灣六十年來的文藝走向等五大階段。

　　周文較長，我就先摘錄該文中有關戒嚴時期文藝政策的敘述：

> 民國三十八年，政府撤退來臺，部分文藝作家，如張道藩、王平陵、王夢鷗、葛賢寧、黎烈文、蘇雪林、謝冰瑩、孫陵、梁實秋、李曼瑰、陳紀瀅、紀弦、覃子豪、鍾鼎文、鍾雷等人，他們懷著孤臣孽子的心情，隨政府來臺，在風雨飄搖中擎起大纛，為中國新文藝開拓一條更新的大道。由於是一群離鄉背井的孤臣孽子，飽受戰火的摧殘和傷害，歷盡顛沛流離之苦，心情是沉重而又悲憤的。於是，表現在作品中的情緒是充滿著對共黨的憤恨，和一股濃稠的背井離鄉的鄉愁。[70]

　　1950 年，中國文藝協會成立，並於五月四日在臺北市召開第一次會員大會，當時的立法院院長張道藩指出：戰鬥的時代帶給文藝以戰鬥的任務。戰鬥文藝是具有三民主義的基本特質。應該有充滿民族自衛而戰鬥的精神表現；富於民權思想的文藝作品，應該有充滿為政治民主而戰鬥的精神表現；富於民生思想的文藝作品，應該有充滿為經濟民生而戰鬥的精神表現。

　　由於受政府來臺初期的實施〈戒嚴令〉和〈動員戡亂時期臨時條款〉等相關法規的管制，有關 1930 年代作家的作品一律被查禁，限制閱讀，連帶蘇聯和一些共產國家的作品，都一律不准翻譯，不准傳閱，更別說可以研讀。

---

[70] 周伯乃，〈中國近百年來的文藝思潮〉，《慶祝中華民國建國百年紀念特刊：歷史傳承與創造未來》，(臺北：臺北市廣東同鄉會，2011 年 11 月)，頁 204-213。

所以，當時書坊間因而出現所能看到的是一些英、美國家的作品，和部分日本作家的作品，其中最多的是美國作家的作品。無論新詩、小說、散文、文學理論，幾乎都是英美文學的產物。

當時，文藝界有一個最明顯的現象，除了軍中作家外，絕大多數的年輕作家，都不是出身大學的中文系，而是外文系和其他科系。於是大量的英美的作品被翻譯過來，再加上歐戰以後的西方各種文藝思潮亦被大量引進，形成臺灣文藝西化的走向。

這其中也不無受到國內，包括《自由中國》等雜誌的鼓吹自由主義思想。我在拙作《臺灣政治經濟思想史論叢(卷三)：自由主義與民主篇》和《臺灣政治經濟思想史論叢(卷六)：人文主義與文化篇》已分別做了敘述。

1970 年代以後，國內受到民主意識的高漲，文學發展亦到了百家爭鳴的境地，不但各報章雜誌，以廣大篇幅刊登文藝作品，而書坊裡文學作品總是佔有重要的地位，青年人愛讀文藝作品蔚成風尚，詩人、小說家如雨後春筍般出現。不但純文藝的刊物，一期接一期推出，連許多政治性的刊物，都不得不留出一些篇幅來發表文藝作品。

在這期間，國軍新文藝運動所帶動的積極的、戰鬥的、激發的軍中文藝發展已相當成熟，匯成一股豪氣干雲的寫實文學。無論是新詩、小說、散文、戲劇，都是圍繞著弘揚民族正氣，激勵民心士氣，積極圖謀建國復國之道的大前題來創作。

再加上，軍中文藝函授班的創立和國軍文藝金像獎的設置，促使軍中文藝蓬勃發展，軍中作家大量產生，形成一大主流，而且主導了臺灣文藝的走向。後來，雖然有鄉土文學的論戰，但並沒有產生太大的浪濤。

反而，西方文學作品被大量譯介，中國古典文學評論亦頻頻出現，使臺灣文藝界花團錦簇、百花齊放，各種形式的詩歌、小說、戲劇都大量在報紙副刊和雜誌上發表，林林總總，大有目不暇給之處。促使這股風尚流行的因素，報章雜誌和出版社，書店是最大動力。

1987 年之後，隨著政府宣布解除戒嚴，由於報禁的開放和大陸文化交流的頻繁，促使海峽兩岸的文化學術界廣泛的交流，文學作品自然是文化交

流首要課題，而文藝走向是否會因此有所改變，目前尚難定論。但我們可以預期的「人文文學、人性文學」必然會受到重視與發揚。

受到戒嚴時期影響的臺靜農，來臺以後主要以教書和書畫為主。我最早知道臺靜農教授的大名，始於 1972 年我在輔仁大學就讀期間，當時我已經開始構思撰寫《近代學人著作書目提要》，和發表〈胡適之先生著作書目提要〉一文。

有天，中文系同學范姜帶來本李‧何林編著《中國新文學研究參考資料》，封面有「泰順書局印行」字樣。頁內上行印有「中國新文學研究參考資料獻給時代的文學青年們！」，下行印有「香港中文大學近代史料出版組」。

次頁有蔣禮賢〈寫在前面幾句話〉：

> 這是一部「舊書」，一部戰時印行的「舊書」。本書從一九一七年胡適博士在《新青年》雜誌上發表〈文學改革芻議〉一文開始，迄一九三七年「八一三」抗戰發生為止。這段時間，就是世稱的所謂「三十年代」。……本書原名為《近二十年中國文藝思潮》，易以今名，為求簡明。書後附錄「新文學辭彙」，尤能擴展您(妳)的眼界與文思！把您(妳)導引進入于世界文壇！[71]

我翻了翻了書的內容，發現有左翼作家如「魯迅」、「茅盾」、「瞿秋白」等人的名字，都已經被刻意挖空去其中的一個字。我想這本書在臺灣還處在戒嚴階段當屬「禁書」。而當時我為了購買此書，也只能到中文系助教辦公室才能買得到。

巧的是 1990 年代中期，我還在溫州街國宅附近碰到這位助教，他當時剛接中文系主任，得知我在國立空大商學系兼課時，他更邀請我為他中文系

---

[71] 蔣禮賢，〈寫在前面幾句話〉，引自：李‧何林，《中國新文學研究參考資料》，(香港：香港中文大學近代史料出版組，1972 年 10 月)，未編頁碼。

學生開設有關管理學方面的課程，可惜後來沒有再進一步聯絡，讓我想回輔大母校開課的心願未能達成。

1970 年代，我從閱讀胡適和三十年代學人的著作，也從李何林、魯迅，許雲裳、黎烈文、李霽野等人的論述，確知臺靜農到了臺灣之後，任教於臺灣大學中文系，並住進了溫州街臺大教職員的宿舍群。我在住居溫州街期間，偶爾也會遇到臺靜農的走在這條溫州街的名人巷上。

我不是出自臺大，更不是中文系的學生，自無緣沐浴於臺教授的門下。我的資料閱讀來源，也都只是來自於報上刊載的零星片段文字，諸如 1982 年 9 月 21-23 日丘彥明紀錄整理〈如果魯迅不死：三十年代文學問題對談〉。

對於臺靜農教授 1930 年代文學與活動，敘述比較完整的一篇文字，要屬 1990 年 10 月 18-19 日《中國時報》刊載，李霽野先生特別發表的〈春風風人——紀念魯迅先生逝世五十四周年〉一文。

李霽野的這篇文章提到有關臺靜農的文字，諸如：

> 一九二三年⋯⋯這時臺靜農在北京大學中文系旁聽、一九二五年七月⋯⋯要出版的《民報》有副刊，在物色編輯，靜農和我去請魯迅先生推薦素圓⋯⋯、一九二五年夏天一個晚上，素圓、靜農同我去拜望魯迅先生，⋯⋯先生因此建議，我們來辦一個小出版社⋯⋯素圓兄弟、靜農和我各籌五十元，由靜農寫信向台林逸先生借⋯⋯就定名為未名社。[72]

1925 年，也因為成立「未名社」關係，臺靜農、李霽野與魯迅走得非常近，導致臺靜農來到臺灣之後，有感於當時戒嚴時期的白色恐怖氛圍，致使他不但少提左翼作家聯盟，更是避談魯迅作品與思想，從此專注教

---

[72] 李霽野，〈春風風人——紀念魯迅先生逝世五十四周年〉《中國時報》(1990 年 10 月 18、19 日)。

學與醉心於書藝。[73]

臺靜農教授的愛護學生和傳播書藝，有件值得記述的是中央警察大學通識中心建立的「歷史警學網站」，臺教授應通識中心老師曾榮汾教授的邀請，還特別書寫文字致賀。

臺教授的溫州街故居，不論是住在 18 巷 6 號，或是遷住 25 號的階段，他「龍坡丈室」和「歇腳庵」的書畫作品，已經這在世上被廣泛流傳和珍貴保藏。

另外，我接觸英千里主編的英文教材，始於 1960 年代初期的開始上初級中學，和高中之後的階段。印象中出版英千里英文課本的是正中書局，至於遠東書局則是專門出版梁實秋的初中和高中英文教本。

1963 年，北平輔仁大學在臺北復校，英千里擔任學校副校長。1970 年，我考進位在臺北新莊的輔仁大學就讀，當時對於英千里的知名度自然不會感到陌生。但他就在我進輔大的前一年，不幸過世了。

當然我的英文必修課，和其他相關外文領域的課程更是不會有機會，可以修習他開設的課程了。我大一時候英文必修課程的老師是位中年修女，我的英文聽、寫的成績，都不是很理想。後來我的必選第二外國語，就改選日文課程了。

當年我了解的輔仁大學校長是于斌樞機主教，他剛被梵蒂岡天主教宗任命樞機主教不久。學校董事長是蔣中正總統夫人蔣宋美齡。學校有座大圓蛋型建築，前排高掛「中美堂 蔣宋美齡題」的題字招牌。

我想這「中美堂」大招牌有兩大意涵：一是標示蔣中正與宋美齡，他們二人名字裡的「中」與「美」的合體；另一意涵是凸顯當時中華民國與美國之間在外交關係上的密切性與重要性。

令人震驚與遺憾的是 1971 年中華民國被迫退出聯合國，外交處境的艱難也激發了我們輔大學生展開支持政府活動。在校園裡，發起了一連串抗議

---

[73] 陳添壽，〈溫州街瑣記：臺靜農「龍坡丈室」和「歇腳庵」的書畫天地〉，《臺灣商報》電子報（2021 年 3 月 29 日）。

美國背棄中華民國，彼此是二戰期間最好盟友的行為。

我們知道英千里副校長，早年畢業於倫敦大學，返回中國後協助父親英斂之創設輔仁大學。父親過世後，他以輔大秘書長身分領導校務。1937 年對日抗戰開始，英千里以其學界領袖地位成為地下抗日代表，曾被日本軍閥二度逮捕下獄，導致他的健康情形深受影響。

1948 年底，英千里與胡適、傅斯年、毛子水等人為蔣介石特令以專機搶救，得以脫險離開北平城。他的孤身來臺，令人不捨的是妻子與七名子女皆滯留大陸。來臺之後的英千里住進溫州街，與殷海光住居僅一牆之隔的臺大教職員宿舍。

英千里父子對於創辦和協助輔仁大學的校務發展，以及對於臺灣高等教育的貢獻，令人敬佩。特別是我於 1970 年代後期居住在溫州街，和之後對於中華民國政經體制的研究，以及正中書局成立的背景；再加上英千里主編英語教科書的關係，讓我對於 1930 年代學人跟隨國民政府來臺經過有更進一步的理解。

2021 年 3 月 31 日下午，傳來考試院前院長許水德不幸辭世的消息，享耆壽 91 歲。當時我正在整理資料與撰寫〈溫州街瑣記〉的稿子，我停了靜下來片刻，讓自己腦子裡的思緒重新做了整理。

猶記得當許水德於 1985 年發布擔任臺北市長時，我已經住進了溫州街的有一段時間了，但我一直不知道許市長有房子與我同在一個巷子裡。當時溫州街 96 巷已經改為羅斯福路三段 283 巷。

許水德從高雄市長調任臺北市長過後的不久，我發現我們巷子附近不時有警員走動，而且巷子還增設了一座小警衛亭，24 小時都有警察輪流守衛。我特地請教了警衛之後，才證實臺北市長許水德就與我們同住在一個巷子裡。

我感到納悶的是，許市長當時為什麼沒有搬進住臺北市長的官邸，我迄今不知道原因。但我清楚當時他住溫州街的房子並不寬敞，我推測室內空間應不到 30 坪。以市長身分住這房子似乎小了些，當時報紙也做了許多有關許市長從小環境困苦，和他求學過程中如何奮發向上的訪問與報導。

許市長住在溫州街的時間並不長，我不知道他就是否搬進了市長官邸，但聽說他後來買了一家有名建設公司所蓋的房子。許市長溫州街的房子是否變賣不得而知，但他屋前一棵櫻花樹開的櫻花，到了開花季節依然綻放如故。

許水德先生一生擔任過許多重要職位，每次我聽到他調動官階的消息，總覺得他是政治的長青樹，真是「不倒翁」。許先生在擔任台北市長之後調任內政部長。1993 年再調任國民黨中央黨部祕書長，當時我們最常聽到的是他常掛嘴邊的「水車哲學」。

許水德的「水車哲學」，亦有如連震東提倡的「踩腳踏車哲學」。許水德指出，人生就像踩水車，水車一半在空中，一半在水裡。空氣就像理想，水就是現實，只有兼顧兩者、努力地踩，腳踏實地，事情才能圓滿順利進行。

2019 年，許水德發表《感恩的故事：許水德八十八歲憶往》的新書，他都還不忘，而且一再地強調他人生一直的秉持「水車哲學」，以及他受到經國先生本土化政策的栽培。

許先生亦曾經擔任駐日代表，2015 年並獲得日本天皇頒授最高榮譽的「旭日大綬章」，以表彰他促進臺日交流的貢獻。現在我每次到臺北城市大學授課，總會欣賞許先生應學校鄭逢時董事長的邀請，在學校商管大樓應用外語系懸掛「日本研究中心許水德題」的一幅木匾牌子。

許水德駐日前代表說，臺灣大學、政治大學他們的日本研究是學術性的政治經濟方面的專業研究，而城市科技大學的日本研究中心是專注在對日本的食衣住行方面的生活文化的研究，這與他們這些國立大學的日本研究是有很大區別的，這就是許代表對於日本的了解，所以勉勵臺北城市科技大學日本研究中心應該要朝這方面深入研究，這才是日本研究中心的重點。

承上述，傅斯年與俞大維的故居。2017 年，有關臺大溫州街 22 巷 4 號宿舍是否可以列為已故國防部長俞大維故居，引起成為社會特別注目的焦點。

這宿舍在臺大前校長傅斯年過世前，原住在福州街校長官邸，後來臺大配給傅的遺孀俞大綵教授溫州街宿舍，一直住到 1990 年。當俞大綵的哥哥

俞大維，1954 年返臺接任國防部長，沒有官舍就借住在妹妹家中。

從保存名人故居的觀點，傅斯年、俞大綵夫婦與俞大維對國家社會都有相當大的貢獻，當然他們所住過的溫州街的列入故居，對於溫州街而言將可多增加一個景點，何況其又具有特別的歷史時代意義。

沈珮君發表的〈這樣的傅斯年〉(上、下)，讓我對傅斯年為人與處事、治學與治校的態度與方法有更深一層的了解。特別是他的崇尚自由主義與人道主義精神，更透徹闡述了愛國愛人的偉大情操。[74]

可惜傅斯年當臺大校長太短時間，他延攬英才，整治校園，真是被累死的。偉人之所以真正偉大，絕對是謙虛求更深遠的真理，而非傲慢自負，認定自己看到所有真理。

俞大綱之女俞啟木，曾發表一篇〈我在父親俞大綱、伯父俞大維、姑姑俞大綵身邊的日子〉。文章之末還附有〈紹興俞家系譜〉，大維、大綵、大綱的父親俞明頤、母親曾廣珊(曾國藩嫡孫女)本房之外，伯父俞明震(曾任清治時期臺灣布政史)、堂侄女俞珊堂侄孫俞正聲一系，俞珊是中國早期著名女演員，俞正聲曾任中共政協主席。

嫁給散原老人陳三立的姑母俞明詩，所生次子陳寅恪，娶唐景崧孫女唐篔，次女陳新午嫁俞大維。從唐景崧、俞明震；俞大維可以連結他們與臺灣的關係。俞大維兒子俞揚和娶蔣經國的女兒蔣孝章。

從傅斯年俞大綵夫婦的連接俞大維家族，再連接曾任中華民國總統蔣經國家族，其中的開枝散葉亦廣及曾任臺灣民主國總統唐景崧、臺灣布政史俞明震，凸顯這連環大家族對於近代中國與臺灣發展的影響有多大、有多遠。

我從溫州街瑣記的觀點，臺大校園已有了傅園的紀念，溫州街有俞大維故居又何妨，也可想像當年中華民國在風雨飄搖，胡適在未決定回臺灣定居的時刻，為什麼會願意拜託傅斯年，俞大綵夫婦，請他們幫忙太太江冬秀選在臺北溫州街，準備買房子住下來的理由了。

祖籍浙江溫州的女作家琦君，她寫的散文一直是我非常喜歡的作品，

---

[74] 沈珮君，〈這樣的傅斯年〉(上、下)，《聯合報》(2020 年 8 月 6、7 日)。

《煙愁》一書就放在我溫州街住家書房架上的不遠處，靠近我得幾乎隨手就可方便取得閱讀的最佳位置。我也經常在特殊的時刻，如在審修學術性論文的出現心煩氣燥時，讀起琦君的散文，心頭就馬上寬解多了。

我精讀《煙愁》裡的每篇文字，有百讀不厭的感受，特別是我獨好〈雲居書屋〉與〈煙愁〉的這兩篇文字。認識的琦君，她是在隨國民政府來台之後，曾在高檢處擔任書記官性質的工作，並在大學兼課，講授有關國文的課程。

1917 年，出生的琦君，在她 35 歲時與小她六歲的李唐基結婚，先生服務於招商局。53 歲她自法院退休，1977 年隨夫留居美國。1980 年自美返國，任教於中央大學中文系，而且她英文非常好。1983 年琦君再隨夫留居美國。

2001 年，琦君返回她浙江溫州老家，參加「琦君文學館」的開館典禮。2004 年，她與夫婿返臺定居臺北縣(今新北市)淡水鎮(區)。2006 年 5 月中旬，琦君因感冒感染肺炎入住和信醫院，一個月後不幸病逝，享壽 90歲。家屬屆時依其遺願將骨灰及遺物運返琦君的故鄉，典藏於溫州「琦君文學館」。

三民書局出版有鄭明娳博士專文研究琦君的散文，我因住台北市溫州街多年，對溫州有一股特殊的情懷。琦君老家又是在浙江溫州，我讀起她樸素的自傳性作品，更多有所啟發與鼓舞。

我家女兒也喜愛琦君的作品，現留存在我書架上爾雅出版的《煙愁》，正是當年我們家住溫州街，女兒她購買閱讀典藏下來的，亦值得一記。

與琦君同時代的作家謝冰瑩，亦是一位奇女子，著有《女兵自傳》一書。根據她的自述：「在這個偉大的時代裏，我忘記了自己是女人，從不想到個人的事，我只希望把生命貢獻給革命，只要把軍閥打倒了，全國民眾的痛苦都可以解除，我只希望跑到戰場上去流血，再也不願為著自身的什麼婚姻而流淚歎息了。」

1948 年，謝冰瑩受聘到當時由謝東閔擔任院長的臺灣省立師範學院（現在臺灣師範大學前身）任教。1971 年，在前往美國探視兒子的油輪上

不小心摔斷了腿，之後她便辦理了退休，移住美國。2000 年過世，享年 94
歲。

謝冰瑩生前，曾擔任中國文藝協會第一任理事，也是中國婦女寫作協會
發起人之一。1984 年，獲中國文藝協會榮譽文藝獎章。網路登載有篇應鳳
凰、鄭秀婷寫的〈馳騁沙場與文學創作的不老女兵──謝冰瑩〉指出：

> 謝冰瑩正直、正義的個性在她的文章中隨處可見，……可說是思想
> 十分進步的時代新女性，然而她在六○年代與蘇雪林聯手抨擊郭良
> 蕙的小說《心鎖》，批評內容荒淫有損社會風氣，導致《心鎖》被
> 禁，郭良蕙被三個文學社團退社，是為文學史上著名的「心鎖事
> 件」，這卻又與她的作風背道而行，令人費解。[75]

曾任財團法人道藩文藝中心副董事長周伯乃轉述：謝冰瑩與郭良蕙的軼
事，當年郭良蕙推出她的〈心鎖〉小說，中國文藝協會召開常務理事會，要
開除郭的會員資格，其中有人認為其內容過於黃色，而郭良蕙反駁說：「我
的小說是黃，但我只結一次婚；而某人的作品不黃，很道學，但她結了三次
婚！」

周伯乃副董事長說：「早年，他與郭良蕙稍有接觸，她丈夫在嘉義機場
當飛行員，他在通信大隊任職；另一女作家陳克環與他較有來往，她在臺南
亞航任職，先生羅化平也在臺南機場，雷虎小組隊長，後來都調來臺北，不
幸，陳克環早逝！」

謝冰瑩一生有過三段婚姻，最後一任丈夫為賈伊箴，兩人在 1940 年結
婚。賈伊箴畢業於燕京大學化學系，曾到英國留學，回國後就在燕京大學任
教。1948 年，冰瑩應聘至臺灣師範學院在中文系任教，同時負責教授「新
文藝習作」。賈伊箴則擔任化學教授，同一時間也擔任剛剛在花蓮復校「兵

---

[75] 應鳳凰、鄭秀婷，〈馳騁沙場與文學創作的不老女兵──謝冰瑩〉，參閱：(tlm50.twl.ncku.edu.tw/
wwxby1.html)(2021.11.01 瀏覽)。

工工程學院」的化學教授。

1951 年，花蓮大地震，兵工工程學院校舍損失慘重，乃在臺北市龍門里新生南路三段新建校舍，龍門里內原分部有日式宿舍，為龍坡里溫州街日式宿舍群之延伸，主要分布區域為新生南路三段 19 巷及和平東路二段 18 巷內，國立臺灣師範大學舊校長宿舍亦曾座落在龍門里內，但已於 2002 年因興建龍門國中而拆遷。

兵工工程學院讓人聯想起抗戰時期曾任兵工署長俞大維。1954 年，他出任國防部長。1958 年 8 月 23 日，經歷八二三炮戰。1965 年初，因病辭任國防部長、轉任總統府資政，國防部長一職由蔣經國接任。1993 年，俞大維病逝，享耆壽 96 歲。他生前居住溫州街 22 巷 4 號的「俞大維故居」，2017 年北市文化局評為「市定古蹟」。

我因住溫州街多年，對和平東路、新生南路、羅斯福路附近的人文風物和名人故居都所注意。尤其感謝諸好友提供了許許多多的寶貴名人軼事，增添了溫州街的文化風華和我人生的彩色記憶。

五、結論

本文〈蔣經國時代「本土化」的歷史意義〉，我主要從蔣經國重要執政有關推動本土化的「吹臺青」政策、言論自由管制的新聞記述，和解嚴前後溫州街文化記憶等三項主題，透過訪談和文獻資料的研究途徑，論述了攸關中華民國與臺灣發展的蔣經國時代「本土化」政策。

結論蔣經國時代「本土化」政策，是有別於蔣介石時期以鞏固中央統治政權為主軸的施政目標；而蔣經國則是在於凸顯從地方治理開始的政治之路，是選擇一條希望可以走「本土化」路線，鞏固與臺灣人關係的施政目標，以維繫中華民國政權於不墜。

我曾在諸多文字的論述蔣經國時代「本土化」政策，我都會將其在臺灣

所推動「本土化」的過程，可以歸納其歷經三個階段。[76]

第一階段「本土化」的時間，大約是在 1972 年 6 月擔任行政院長起，經 1975 年 4 月的接任國民黨主席，到 1978 年 5 月的任中華民國第六任總統。

蔣經國組閣時期重用徐慶鐘、林金生、高玉樹、謝東閔、張豐緒、李登輝、連震東、陳奇祿、李連春等臺灣人，凸顯蔣院長時代的「吹臺青」思維，是希望未來逐漸走向要讓臺灣人主導臺灣發展的「本土化」布局。這階段受到重用的本土人士大部分是具有「半山」的特殊背景。

第二階段「本土化」的時間，大約是 1978 年 5 月起，經美國宣布承認中共的與中華民國斷交，1979 年 12 月發生「美麗島事件」，1982 年美、中發表《八一七公報》，到 1984 年 5 月蔣經國任中華民國總統與擔任國民黨主席期間。

主要起用本省籍的代表性人士有：連戰、施啟揚、蕭萬長、吳敦義、黃尊秋、劉闊才、王金平、楊金欉、蘇南成、楊寶發、涂德錡、柯文福等。這階段受到重用要的本土人士大部分是具有高學歷、形象清新的背景，特別是來自學術與教育界。

第三階段「本土化」的時間，大約是 1984 年 5 月蔣經國的擔任第七任總統起，1986 年 9 月 28 日民主進步黨成立，以及後來的解除戒嚴，開放黨禁、報禁，1987 年 10 月開放大陸探親，到 1988 年 1 月在其總統與國民黨主席任內的病逝為止。這階段蔣經國推動「本土化」工作的發展，已經廣及到以舉辦考試的方式，來晉用中央與地方的基層幹部。

儘管到目前，還是有人認為蔣經國並無所謂的「本土化」政策，但是現在隨著《蔣經國日記》的公開，和有關「蔣經國學」在臺灣的研究，特別是 2021 年林孝庭根據《蔣經國日記》，所撰寫出版《蔣經國的臺灣時代：中華民國與冷戰下的臺灣》一書，可以處處印證蔣經國時代對於捍衛中華民國

---

[76] 陳添壽，〈溫州街瑣記：蔣經國「吹臺青」的本土化政策〉，《臺灣商報》電子報(2021 年 2 月 25 日)。

的推動臺灣「本土化」政策，其所顯現的苦心造詣，這亦是本文研究的重要
結論。

　　未來隨著許多檔案文獻的不斷出現，和學術研究的新發現，得使蔣經國
時代的「本土化」研究，將更具有歷史性意義。

國家圖書館出版品預行編目(CIP)資料

臺灣政治經濟思想史論叢. 卷七, 政治經濟學與本土篇
= Proceedings : the history of Taiwan political and
economic thought. VII / 陳添壽著. -- 初版. -- 臺北
市 : 元華文創股份有限公司, 2022.03

面 ; 公分

ISBN 978-957-711-241-5 (平裝)

1.CST: 臺灣經濟 2.CST: 政治經濟 3.CST: 經濟史

552.339   110022344

臺灣政治經濟思想史論叢(卷七)：政治經濟學與本土篇
Proceedings: The History of Taiwan Political and Economic Thought VII

陳添壽　著

發 行 人：賴洋助
出 版 者：元華文創股份有限公司
聯絡地址：100 臺北市中正區重慶南路二段 51 號 5 樓
公司地址：新竹縣竹北市台元一街 8 號 5 樓之 7
電　　話：(02) 2351-1607　　傳　　真：(02) 2351-1549
網　　址：www.eculture.com.tw
E - m a i l：service@eculture.com.tw
主　　編：李欣芳
責任編輯：立欣
行銷業務：林宜葶
出版年月：2022 年 03 月 初版
定　　價：新臺幣 500 元

ISBN：978-957-711-241-5 (平裝)

總經銷：聯合發行股份有限公司
地　　址：231 新北市新店區寶橋路 235 巷 6 弄 6 號 4F
電　　話：(02)2917-8022　　　　傳　　真：(02)2915-6275